숨어 있는 로또

그린벨트
투자의 법칙

숨어 있는 로또
그린벨트
투자의 법칙

이 인 수 (코랜드연구소장) 지음

서문 : 그린벨트는 기피해야 할 투자인가?

그린벨트, 즉 개발제한구역은 통상 대다수의 투자자들이 기피하는 물건 중 하나다.

그러나 모든 투자에서 늘 거론되는 것처럼 '하이 리스크 하이 리턴'이다. 금융상 용어이긴 하지만 부동산 투자에서도 적용된다. 위험한 물건, 즉 기대 가치가 극히 낮은 물건일수록 큰 수익을 가져올 틈새물건도 존재한다고 해석할 수 있다.

이러한 하이 리스크 부동산이 거래되는 시장은 경매, 공매, NPL(부실채권) 등 제도상 테두리에서 안전하게 거래가 되고 있지만 실현 수익이 크다고 볼 수만은 없다. 제도적 정비가 제대로 되어 있지 않은 실정이어서 그에 따른 투자 분석이 제대로 이루어지고 있지 않기 때문이다. 실제로 생각지 못한 비용이 추가돼 투자에서 실패를 맛보고 난감한 상황에 봉착하는 경우도 종종 있다.

정부에서도 각종 규제를 완화하는 추세이고, 또한 지자체의 권한을 늘려 민자 개발을 활성화시키는 방향으로 여러 정책을 시행하고 있다. 이에 우리가 눈여겨 봐야 할 것은 바로 45년여 동안 개인의 재산 활용과 지자체의 도시계획에 걸림돌이 되어 왔던 개발제한구역의 범위를 축소하고 지자체에 해제 권한을 이양하면서 우후죽순으로 개발이 이뤄지고 있다는 점이다. 한마디로 천지개벽이 일어날 수도 있는 상황이 전개되고 있는 것이다.

개발제한구역(Development Restriction Area)은 국토계획법에서 도시지역에만 적용되는 구역의 하나로서, 특별히 도시가 무질서하게 외곽으로 확산되는 것을 방지하기 위하여 도시 외곽의 녹지지역 일부를 대상으로 지정되어 있다.

따라서 도시지역이 아닌 농림지역이나 도시지역에서도 주거지역이나 공업지역에는 개발제한구역이 지정되어 있지 않으며, 개발제한구역에서 해제되면 녹지지역으로 남게 되어 녹지지역에 대한 행위제한 규정이 적용된다.

개발제한구역은 말 그대로 개발을 제한하기 위하여 지정되었기 때문에 토지이용규제가 다른 지역에 비하여 강하다. 일반적으로 개발제한구역 내 토지는 개발행위를 할 수 없어 투자 금액이 묶일 가능성이 크고 거래가 원활하지 않아 환금성도 매우 낮은 편이다.

하지만 개발제한구역으로 묶여 있는 토지는 도시지역 내 다른 토지들보다 상대적으로 가격이 싸고 쾌적한 자연환경을 갖추고 있는 경우가 많아서 주거지역으로도 선호되고 있으며, 도시화 진행에 따라 해제가 되기만 하면 대박으로 이어질 수 있다는 기대감을 주고 있다.

흔히 개발제한구역 내 토지 투자는 '대박 아니면 쪽박'이라고 알려져 있다. 토지를 매입한 후 얼마 지나지 않아 개발제한구역에서 해제된다면 대박이지만, 매입하고 긴 시간이 지나도 해제될 기미조차 보이지 않는다면 쪽박일 가능성도 농후하다. 사실 개발제한구역 해제는 특혜 시비에 휩쓸릴 수 있어 정부로서도 조심스러울 수밖에 없는 게 사실이다.

하지만 최근의 흐름은 부동산경기 부양책으로서의 기대감과 원주민들의 재산권 침해의 부당성이 부각되면서 해제 가능성도 점점 커지고 있다. 따라서 도시의 확장 가능성이 크고 땅값이 비싼 지역과 인접한 개발제한구역 내 토지에 관심을 기울여 보는 것도 좋을 것이다.

2020년 12월

코랜드연구소 소장 이인수

차례

제1장

개발제한구역이란
무엇인가?

개발제한구역 제도에 대한 이해

그린벨트의 역사

1971년 7월 30일, 서울시 중심부에서 반경 15km선을 따라 폭 2~10km의 서울·경기도 토지 454.2㎢가 처음으로 그린벨트(개발제한구역)로 지정되었다. 그리고 그 뒤로 부산·대구·광주 등을 비롯하여 1977년 여천을 마지막으로 8차례에 걸쳐 전국 주요 도시 외곽 지역에 그린벨트가 설치되면서 전 국토 면적의 5.45%에 달하는 광대한 규모의 녹지대가 형성된다.

그린벨트는 1960년대 이후 서울의 과밀화와 인구 집중을 해소하기 위한 대도시의 인구 분산 대책의 하나로 논의되다가 1968년 '1·21사건'을 계기로 정치·군사적 상황이 작용하여 전격적으로 지정되었다. 1968년 1월 21일, 김신조를 비롯한 북한 특수부대원 31명이 청와대를 습격하기 위해 종로구 세검정고개까지 침투하자 수도 방위를 목적으로 각종 군사시설을 서울 외곽에 재배치하면서 광범위한 공간이 필요했던 것이다.

1971년 그린벨트 지정은 급속하게 진행되는 도시의 무질서한 확산 방지를 위한 정책적 개발규제와 수도권 방위라는 국방상의 요구가 맞물리면서 이루어졌던 것이다.

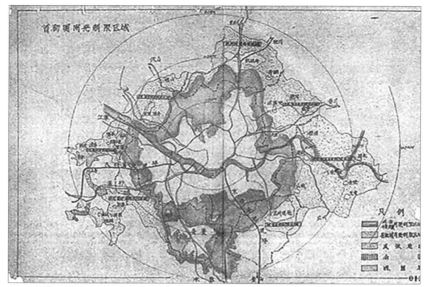

1971년 최초 수립 수도권개발제한구역도(국가기록원 제공)

도시계획법 시행규칙이라는 하위법에 의거해 그린벨트가 지정되었음
에도 불구하고 오랜 시간에 걸쳐 규제가 가능했던 것은 그린벨트에 대한
최고 통수권자의 강력한 정책 의지 때문이었다. 그린벨트와 관련된 사항
을 추진하기 위해서는 관계 부처와의 협의뿐 아니라 국무회의 심의를 거
쳐야 했을 뿐 아니라 대통령의 사전 재가까지 받아야만 했다.

그러나 민주화·다원화가 진행되면서 중앙 정부에 의해 일방적으로 그린
벨트 정책을 유지하는 것이 점차 어려워지기 시작했다. 중산층의 성장과
더불어 재산권 행사 제한 등 희생을 강요당해 왔던 그린벨트 지역 주민과
토지소유자들은 그린벨트 정책에 대한 합리적인 해결책 마련을 요구하기
시작한 것이다. 반면 환경오염이 심화되면서 그린벨트도 도시·국방뿐 아
니라 환경정책의 대상으로 여겨졌고, '도시의 허파'로 보전해야 한다는 인
식 또한 커졌다. 그린벨트를 생태보전구역으로 온전히 보전하려는 요구와
주민의 생활권·소유권 차원에서 규제 완화를 요구하는 그린벨트 내 주민
의 이해가 첨예하게 맞서고 있는 상황이다.

그린벨트는 수도권의 무질서한 확산을 방지하고 대도시 주변의 부동산

투기를 억제하며, 도시민에게 녹지공간을 제공하는 데 큰 역할을 한 것으로 평가받고 있다. 그러나 주민들의 삶의 질 악화에 대한 개선 요구와 불법 시설의 난립 등 문제점 또한 노출되고 있어 합리적인 해결책은 물론 변화된 국토 공간구조와 연계된 기능을 갖출 수 있는 다각도의 정책 모색이 필요하다.

개발제한구역이란 무엇인가?

개발제한구역 변천 과정

제1기 : 구역 지정 및 규제 시기(1971∼1997)

1970년 1월	· 개발제한구역의 전략을 구체화한 도시계획법 변경
1970년 7월	· 서울의 외곽지역을 효시로 개발제한구역 최초 지정
1977년 4월	· 총8회 전국토의 5.4%(16.3억 평) 개발제한구역 지정 (여의도 약 643배) (서울시, 5개 광역시, 28개 시, 36개 군)

주민의 재산권 제약과 도시관리 측면상 불합리한 문제점 대두
지자체별로 개발압력 제기

제2기 : 구역 지정 및 해제 시기(1998 ∼ 현재)

1998년 11월	· 개발제한구역 개선시안 발표 및 전국 12개 도시 공청화 개최
2001년 1월	· 개발제한구역의 지정 및 관리에 관한 특별조치법 제정
2007년 7월	· 수도권 광역도시계획(안) 확정 : 개발제한구역 조정 가능지 지정
2008년 4월	· 개발제한구역 관련지침 변경(안) 확정 공고(국토해양부)
2009년 4월	· 2020년 수도권 광역도시계획 변경 완료 : 개방제한구역 추가해제 물량 확정

개발제한구역은 국토계획법에 따라 도시지역에만 적용되는 구역의 하나로서, 특별히 도시가 무질서하게 외곽으로 확산되는 것을 방지하기 위하여 도시 외곽의 녹지지역 일부를 대상으로 지정되어 있다. 따라서 도시지역이 아닌 농림지역이나 도시지역에서도 주거지역이나 공업지역에는

개발제한구역이 지정되어 있지 않으며, 개발제한구역에서 해제되면 녹지지역으로 남게 되어 녹지지역에 대한 행위제한 규정이 적용된다. 개발제한구역은 말 그대로 개발을 제한하기 위하여 지정되었기 때문에 토지이용규제가 다른 지역에 비하여 강하다.

개발제한구역 제도의 개요 및 절차

헌법 제122조의 규정

세계 어느 나라든지 한정된 토지를 효율적으로 사용하기 위하여 그 이용을 규제하고 있는 바, 우리 헌법 제122조에서도 '국가는 국토의 효율적이고 균형 있는 이용·개발과 보전을 위하여 법률이 정하는 바에 의하여 그에 관한 필요한 제한과 의무를 과할 수 있다.'고 규정하고 있다.

또한 헌법에 근거하여 국토계획법, 농지법, 산림법, 지하수법, 자연공원법, 수도권정비계획법 등 토지이용을 규제하는 많은 법률을 운영하고 있다.

국토계획법에 의한 4대 용도지역

국토계획법에서는 우리 국토를 도시지역, 관리지역, 농림지역, 자연환경지역으로 나누고, 각 용도지역의 관리에 관한 기본원칙을 정하고 있다.

▶ 국토계획법의 시행(2003. 1. 1)으로 국토이용계획과 도시계획을 통합하여 각 시·군이 행정구역 전역에 대하여 도시계획(군 지역은 군 계획)을 수립하여야 한다.

국토계획법에서는 토지를 효율적으로 이용하기 위하여 중요 용도지역인 도시지역에 대하여는 주거지역, 상업지역, 공업지역, 녹지지역 등으로 구분하고, 각 지역의 특성에 맞게 토지이용행위를 규제하고 있다.

예를 들면, 주거지역에서는 공해성 공장 등 주거생활에 지장을 주는 시설은 설치가 제한되고, 공업지역이나 녹지지역에는 아파트를 건축할 수 없는 것 등이다.

※ 지목과 용도지역은 다른 것이다. 지목은 하나하나의 필지에 대하여 그 필지의 기본적인 성격을 정하는 것으로서, 예를 들면 '대', '전', '답', '임야' 등이 있다. 그리고 용도지역은 비교적 큰 지역(일단의 토지)을 대상으로 하기 때문에 주거지역에도 임야나 전·답이 있으며, 녹지지역에도 '대'가 있다.

지구 및 구역

▶ 도시에는 많은 사람이 모여 살면서 토지이용 형태 또한 다양하기 때문에 용도지역만으로는 충분한 관리가 어렵다.

▶ 국토계획법은 4개 용도지역을 바탕으로 하여 그 위에 특별한 목적을 가진 지구나 구역을 지정할 수 있도록 하고 있다.

※ 지구 : 경관지구, 미관지구, 고도지구, 방화지구, 방재지구, 보전지구, 시설보호지구, 취락지구, 개발진흥지구, 특정용도제한지구 등.

※ 구역 : 개발제한구역, 시가화조정구역, 수산자원보호구역, 도시자연공원구역.

개발제한구역을 지정한 이유

우리나라는 60년대부터 산업화가 진행되면서 70년대 초반 서울을 비롯한 중추 도시의 경우 인구가 급증하면서 도시가 팽창해 나가기 시작하였다. 이렇게 도시가 무질서하게 외곽으로 확산되는 경우 교통·주택·환경문제는 물론, 도시 내부의 토지가 비효율적으로 될 수 있고, 도시 외곽의 녹지가 무분별하게 훼손되는 등 많은 문제를 초래할 수 있는데, 이러한 문제를 미리 방지하기 위하여 71년도에 도시계획법(현재는 개발제한구역의 지정 및 관리에 관한 특별조치법)을 개정하여 개발제한구역제도를 도입한 것이다.

※ 개발제한구역의 지정 및 관리에 관한 특별조치법 제3조 제1항

국토교통부장관은 도시의 무질서한 확산을 방지하고 도시 주변의 자연환경을 보전하여 도시민의 건전한 생활환경을 확보하기 위하여 도시의 개발을 제한할 필요가 있거나 국방부장관의 요청이 있어 보안상 도시의 개발을 제한할 필요가 있다고 인정되는 경우에는 개발제한구역의 지정 및 해제를 도시계획으로 결정할 수 있다.

개발제한구역의 또 하나의 목적은 도시 주변의 자연환경보전이다. 최근에 와서 자연환경보전기능이 강조되고 있지만, 이는 도시의 확산을 방지함에 따라 얻어지는 2차적인 효과라고 보아야 할 것이다.

개발제한구역은 어떻게 지정되었나?

구 도시계획법이 정하는 절차에 따라 지정

개발제한구역은 구 도시계획법에서 정한 구역의 하나이다. 따라서 개발제한구역을 새로이 지정하거나 변경 또는 해제하기 위해서는 도시계획법이 정하는 절차에 따라야 한다.

현재의 개발제한구역은 1971년 당시 도시계획법이 정한 절차에 따라 시장·군수가 지방도시계획위원회의 심의를 거쳐 입안하였고, 국토교통부장관이 중앙도시계획위원회의 심의를 거쳐 결정하였다.

주민 의견을 수렴하는 절차 미비

당시 도시계획법에는 도시계획에 대한 주민 의견을 수렴하는 절차가 규정되어 있지 않아 개발제한구역을 지정할 때에도 이러한 절차를 거치지 않았다. 이로 인하여 지금도 지정 절차가 비민주적이었다는 비난을 받고 있다.

다만, 당시에는 개발제한구역이 무엇인지 잘 몰랐기 때문에 의견 수렴 절차가 있었다고 하더라도 그 결과는 크게 달라지지 않았을 것으로 보여진다.

주민의견청취제도는 1981년도에 도시계획법을 개정하여 도입하였다.

충분한 사전조사 및 검토 미비

그린벨트 지정 당시에도 개발제한구역 결정에 앞서 사전조사와 검토를 하였다. 그렇지만 일시에 많은 지역을 지정하면서 한정된 시간 내에 제한된 인력 등으로 충분한 조사·검토를 하지 못 해, 하나의 대지 또는 한 마을이 개발제한구역으로 양분되는 등의 사례가 발생하기도 하였다.

개발제한구역 내에서 할 수 있는 행위

개발제한구역 안에서는 그 구역 지정 목적에 위배되는 건축물의 건축 및 용도 변경, 공작물의 설치, 토지의 형질 변경, 죽목의 벌채, 토지의 분할, 물건을 쌓아놓는 행위 또는 국토계획법 제2조 제11호의 규정에 의한 도시계획사업의 시행을 할 수 없다. 다만, 구역 지정 목적에 지장이 없는 행위는 시장·군수 또는 구청장의 허가를 받아 이를 행할 수 있다. 그 주요 내용을 시설의 종류별로 예시하면 다음과 같으며, 각 시설에 대한 세부적인 건축 또는 설치의 범위는 개발제한구역의 지정 및 관리에 관한 특별조치법 시행령 별표 1에서 정하고 있다.

▶ 공원, 녹지, 실외 체육시설, 시장·군수·구청장이 설치하는 노인의 여가 활용을 위한 소규모 실내 생활체육시설 등 개발제한구역의 존치 및 보전관리에 도움이 될 수 있는 시설.

▶ 도로, 철도 등 개발제한구역을 통과하는 선형(線形)시설과 이에 필수적으로 수반되는 시설.

▶ 개발제한구역이 아닌 지역에 입지하는 것이 곤란하여 개발제한구역 내에 입지해야만 그 기능과 목적이 달성되는 시설.

▶ 국방·군사에 관한 시설 및 교정시설.

▶ 개발제한구역 주민의 주거·생활편익·생업을 위한 시설. 또한, 농사를 짓기 위하여 논·밭을 갈거나 파는 행위 등 농림수산업을 영위하기 위한 것이나 가옥 내부를 개조 또는 수리하는 주택을 관리하는 행위, 마을 공동의 우물을 파는 행위, 마을공동사업 등 경미한 행위에 대하여는 별도의 허가나 신고 없이 가능하도록 하고 있다. (개발제한구역의 지정 및 관리에 관한 특별조치법 시행규칙 제12조)

행위 허가 절차

건축물의 건축·용도 변경 및 공작물의 설치에 관한 허가 또는 신고는 건축법 시행규칙의 해당 서식을 갖추어야 하며, 토지의 형질 변경, 토석의 채취, 죽목의 벌채, 토지의 분할, 물건의 적치에 관한 허가를 얻고자 하는 자는 개발제한구역의 지정 및 관리에 관한 특별조치법 시행규칙 제7조 제1항 제2호에서 정하는 서식을 갖추어 해당 시장·군수 또는 구청장에게 신청하여 한다.

법령 등의 위반자

▶ 시정명령(제30조), 이행강제금부과(제30조의 2), 징역 또는 벌금(제31조), 과태료(제34조)를 부과하는 등의 조치를 통하여 개발제한구역에서 발생하는 불법행위를 예방하고 단속함으로써 개발제한구역의 지정 목적이 달성되도록 관리하고 있다.

국토계획법으로 보는 개발제한구역

국토계획법으로 본 개발제한구역

광역도시계획		도시기본계획		
도시 용지	주거·상업·공업지역	시가화 용지	주거지역	• 주거·상업·공업지역 • 택지개발예정지구 용지 • 산업단지·농공단지 • 전원개발사업구역 용지 • 어린이·근린공원 • 제2종 지구단위계획구역
			상업용지	
			공업용지	
			관리용지	
도시화 예정 용지	• 도시지역, 관리지역 중 장래 도시용지로 이용할 지역 • 개발제한구역의 조정가능지역 중 개발할 지역 • 개발제한구역, 녹지지역 관리지역 중 보전할 지역 • 도시공원 • 농림지역 • 자연환경보전지역 • 상수원보호 관련지역 • 호수·하천구역 및 수변구역 • 개발제한구역의 조정가능지역 중 보존할 지역	시가화 예정 용지		• 자연녹지지역 • 관리계획이 미수립된 계획관리지역·개발진흥 지구 • 개발제한구역 • 보전·생산·자연녹지지역 중 시가화예정용지를 제외한 지역 • 농림·자연환경보전지역 • 보전·생산·계획관리지역 중 시가화예정용지를 제외한 지역 도시공원(어린이·근린제외) • 문화재보호구역 • 상수원보호 관련 지역 • 호소·하천구역 및 수변구역

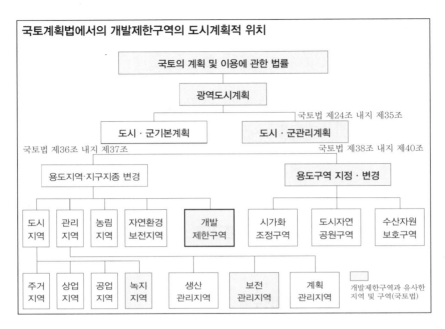

국토계획법에서의 개발제한구역의 도시계획적 위치

국토의 계획 및 이용에 관한 법률

광역도시계획

국토법 제24조 내지 제35조

도시 · 군기본계획   도시 · 군관리계획

국토법 제36조 내지 제37조   국토법 제38조 내지 제40조

용도지역·지구지종 변경   용도구역 지정 · 변경

| 도시지역 | 관리지역 | 농림지역 | 자연환경보전지역 | 개발제한구역 | 시가화조정구역 | 도시자연공원구역 | 수산자원보호구역 |

| 주거지역 | 상업지역 | 공업지역 | 녹지지역 | 생산관리지역 | 보전관리지역 | 계획관리지역 |

개발제한구역과 유사한 지역 및 구역(국토법)

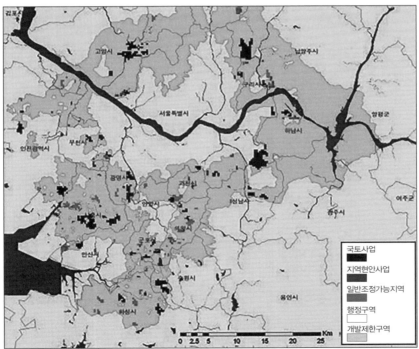

수도권 개발제한구역(GREEN BELT) 제도의 개요

개발제한구역

도시의 무질서한 확산을 방지하고 도시 주변의 자연 환경을 보전하여 도시민의 건전한 생활 환경을 확보하기 위하여, 또는 국방부장관의 요청이 있어 보안상 도시의 개발을 제한할 필요가 있다고 인정되는 때에는 국토교통부장관이 그 도시의 주변 지역에 대하여 도시개발을 제한할 구역의 지정을 도시계획으로 결정할 수 있다.

이 구역 안에서는 주택지조성사업, 공업용지조성사업과 기타 그 구역 지정의 목적에 위배되는 도시계획사업을 시행할 수 없다.

개발제한구역 내 취락지구

개발제한구역(그린벨트) 내 취락지구는 일정 규모 이상의 주택이 집단적으로 들어선 마을로 그린벨트에서 해제되지는 않지만 해제에 준할 정도로 건축규제가 완화된다. 이는 대규모 취락이 우선해제 대상으로 선정돼 그린벨트라는 족쇄에서 완전히 벗어나지만 소규모 취락은 여전히 재산권 행사에 큰 제약을 받는 데 따른 보완 조치로 마련된 것이다.

그린벨트 내 취락지구로 지정되면 기존 주택을 최고 90평까지 증·개축할 수 있게 된다. 또 신축의 경우 건폐율 40% 범위 내에서 3층까지 지을 수 있어 취락지구 밖의 건축규제(건폐율 20%·용적률 100%)보다 완화된다. 지정 대상은 일단 3,000평당 주택의 수가 20가구 이상인 곳으로 지자체의 판단에 따라 5가구 정도 가감될 수 있다. 이때 나대지도 1가구의 주택으로 간주된다.

한편 공익사업으로 철거되는 건축물과 재해로 인해 이축이 불가피한 건축물 등은 취락지구가 지정되기 이전이라도 지구 지정 요건을 갖춘 곳으로 옮겨갈 수 있다.

토지매수청구권 제도

개발제한구역 지정 이전의 지목(기존 용도)대로 사용할 수 없게 되어 보유한 토지의 가치가 현저히 하락한 토지의 경우, 소유주는 국가를 상대로 매수청구권을 행사할 수 있다.

특별조치법에 따른 매수 대상 토지

▶ 토지 가격이 동일한 개발제한구역 내 읍·면·동의 동일 지목에 해당하는 개별공시지가의 평균치보다 50% 미만으로 하락한 경우.

▶ 토지에 대한 행위 제한으로 토지의 합법적 사용 및 수익을 얻는 것이 사실상 불가능하게 된 경우로 규정할 수 있으며, 구체적인 판정 기준은 시행령으로 정하도록 하고 있다.

국가는 2개월 안에 매수 여부와 예정매입가격을 통보해야 하며 매수 기간은 토지 소유자에게 통보한 날로부터 3년 이내다.

토지소유자는 매입 가격이 부당하다고 판단할 경우, 중앙토지수용위원회에 이의신청을 할 수 있다.

훼손부담금 제도

개발제한구역의 훼손을 억제하고 개발제한구역 내 주민지원사업 등 관리에 필요한 재원 마련을 위해 훼손부담금을 징수, 국가에 매수 청구된 토지의 매수 비용 및 도로, 상하수도 등 주민지원사업의 설치 비용과 구역 관리비 등으로 사용토록 한다.

▶ 개발제한구역 내 사업 대상지와 구역 밖의 동일한 지목을 가진 토지와의 지가 차액 100%를 부과하는 것을 원칙으로 하되 건축물의 목적에 따라 부과율과 감면 폭을 차등화 한다.

▶ 그린벨트 관리에 도움이 되는 공공시설(도로, 공원, 철도, 주차장)과 실외 체육시설 및 여가활용시설(휴양림, 수목원)의 부과율을 50%로 한다. 다만 이러한 시설도 건축물 부지에 대해서는 100%를 징수한다.

▶ 주택과 근린생활시설, 농림수산업시설, 주민공동이용시설 및 영농을 위한 토지 형질 변경 행위에 대해서는 전액 면제한다.

또한 공익시설(학교, 폐기물처리시설, 도서관, 파출소, 동사무소, 보육시설)은 30%의 감면율을 적용한다.

부담금 산정은 다음 방식에 따른다.

부담액 = (기준 금액×형질 변경 허가면적)×부과율×(1-감면율)

기준 금액은 개발제한구역 내 시설 설치 대상 토지의 개별공시지가와 동일 시·군·구 안의 구역 외 동일 지목의 평균 지가와의 차이로 한다.

그린벨트 관리 계획

구역 조정 이후 존치되는 구역을 보다 종합적으로 관리하기 위해 시·도 지사가 계획안을 수립해 관계부처 협의 및 도시계획위원회 심의를 거친 뒤 국토교통부장관의 승인을 받아 5년 단위의 개발제한구역 관리계획을 수립토록 한다.

그동안 개발제한구역 안에 대규모 시설을 설치할 때는 개별적으로 건설교통부장관의 사전승인을 받은 후 시장·군수가 설치허가를 했으나 앞으로 사전승인제도가 폐지됨에 따라 대규모 시설은 반드시 관리계획에 반영돼야만 시장·군수가 설치 허가를 할 수 있다.

3,000㎡ 이상인 건축물 건축이나 10,000㎡ 이상인 토지 형질 변경 행위에 대해서는 시장·군수가 허가를 하기 전에 주민의견 청취, 관계기관 협의 및 도시계획위원회의 심의를 거쳐야 한다.

도시지역 내 녹지지역과 그린벨트의 차이

도시지역 내 녹지지역은 어떻게 세분될까?

도시지역 내의 녹지지역 토지는 2가지의 큰 기능을 가지고 있는 땅이다.

도시 기능이라고 하면, 주거+상업+공업 기능이라고 본다. 이러한 기능을 할 수 있는 토지가 앞서 언급된 도시 내의 주거지역, 상업지역, 공업지역의 토지가 지정되어 있지만, 이러한 기능의 토지가 부족하다면 어떤 토지를 비축해 뒀다가 그러한 도시 기능을 할 수 있는 토지로의 전환을 해서 사용할 수 있게 해야 한다. 그래서 이렇게 도시지역에 부족한 도시 기능

용도를 대체하기 위해서 도시지역 내에 녹지지역 중 자연녹지와 생산녹지를 지정해 둔다.

두 번째로 녹지지역의 기능은 도시의 환경과 도시민의 건강을 위해 반드시 보존해야 할 일부의 도시 내 토지도 있어야 한다. 그래서 보존녹지라고 지정하여 환경과 건강을 위해 개발하지 않겠다는 의지로 지정된 토지가 도시 내의 보존녹지라고 봐야 할 것이다.

도시 내의 녹지지역이라는 토지와 그린벨트라는 말을, 그린(Green)이라는 어원으로 인해 혼동을 일으킨 것으로 알고 있다. 같은 토지로 생각할할 수밖에 없는 이유와 차이에 대해서는 다음과 같다.

토지제도에는 용도지역/지구제가 있다. 용도지역제로 토지의 이용 및 관리를 하려고 하다 보니 효율적으로 할 수가 없어서, 용도지역 내에 관리의 효율을 기하려고 추가적 관리제도를 만들었던 것이 용도구역제이다. 다시 말해서 녹지지역이 용도지역제의 토지 분류에서 나온 것이라면, 그린벨트는 용도구역제에서 나온 말이다.

따라서 용도지역의 녹지지역을 효율적으로 관리하기 위해 개발제한구역이라는 그린벨트구역으로 지정하게 되면 그린벨트가 지정된 녹지지역 토지는 개발할 수 없게 되고, 그린벨트로 지정되지 않은 녹지지역은 도로법, 건축법, 농지법, 산지법 상의 문제가 없다면 개발이 가능한 토지라는 차이가 있다.

정리를 해보면, 자연녹지나 생산녹지인 녹지지역 토지는 그린벨트가 지정되어 있지 않으면 개발이 가능하고, 그린벨트 지정이 된 녹지지역은 개발이 불가능하다고 이해하면 된다.

그린벨트와 유사한 지역

구 분	정 의	비 고
개발제한 구역	① 국토교통부장관은 도시의 무질서한 확산을 방지하고 도시 주변의 자연환경을 보전하여 도시민의 건전한 생활환경을 확보하기 위하여 도시의 개발을 제한할 필요가 있거나 국방부장관의 요청이 있어 보안상 도시의 개발을 제한할 필요가 있다고 인정되는 경우에는 개발제한구역의 지정 또는 변경을 도시관리계획으로 결정할 수 있다. ② 개발제한구역의 지정 또는 변경에 관하여 필요한 사항은 따로 법률로 정한다.	용도 구역 (개별법)
자연환경 보전지역	자연환경.수자원·해안생태계.상수원 및 문화재의 보전과 수산자원의 보호육성 등을 위하여 필요한 지역	용도 지역
녹지지역	자연환경농지 및 산림의 보호, 보건위생, 보안과 도시의 무질서한 확산을 방지하기 위하여 녹지의 보전이 필요한 지역	가. 보전녹지지역 : 도시의 자연환경.경관산림 및 녹지공간을 보전할 필요가 있는 지역 나. 생산녹지지역 : 주로 농업적 생산을 위하여 개발을 유보할 필요가 있는 지역 다. 자연녹지지역 : 도시의 녹지공간의 확보, 도시확산의 방지, 장래 도시용지의 공급 등을 위하여 보전할 필요가 있는 지역으로서 불가피한 경우에 한하여 제한적이 개발이 허용되는 지역	도시 지역 내
보전관리 지역	자연환경 보호, 산림 보호, 수질오염 방지, 녹지공간 확보 및 생태계 보전 등을 위하여 보전이 필요하나, 주변의 용도지역과의 관계 등을 고려할 때 자연환경보전지역으로 지정하여 관리하기가 곤란한 지역	관리 지역 내
시가화 조정구역	① 국토교통부 장관은 직접 또는 관계 행정기관의 장의 요청을 받아 도시지역과 그 주변 지역의 무질서한 시가화를 방지하고 계획적·단계적인 개발을 도모하기 위하여 대통령령이 정하는 일정기간 동안 시가화를 유보할 필요가 있다고 인전되는 경우에는 시가화조정구역의 지정 또는 변경을 도시관리계획으로 결정할 수 있다. ② 시가화 조정구역의 지정에 관한 도시관리계획의 결정은 제1항의 규정에 의한 시가화 유보기간이 만료된 다음 날부터 그 효력을 상실한다. 이 경우 국토교통부 장관은 대통령령이 정하는 일정 기간 동안 시가화를 유보할 필요가 있다고 인정되는 경우에는 시가화 조정구역의 지정 또는 변경을 도시관리계획으로 결정할 수 있다.	용도구역
	① 시·도지사는 도시의 자연환경 및 경관을 보호하고 도시민에게 건전한 여가·휴식공간을 제공하기 위하여 도시지역 안의 식생이 양호한 산지(산지)의 개발을 제한할 필요가 있다고 인정하는 경우에는 도시자연공원구역의 지정 또는 변경을 도시관리계획으로 결정할 수 있다. ② 도시자연공원구역의 지정 또는 변경에 관하여 필요한 사항은 따로 법률로 정한다.	공원자연보전지구 공원자연환경지구 공원자연마을지구 공원밀집마을지구 공원집단시설지구	

자연녹지지역과 그린벨트의 건축기준

녹지지역과 그린벨트에 대해 혼동하는 경우가 많다. 하지만 녹지지역은 건축법에서 그린벨트는 도시계획법에서 규정하고 있는 개념이다.

녹지지역의 건축기준

녹지지역은 자연환경·농지 및 산림의 보호, 보건위생, 보안과 도시의 무질서한 확산 방지를 위하여 녹지의 보전이 필요한 지역에 지정한다.

우리나라 도시계획구역의 76.4%가 녹지지역이다. 이 녹지지역엔 그린벨트도 일부 포함되어 있다. 서울은 41.8%인 253㎢가 녹지지역이다. 녹지지역 중 도시의 자연환경이나 경관, 수림·녹지보전을 위해 보전녹지지역을, 농업 활동이 가능한 지역을 생산녹지지역으로, 제한적인 개발을 허용할 필요가 있는 곳은 자연녹지지역으로 세분하여 지정하는 데 90% 이상이 자연녹지지역이다.

건폐율은 전지역 20% 이하이나 자연취락지구인 경우는 40% 이하로 건축한다. 용적률 기준을 보면 보전녹지는 80%, 생산녹지 200%, 자연녹지 100% 이하(서울은 50% 150% 60%)로 건축한다.

허용용도는 구체적으로 살펴보면 보전녹지지역에는 단독주택과 500㎡ 이하의 근린생활시설, 초·중·고등학교, 농축수산업용의 창고, 종교집회장, 전시장, 의료시설, 축사 등 동식물 관련 시설, 묘지 관련 시설 등 극히 제한적인 용도만 건축할 수 있다.

생산녹지지역에서는 단독주택과 1,000㎡ 이하인 근린생활시설, 집회·

관람·전시장, 농·임·축·수산용 판매시설, 도정 및 식품공장과 1차산업생산품의 가공공장이 가능하며, 위험물저장 및 처리시설, 자동차 운전·정비학원, 분뇨 및 쓰레기처리시설과 묘지 관련 시설의 설치가 가능하다.

자연녹지지역은 단독·연립·다세대주택과 근린생활시설과 의료·운동·창고·동식물·공공용 시설과 묘지 관련 시설, 관광휴게시설 등 다른 지역과 달리 허용용도가 다양한 편이다. 또한 10,000㎡ 이하의 판매시설(대형할인점 및 중소 기업공동판매시설)도 설치할 수 있다.

녹지지역에서는 주거지역과 달리 일조 규정은 적용되지 않는다. 건폐율과 용적률이 제한되어 있으므로 굳이 일조 기준을 적용할 필요가 없기 때문이다.

조경 면적은 건축조례에서 건축물의 규모에 따라 달리 정하고 있는데 서울의 경우 대지면적의 5~15%를 조경 면적으로 확보하는 일반기준과 달리 자연·보전녹지의 경우 30% 이상 조경 면적을 확보토록 기준을 강화하고 있다. 반면 읍·면의 자연녹지일 때는 조경 면적을 확보하지 않을 수 있다.

이러한 건축기준은 건축법에서 규정하고 있는데, 구체적인 사항은 지방자치단체의 조례에서 따로 정하고 있으므로 별도로 확인을 해야 한다.

그린벨트의 건축기준

그린벨트와 녹지지역은 전혀 다른 건축기준을 갖고 있다.

그린벨트는 도시계획법에 따라 건축하여야 한다. 개발제한구역이 본래의 이름이다. 도시가 무분별하게 확산되는 것을 방지하기 위하여 도시 주위를 일정한 너비로 개발을 제한하다 보니 자연스럽게 녹색 띠를 두르게 되어 보통 그린벨트(Green Belt)라고 부른다.

1999년부터 그린벨트를 정비, 일부 해제하는 방향으로 검토가 이루어지고 있는데, 해제되지 아니한 지역에서는 엄격한 규제를 받게 된다.

개발제한구역의 건축기준은 다음과 같다. 최소 대지면적은 60㎡ 이상, 건폐율 60%, 용적률 300%를 적용받는다. 개발제한구역 지정 당시 지목이 대지인 토지 중 나대지와 구역 지정 당시 이미 주택이 있는 경우는 3층 이하의 단독주택이나 근린생활시설을 신축할 수 있는데, 그 중 구역 안에 5년 이상 계속 거주한 자는 연면적 200㎡ 이하의 휴게·일반음식점을 건축할 수 있다.

주택을 증축하는 경우, 기존 면적을 포함하여 3층 이하 100㎡ 이하까지 건축할 수 있다. 이때 기존 부속 건축물이 있는 경우는 기존 부속 건축물을 포함하여 66㎡까지, 지하층인 경우는 100㎡까지 건축할 수 있다.

그러나 개발제한구역 안에 5년 이상 계속 거주한 자의 경우는 132㎡까지, 구역 지정 이전부터 거주했던 자는 200㎡까지(다세대·연립의 경우 세대당 132㎡ 이하) 가능하며, 구역 지정 당시의 거주자나 기혼 자녀의 분가를 위한 경우는 기존 면적을 포함하여 300㎡까지 가능하다. 이때 기혼 자녀의 분가용으로 100㎡ 이상 건축되게 하여야 한다.

기타의 경우는 매우 엄격하게 법규에서 정하는 용도만 건축하게 하고 있다.

구분	보전녹지	생산녹지	자연녹지	그린벨트
건폐율		20%		60%
용적률	80%	200%	100%	300%
대지분할 제한면적		200㎡		60㎡ (신축의 경우 330㎡)

그린벨트에 대한 오해와 편견

그린벨트는 수도권에만 있다?

현재 남아 있는 그린벨트는 서울-인천-경기 등 수도권에 가장 많으나, 수도권에만 있는 것은 아니다. 대전, 대구, 울산, 광주, 부산 등 광역시 주변과, 창원시(마산-창원-진해) 주변에 잔존한다. 그 면적도 적지 않다. 서울시의 경우에는 전체 면적의 25%, 부산과 울산은 30% 이상이 그린벨트다.

그린벨트는 중소도시에도 남아 있다?

1970년대 당시에는 전국 14개 지역에 그린벨트가 지정되었다. 8차례에 걸쳐 전국 14개 도시권에 5,397㎢(전국토의 5.4%)가 지정되었다.

전국의 춘천, 청주, 전주 등 도청 소재지와 여수, 진주 등 지방의 공업지역에 지정되었으나 2000년대에 들어서면서 지금은 수도권, 광역시, 마산·창원·진주 등 7개 지역 외에는 모두 해제되었다.

그린벨트는 자연환경보호가 주목적이다?

최초 그린벨트를 지정할 당시의 목적은 우선 대도시 인구집중의 억제 격리와 환경보호, 그리고 군사적 목적도 있었다. 당시에는 자연환경보호가 주목적이 아니었다.

그린벨트에서는 모든 개발행위를 할 수 없다?

그린벨트 지역에서는 관련 근거법(개발제한구역의 지정 및 관리에 관한 특별법)에 따라 일체의 개발행위가 규제를 받고, 제한 혹은 금지되고 있다. 그러나 그 중에는 허가를 받아 할 수 있는 행위, 신고로 할 수 있는 행위와 허가나 신고 없이 할 수 있는 행위가 구분돼 명시되어 있다.

그린벨트 근거법은 도시계획법이다?

그린벨트 지정 당시 초기의 지정 근거는 도시계획법이었다. 그러나 이후 현행 개발제한구역의 지정 및 관리에 관한 법률이 제정되었다. 도시계획법은 2003년 현 국토계획법이 제정되면서 폐지된 구법이다.

그린벨트에서도 지목 변경과 용도 변경이 가능하다?

물론 가능하지만, 근거법에 의해 엄격한 제한을 받고 있기 때문에 그린벨트 이외의 지역에서와 같은 일반적인 지목 변경이나 용도 변경은 허용되지 않는다. 농지전용, 산지전용, 개간, 벌채, 묘지 설치 등의 행위도 원칙적으로 금지되며, 다만 법이 정한 범위(주체, 요건, 절차 등) 내에서만 가능하다.

그린벨트의 역습

그린벨트 지역 주민들은 정부에서 설정한 그린벨트로 인해 오랫동안 사유재산권을 침해받았다. 이들은 영농 외에는 다른 목적으로 이용할 기회 자체가 원천적으로 봉쇄당했다. 더구나 그린벨트에서 제외된 옆 동네 토지가 개발돼 땅값이 폭등하는 것을 지켜보면서 상대적 박탈감에 시달려왔으며, 빗금 하나 차이로 땅값이 수십 배 차이 나는 불합리한 상황이 곳곳에서 나타났던 것이다.

그들에게 지금 다시 헐값 수용이라는 폭탄이 떨어지고 있다. 이명박 정부 시절 수도권 최대 규모의 보금자리지구로 지정되었던 경기도 K시의 경우, 그린벨트로 지정되기 직전인 2009년 말에는 인접한 S 시에 소재한 동일한 조건의 토지보다 땅값이 비쌌다. 서울 접근성이 좋기 때문이다.

하지만 K시 그린벨트 지역 대부분이 보금자리주택 용지로 지정되면서

S 시의 땅값은 치솟았는데, 토지 수용으로 인한 대토 수요가 중요한 원인이었다. S 시 그린벨트 땅값은 그 전 해에 비해 30% 정도 올랐다. 2009년 말 3.3㎡당 시가 100만 원이던 K 시 토지의 공시지가는 50만 원 안팎이었는데, 보금자리 사업자인 LH에선 공시지가의 1.6배 정도에 수용할 것이란 말이 흘러나온다. 이것은 100㎡의 토지를 수용당하면 S 시에서 60㎡밖에 살 수 없는 상황이 된다. 결국 다른 곳에서 땅을 사려면 수도권을 떠나야 할 입장이며, 한마디로 디아스포라(Diaspora)를 강요당하는 형국이다. 이런 사정은 다른 지역도 대동소이하다.

일본에선 이런 일이 있었다. 홋카이도의 한 지방자치단체가 구불구불한 시골 도로를 정비하기 위해 산을 관통하는 터널을 뚫기로 했다. 우선 입구 쪽 땅을 매입한 뒤 공사에 착수했으나 출구 쪽 땅 주인들이 반발하고 나섰다. 일방적으로 지자체가 공사를 시작한 뒤 소유자에게 땅을 팔라고 강요하는 행정 절차에 굴복할 수 없다는 것이었다. 해당 지자체는 10여 년을 허비하고 수백억 원을 낭비한 끝에 결국 2007년 터널공사를 포기한다고 발표했다. 공무원들은 TV에 나와 "지주와 협의도 없이 성급하게 공사에 착수한 게 잘못이다. 죄송하다."며 계속해서 고개를 숙였다.

우리나라 같으면 일부 땅 주인의 '버티기'를 탓하는 주장이 나올 법 했지만 일본 현지 여론은 그렇지 않았다. 땅 소유자의 행위는 당연한 사유재산권 행사라는 인식 아래 지자체에 더 큰 귀책 사유가 있다는 평가가 많았다. 소수자의 권익을 가볍게 여기는 발상은 시장경제를 채택한 자유 민주 국가에서는 있을 수 없는 일인 것이다.

정부는 도시 주변의 무분별한 개발을 막기 위해 그린벨트 정책을 시행해왔다. 따라서 수십 년간 그린벨트 내에서 살아온 주민들이 고향을 떠난 뒤 최소한 인근 지역에서 살 수 있는 기반은 마련해 줘야 할 것이다. 국가 대의를 위해 이들이 희생해온 과거를 잊어서는 안 된다.

그린벨트의 지정과 해제

그린벨트의 지정과 해제 절차

해제 절차 1

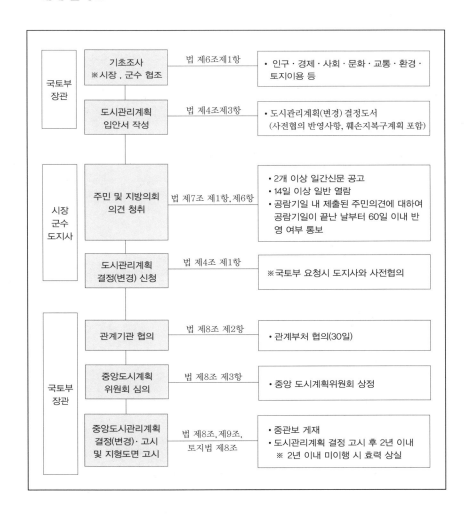

국토부 장관	기초조사 ※시장 , 군수 협조	법 제6조제1항	• 인구 · 경제 · 사회 · 문화 · 교통 · 환경 · 토지이용 등
	도시관리계획 입안서 작성	법 제4조제3항	• 도시관리계획(변경) 결정도서 (사전협의 반영사항, 훼손지복구계획 포함)
시장 군수 도지사	주민 및 지방의회 의견 청취	법 제7조 제1항, 제6항	• 2개 이상 일간신문 공고 • 14일 이상 일반 열람 • 공람기일 내 제출된 주민의견에 대하여 공람기일이 끝난 날부터 60일 이내 반영 여부 통보
	도시관리계획 결정(변경) 신청	법 제4조 제1항	※국토부 요청시 도지사와 사전협의
국토부 장관	관계기관 협의	법 제8조 제2항	• 관계부처 협의(30일)
	중앙도시계획 위원회 심의	법 제8조 제3항	• 중앙 도시계획위원회 상정
	중앙도시관리계획 결정(변경) · 고시 및 지형도면 고시	법 제8조, 제9조, 토지법 제8조	• 중관보 게재 • 도시관리계획 결정 고시 후 2년 이내 ※ 2년 이내 미이행 시 효력 상실

해제 절차 2. 그린벨트 해제절차 지역현안 사업

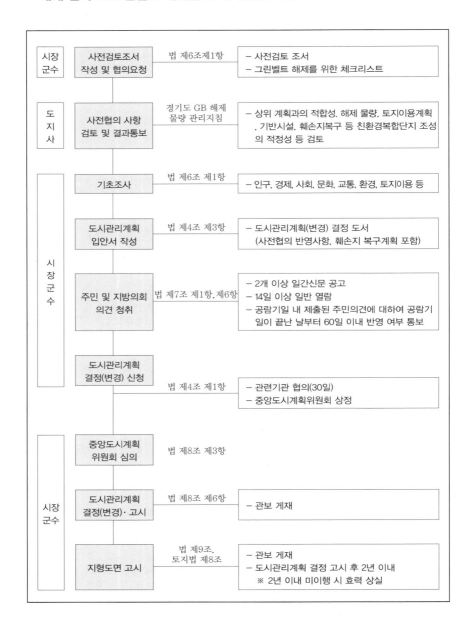

| 시장
군수 | 사전검토조서
작성 및 협의요청 | 법 제6조제1항 | - 사전검토 조서
- 그린벨트 해제를 위한 체크리스트 |

| 도
지
사 | 사전협의 사항
검토 및 결과통보 | 경기도 GB 해제
물량 관리지침 | - 상위 계획과의 적합성, 해제 물량, 토지이용계획
, 기반시설, 훼손지복구 등 친환경복합단지 조성
의 적정성 등 검토 |

| | 기초조사 | 법 제6조 제1항 | - 인구, 경제, 사회, 문화, 교통, 환경, 토지이용 등 |

| 시
장
군
수 | 도시관리계획
입안서 작성 | 법 제4조 제3항 | - 도시관리계획(변경) 결정 도서
(사전협의 반영사항, 훼손지 복구계획 포함) |

| | 주민 및 지방의회
의견 청취 | 법 제7조 제1항, 제6항 | - 2개 이상 일간신문 공고
- 14일 이상 일반 열람
- 공람기일 내 제출된 주민의견에 대하여 공람기
일이 끝난 날부터 60일 이내 반영 여부 통보 |

| | 도시관리계획
결정(변경) 신청 | 법 제4조 제1항 | - 관련기관 협의(30일)
- 중앙도시계획위원회 상정 |

| 시
장
군
수 | 중앙도시계획
위원회 심의 | 법 제8조 제3항 | |

| | 도시관리계획
결정(변경)·고시 | 법 제8조 제6항 | - 관보 게재 |

| | 지형도면 고시 | 법 제9조,
토지법 제8조 | - 관보 게재
- 도시관리계획 결정 고시 후 2년 이내
※ 2년 이내 미이행 시 효력 상실 |

해제 절차 3

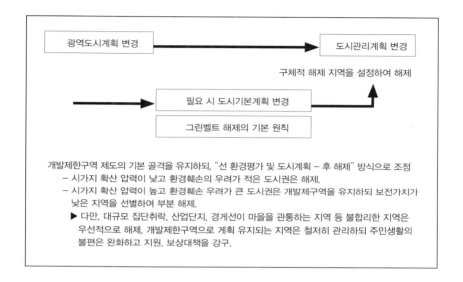

개발제한구역 제도의 기본 골격을 유지하되, "선 환경평가 및 도시계획 – 후 해제" 방식으로 조정
  – 시가지 확산 압력이 낮고 환경훼손의 우려가 적은 도시권은 해제.
  – 시가지 확산 압력이 높고 환경훼손 우려가 큰 도시권은 개발제구역을 유지하되 보전가치가
    낮은 지역을 선별하여 부분 해제.
  ▶ 다만, 대규모 집단취락, 산업단지, 경계선이 마을을 관통하는 지역 등 불합리한 지역은
    우선적으로 해제, 개발제한구역으로 계획 유지되는 지역은 철저히 관리하되 주민생활의
    불편은 완화하고 지원, 보상대책을 강구.

그린벨트 해제의 구체적 내용

해제 가능 지역

▶ 취락지구 외 지역에 있는 주택의 지구 내 이축 허용.

▶ 주택 증·개축과 지구 내로 이축 시 국민주택기금을 장기저리 융자.

▶ 개발제한구역의 지정 목적에 맞는 범위 내에서 지역 여건에 따라 옥외 체육시설과 수목원, 휴양림, 생태공원 등 자연친화적 휴식공간의 설치. 단, 토지매수 등 재산권 보상을 위한 제도를 마련. 우선, 개발제한구역 지정으로 종래 목적대로 토지를 사용할 수 없게 된 토지소유자에게 매수청구권을 부여.

▶ 개발제한구역의 효율적인 관리를 위해 필요한 경우 토지소유자와의 협의를 거쳐 토지를 매수. 단, 존치되는 구역의 주민불편을 최소화 하되 구역 훼손 행위는 엄격하게 금지한다.

제척 기준

① 대규모 환경훼손이 수반되는 지역, 기준 표고 70m 이상인 지역, 녹지축을 단절하는 지역.
② 도시간 연담화가 우려되고 다른 지역과의 갈등을 초래하는 지역.
③ 지가급등, 투기행위 성행, 지장물 남설 등 지가 관리 실패 지역.
④ 수질보전지역, 홍수 등 재해 위험지역, 공항 주변 등 도시개발억제 지역.
⑤ 당해 지역 개발로 인해 인접 지역의 급격한 쇠퇴, 재개발 곤란, 심각한 교통문제 등 도시 문제를 크게 악화시킬 우려가 높은 지역.

개발제한구역 주민 불편 상황 개선

1. 음식점 부설주차장 규모(200㎡ → 300㎡)를 확대하여 이용객 불편 해소. (2013. 10)
2. 대지화 된 토지를 농지로 형질 변경 시 신고로 갈음. (2012. 5)
3. 공익사업 시행으로 철거되는 기존 주택, 공장, 종교시설을 취락지구가 아닌 지역으로 이축이 가능하도록 개선. (2012. 2)
4. 그린벨트 지정 당시 대지에서 다른 지목으로 변경된 경우 2015. 12. 31까지 한시적으로 주택, 근린생활시설 건축이 가능하도록 개선. (2014. 4)

5. 전통 사찰 증축 시 대지 조성 면적을 당초 건축 면적 2배에서 건축물 수평투영 면적의 2배 이내로 확대 허용.

수평투영 면적 = 건축 면적 + 처마 면적

6. 개발제한구역 지정 이전에 설치된 모든 청소년수련시설 증축 허용. (2014. 4)

7. 소규모 단절 토지 해제 기준 도로 요건을 폭 15m(중로2류) 이상에서 8~15m(소로2류)로 완화. (2014. 6)

8. 그린벨트 해제는 20만 ㎡ 이상이 원칙이나 기본 그린벨트 해제 지역과 시가지와 인접한 그린벨트 지역은 여가, 복지시설을 확충할 경우 20만 ㎡ 미만도 해제 가능. (2014. 6)

개발제한구역 조정유형

구분	조정가능지역	우선해제
집단취락		I
일반조정가능지역	II	
국책사업 · 지역현안사업	III	IV

기업 투자 및 생산활동 규제 개선

▶ 그린벨트 지정 당시 기존 건축물(공장 등) 증축 시 그린벨트 관리계획 수립 없이 시장·군수 허가만으로 증축이 가능하도록 행정절차 간소화. (2014. 1)

▶ 공장 증축 면적은 당초 기존 공장 연면적 이내 허용을 그린벨트 지정 당시 기존 공장과 부대시설의 연면적을 합산한 규모까지 허용. (2014. 1)

▶ 당초 공장 이축은 기존 공장이 있는 시·군 안에서만 허용되었으나 공

장 인접 시장·군수와 협의하여 인접 시·군의 읍·면·동까지 이축을 허용. (2014)

▶ 직장 어린이집을 의무적으로 설치하여야 하는 기존 공장에 직장 어린이집 설치에 필요한 면적만큼 대지 조성 허용. (2012. 11)

▶ 공장 부지 내 생산품 보관용 임시시설은 천막에서 합성수지도 허용. (2014. 1)

▶ 시·도지사·시장·군수가 설치하는 택시 공영차고지와 부대시설 허용. (2014. 4)

▶ 기존 시가지 등과 연접한 그린벨트 해제 집단취락을 준주거지역, 근린상업지역, 준공업지역으로 개발을 허용하여 집단취락정비사업 활성화. (2014. 6)

▶ 그린벨트 해제 집단취락 정비 시 주변에 녹지, 공원 등이 충분한 경우 공원, 녹지 등을 축소하거나 조성하지 않아도 가능. (2014. 6)

▶ 그린벨트 해제지역 개발에 따른 임대주택 용지가 6개월 이상 매각되지 않는 경우, 분양 주택 용지로 전환 허용. (2014. 6)

▶ 그린벨트 해제 지역 개발에 따른 특수목적 회사 설립 시 민간 출자 비율을 1/2 미만에서 2/3 미만으로 확대. (2014. 6)

▶ 그린벨트 해제 집단취락 정비사업에 필요한 경우 해제 가능 면적 범위 내 그린벨트 추가 해제 가능. (2012. 7)

개발제한구역 주민의 주거·생활 편익 및 생업을 위한 시설

동식물 관련 시설

농림업 또는 수산업 종사자 설치 경우만 해당.

축사, 콩나물재배사, 버섯재배사의 구조와 입지 기준은 시·군·구 조례로 정함. 1가구당 1개 시설만 건축 가능.

① 축사 : 1가구당 기존 면적을 포함하여 1,000㎡ 이하로 설치. (수도권 500㎡) 과수원 및 초지의 축사는 1가구당 100㎡ 이하로 설치.

② 잠실(蠶室) : 뽕나무밭 조성 면적 2,000㎡당 또는 뽕나무 1,800주당 50㎡ 이하.

③ 저장창고 : 소, 말 등의 사육과 낙농을 위하여 설치하는 경우.

④ 양어장 : 유지·하천·저습지 등 농업생산성이 극히 낮은 토지에 설치.

⑤ 사육장 : 1가구당 기존 면적을 포함하여 300㎡ 이하.

⑥ 콩나물재배사 : 1가구당 기존 면적을 포함하여 300㎡ 이하.

⑦ 버섯재배사 : 1가구당 기존 면적을 포함하여 500㎡ 이하.

⑧ 퇴비사 및 발효퇴비장 : 기존 면적을 포함하여 300㎡ 이하.

⑨ 육묘 및 종묘배양장 : 수경재배·시설원예 등 작물 재배를 위한 경우.

⑩ 온실 : 온실 가동에 필요한 기계실 및 관리실은 66㎡ 이하

농수산물 보관 및 관리 관련 시설

① 창고 영농에 종사자로 토지에서 생산되는 생산물·수산물을 저장하기 위한 경우 150㎡ 이하, 토지 면적 이 10,000㎡ 초과 시 초과 면적 1,000분의 10만큼 추가 설치 가능, 농기계 보관용 200㎡ 이하.

② 담배 건조실 잎담배 재배면적의 1,000분의 5 이하.

③ 임시 가설 건축물 1가구당 100㎡ 이하.

④ 지역특산물 가공작업장 : 1가구당 100㎡ 이하, 지정 당시 거주자, 5년 이상 거주자로 지역특산물을 생산하는 자.

⑤ 관리용 건축물 : 토지(부지) 면적 1,000분의 10 이하, 66㎡ 이하.

주택 (건축법 시행령 별표 1 제1호 가목에 따른 단독주택을 말한다. 이하 이 호에서 같다)

① 지정 당시부터 지목이 대지인 토지와 기존의 주택이 있는 토지에만 주택 신축 가능.

② 농어업인으로서 기존 주택을 소유 거주하는 자는 영농 편의를 위해 기존 주택을 철거하고 자기 소유의 농장(과수원)에 주택 신축 가능.

③ 공익사업의 시행으로 거주할 수 없게 된 경우와 재해로 인해 거주할 수 없게 된 경우, 자기 소유의 토지에 신축 가능.

④ 지정 이전부터 건축되어 있는 주택 또는 지정 이전부터 다음 사람 소유의 토지에 건축되어 있는 주택으로서 토지소유자의 동의를 받지 못하여 증축 또는 개축할 수 없는 주택을 취락지구에 신축 가능.

수도권 개발제한구역 지정 현황도

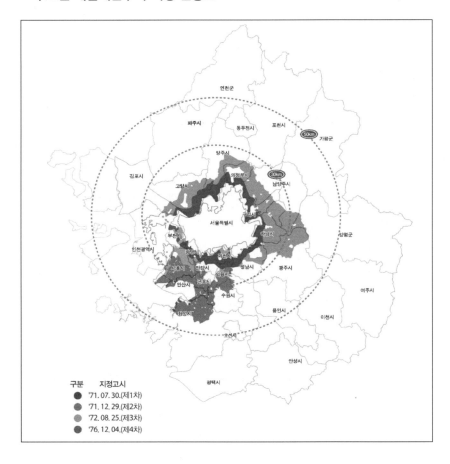

전국 개발제한구역 현황도

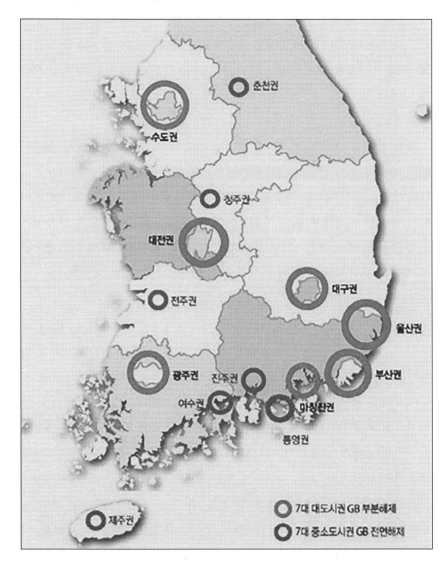

순천권

수도권

청주권

대전권

전주권

대구권

울산권

광주권

진주권

부산권

여수권

마창진권

통영권

제주권

○ 7대 대도시권 GB 부분해제
○ 7대 중소도시권 GB 전면해제

그린벨트는 정부의 토지 창고인가?

그린벨트(greenbelt)는 환경보존 차원에서 정부가 만들어놓은 일종의 제어장치이다. 우리나라 개발제한구역제도는 영국의 그린벨트법을 모체로 하여 1971년 7월 도시계획법을 근거로 서울 주변에 최초로 지정·고시하게 되었다.

과거 김대중 정부는 구시대적인 유산과도 같은 개발제한구역을 점진적으로 해제하기 시작했고, 개발제한구역으로 묶여 수십 년간 사적재산권을 침해받은 사람들에게는 새로운 희망을 주기도 했지만 그로 인해 장기적인 토지 투자를 목적으로 하는 사람들에게는 새로운 틈새시장으로 부각되기 시작했다. 특히 참여정부가 수도권 일대 대규모 택지개발지구를 지정하면서 예상치 못한 대박을 치며 보상을 받는 사람도 생겨나기 시작했다.

개발제한구역은 국토이용관리법상 도시지역에만 적용되는 구역의 하나로서, 특별히 도시가 무질서하게 외곽으로 확산되는 것을 방지하기 위하여 도시 외곽의 녹지지역 일부를 대상으로 지정되어 있다.

따라서 도시지역이 아닌 관리지역이나 도시지역(도시계획구역)에서도 주거지역이나 공업지역에는 개발제한구역이 지정되어 있지 않으며, 개발제한구역에서 해제되면 녹지지역으로 남게 되어 녹지지역에 대한 행위제한 규정이 적용된다.

이 구역 내에서는 건축물의 신축·증축, 용도 변경, 토지의 형질 변경 및 토지분할 등의 행위를 제한하고 있다. 그러나 국토교통부장관, 도지사, 시장, 군수 등의 승인 또는 허가를 받아 구역설정 목적에 위배되지 않는 한도 안에서의 개발행위는 가능하다.

정부가 바뀌어도 정책은 반복되는가? 이명박 정부도 보금자리 주택 공급을 이유로 수도권 일대 그린벨트(개발제한구역)를 크게 훼손했는데, 이것은 박근혜 정부도 마찬가지였다. 명목은 중산층을 위한 민간 임대주택 공급 확대를 위해서였다.

박근혜 정부는 중산층 주거불안을 해결하기 위함이라는 명목으로 '기업형 민간 임대주택사업 육성 방안'을 내놨다. 건설사나 리츠(부동산 투자회사)와 같은 민간 기업에게 택지 공급·세제혜택·자금(금융) 지원 등 다양한 '당근'을 제공해 중산층을 위한 민간 임대주택 공급 확대에 적극적으로 나서도록 유도하겠다는 것이었다.

문제는 기업이 제안하면 그린벨트까지 풀어 임대주택 용지로 공급하겠다는 발상이다. 국토교통부나 일선 지방자치단체가 민간기업에게서 '기업형 임대주택 공급 촉진지구' 지정 제안을 받은 경우 선별적으로 그린벨트 해제 요청권을 부여한다. 해제 가능한 그린벨트 총량 범위 안에서 민간기업이 임대주택을 지을 길을 열어주겠다는 것이었다.

또 지구 지정을 할 때 공공기관이 지분의 3분의 1이상 출자해야 하는 '출자의무 비율'을 2017년까지 적용하지 않기로 했다. 그린벨트에서의 개발이익을 순수 민간기업이 독점할 수 있게 된 것이다. 게다가 촉진지구에서 사업시행자가 토지 면적의 절반만 확보해도 개발사업을 진행할 수 있도록 했으며, 아울러 용도지역이 주거지역이라도 임대주택을 제외한 용지는 판매·업무 등 복합시설물 건립까지 허용되었다.

일반 사업장에도 적잖은 혜택이 주어졌다. 촉진지구가 아닌 그린벨트 지역에 면적의 절반 이상을 기업형 임대주택 형태로 지을 경우 2017년까지 공공지분을 착공 후 팔 수 있도록 했다. 과히 파격적인 혜택이다. 특히 정부는 기존 시가지와 인접한 그린벨트 지역에 임대주택을 건설할 때는 최소 개발 면적 기준(20만 ㎡)도 없앴다. 그린벨트 해제 이후 난개발에 따른 자연경관 훼손이 우려되는 대목이었다. 악용 소지도 없지 않았는데, 민간 자본이 그린벨트 지역을 기업형 임대주택 용지로 분양을 받은 뒤 임대 수요 부족을 이유로 분양주택으로 전환을 꾀할 수 있게 된 것이다.

정부가 그린벨트를 풀어 민간 기업에 제공하면서까지 임대주택 공급을 확대하겠다는 심정은 이해할 만하다. 그만큼 임대주택 공급 확대를 위해서는 민간의 도움이 절실한데, 민간을 끌어들이기 위해서는 무엇보다 값싼 택지 공급이 필요하기 때문이다.

그런데 여기서 짚고 넘어가야 할 게 있다. 그린벨트는 '가용 택지'인가? 절대 그렇지 않다. 그린벨트는 도시의 무분별한 확산을 막고 자연 환경 보존을 위해 남겨둔 안전벨트다. 지속 가능한 도시 발전을 위해 지키고 회복해야 할 공간이다. 현 세대를 위해서도 그리고 미래 우리의 후손을 위해서도 보전이 필요하다.

그런데 이 그린벨트를 규제로만 여기고 풀어서 개발하고자 하였고, 실제로 어느 때부터인가 주택 공급이 필요할 때마다 그린벨트는 어김없이 가용 택지로 동원돼 왔다.

중산층·서민을 위해 값싼 주택을 짓는다는 데 반대할 이유는 없다. 하지만 미래 세대를 위해 지켜온 소중한 나라의 자산을 마구 헐어 선심용으로 쓰는 것은 곤란하다.

그린벨트는 한 번 훼손하면 복구하기가 힘들다. 전·월세 시장 안정을 빌미로, 그것도 기업형 민간 임대사업자에게 적잖은 특혜를 주면서 '착한 규제'를 마구잡이로 푸는 것은 최대한 자제할 필요가 있다.

그린벨트는 언젠가 완화될 수밖에 없다. 그린벨트가 제정된 것도 벌써 50여 년이 되었다. 그동안 그린벨트는 일정 정도 순기능적인 역할을 담당했다. 속성상 무한정 계속될 수밖에 없는 도시의 팽창을 막고 도시 인근에 절대 자연녹지를 지켜내는 일은 그린벨트가 없었다면 불가능한 일이었다.

그렇지만 그린벨트는 많은 부분에서 부정적인 역할도 떠맡았다. 먼저 그린벨트 지역 안에 거주하는 주민들은 재산권 행사를 할 수 없었고 거주하는 집을 단순히 증·개축할 때에도 많은 규제 조항에 따라 허가를 받아야 했다. 무엇보다 재산권 행사를 정부에서 정한 법률로 막은 것은 헌법 정신에 위배되는 것이었기에 그동안 끊임없는 민원과 법정 공방이 이어지기도 했다.

구분	전국	수도권	부산권	대구권	광주권	대전권	울산권	창원권
2020년 광역도시계획 최초수립 시 해제가능총량(㎢) (A)	342.8	124.5	54.3	31.5	45.8	31.3	29.3	26.3
2020년 광역도시계획 변경 시 추가해제가능총량(㎢) (B)	188.7	114.5	26.3	9.4	13.7	8.6	8.8	7.4
2020년 광역도시계획상 권력별 해제가능총량(㎢) (A+B)	531.6	239.0	80.5	40.9	59.5	39.9	38.1	33.6
2017년 말 현재 해제면적(㎢) (C)	311.1	145.6	62.8	20.1	38.9	15.7	14.3	13.7
(2017년 말 현재 총량 소진율) C/(A+B)	(58.5%)	(60.9%)	(78.0%)	(49.1%)	(65.4%)	(39.3%)	(37.5%)	(40.8%)

주 : ① 1차 권역별 부여된 해제총량의 10~30%(98.9㎢) +
② 부산 강서 국제물류산업단지 조상(10㎢)
③ 수도권 서민주택건설(78.8㎢) +
④ 경인운하(1)

그린벨트는 거주하는 주민들에게만 불이익을 안겨준 것은 아니었다. 서울을 둘러싼 그린벨트로 인해 개발이 이뤄지지 않으면서 서울 시내는 집값과 땅값이 상승했다. 그것도 경제 성장의 몇 배에 해당하는 가격으로 상승함으로써 실제 서울에서 집을 구입할 수 없는 많은 서민들이 높은 전·월세 때문에 고통 받아야 했다. 서울 근교 난개발의 원인 중 하나로 그린벨트가 지목되고 있는 실정이다.

그린벨트 해제 가능 규모

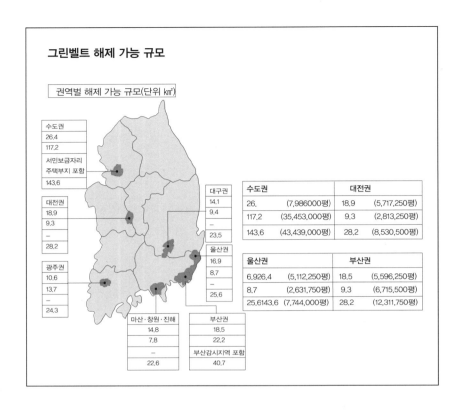

권역별 해제 가능 규모(단위 ㎢)

수도권
26.4
117.2
서민보금자리
주택부지 포함
143.6

대전권
18.9
9.3
–
28.2

광주권
10.6
13.7
–
24.3

대구권
14.1
9.4
–
23.5

울산권
16.9
8.7
–
25.6

마산·창원·진해
14.8
7.8
–
22.6

부산권
18.5
22.2
부산감시지역 포함
40.7

수도권		대전권	
26.	(7,986000평)	18.9	(5,717,250평)
117.2	(35,453,000평)	9.3	(2,813,250평)
143.6	(43,439,000평)	28.2	(8,530,500평)

울산권		부산권	
6,926.4	(5,112,250평)	18.5	(5,596,250평)
8.7	(2,631,750평)	9.3	(6,715,500평)
25.6143.6	(7,744,000평)	28.2	(12,311,750평)

개발제한구역 면적과 해제총량

구분		당초 지정	기해제 면적 2007~ 2017.12	해제 면적 2017.12	해제총량 소진시 잔여면적	2020 광역도시계획				
						해제총량	최초 수립시	추가 해제	기해제 면적	잔여총량
전국		5,397.1	1,550.5	3,846.6	3,626.2	531.6	342.8	188.7	311.1	220.4
대도시권		4,294.0	44.7	3,846.6	3,626.2	531.6	342.8	188.7	311.1	220.4
수도권		1,566.8	157.0	1,409.8	1,316.6	239.0	124.5	114.5	145.8	93.2
	서울	167.9	17.2	150.7	148.3	14.6	13.3	1.3	12.2	2.4
	인천	96.8	8.8	88.0	86.9	9.1	7.0	2.1	8.0	1.1
	경기	1,302.1	129.4	1,172.7	1,125.7	135.5	104.2	31.3	88.4	47.1
	국책	–	37.2	–	–	79.8	–	79.8	37.2	42.6

부산권	597.1	183.5	413.5	395.6	80.5	54.3	26.3	62.6	17.9
대구권	536.5	20.5	516.0	495.2	40.9	31.5	9.4	20.1	20.8
광주권	554.7	39.5	515.2	494.6	59.5	45.8	13.7	38.9	20.6
대전권	441.1	16.2	424.9	400.7	39.9	31.3	8.6	15.7	24.2
울산	283.6	14.3	269.3	245.5	38.1	29.3	8.8	14.3	23.8
창원권	314.2	16.2	298.0	278.0	33.6	33.6	7.4	13.7	19.9
중소도시권	1,10.31	1,103.1	–	–	–	–	–	–	–

주 : 2017. 12. 기준
자료 : 김중은 외(2018). 『개발제한구역 해제 관련 공공성 및 합리성 제고방안 연구』. 국토교통부 「2020년 수도권 광역도시계획」(변경)

이런저런 이유 때문에 그린벨트는 언젠가는 해제될 것으로 예상되는 게 일반적이었다. 훗날을 예상한 투자자들이 그린벨트 해제 이후를 기대하면서 실제 그린벨트 지역 안에 많은 투자를 한 것도 사실이다.

그런데 그린벨트 해제가 가시권에 들어오면서 오히려 이상한 현상이 일어나고 있다. 그린벨트 안의 토지, 주택 등의 거래가 과거 부동산 관련 법률 개정이 예상될 때마다 부동산 시장이 심하게 요동쳤던 것과 달리 이상할 정도로 차분하다는 것이다. 왜 이런 현상이 벌어지는 것일까?

먼저 그린벨트 해제가 예상되는 지역은 이미 대부분 매매가 이루어진 후라는 것이다. 부동산 투자자들은 진작부터 그린벨트 해제 이후를 대비하여 어느 정도 매입을 마무리한 상태이다. 그린벨트라고는 하지만 이미 가격도 오를 만큼 올라서 단순히 내 집 마련을 위해 실수요자가 그린벨트의 토지나 주택을 구입하는 것은 벅찬 실정이다. 실제로 해제가 유력 시되는 그린벨트 지역은 그린벨트가 아닌 주변 지역의 땅값과 비교해도 큰 차이가 나지 않는 곳이 많다.

여기에 그린벨트를 해제하면서 분명 추가규제 조항으로 붙게 되는 토지거래허가구역 지정과 거래 자격, 거래 규모 등도 선뜻 투자에 나서는 걸

망설이게 한다.

그럼에도 불구하고 그린벨트는 여전히 서울 지역에 남아 있는 몇 안 되는 투자 유망지역이다. 자연과의 친화 등 환경적인 요인이 주택 가격을 결정하는 데 매우 큰 역할을 하는 요즘 추세라면 분명 그린벨트 해제 지역은 매력적인 투자 대상이다. 더군다나 그린벨트 해제와 함께 토지거래허가구역 지정이 풀릴 경우에는 개발 속도에 날개를 달게 되는 격이 될 것이다.

제2장

그린벨트 투자의
알파와 오메가

그린벨트의 투자 가치 분석

그린벨트 투자의 미래

그린벨트 토지를 가지고 있거나 상속받은 이들에게는 소유 토지의 활용, 개발 혹은 매각이 최대의 관심사일 수밖에 없다.

주변의 그린벨트 아닌 토지와 비교하면 땅값이 너무나 낮고 거래도 되지 않아 억울함을 느끼게 될 수밖에 없었다. 좋은 접근성을 가지고 있음에도 그린벨트로 지정된 이후로 수십 년 동안 보유하고 있었던 땅을 경작에 이용하거나 그냥 놀려둘 수밖에 없었으니 당연하다.

이제는 어느 때보다 이런 그린벨트에 대한 투자가 가능성이 커지고 있다. 일단 종목이 어느 것으로나 전환 가능한 땅인 데다, 주 대상이 수도권 지역이며, 그동안 개발제한구역으로 묶여 저평가된 부동산이어서 가격이 정점에 있는 아파트 투자보다 성공 가능성이 커 보인다.

도시의 무분별한 팽창을 억제하고 자연녹지환경을 보전하는 '개발제한구역'은 50여 년간 이어진 국토 정책이다.

그러나 1971년 첫 지정 이후, 개발 및 재산권 행사라는 사적 요구가 증대됨에 따라 1999년 대대적인 해제가 있었다.

당시 7개 중소도시권의 개발제한구역은 전면 해제됐고, 2000년에 들어서도 주거정책 및 개발정책에 따라 해제되거나 규제가 완화됐다. 2013년을 기준으로 개발제한구역 면적은 초기 지정 면적의 71%만 남았으며, 그 이후로도 단계적으로 계속해서 해제되고 있다.

그렇다면 그린벨트에서도 투자가 유망한 지역은 어디일까. 대규모 아파트단지와 도시가 형성되는 주변 지역을 찾아내는 게 핵심이다. '비닐하우스 벨트' 지역과 형태가 나대지에 가까운 초대형 평지들이다. 하남, 과천, 의왕, 안양, 성남, 시흥, 남양주시 등에 다양하게 분포되어 있다.

해당 지역 땅 중개인들은 다양한 루트와 현장 목격을 통해 나름대로 사실에 가까운 정보를 갖고 있는데, 실제 투자로 들어가면 토지거래허가구역이 첫 번째 관문이 된다. 수도권은 대부분 토지거래허가구역에 묶여 있다. 토지거래허가를 받으려면 매수인의 용도가 분명해야 하고, 세대원 전원이 매입 대상 토지의 해당 시·군에 6개월 이상 거주하고 있어야 한다.

전·답 등 농지를 취득하려면 농지취득자격증명도 필요하다. 그리고 시세를 정확히 분석해 땅값에 붙는 '바가지'를 떼어내야 하고, 또한 모든 정보력을 동원해 신도시 수용지는 피해야 한다. 수용지구 보상은 평가기관의 감정가로 이뤄져 시세보다 낮은 보상을 받게 될 수도 있다.

그러나 원주민 등 10년 이상 장기 보유자에게는 소유하고 있는 토지의 수용지구 지정이 꼭 나쁘다고만 할 수는 없다. 그린벨트 토지의 가격이 최근 꾸준히 올랐고, 장기보유로 인한 양도세 감면과 공공사업 감면에 따른 양도세 절감 혜택을 볼 수 있기 때문이다.

하지만 이들과 달리 그린벨트 붐에 휩쓸려 투자에 나서는 사람들은 짧은 기간 내에 지구 지정을 당하면 큰 손해를 볼 수도 있다. 결과적으로 가장 좋은 투자의 정석은 누가 봐도 좋은 곳을 미래에 이용하고자 하는 용도를 염두에 두고 구입한 뒤 장기적으로 가지고 가는 것이다.

그린벨트 해제와 용도 변경은 보너스로 생각하는 여유도 필요하다. 그 린벨트 원주민들이 토지 보상을 받으면 어느 쪽으로 움직일까 예측해보는 것도 중요하다. 다만 경사도가 심한 땅, 수목밀집지역, 상수도보호구역은 피하는 것이 좋다. 자연이 수려하고 도시와 가까운 지역에 여유자금으로 투자를 해놓으면, 개발 계획이 속속 발표되고 멀리서 새로운 길이 만들어 져오는 것이 보이면서 '땅 팔자'와 '사람 팔자'도 바뀔 수 있다.

그린벨트를 알면 돈이 보인다

> **>>> 개발제한구역이란?**
>
> 인구의 도시 집중, 산업화로 인한 도시 개발과 팽창을 제어하는 마지막 보루. 도심에 녹지 공간이 사라지는 것을 방지하기 위한 정책.

그렇다면 그린벨트 투자는 어떻게 해야 하나?

다른 부동산 투자와 달리 그린벨트 투자를 할 때에는 시세차익을 기대 하지 말아야 한다. 그린벨트 해제 시기, 그리고 미래의 개발 기간을 생각 하여 길게 내다봐야 한다. 다시 말해서 그린벨트 주변 지역과의 연계 발전 가능성을 고려하면서 어떤 모습으로 개발될 것인지를 주목해야 한다.

그린벨트 해제와 함께 각 지방자치단체는 해제 지역의 개발 방향을 결 정할 것이다. 개발 방향을 결정할 때 가장 큰 참고 요소는 현재 주변 지역 의 개발 내용과 생활기반시설 건설, 편의성 등이 될 것이다. 그린벨트 주 변의 모습이 바로 해제된 그린벨트의 개발 모습이 될 것이라고 보는 것이 타당할 것이다.

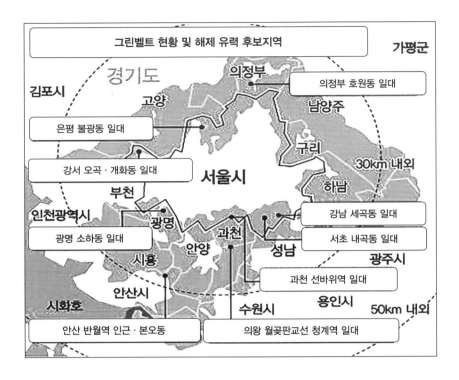

그린벨트 투자는 현재 주변 지역의 요건을 고려하면서 장기적인 안목에서 투자해야 한다. 그래야만 실패를 면할 수 있다.

장기적인 투자이기 때문에 투자 금액을 마련하는 것도 방법을 달리해야한다. 해제와 개발 기간을 고려하여 가능하면 가지고 있는 여윳돈을 투자하는 것이 좋다.

가지고 있는 돈이 많지 않다면 현재 허가 없이도 매매가 가능한 그린벨트 내의 대지나 주택 중에서 경매나 공매 물건을 매입하는 것도 그린벨트 투자의 한 방법이 될 것이다.

투자 대상으로 떠오르는 그린벨트

요즘 들어 신도시 발표와 맞물려 투자 대상으로 떠오르는 것이 그린벨트이다. 정보나 예측력이 있다면 못 쓰는 땅이 쓸 만한 땅으로 돌변하는 그린벨트 투자가 최고다.

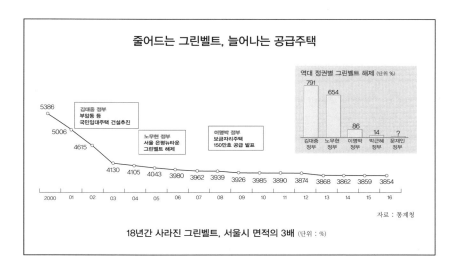

토지 투자를 위해 돌아다니다 보면 강이나 야산 등과 인접해 조망권이 좋은 땅이 의외로 싼 값에 나와 있는 것을 보게 된다.

이런 경우가 대부분 그린벨트다.

> **도시지역 내 자연녹지지역은 그린벨트 해제 시 개발 1순위다.**
> **따라서 토지투자 1순위 입지라고 할 수 있다.**

그린벨트는 그 자체로는 증·개축, 용도 변경이 까다로워 당장은 투자 대상으로 적합하지 않다. 하지만 향후 개발계획이 예상되거나 취락지구와 가까운 땅은 그린벨트 해제가 가능할 것으로 판단하고 투자할 수 있다.

이러한 땅에 전원주택이나 카페 등을 지을 계획을 가지고 땅을 평가해서 투자하면 된다. 그린벨트 해제설이 나도는 지역은 현행의 활용 가능한 법규를 검토해보고 자연녹지나 제1종 일반주거지역으로 용도가 변경될 것을 예상해서 투자 기간과 금액을 산정할 수 있다.

신도시 예상 지역에 대한 토지 투자도 매력적이다. 이 경우에는 신도시 수용지보다는 수용지 근접 지역에 투자가 되어야 수익률이 높다.

3기 신도시 그린벨트 등급별 비중

(단위=%)

신도시	1등급	2등급	3등급	4등급	5등급
인천 계양테크노밸리	0.50	92.30	7.20	0.00	0.00
과천 과천	2.30	62.20	25.50	7.70	2.30
남양주 왕숙1	6.10	46.80	47.10	0.00	0.00
남양주 왕숙2	0.40	43.60	56.00	0.00	0.00
하남 교산	1.80	12.60	85.60	0.00	0.00

※ 등급별 비중은 지구 내 그린벨트 중 차지하는 비율

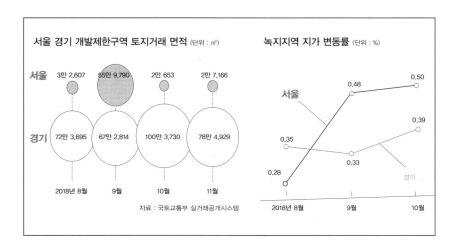

신도시에 편입되면 수용 가격이 정해져 있어 생각하는 만큼의 수익률을 올릴 수 없다. 그런 경우는 일정 기간 이상 보유하여 신도시 내 단독택지나 점포용지 등의 쿠폰을 받을 수 있는 투자를 모색하여야 한다.

국토교통부 계획에 의하면 조만간 수십 개의 미니 신도시를 내놓을 계획이므로 미니 신도시 주변의 땅을 노려보는 것도 괜찮아 보인다.

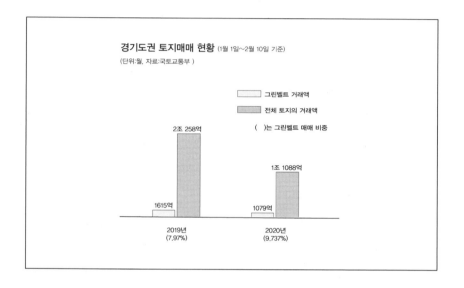

경기도권 **토지매매 현황** (1월 1일~2월 10일 기준)

(단위:월, 자료:국토교통부)

그린벨트 거래액
전체 토지의 거래액
(   )는 그린벨트 매매 비중

2조 258억

1조 1088억

1615억

1079억

2019년
(7.97%)

2020년
(9.737%)

다음으로 조심하여야 할 것은 기획부동산이다.

기획부동산은 개발정보가 있는 곳의 싼 땅을 매집한 후 몇 배씩이나 프리미엄을 붙여 폭리를 취하는 시스템으로 운용한다.

그럴듯한 곳에 사무실을 내고 수십 명의 직원을 뽑은 후 큰 땅을 작은 필지로 쪼개 불특정 다수의 투자자들에게 전화를 걸어 유혹함으로써 땅을 파는 방법을 쓴다. 직접 현장에 가서 땅을 보고 확인하고자 하는 사람에게는 버스나 자가용으로 모시고 가서 땅을 보여주기도 하는데, 실제 땅보다 좋은 위치에 있는 다른 토지를 보여주는 경우가 허다하다.

그린벨트 땅 분양 유의점
- 지방자치단체 등 택지식 분양 사실상 불허
- 지분형태로 분양 받을 경우 권리행사 쉽지 않다.
- 그린벨트 해제 중앙정부 주도

※분할 땅 매입시 피해 우려

기획부동산으로부터 매입한 땅은 단독등기가 어렵다. 단독등기가 되어도 스스로 어떤 개발 행위를 하기에는 진입로와 지목, 형태 등 제약 요건이 많은 것이 실상이다. 땅은 스스로 선택하고 스스로의 판단으로 사야 할 뿐 아니라 100% 자기 자금으로 사야 하는 특별한 재산이다. 세금에 대해서도 잘 알고 대처해야 한다.

현행법상으로 비사업용 토지는 58%에 달하는 양도세와 종부세가 붙고 장기보유특별공제가 없다. 농지는 지역 거주와 자경이라는 필수조건이, 임야는 해당 지역 거주라는 기본 조건이 충족되어야 비사업용 토지에서 벗어날 수 있다는 사실이 투자 포인트다.

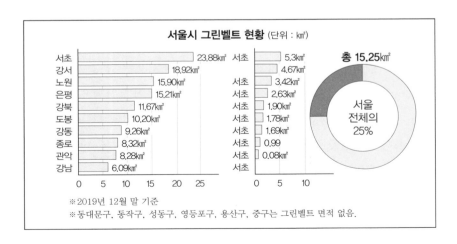

서울시 그린벨트 현황 (단위 : km²)

서초	23.88km²
강서	18.92km²
노원	15.90km²
은평	15.21km²
강북	11.67km²
도봉	10.20km²
강동	9.26km²
종로	8.32km²
관악	8.28km²
강남	6.09km²

서초	5.3km²
	4.67km²
서초	3.42km²
서초	2.63km²
서초	1.90km²
서초	1.78km²
서초	1.69km²
서초	0.99
서초	0.08km²
서초	

총 15.25km²

서울 전체의 25%

※2019년 12월 말 기준
※동대문구, 동작구, 성동구, 영등포구, 용산구, 중구는 그린벨트 면적 없음.

서울시 그린벨트 현황 2019년 말 149.62㎢ 서울 전체의 25%

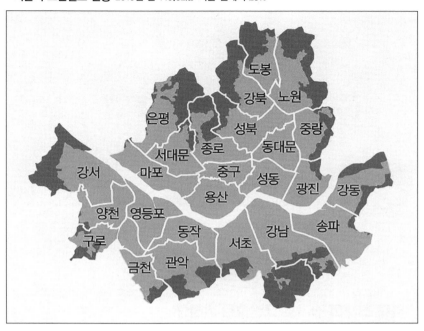

서울시 내 개발제한구역 면적이 넓은 상위 5개 자치구			
구분	행정구역(㎢)	개발제한구역 면적(㎢)	비중 (%)
서울 전체	605.25	149.62	24.7
서초구	47.00	23.88	50.8
강서구	41.43	18.92	45.6
노원구	35.43	15.90	44.8
은평구	25.69	15.21	51.25
강북구	23.60	11.67	49.4

서울시 개발제한구역 현황

투자는 결국 본인의 책임이다. 5년 이상 장기투자를 하여야 하며, 아무리 비싼 땅이어도 용도가 분명하면 제값을 받을 수 있고, 아무리 싼 땅이어도 쓸모가 없으면 의미가 없다는 것을 명심해야 한다.

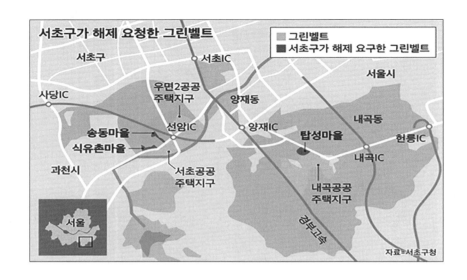

역대 최대의 경기도 그린벨트 거래량

3기 신도시·공공택지 보상 기준
작년 28,477필지 거래, 37% 증가

지난해 경기도 개발제한구역(그린벨트) 토지 거래량이 역대 최고치를 기록했다. 전체 토지 거래는 줄었지만 그린벨트의 경우 손바뀜이 활발히 일어났다.

3기 신도시를 비롯한 수도권 공공택지지구 개발이 추진되면서 그린벨트로 수요가 집중됐다는 분석이 나온다.

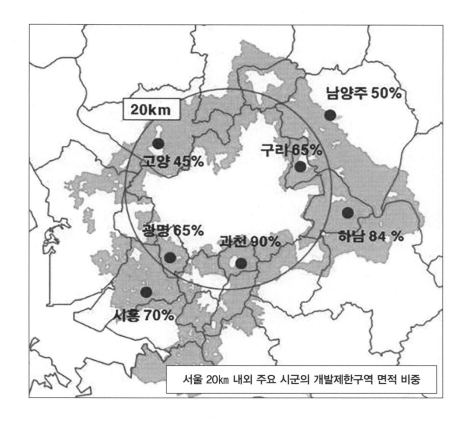

20km

남양주 50%

구라 65%

고양 45%

광명 65%

과천 90%

하남 84 %

시흥 70%

서울 20㎞ 내외 주요 시군의 개발제한구역 면적 비중

2019년 국토교통부의 토지거래 현황을 분석한 결과 경기도 개발제한구역의 토지 거래량은 28,477필지로 2018년(20,831필지) 대비 36.7% 늘어났다.

4년 전인 2015년(14,559필지)에 비하면 2배 가까이 늘었다. 경기도 전체 토지거래량은 2018년 951,881필지에서 지난해 843,656필지로 11.4% 줄었지만 유독 그린벨트에서만 급증한 셈이다.

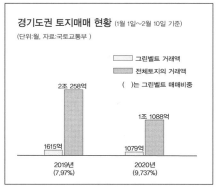

경기도권 토지매매 현황 (1월 1일~2월 10일 기준)
(단위:월, 자료:국토교통부)

□ 그린벨트 거래액
■ 전체토지의 거래액
( )는 그린벨트 매매비중

2조 258억

1조 1088억

1615억

1079억

2019년
(7.97%)

2020년
(9.737%)

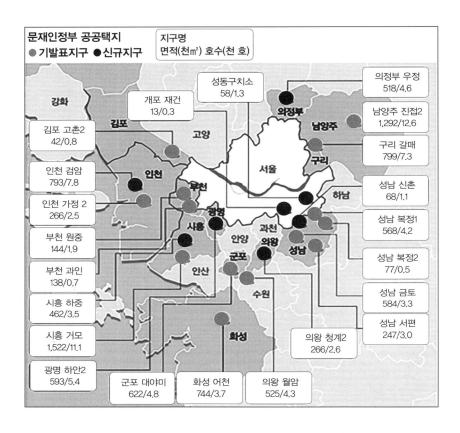

문재인정부 공공택지
●기발표지구 ●신규지구

지구명
면적(천㎡) 호수(천 호)

강화	
김포 고촌2 42/0.8	
인천 검암 793/7.8	
인천 가정 2 266/2.5	
부천 원중 144/1.9	
부천 과인 138/0.7	
시흥 하중 462/3.5	
시흥 거모 1,522/11.1	
광명 하안2 593/5.4	

개포 재건 13/0.3

성동구치소 58/1.3

의정부 우정 518/4.6

남양주 진접2 1,292/12.6

구리 갈매 799/7.3

성남 신촌 68/1.1

성남 복정1 568/4.2

성남 복정2 77/0.5

성남 금토 584/3.3

성남 서편 247/3.0

의왕 청계2 266/2.6

군포 대야미 622/4.8

화성 어천 744/3.7

의왕 월암 525/4.3

김포 고양 인천 부천 광명 시흥 안산 군포 안양 과천 의왕 성남 수원 화성 서울 하남 구리 남양주 의정부

이처럼 그린벨트 거래가 폭증한 것은 현 정부가 추진하는 수도권 30만 가구 공급정책에 따른 영향이 가장 크다. 이들 대부분은 경기도 그린벨트에 조성되고 있다. 토지 보상 등을 노린 수요가 그린벨트에 몰린 것이다. 3기 신도시 중 하나인 고양 창릉지구는 전체의 97% 가량이 개발제한구역에 위치했을 정도다.

주요 지역을 살펴보면 왕숙지구가 있는 경기도 남양주시의 경우 지난해 그린벨트 거래가 전년 대비 80.7%나 급증했다. 일부 지역은 1년 만에 거래 건수가 10배 넘게 치솟았다.

한편 수도권 택지지구에 대한 보상은 올해부터 본격적으로 시작될 예정이다. 올해 전국 토지 보상금 규모는 약 45조 원에 달하며, 이 가운데 수도권에만 80% 가량이 집중될 것으로 보인다.

경가인천 주요 지역 그린벨트 토지거래
(단위:필지)

구분	2016년	2017년	2018년	2019년
성남 수정	335	473	543	5,918
안산 상록	625	697	640	967
수원 권선	360	121	102	165
남양주	1,829	1,988	1,437	2,597
하남	2,702	2,134	2,286	1,393
과천	1,564	324	514	234
고양 덕양	1,313	1,118	1,174	886
부천	217	280	278	317
인천 계양	239	458	569	618

경기도 전체 토지거래 비중 (단위:%)

외지인 매입 / 증여

2016년: 28.8 / 5.5
2017년: 29.1 / 5.0
2018년: 28.8 / 5.5
2019년: 29.8 / 6.8

(자료:국토부)

각 지역별 개발제한구역 현황

권역별	구역	지정 면적 (m²)		
		당초 지정	해제 면적	현재 면적
▶ 대도시		42억 9402억	3억 6877만 4000	33억 2524만 6000
수도권	서울, 인천, 경기 21개 시군	15억 6880만	1억 1294만 2000	14억 5385만 8000
부산권	부산, 양산시, 김해시 일부, 울산 일부	5억 9709만	1억 6222만 7000	4억 3486만 3000
대구권	대구, 경산시, 칠곡군, 고령군	5억 3650만	1873만 5000	5억 1776만 5000
광주권	광주, 나주시, 담양군, 화순군, 장성군	5억 5473만	3758만 9000	5억 1894만 1000
대전권	대전, 공주시, 계룡시, 금산군, 연기군, 옥천군, 청원군 일부	4억 4110만	1223만 1000	4억 2886민 9000
울산권	울산	2억 8360만	1253만	2억 7107만
마창진권	마산시, 진해시, 창원시, 함안군, 김해시 일부	3억 1420만	1423만 1000	2억 9987만 9000
▶ 중소도시		11억 309만	11억 309만	—
춘천권	춘천시, 홍천군	2억 3440만	2억 9440민	—
청주권	청주시, 청원군 일부	1억 8010만	1억 8010민	—
전주권	전주시, 김제시, 완주군	2억 2540만	2억 2540만	—
여수권	여수시	8759만	9759만	—
진주권	진주시, 사천시	2억 300만	2억 300만	—
통영권	통영시	3000만	3000만	—
제주권	제주시, 북제주군	8260만	8260만	—

자료:국토교통부

역대 정부별 그린벨트 정책 추이

구분	1971~1997년	김대중 정부	노무현 정부	이명박 정부	박근혜 정부
해제 규모		871㎢ 해제	654㎢ 해제	88㎢ 해제	654㎢ 해제
주요 특징	그린벨트 지정 후 유지에 만 집중	중소도시권 해제, 해제 총량 확대	국민임대주택, 집 단취락 등 해제	보금자리주택 등 해제, 해제 총량 확대	주민지원 및 임대주택 공급 등 규제완화, 해제 총량 유지

자료:국토교통부

그린벨트 해제 가능 조건들

Q : 자영업자 A(48)는 전원생활을 하기 위해 경기도에 소재한 농가주택을 매입했다. 워낙 오래된 주택이라 철거하고 다시 신축하려고 한다. 그런데 동네 사람들 얘기로는 그린벨트로 묶여 있어 집을 새로 지을 수 없다고 한다. 더구나 그린벨트가 해제되는 것은 어려울 것이라고 한다. 도대체 그린벨트(개발제한구역)는 무엇이며, 왜 신축할 수 없는지 궁금하다.

A : 개발제한구역은 도시의 무질서한 개발을 막고, 환경을 보호하기 위해 아래 3가지 경우에 해당되면 지정된다.

첫째, 도시의 무질서한 확산을 방지하기 위한 경우다.

둘째, 도시 주변의 자연환경을 보전하여 도시민의 건전한 생활환경을 확보하기 위한 경우다.

셋째, 국방부장관의 요청으로 보안상 도시의 개발을 제한할 필요가 있는 경우에 지정할 수 있다. (개발제한구역의 지정 및 관리에 관한 특별조치법 제3조 참조).

하지만 개발제한구역으로 지정된 경우에도 이를 다시 조정하거나 해제할 수 있다. 그 조건을 보자.

첫째, 보존 가치가 낮은 곳으로서 도시용지의 적절한 공급을 위하여 필요한 지역이다.

둘째, 주민이 집단적으로 거주하는 취락으로서 주거환경 개선 및 취락 정비가 필요한 지역이다.

셋째, 기반시설 설치 및 시가화 면적 조정 등 토지이용의 합리화를 위해 필요한 지역이다.

넷째, 목적이 달성되어 개발제한구역으로 유지할 필요가 없게 된 지역 등이다. (개발제한구역의 지정 및 관리에 관한 특별조치법 시행령 제2조 참조).

개발제한구역 안에서는 개발행위가 제한된다. 건축물의 건축 및 용도 변경, 공작물의 설치, 토지의 형질 변경, 죽목竹木의 벌채, 토지의 분할, 물건을 쌓아놓는 행위 또는 '도시·군계획사업'의 시행을 할 수 없다. (개발제한구역의 지정 및 관리에 관한 특별조치법 제12조 참조)

그러나 시·군·구청장의 허가를 받는 경우에는 예외적으로 개발행위가 가능하다.

첫째, 공원, 녹지, 실외 체육시설, 시장·군수·구청장이 설치하는 노인의 여가 활용을 위한 소규모 실내 생활체육시설이다.

둘째, 도로 및 철도 등 개발제한구역을 통과하는 선형(線形)시설과 이에 필수적으로 수반되는 시설이다.

셋째, 다른 지역에 입지가 곤란하여 개발제한구역 내에 입지하여야만 그 기능과 목적이 달성되는 시설이다.

넷째, 개발제한구역 주민의 주거·생활편익·생업을 위한 시설이다.

다섯째, 개발제한구역의 건축물로서 지정된 취락지구로 이축(移築)하는 경우 등이다. (개발제한구역의 지정 및 관리에 관한 특별조치법 제12조 참조).

따라서 개발제한구역에 존속 중인 주택도 다시 지을 수는 없다.

즉 ① 건축물의 재축(무너진 건물을 다시 짓는 것), 개축(기존 건물 전부 또는 일부를 다시 짓는 것) 또는 대수선과 ② 증축하려는 부분이 건폐율·용적률 등 규정에 적합한 경우에는 시·군·구청장의 허가를 받아 건축할 수 있다는 뜻이다. (개발제한구역의 지정 및 관리에 관한 특별조치법 시행령 제23조 참조).

긁지 않은 복권 그린벨트 재테크

그린벨트 내에서는 건축물의 신축·층축은 물론 용도 변경, 토지 형질 변경, 토지 분할 등의 행위가 전면 제한을 받는다. 부득이한 경우 국토교통부장관이나 도지사, 시장, 군수 등의 허가를 받아 구역 설정 목적에 위배되지 않는 한도 내에서의 개발 행위만 가능하도록 했다.

이런 제도는 단순히 건폐율이나 용적률을 제한하는 것뿐만 아니라 건물을 새로 짓는 것 역시 불가능하게 만들고 있다.

그러나 최근 새로운 투자처로 각광받는 땅이 개발제한구역이다. 주말이면 서울에 사는 30~40대 직장인들이 수도권 일대 그린벨트로 묶인 땅을 보러 다니는 흐름이 감지될 정도다. 얼마 전까지만 해도 땅 투자에 대해 전혀 문외한인 사람도 '그린벨트는 조심해야 한다.'는 말이 상식이었던 것을 생각하면 놀라운 반전이다.

도시의 팽창이 지금처럼 가속화된다면 도심 인근 지역의 개발이 불가피하다. 정부의 의지가 아무리 강력해도 필요에 의해 개발될 수밖에 없다는 전망이 가능한 것은 이 때문이다.

그린벨트 투자는 이렇게 하라

최근 그린벨트 지역을 중심으로 투자자들의 관심이 쏠리는 것은 몇몇 지역의 개발 제한이 해제된다는 발표에 기인한다.

최근 신도시 발표와 함께 국토교통부 중앙도시계획위원회와 이에 대한 심의를 벌여 그린벨트를 완화하기로 결정을 내렸다. 이에 따라 시가화예정용지로 가결된 땅들은 투자자들의 발길이 끊이지 않는다.

그러나 겉으로 보이는 것처럼 그린벨트 투자가 간단한 일만은 아니다. 사실상 그린벨트는 오래전부터 투자자들 사이에서 거론되던 내용이다. 단지 주변 여건의 추이를 살피기 위해 쉽사리 움직이지 않았을 뿐이다. 그린벨트 해제가 거론된다고 해서 당장 개발이 이루어지리란 생각은 버려야 한다.

>>> A 씨의 사례

영업을 직업으로 하는 A 씨(남, 60)는 2003년 경기도 성남시 수정구 장곡동에 임야 약 1400㎡를 매입했다. 3.3㎡ 당 매입가는 12만 원으로 총 5,000만 원이 들었다. 바로 앞에 서울 송파구 복정동에서 성남시 수정구 산성동을 잇는 왕복 8차선 도로가 있어 투자가치가 높다고 판단한 A 씨는 2년여 동안 빈 땅으로 놀리다 LPG충전소를 세웠다. 투자비는 10억 원 안팎, 유동 차량이 많지는 않아 대출은 신통치 않았다. 하지만 2008년 이 땅 바로 옆으로 대규모 택지개발지구인 위례신도시가 지정되며 상황이 달라졌다. 개발 호재에 땅값은 순식간에 3.3㎡당 300만 원에 육박했다. 위례신도시 개발이 막바지 단계에 들어서자 땅값은 더 올랐다. 최근 3.3㎡당 650만 원, 홍 270억 원에 사겠다는 투자자가 나섰지만 A씨는 팔지 않았다. 향후 그린벨트가 풀리면 3.3㎡당 1,000만 원이 넘을 것이란 기대감 때문이다.

투자수익률 2,471%

>>> B 씨의 사례

경기도 용인에 거주하는 B 씨(남, 56)는 평소 땅 투자에 관심이 많았다. 앞서 세종시와 경기도 안산에 위치한 땅에 투자해 적지 않은 시세차익을 올렸다. 자신감이 붙은 B 씨는 틈새시장인 그린벨트 투자에 뛰어들었다.

투자 위험성이 높지만 수익률이 상당한 것에 매력을 느꼈다. 평소 잘 알던 용인 지역을 대상으로 물건을 물색하던 그는 2004년 지인의 소개로 용인 수지 지역의 임야 990㎡를 3.3㎡당 10만 원에 매입했다. 투지비는 3,000만 원, 주변 땅값보다 저렴한 데다 땅모양도 반듯한 게 맘에 들었다. 경사가 완만하고 도로와 접해 개발 규제만 풀리면 땅의 가치게 트게 오를 것으로 내다봤다. 용인 지역의 대규모 개발과 맞물려 2010년 그린벨트 지역에서 해제됐고, 개발해제와 함께 땅값이 급등했다. 주변 땅의 매도호가가 3.3㎡당 250만 원을 호가했다. 2015년 B 씨는 이 땅에 전원주택 4가구를 지어 한 채당 3억 5,000만 원, 총 14억 원을 받고 정리했다.

투자수익률 225%

투자수익률

구분	A씨	B씨
매입 시기	2004년	2005년
토지 면적	1,400㎡	990㎡
투자금 (땅값 및 건축비)	10억 5천만 원	4억 3천만 원
현재 가치	270억 원	14억 원
투자 수익률	2,471%	225%

정부의 개발계획 방향을 고려하라

그린벨트 투자에 관심을 갖는다면 우선 주거 가구수가 20호를 넘는 곳을 눈여겨볼 필요가 있다. 정부는 2000년 이후 주택 20호(1ha 기준 3,240평) 이상의 취락지구를 중심으로 그린벨트를 점진적으로 해제하겠다고 밝혔다.

사유재산침해 논란이 장기간 이어져 온 것이 한 요인이고 도시 팽창에 따라 주택 공급도 늘려야 하는 까닭이다. 이들 지역이 그린벨트에서 제외 되면 제1종 일반주거지역이 된다. 이는 재산권 행사가 가능해짐과 동시에 건폐율이 20%에서 50%로, 용적률은 100%에서 200%로 높아진다는 의 미를 갖는다.

이때 주의해야 할 것이 있다. 일반적으로 지정이 풀리면 지자체가 체계 적으로 도시계획을 세워 개발을 주도해 나가도록 되어 있다는 것이다. 그 래서 관공서나 체육관 등의 공공시설 건립 등 시 단위의 개발 계획이 이뤄 진다. 그렇기 때문에 그린벨트가 해제돼도 자기 마음대로 땅의 활용을 계 획할 수 없는 경우가 발생할 수 있다.

그린벨트에 투자를 하기 위해서 시와 국토교통부 등 관련 정부기관의 개발 계획 방향을 충분히 고려해본 뒤 결정하는 것이 바람직하다.

그린벨트 해제도 해제 총량 범위 안에서 고려할 때 환경에 미치는 영향 이 가장 적은 지역인 '조정가능지'에 한해 추진하도록 하고 있어 투자를 하기 전에 이 부분에 대해 꼼꼼히 살펴볼 필요가 있다.

개발제한구역 지정 및 해제 현황

구분	당초 지정 (70년대)	현재 면적	2020 광역도시 계획상 해제 가능 잔여 물량	※광역도시계획상 해제 가능 총량
계 (㎢)	5,397.11	3,866.86		
서울	167.92	150,783	2,456	14,608
인천	96..8	88,974	2,065	9,096
경기	1,302.08	1,176.36	50,088	135,499
보금자리. 경인운하			44,636	79.8
부산권	597.09	418,759	23,002	80,538
대구권	536.5	516,138	20,954	40,899
광주권	554.73	518,419	23,208	59,519
대전권	441.1	428,869	27,694	39,925
울산권	283.6	269,872	24,331	38,059
창원권	314.2	298,689	20,368	33,612

지역별 그린벨트 해제 가능 면적

서울	2.5㎢	인천	1.5㎢
경기	49.5㎢	부산권	23㎢
대구권	21㎢	광주권	23.2㎢
대전권	24.3㎢	울산권	23.9㎢
창원권	20.3㎢	※총 233 ㎢ 중 나머지 44.4 ㎢는 국책사업 대상지	

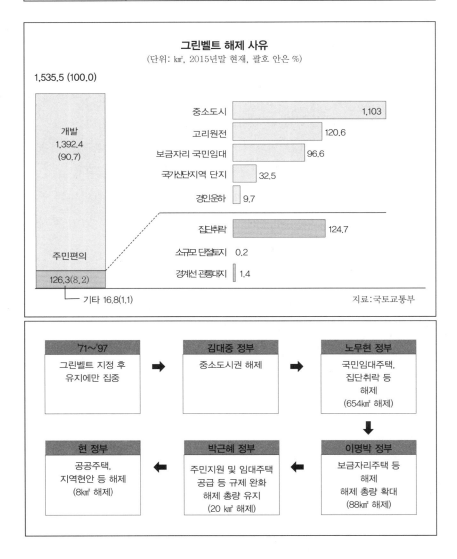

그린벨트 해제 사유
(단위: ㎢, 2015년말 현재, 괄호 안은 %)

1,535.5 (100.0)

개발
1,392.4
(90.7)

주민편의
126.3 (8.2)

└ 기타 16.8(1.1)

중소도시 1,103
고리원전 120.6
보금자리 국민임대 96.6
국가산단지역 단지 32.5
경인운하 9.7

집단취락 124.7
소규모 단절토지 0.2
경계선 관통대지 1.4

자료:국토교통부

'71~'97
그린벨트 지정 후
유지에만 집중

➡

김대중 정부
중소도시권 해제

➡

노무현 정부
국민임대주택,
집단취락 등
해제
(654㎢ 해제)

⬇

현 정부
공공주택,
지역현안 등 해제
(8㎢ 해제)

⬅

박근혜 정부
주민지원 및 임대주택
공급 등 규제 완화
해제 총량 유지
(20 ㎢ 해제)

⬅

이명박 정부
보금자리주택 등
해제
해제 총량 확대
(88㎢ 해제)

그린벨트 취락지역 해제에 따른 미래가치

서울 서대문구 북가좌동에 사는 박 씨 가족은 그린벨트 내 취락마을에 있는 농가주택을 팔기로 매매계약을 맺었다가 낭패를 볼 뻔했다.

박 씨의 부모님은 경기도 고양시 지축동 그린벨트 지역에 농가주택(대지 2백 평)과 논 2백 평을 보유하고 있었는데, 박 씨의 오빠가 동네 사람 말만 듣고 이 땅을 2억 원에 처분하는 계약을 체결했던 것이었고, 아직 중도금을 치르지 않아 위약금만 물면 해약은 가능한 상태였다.

박 씨는 신문에서 취락마을의 경우 점진적으로 그린벨트에서 해제된다는 기사를 읽은 적이 있어 전문가에게 해약할지 여부를 물었다.

컨설팅 결과 박 씨 가족은 그린벨트 내 취락마을의 미래가치와 주변 시세에 깜깜해 막대한 손해를 볼 뻔했다는 결론이 나왔다.

우선 미래가치를 보자.

이 땅의 경우 위쪽으로 송전선이 지나는 관계로 주택지로서는 큰 가치가 없지만 가든 부지로는 개발이 가능하다. 원주민 주택에 해당되는데다 건축물관리대장에 등재돼 있어 용도 변경에 아무 문제가 없다. 북한산을 병풍처럼 바라볼 수 있고 구파발~송추간 4차선 도로에서 300m밖에 떨어져 있지 않아 가든 부지로 손색이 없다.

게다가 그린벨트 해제도 예정돼 있다. 주변 시세도 박씨가 매도한 가격보다 높은 선에서 형성되고 있다. 인접 지역 시세는 농지의 경우 평당 100만~120만 원, 대지는 평당 200만 원 선인 것으로 조사됐다.

박 씨 부모님 땅의 경우 약점(송전선)이 있다는 것을 감안하면 농지는 평당 70만 원, 대지는 평당 150만 원 정도를 받을 수 있을 것으로 보인다.

개발행위제한지역 변경 (일부 해제) 지형도면 고시도 (효자동)

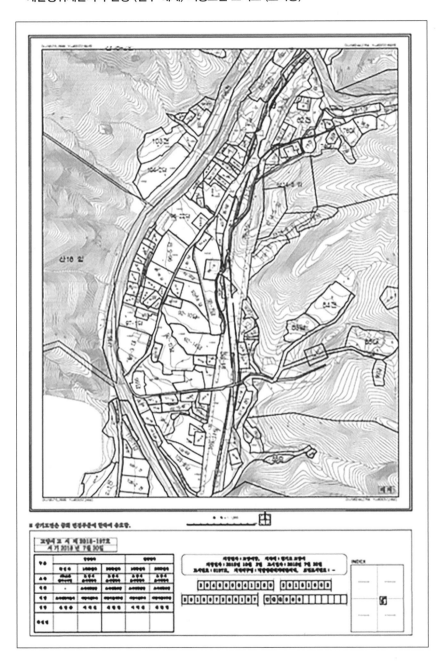

당장 4억 4,000만 원을 받을 수 있는 땅이란 계산이 나온다. 따라서 위약금을 물더라도 2억 2,000만 원이 이익이다.

그린벨트 내 취락마을은 점진적으로 그린벨트에서 풀리면서 그 가치가 높아지고 있다. 향후 그린벨트에서 해제되는 땅 가운데 입지 여건이 좋은 곳은 도심 근접형 전원주택이나 가든 등의 근린생활시설로 인기를 모을 것으로 전망된다.

다만 그린벨트 내에 있는 땅이라고 무조건 돈이 되는 것은 아니다. 집단 취락지역 밖의 개발이 불가능한 임야는 불확실성이 아주 높다.

그린벨트가 해제되면 땅값은 얼마나 뛸까?

국토계획법 제51조(지구단위계획구역의 지정 등)에 따르면 개발제한구역에서 해제되는 구역의 시·도지사는 지구단위계획구역으로 다시 지정하여 토지이용을 합리화 구체화하고, 도시 또는 농·산·어촌의 기능의 증진, 미관의 개선 및 양호한 환경을 확보하기 위한 계획을 수립하여야 한다.

따라서 그린벨트에서 해제가 되면 지구단위계획이 어떻게 수립되는가에 따라 개발계획을 알 수 있다. 그러므로 해당 시·군·구청에 도시계획업무를 담당하는 부서나 시도의 도시계획업무부서에 문의하는 것이 가장 바람직하다.

과연 그린벨트가 해제되면 땅값은 얼마만큼이나 상승할까?

이미 집단 주택지가 조성되어 있는 취락지구를 제외하고는 그린벨트에서 풀리면 토지 용도는 자연녹지지역으로 변경, 인근 자연녹지지역 땅값과 비슷한 수준으로 상승할 것이라고 보는 것이 일반적이다. 몇몇 예외 지역이 있을 수는 있겠지만.

97%가 그린벨트인 하남시의 대로변 자연녹지는 평당 150만 원인데 비해 옆의 그린벨트 토지는 평당 40만 원에 불과하다. 그렇다면 개발제한구역에서 풀리는 것과 동시에 그린벨트 토지는 150만 원으로 뛰는 것이 일반적이다. 그러나 하남시의 경우에는 해당하지 않는다.

하남시의 경우 전체 면적의 97%가 개발제한구역으로 자연녹지 토지가 절대적으로 부족하기에 비교적 높은 가격을 형성하고 있다. 그러나 그린벨트가 풀리게 되면 한꺼번에 많은 공급이 이루어지면서 가격은 하락할 것으로 보여진다. 장기적으로 바라보면 150만 원을 호가하던 자연녹지 땅값은 100만 원으로 내려앉고 40만 원이던 최초 그린벨트 땅은 100만 원으로 상승하는 충돌 현상이 예상된다.

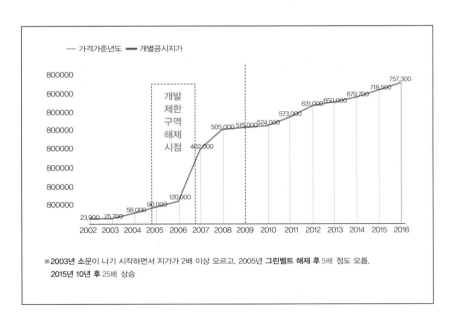

※ **2003년 소문이** 나기 시작하면서 지가가 2배 이상 오르고, 2005년 **그린벨트 해제 후** 5배 정도 오름.
2015년 10년 후 25배 상승

그린벨트의 투자 적지는 어디인가?

개발제한구역(그린벨트)은 말 그대로 개발을 제한하는 것으로 이는 1971년 박정희 대통령 재임시절 영국의 그린벨트 제도를 벤치마킹했다.

도시의 허파 역할을 하는 그린벨트는 주로 서울 중심부에서 반경 15㎞ 선을 따라 폭 2~10㎞ 부분의 띠 모양(belt)을 하고 있으며 개발행위 제한과 저밀도의 토지이용지대다. 개발제한구역을 지정하게 된 목적은 도시의 무질서한 확산 방지와 도시민의 쾌적한 생활환경을 도모함에 있다. 따라서 그린벨트로 묶인 곳은 다음과 같다.

① 서울·부산·대구·광주·대전 등 대도시 주변 지역.

② 춘천·청주·전주·제주 등 가까운 미래에 시가지가 팽창 가능한 도청소재지 주변 지역.

③ 마산·창원·진해·울산·여천 등 지방공업도시 주변 지역.

④ 충무·진주 등 관광자원과 자연환경을 보전할 필요가 있는 도시 주변 지역.

그린벨트로 지정되면 각종 건축물 및 공작물 설치 등 개발행위가 엄격히 규제되며, 부적격 용도로의 토지이용이나 시설물 설치 및 토지의 형질 변경이 어렵다. 이렇게 규제를 함에도 불구하고 그린벨트는 도심에 인접해 있음에도 주변 자연환경이 잘 보존되어 주거 쾌적성이 높다는 이유로 전원주택 부지 수요자들로부터 꾸준한 관심을 받아왔다.

우리나라의 그린벨트는 주로 1971~1978년 사이에 총면적 5,397㎢가 지정되었으며 국토 면적의 5.4%에 이르는 광대한 면적에 해당한다. 이들 구역 내에는 대지가 1.9%, 농경지가 22.6%, 산림지가 66.2%, 기타 9.3%를 점유하고 있다.

그러나 대도시 주변의 택지, 각종 공공 목적의 개발 수요는 지속적으로 증가하고 도시 내 가용 토지는 이미 한계를 드러내 추가 확보가 어려운 상황에 부딪혔다. 또한 구역 경계의 불합리성이 대두되며 주민의 생활불편을 해소하기 위해 정부는 구역 지정의 실효성 등을 검토하여 '1999년에 해제조정 원칙'을 마련하였다.

2000년부터 보전가치가 낮은 환경평가 4, 5등급지를 중심으로 그린벨트가 해제됐다. 경기도는 20가구 이상 300가구 미만 중규모 집단취락지 551곳 가운데 4곳을 제외한 547개 지역을 그린벨트에서 해제했다. 사실상 전국 34곳의 대규모 집단취락지는 이미 대부분 그린벨트에서 해제됐으며 중규모 취락지구도 대부분 해제가 완료된 상태다.

현재 중규모 집단취락지와 300가구 이상 대규모 집단취락지에 대해서는 시·도지사가 광역도시계획 등의 절차를 거치지 않더라도 우선적으로 그린벨트를 해제할 수 있도록 하고 있다. 이렇게 그린벨트에서 해제된 집단취락지는 자연녹지로 남거나 제1종 일반주거지역 등으로 용도가 바뀌며 건축물 신·증축이 자유로워진다. 이때 지구단위계획을 수립하면 대부분 제1종 일반주거지역으로 변경된다.

이에 따라 그동안 엄격히 금지됐던 건축물의 신·증축이 자유로워지고 용적률 및 건폐율 등 건축기준도 완화된다. 해제지역이 자연녹지로 남아 있을 경우엔 건폐율은 20%, 용적률은 100%밖에 되지 않지만 제1종 일반주거지역일 경우 기존에다 건폐율 50~60%, 용적률을 120~150%까지 끌어올릴 수 있어 토지 활용도가 훨씬 커진다.

일부 해제 지역은 조정가능지로 분류돼 산업단지나 평균 15층 이상 국민임대주택단지 등 공영개발 사업을 추진할 수 있다. 이런 땅은 수용 이후 토지 보상이 매수 가격 이하가 될 수 있으므로 피하는 것이 좋다.

1만 평 이하의 소규모 그린벨트 해제 지역은 투자가치가 있지만 3만 평 이상의 그린벨트는 임대주택을 짓기 위해 수용되는 곳이 많다.

그린벨트 해제구역 혹은 가능성이 높은 땅이라고 무조건 투자가치가 있는 것은 아니다. 난개발을 방지하기 위해 보존가치가 높은 곳은 보존녹지 혹은 자연녹지가 묶이고 자연녹지 중에서도 경사도가 15도 이상일 경우에는 개발행위를 불허하기 때문이다. 또한 현재 그린벨트가 해제된 지역도 토지거래허가지역에 속하는 경우가 많다.

이러한 지역에서 6개월 이상 거주를 해야 소유권을 이전할 수 있으므로 거주 기간, 증·개축이 가능한 면적 등 그린벨트 내 건축 관련 법규 내용을 명확히 파악한 뒤에 신중하게 접근해야 한다.

아직 해제되지 않은 지역의 그린벨트

만약 아직 해제되지 않은 그린벨트라 할지라도 시장·군수가 지구단위계획을 세워 정비사업을 시행하면 건폐율 40%, 용적률 150% 범위 내에서 4층 이하의 공동주택을 지을 수 있다. 다만 1만 ㎢ 당 10가구 이상 20가구 미만 취락지구에 한해서이다.

이때 전면 정비계획을 마련했다면 4층 이하 연립주택 신축이 가능해지고, 부분 정비 때는 3층 이하 다세대주택, 정비가 되지 않았을 때는 단독주택 신축이 각각 허용된다. 그린벨트 내에 자연녹지지역 건축 한도인 건폐율 20%, 용적률 150% 범위 내에서 3층 이하의 단독주택과 음식점, 약국, 이발소, 장의사 등의 근린생활시설이 가능하다.

그러나 허가되는 음식점은 휴게음식점, 일반음식점으로, 고급음식점은 들어올 수 없다. 그린벨트 내에서는 원칙적으로 주택을 신축할 수 없고 1

회에 한해 기존 건축물의 증축과 개축만 가능하다. 따라서 외지인이 그린벨트 내 기존 구옥을 구입하여 증·개축을 하든가 이축권을 구입하여야 한다. 즉 원주민의 이름으로 증·개축하거나 이축권을 매입한 후 자신의 명의로 소유권을 이전하면 60평 주택의 주인이 될 수 있다. 이축권은 일명 용마루라고도 불리며 인근 2㎞ 이내 지역으로 집을 옮겨 지을 수 있는 권리를 말한다.

만약 그린벨트 내에 기존 건물을 카페나 음식점 등으로 용도 변경을 하고자 한다면 5년 이상 거주를 하여야 한다. 뒤에서 자세히 다루겠지만 이축권에 대해서는 해당 지자체에 이체 대상 주택인지를 파악한 후 매입하는 것이 확실하다. 카페 부지를 매입할 경우 우선 근린생활시설 건축이 가능한지 여부를 반드시 확인해야 한다.

북한강, 남한강변 댐 주변과 수도권 저수지 일대의 경우 대부분 수변구역이나 그린벨트 등으로 묶여 있고 하수처리 여유 용량이 별로 없어 건축허가를 받기 어렵다. 단, 예외적으로 준도시 취락지역 가운데 하수종말처리시설이 운영되는 곳에서만 근린생활시설이 허용된다.

그린벨트 투자, 어떻게 접근해야 할까?

그린벨트 내 토지 매입은 건축 규제로 증·개축이 까다로워 투자 메리트가 많지 않았던 것이 사실이다. 그러나 그린벨트가 해제되면 도심과 연접된 쾌적성이 뛰어난 1급 주거지로서 그 희소가치가 매우 높아질 것으로 보인다. 특히 서울과의 접근성이 좋고 강이나 바다 조망권이 있거나 인구유동이 많은 리조트 길목 등은 새로운 주거 관심 지역이다. 또한 그린벨트 해제가 예정된 취락지구 내 토지로 그중에서도 도로에 접한 대지나 농지도 유망하다.

이러한 곳은 전원형 실버주택 및 카페 등 근린생활시설 등으로 개발하기에 손색없는 장소다. 앞으로는 노령인구의 증가와 더불어 은퇴자들의 움직임이 도시에서 멀지 않은 텃밭을 끼고 있는 전원주택으로 향할 것으로 예측된다. 다만 토지는 여타의 다른 투자 상품보다 환금성이 가장 떨어지는 부동산 유형으로, 개별성이 매우 강한 편이므로 재테크 수단으로서 목적 의식 없이 그린벨트가 해제될 것이라는 근거 없는 소문만 믿고 투자하기보다는 실수요자 입장에서 몇 가지 원칙을 가지고 장기적 시각에서 접근해야 할 것이다.

그린벨트의 역사를 보면 미래가 보인다

1970년대 그린벨트(개발제한구역)는 신성불가침이었다. 박정희 전 대통령이 직접 관리했다. 1972년부터 1979년까지 2,526명의 공직자가 그린벨트 관리를 잘못했다는 이유로 징계를 받았다. 그린벨트 지역 공직자들 사이에 "감사원 감사는 그린벨트 감사에 비하면 감사도 아니다."는 말이 돌았을 정도다. 숱한 일화가 전해진다.

딱 한 번 있었던 예외는 부총리를 지낸 A 씨의 장지를 정할 때다. 김의원 전 경원대 총장에 따르면 A 씨의 장지는 어머니 묘가 있는 팔당 댐 부근으로 결정됐으나 당시 경기도지사가 장지 입구를 가로막고는 "그린벨트 안이므로 삽질할 수 없다."고 버텼다고 한다.

그러자 "나라에 기여한 사람이 어머니 옆에 묻히고 싶다는데 그걸 막느냐."며 곳곳에서 풀어주라는 요청이 쇄도했다. 대통령의 재가를 받으면 장지로 허용할 수 있었지만 하필 휴가 중이었던 박 전 대통령의 대답은 일을 더욱 꼬이게 했다. "총리가 알아서 하시오." 허용하지 말라는 얘기였다.

우여곡절 끝에 꾀를 낸 것이 국무회의 안건으로 의결하는 것이었다. 국무회의 안건은 대통령이 재가를 하므로 의결을 해서 올리면 재가를 얻는 것이나 마찬가지라고 판단한 것이다. 진통을 거듭하다 발인 당일 새벽 긴급 국무회의가 열려 장지 허용안이 통과됐다.

그린벨트는 1971년 7월 서울 등에 최초로 지정된 이후 38년간 도시의 무질서한 확산 방지에 기여했다. 그러나 사유재산권 침해 등의 문제를 야기해 유지와 해제 사이에서 수십 년간 공방이 이어졌다.

엄격히 관리되던 개발제한구역은 김대중 전 대통령이 대선후보 시절부터 재조정을 주장해 집권 후 일부를 해제하면서 허물어지기 시작했다.

김 전 대통령은 "원래 그린벨트는 영국과 같이 산지가 거의 없는 나라에서 시행하는 제도인데 국토의 7할이 산지인 우리나라에서 또 그린벨트를 묶어야 하는지 환경영향평가를 실시해 정밀하게 검토해볼 필요가 있다."고 주장했다.

다른 한편에선 조선시대의 수도 한양에는 '금산(禁山)'제도라는 것이 있었다. 14세기 말부터 시행된 금산제도에 따르면 백성은 금산으로 지정된 도성 안팎 일정한 구역 안에서는 농사, 나무하기, 돌 캐기, 흙 퍼가기, 집 짓기 등을 할 수 없었다. 조선왕조 내내 엄격하게 산림을 보호한 금산제도 덕분에 그 시기 한양의 녹지는 비교적 잘 보존될 수 있었다.

그로부터 600여 년 뒤인 1971년 박정희 전 대통령은 국토환경보전을 위해 공유지는 물론 사유지까지 대상으로 놓고 현대판 금산제도인 '개발제한구역'(이하 그린벨트)을 파격적으로 설정했다. 1971년부터 1977년까지 지정된 그린벨트는 5397.11㎢로 전체 국토의 5.4%에 이르렀다.

절대 권력자의 의지로 만든 그린벨트는 수많은 논란 속에서도 50여 년간 국토의 허파 기능을 해왔다. 급격한 산업화와 도시화를 겪은 대한민국이 이만큼이라도 녹지를 보유하고 환경을 보전할 수 있었던 것은 그린벨트의 공이 컸다는 평가와 함께 공유지는 물론 사유지까지도 강제로 그린벨트로 묶은 탓에 해당 구역 주민들의 불만이 거셀 수밖에 없었다. 이들은 지나친 재산권행사의 제한과 생활 불편을 거론하며 줄기차게 그린벨트 해제 또는 완화를 주장해 왔으며, 농사 외에는 마땅히 할 것이 없는 상황에서 생계를 위해 각종 불법행위도 마다하지 않았다. 축사, 버섯재배시설 등 농업용 시설로 허가받아서 공장이나 물류창고 등 불법으로 용도를 변경하는 사례가 대표적이다.

초기에는 경기도 하남시 등 일부 지역에 국한된 일이었지만 이제는 남양주시, 시흥시 등으로까지 확산됐으며, 전국적으로 매년 적발되는 그린벨트 내 불법행위 건수는 한 해 2,000여 건에 이른다. 그 유형도 창고 건설, 형질 변경, 주택 개발, 음식점 점포, 공장 작업장 등 다양하다.

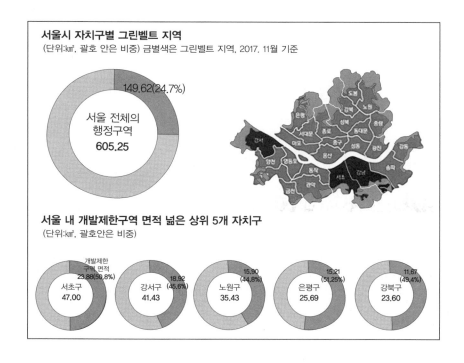

서울시 자치구별 그린벨트 지역
(단위:㎢, 괄호 안은 비중) 금별색은 그린벨트 지역, 2017. 11월 기준

149.62(24.7%)

서울 전체의
행정구역
605.25

서울 내 개발제한구역 면적 넓은 상위 5개 자치구
(단위:㎢, 괄호안은 비중)

개발제한
구역 면적
23.88(50.8%)
서초구
47.00

18.92
(45.6%)
강서구
41.43

15.90
(44.8%)
노원구
35.43

15.21
(51.25%)
은평구
25.69

11.67
(49.4%)
강북구
23.60

30년간 꿈쩍도 하지 않던 정부도 산업용지와 택지 마련이 한계에 달하자 '친환경 개발'을 내세우며 2000년부터 보전 가치가 낮은 환경평가 4, 5

등급지를 중심으로 그린벨트를 해제하기 시작했으며, 그 결과 2000년에
서 2009년 말까지 전체 그린벨트의 27%(1471.86㎢) 이상이 해제된다.

개발제한구역에서의 토지 용도 변경 변화

구분	현행 용도변경 허용	추가 용도변경 허용(안)
신축금지된 건축물(종교시설, 공장, 물류창고, 공공청사, 박물관, 미술관, 사회복지시설 등)	슈퍼마켓, 일용품소매점, 휴게음식점, 제과점, 일반음식점, 이용원, 미용원, 세탁소, 의원, 치과의원, 한의원, 침술원, 접골원, 조산소, 탁구장, 체육도장, 기원, 당구장, 금융업소, 사무소, 부동산중개업소, 수리점, 사진관, 표구점, 학원, 장의사, 동물병원, 목공소, 방앗간, 독서실 (근린생활시설 302종), 어린이집, 양로원, 종교시설(총 33종)	〈제1종 근린생활시설〉 1. 목욕장, 세탁소 시설 2. 지역자치센터, 파출소, 지구대, 소방서, 우체국, 방송국, 보건소, 공공도서관, 건강보험공단 사무소 등 공공업무시설 (1,000㎡ 미만) 3. 마을회관, 마을공동작업소, 마을공동구판장, 공중화장실, 대피소, 지역아동센터 등 주민 공동이용시설 4. 변전소, 도시가스배관시설, 정수장, 양수장 등 에너지공급이나 급수·배수시설 〈제2종 근린생활시설〉 5. 공연장 (극장, 영화관, 연예장, 음악당, 서커스장, 비디오물감상실, 비디오물 소극장 등으로 500㎡ 미만) 6. 자동차 영업소(1,000㎡ 미만) 7. 청소년게임제공업소, 복합유통게임제공업소, 인터넷컴퓨터게임시설제공업소 (500㎡ 미만)
주택	근린생활시설 (302종) 어린이집, 양로원, 종교시설, 고아원, 장애복지시설 (총 35종)	8. 학원, 교습소(자동차 및 무도교습시설은 제외), 직업훈련소 (500㎡ 미만) 9. 테니스장, 체력단련장, 에어로빅장, 볼링장, 당구장, 실내낚시터, 골프연습장, 놀이형 시설 등 주민의 체육 활동을 위한 시설 (500㎡ 미만) 10. 결혼상담소 등 소개업소, 출판사 등 일반업무시설(500㎡ 미만)
공장	근린생활시설 (30종) 어린이집, 양로원, 종교시설, 연구소, 교육원, 연수원, 물류창고, 도시형공장 (총 38종)	〈기타〉 11. 사회복지시설 (노인복지, 아동복지, 근로복지 등) 12. 미술관, 박물관

　한번 풀리기 시작하자 그린벨트 해제는 가속도가 붙었다. 특히 중소도
시 주변 그린벨트는 2001년부터 2003년 사이 전면 해제됐다. 강원권(춘천
시·홍천군), 제주권(제주시·북제주군), 청주권(충북 청주시·청원군 일부), 여수
권(전남 여수시), 전주권(전북 전주시·김제시·완주군), 통영권(경남 통영시) 등 7개
권역 1130.9㎢가 해제됐다. 수도권 과밀화로 침체에 빠진 지방의 사회·경
제적 여건의 변화를 반영한 조치였다.

서울, 부산 등 대도시권에서도 신도시 개발과 산업용지 공급을 위해 4294.02㎢ 중 368.77㎢가 풀렸다. 수도권의 경우 2004년부터 서울시와 경기도 21개 시·군에서 112.94㎢가 해제됐고, 부산권인 부산시와 양산시 등도 162.22㎢가 해제됐다. 그 밖에 대구권 18.73㎢, 울산권 12.53㎢, 대전권 12.23㎢, 광주권 35.78㎢, 마산·창원·진주권 14.32㎢가 풀렸다.

국토교통부의 '2020권역별 광역도시계획'에 따르면 수도권 135.30㎢, 부산권 38.90㎢, 대구권 22.10㎢, 울산권 25.50㎢, 대전권 27.60㎢, 광주권 23.70㎢, 마산·창원·진주권 22.00㎢ 등 총 295.52㎢의 그린벨트가 풀렸거나 풀리게 될 것으로 보인다.

그린벨트가 풀리면서 물류창고, 공장 등 난개발 성행

그린벨트가 보존대상 녹지에서 개발 가능지로 바뀌면서 무차별한 개발의 우려도 커지고 있다. 그린벨트 해제로 개발 용지가 확보됐지만 무계획적으로 물류창고, 공장 등이 들어서면서 난개발이 이뤄졌다. 이에 환경단체들은 "정부가 녹색성장을 화두로 삼으며 그린벨트를 해제해 환경친화적인 개발을 하겠다고 주장하지만 실제로는 구호에 그친다."며 강한 불신을 드러낸다.

2009년 5월 수도권에 추가로 배정된 그린벨트 해제 물량 79.80k㎡ 중 절반에 이르는 38.11k㎡가 보금자리주택지구 등으로 해제됐다. 그린벨트에 '존치냐 해제냐'의 이분법으로 접근할 것이 아니라, 어떻게 하면 환경과 개발을 조화시킬 수 있을지 발전적 고민을 해야 할 문제다.

그린벨트 이행강제금

　개발제한구역(그린벨트) 내의 불법행위에 '폭탄' 수준의 이행강제금을 부과하는 '개발제한구역의 지역 및 관리에 관한 특별조치법(개발제한법)'의 효과를 톡톡히 보았다.

　부산 강서구청에 따르면 개발제한구역 내 농지의 형질 변경 및 물건 적치 행위에 대한 원상복구 시정명령을 내린 334건(50만 310㎡) 중 86.5%인 289건(43만 7천 641㎡)의 복구가 완료됐으며, 복구 면적으로 보면 무려 87.4%의 농지에서 불법행위가 근절됐다고 한다. 부산 강서지역은 싼 임대료와 넓은 유휴부지가 많아 수십 년간 농지를 고물상, 야적장, 주차장 등으로 무단으로 형질을 변경하거나 물건을 적치하는 등의 불법 전용 사례가 많아 큰 골칫거리였다.

　그린벨트의 불법행위 원상복구율이 높은 이유는 기존 건축법에서 부과되는 이행강제금과는 별도로 최소 3배, 최대 8배 가량 높은 이행강제금이 부과되는 쌍벌적인 개발제한법의 특성 때문이다. 개발제한법은 개발제한구역 내 농지의 형질 변경, 물건 적치 행위에 대해 개별공시지가에 위반면적과 일정 요율(최소 0.15, 최대 0.3)을 곱한 연 최고 1억 원의 이행강제금을 부과하는데, 사실상 폭탄 수준의 이행강제금을 버텨낼 재간이 없는 셈이다. 또 불법행위에 대해 재고발을 할 수 없었던 것과 달리 원상복구 시정명령을 이행하지 않으면 매년 고발을 할 수 있어 가중처벌이 가능해지도록 관리지침이 바뀐 점도 주효했다.

신고사항 위반

위반 행위	부과액 산정식
가. 건축물의 건축	건물시가표준액 × 위반면적 × 25%
나. 건축물의 용도변경	건물시가표준액 × 위반면적 × 15%

다. 공작물의 설치	개별공시지가 × 위반면적 × 25%
라. 토질의 형질변경	개별공시지가 × 위반면적 × 15%
마. 물건을 쌓아놓는 행위	개별공시지가 × 위반면적 × 15%
바. 죽목 벌채	개별공시지가 × 위반면적 × 15%

가. 산정 결과 5,000만 원 이하일 때는 그 금액을 부과징수 . 5,000만 원을 초과시 5,000만 원을 초과 징수
나. 금액은 다음 각 호의 구분에 따라 가중 또는 감경할 수 있다.
   1) 영리 목적이나 상습적으로 위반한 자 : 50% 범위에서 가중
   2) 영농 행위 등 단순 생계형 위반행위자 : 50% 범위에서 감경

위반행위	근거 법조문	과태료 금액		
		1차	2차	3차 이상
가. 신고 없이 주택 및 근린생활시설을 증축·개축 및 대수선한 경우	법 제34조 제1항	100	200	400
나. 신고없이 농림수산업용 건축물(관리용 건축물은 제외) 또는 공작물을 증축·개축 및 대수선한 경우	법 제34조 제1항	100	200	400
다. 신고 없이 주말농원사업 중 주말영농을 위하여 토지를 임대하는 이용객이 50명 이상인 주말농원사업에 이용되는 10㎡ 초과 20㎡ 이하의 농업용 원두막(벽이 없고 지붕과 기둥으로 설치한 것)을 설치하는 행위를 한 경우	법 제34조 제1항	50	100	200
라. 신고 없이 근린생활시설 상호 간의 용도변경(휴게음식점·제과점 또는 일반음식점으로 용도변경하는 경우는 제외)을 한 경우	법 제34조 제1항	100	200	400
마. 신고 없이 벌채 면적이 50㎡ 미만 또는 벌채 수량이 5㎡ 미만인 죽목의 벌채를 한 경우	법 제34조 제1항	50	100	200
바. 신고 없이 물건을 쌓아두는 행위를 한 경우	법 제34조 제1항	50	100	200
사. 신고 없이 문화재의 조사·발굴을 위한 토지의 형질변경을 한 경우	법 제34조 제1항	50	100	200
아. 신고 없이 생산품의 보관을 위한 임시 가설 천막의 설치(기존의 공장 및 제조업소의 부지에 설치하는 경우에만 해당)를 한 경우	법 제34조 제1항	30	60	120
자. 신고 없이 지반의 붕괴 또는 그 밖의 재해를 예방하거나 복구하기 위한 축대·옹벽·사방시설 등의 설치를 한 경우	법 제34조 제1항	30	60	120
차. 신고 없이 영농을 위한 지하수의 개발·이용시설을 설치한 경우	법 제34조 제1항	50	100	200
카. 신고 없이 논을 밭으로 변경하기 위한 토지의 형질변경을 한 경우	법 제34조 제1항	50	100	200
타. 신고 없이 논이나 밭을 과수원으로 변경하기 위한 토지의 형질 변경을 한 경우	법 제34조 제1항	50	100	200
파. 신고 없이 대지화 되어 있는 토지를 논·밭·과수원 또는 초지로 변경하기 위한 토지의 형질 변경을 한 경우	법 제34조 제1항	50	100	200

개발제한구역(그린벨트)에서 신고할 할 수 있는 행위

행위유형	할 수 있는 행위	신고조건
주택 · 26종 근생	증축 · 개축 · 대수선	기존 연면적 합계 100㎡ 이하 증 · 개 · 수선면적 85㎡ 이하
농림축산시설	증축 · 개축 · 대수선	연면적 합계 200㎡ 미만
축사 · 버섯재배사 · 온살 및 콩나물재배사	증축 · 개축 · 대수선	기존 연면적 합계 100㎡ 이하 창고면적 100㎡ 미만
죽목의 벌채	벌채 행위	벌채면적 500㎡ 미만이거나 벌채수량이 5㎡ 미만
공장부지 내 임시 가설천막	가설 천막의 설치	생산품보관을 위한 기존 공장부지내
근생 상호간의 용도변경	아래표 26종 근생만 허용	휴게제과점 또는 일반음식점으로 용도 변경하는 경우는 제외

개발제한구역(그린벨트) 내에서 허용되는 근린생활시설

1. 슈퍼마켓
2. 일용품소매점(약국/ 정육점/ 취사용가스판매장 등 포함)
3. 휴게음식점 및 일반음식점
4. 이용원, 미장원, 세탁소, 일반목욕장, 사진관, 목공소
5. 치과병원, 치과의원, 의원, 한의원, 조산소
6. 점술원, 접골원, 장의사, 방앗간, 독서실 기원, 탁구장 당구장, 체육도장, 표구점. 동물병원
7. 수리점,(자동차경정비업소 포람)
8. 취사용가스판매장.
9. 근생사무소, 부동산중개업소, 근생 금융업소, 학원(2종 근린생활시설)

개발제한구역(그린벨트) 기존 대지 용도분석프로그램 표구점

사무소허용용도 부동산중개업소	건축물 용도분류	면적제한 및 업종규제	입지 · 용도 적합성				
			A	B	C	D	F
단독주택	다중 · 다가구 제외						
슈퍼마켓	1종 근생시설	일용품점 허용					
휴게(일반)음식점	2종 근생시설	연면적 300㎡/ 주차장 200㎡ 이하					
이(미)용실	1종 근생시설						
약국	1종 근생시설						

정육점	1종 근생시설						
세탁소	1종 근생시설						
일반목욕장	1종 근생시설	주된 이용자가 지역주민인 목욕탕					
사진관	2종 근생시설						
목공소	2종 근생시설						
병원(의원)	1종 근생시설						
침술원, 접골원	1종 근생시설						
동물병원	2종 근생시설						
수리점	2종 근생시설						
취사용가스판매점	2종 근생시설						
장의사	2종 근생시설						
방앗간	2종 근생시설						
독서실	2종 근생시설						
기원	2종 근생시설						
탁구장	1종 근생시설						
당구장	2종 근생시설						
체육도장	1종 근생시설						
표구점	2종 근생시설						
사무소	2종 근생시설						
부동산중개업소	2종 근생시설						
금융업소	2종 근생시설						
학원	2종 근생시설						

대상 토지	• 개발제한구역 지정 당시 지적법상 지목이 대지인 토지 중 나대지 • 개발제한구역 당시 이미 있던 주택(제산세과세대장에 등재된 주택)이 있는 토지 • 개발제한구역 지정 당시 주택지조성을 목적으로 허가받아 조성되었거나 조성중이던 토지
건축 규모	자연녹지지역의 건축기준인 건폐율 20%, 용적률100% 이내에서 3층 이하로 허용한다. 다만, 대지면적이 작을 경우 기존 허용 규모보다도 건축규모가 작으면 주택의 경우는 과거 증·개축기준(건폐율 60%, 면적 최대 90평 이하)과 비교하여 주민이 유리한 쪽으로 선택할 수 있다.
대지 면적	전·답 등 대지가 아닌 토지에 개발제한구역 지정 당시부터 주택이 있는 경우 그 주택의 허가 유무에 불구하고 〈재산세 과세대장〉에 등재되어 있을 경우에는 건축면적의 2배(건축면적이 200㎡)의 범위 안에서 전·답 등을 대지로 인정받을 수 있다.
분할 제한	대규모 대지는 330㎡ 이하로 분할할 수 없고, 주택 및 근린생활시설의 건축을 위하여 필요한 경우에는 진입로를 설치할 수 있다.

※한강수계 중 잠실 수중보 상류 하천 양안 1㎢ 이내의 지역은 근린생활시설 중 일반목욕장과 한강상수원 수질보호 및 주민지원등에 관한 법률 제5조의 규정에 의거 허용되는 시설에 현황.
※음식점은 구역 내 5년 이상 거주자, 영업자, 지정 당시 거주자로서 건축연면적 300㎡로 이내 허용 .

그린벨트 이행강제와 처벌 조항

1. 개발제한구역 내에서 개발제한구역의 지정 목적에 위배되는 건축물의 건축 및 용도 변경, 공작물의 설치, 토지의 형질 변경, 죽목의 벌채, 토지의 분할, 물건의 적치, 도시계획사업의 시행은 금지되는 것이 원칙이나 일정 요건에 해당하는 건축물 또는 공작물로서 대통령령이 정하는 건축물의 건축 또는 공작물의 설치와 이에 따르는 토지의 형질 변경, 건축물의 지정된 취락지구 안으로의 이축, 이주단지의 조성, 건축물의 건축을 수반하지 아니 하는 토지의 형질 변경, 일정 범위 토지 분할, 일정 규모 이상의 죽목의 벌채, 모래·자갈·토석 등을 1개월 이상 적치하는 행위 등에는 시장·군수·구청장의 허가를 받아서 할 수 있고, 또한 대통령령이 정하는 경미한 행위(적치 기간 1월 미만의 적치와 중량이 20톤 이상 50톤 이하이거나 부피가 20㎡ 이상 50㎡ 이하인 물건 적치의 행위가 이에 해당)로서 신고하고 할 수 있는 행위 등에 관하여 개발제한구역의 지정 및 관리에 관한 특별조치법 및 동법 시행령, 시행규칙의 적용을 받고 있다.

2. 동법에 의하면 상기의 허가사항 위반 시에는 3년 이상의 징역 또는 3천만 원 이하의 벌금에 처할 수 있고 신고사항 위반시에는 500만 원 이하의 과태료에 처할 수 있도록 규정하고 있으며 허가를 받거나 신고를 한 자가 허가의 내용에 위반하여 공작물의 설치·물건의 적치 행위를 하거나, 사위 기타 부정한 방법으로 허가를 받은 경우, 신고를 하지 아니하고 물건의 적치 행위를 한 경우 시장·군수·구청장이 허가의 취소·공사의 중지·건축물 등의 개축 또는 이전, 기타의 조치를 할 것을 명할 수 있도록 행정벌 및 행정처분에 관한 내용을 규정하고 있다.

3. 이때 행정벌·행정처분의 객체는 허가 및 신고시에는 허가·신고권자가 될 것이고 허가·신고 없이 위반행위를 할 경우 실질적인 위반행위자가

될 것이므로 개발제한구역의 지정 및 관리에 관한 법률상의 처벌 및 행정처분에 있어서는 허가 및 신고의 주체 여부가 중요한 기준이 될 수 있을 것이고, 당해 토지가 농지에 속하는 경우라면 농지 임대차, 농지의 보전과 관련한 농지전용 문제 등 농지법 소정의 각종 허가 및 위반에 따른 행정벌·행정처분의 문제도 짚고 넘어가야 할 것이므로 해당 토지소재지 관할 시·군·구청을 방문하여 당해 법령 등에 기한 허가 여부, 위법성 여부 등의 자문을 구한 후에 행정법령을 위반하지 않는 범위에서의 토지임대차계약을 체결하는 것이 마땅한 방법이 될 것이다.

4. 임대차계약서에 위반의 가능성이 높은 행위 등을 적시하여 임차인의 행정법령 위반으로 행정처분의 개연성이 높을 경우, 임대인에게 임대차계약해지 권한을 유보하는 동시에 재산상 손해발생시 책임 귀속 내용 등을 담는 것도 한 방법이 될 것이다.

그린벨트는 기피해야 할 투자 대상인가?

일반적으로 그린벨트는 투자가 꺼려지는 땅, 모든 것이 부정적으로 보이는 시각이 있다. 하지만 그린벨트도 눈여겨 보면 꽃이 될 수 있다.

김모 씨 가족은 그린벨트 내에 있는 취락마을의 농가주택을 팔기로 매매계약을 맺었다가 낭패를 볼 뻔했다. 김 씨의 부모는 그린벨트의 농가주택(대지 75평)과 논 350평을 보유하고 있었는데, 김 씨 누나가 동네 사람의 매매 권유로 이 땅을 대지는 평당 150만 원, 논은 평당 45만 원씩 2억 7천만 원에 매매계약을 했다.

그후 김 씨는 우연한 기회에 부동산 컨설턴트를 만나서 취락마을의 그린벨트 해제예정지구가 점진적으로 그린벨트에서 해제된다는 말을 듣고 땅에 대한 가치와 이용 등에 알아본 결과 그린벨트 내 취락마을의 미래가치와 주변 시세에 대해 전혀 알지 못해 막대한 손해를 볼 뻔했다는 결론을 내리고 해약을 할지에 대해 판단하기로 했다.

이 땅의 경우, 2m 가량의 진입로가 좁은 것이 단점이고, 전원주택지로는 양호한 환경을 가지고 있었다. 자동차로 5분 거리에 월드컵경기장이 있고, 도보로 지하철 2호선 연호역이 5분 거리에 있는 등 개발 방향이 양호한 상태였다.

원주민 주택에 해당이 되고 건축물관리대장에 등재돼 있어 용도 변경에도 아무 문제가 없었다. 주변 시세는 김 씨가 계약한 가격보다 높은 선에서 형성되고 있어서 인접 지역 시세는 농지의 경우 평당 50만 원~120만 원, 대지는 평당 200만 원 선인 것으로 조사됐다. 진입로 폭이 좁다는 약점을 감안해도 농지는 평당 55만 원, 대지는 평당 200만 원 정도 받을 수 있을 것으로 평가됐다. 당장 3억 4,250만 원을 받을 수 있는 계산이 나온다.

아직 중도금을 치르지 않아 위약금을 물면 해약은 가능했고, 위약금을 물더라도 5,000만 원 정도 이익을 볼 수 있다고 판단해 해약을 했는데, 얼마 후 인근 그린벨트 내 취락마을이 그린벨트에서 해제되면서 그 가치가 얼마인지 모를 정도로 상승했다.

그린벨트에서 해제되는 땅 가운데 입지 여건이 좋은 곳은 도심 인접형 전원주택이나 식당 등 근린생활시설 용도로 선호될 것은 분명하다. 그러나 그린벨트에 있는 땅이라고 해서 무조건 투자가치가 있는 것은 아니다.

그린벨트 중 집단취락지역 밖의 토지는 개발이 불가능한 곳도 있다. 그린벨트는 주거 취락지구 안에 있는 것부터 우선 풀리고, 나머지는 택지개발지구나 수용되는 곳을 해제하기 때문에 심사숙고하는 것이 좋다.

다만 그린벨트에 투자하는 것을 무조건 꺼릴 일만은 아니다. 적당한 가격으로 구입하기만 한다면 주변의 그린벨트가 해제됨에 따라, 또 지가 상승에 따라 해제 전이라도 가격이 오른다. 또 입지 환경이 좋게 바뀌거나 혹 토지 수용을 당하더라도 충분한 보상을 받을 수도 있을 것이므로 신중하게 고려해 판단을 내려야 한다.

구청에 가서 내 토지가 어떤 용도로 지정이 됐는지 먼저 확인하고 매매를 하는 것이 유리하다. 또한 매수를 하려는 사람도 매도자의 토지가 어떤 용도로 지정돼 있고, 앞으로 개발 방향이 어떤지 눈여겨보고 매수를 하는 것이 좋다.

지상물이든 땅이든 규제 사항이 꼭 있기 마련이다. 난개발 방지와 주변 환경을 보호하기 위한 장치인 셈이다. 요즘처럼 귀촌이 흐름인 시대엔 삶의 질을 높인다는 측면으로 이해해도 될 것이다.

군사시설보호구역, 상수원보호구역, 개발제한구역 등의 장기 규제 사항은 땅에 치명적 약점으로 작용하나, 집은 사정이 다르다. 설령, 내 집이 군사시설보호구역이나 개발제한구역에 포함된 상황이라도 큰 피해를 입게 되는 것은 아니기 때문이다. 집은 땅과 달리 개발 조율 상태가 아닌 종료 상태, 즉 개발 완료 상태이거나 그런 환경에 준하는 지역을 의미하기 때문이다.

그렇지만 땅은 개발 이전의 모습이기 때문에 이런저런 규제 사항은 개발을 더디게 하거나 개발 진행에 있어 저해 요소가 된다. 내 땅이 상수원보호구역 범주에 들었다면 큰일이지만, 내 집이 상수원보호구역 범주에 들었다면 난개발을 할 수 없는 여건이라 주변 환경이 청정하게 유지된다는 증거로 이해해야 할 것이다

지상물에 규제가 있다는 것은, 과거 땅이었을 때는 규제가 없었다는 의미다. 만약 규제 사항에 포함되었다면 집을 완성할 수 없었을 터이니 말이다.

그린벨트 땅 좀 팔아 주세요

독자 한 분이 전화를 걸어와 상담을 했을 때, "땅입니까? 집입니까?" 라고 물었어야 했는데, 미처 땅 이외의 부동산까지 생각이 닿지 않았던 것을 후회한 적 있다. 미완성물인 땅 앞에 놓인 규제는 큰 장애물이지만 완성물 앞에 규제 사항은 큰 걸림돌이 아니기 때문이다.

그린벨트 내에 포함된 집은 땅과 다른 의미다. 그린벨트는 국토계획법에 의한 용도지역 중 하나로, 자연환경보전 등을 목적으로 1971년 도시계획법 개정 시 도입된 제도다.

그린벨트에서는 '건축물의 건축, 용도 변경, 토지의 형질 변경' 등을 제한적 범위 내에서 허가를 받아 시행할 수 있어 땅 자체로 '토지이동'을 한다는 것은 거의 불가능하다.

하지만 지상물은 상황이 다르다.

주택, 근린생활시설은 기존 면적을 포함한 연면적 합계가 100㎡ 이하인 경우, 증축이나 개축 그리고 대수선과 같은 작업은 신고 대상이다. 개발제한구역의 땅과 집의 의미는 극과 극이다. 상수원보호구역의 땅과 집도 마찬가지고, 군사시설보호구역도 마찬가지 입장이라는 사실을 인지하여야 한다. 집이 완성되기 이전에는 없었던 규제 사항이 집을 짓고 나서 새로 생긴 이유는 난개발 방지와 주변의 자연환경보전을 위함이라는 사실도 인지해야 할 것이다.

그린벨트에 울고 웃다

"그린벨트가 풀린다기에 큰돈을 벌 줄 알았습니다. 임대주택을 짓는다는 정부 발표가 뒤집어질 것이라고 상상이나 했겠어요. 땅 부자요? 대출 이자도 갚지 못해 모조리 날릴 판입니다."

경기 광명시 노온사동 개발제한구역(그린벨트)에 15,500㎡의 대지를 소유한 윤 씨는 불과 5년 만에 24억 원의 빚을 진 신용불량자 신세가 됐다. 이명박 정부가 광명·시흥 일대 17.4㎢를 공공임대주택(보금자리)사업지구로 지정하기 1년 전인 2009년, 개발이익에 대한 기대감으로 대출을 받아 추가로 땅을 매입한 게 화근이었다. 부동산 경기침체와 시행사인 한국토지주택공사(LH)의 경영부실로 사업은 백지화됐고, 지구 지정 4년 동안 그린벨트 때보다 훨씬 엄격한 개발제한에 묶이며 땅값은 하락세로 돌아섰다. 13대째 광명시에 뿌리를 내린 원주민으로서 대대로 내려온 토지 전부를 담보로 잡힌 그는 땅을 헐값에 넘길 수도, 그렇다고 쌓여가는 대출 이자를 마냥 바라보고 있을 수도 없는 처지가 됐다.

윤 씨처럼 광명·시흥 보금자리사업이 무산된 후 담보대출금 상환 부담으로 고통받는 주민들은 지구 내 27개 마을에 약 4,000여 명에 달했다. 그린벨트 지정 후 40년 넘게 규제에 묶였던 시절을 보금자리사업으로 보상받으려 했던 주민들로선 결국 또 한 번 땅이 묶여 버린 셈이다.

광명·시흥 보금자리사업은 또 한 번의 그린벨트 정책 실패다. 지난 1971년 첫 도입 이후 43년간 그린벨트에서는 정부의 정치적 논리와 주민들의 재산권 요구가 맞물려왔다. 이 사업 역시 제대로 된 시장 예측도 없이 그린벨트를 풀어 공공임대주택 보급정책을 무리하게 추진했고, 주민들도 보상심리에 과도한 대출을 받아 피해를 키웠던 것이다.

그 배경에는 복잡한 정치·경제적 이해관계 속에서 그린벨트가 환경보존지역이 아닌 개발 유보지로 전락해온 역사가 있다. 박정희 정부는 주민들의 동의를 생략한 채 상명하달식으로 그린벨트를 도입했고, 이 과정에서 쌓인 불만은 민주화 이후 재산권 행사를 강하게 요구하는 흐름으로 이어졌다. 여기에 1997년 대선 당시 그린벨트 해제를 공약으로 내건 김대중 후보가 당선되면서 본격적인 정치 쟁점으로 부상했다.

이후 선거철마다 그린벨트 규제완화 공약이 쏟아져 나왔고 정권에 따라 향방이 바뀌면서 주민들의 명암도 엇갈렸다. 이 와중에 그린벨트의 환경적 가치에 대한 논의는 뒤로 밀렸다. 그 결과 지난해 말 기준 그린벨트 해제 면적은 애초 지정된 규모(5,397.1㎢)의 28.3%인 1,530㎢에 달한다.

전문가들은 환경과 삶의 질을 중시하는 선진국형 도시계획을 실행하기 위해선 사회적 공감대 형성과 체계적인 시스템이 필요하다고 지적한다. 권용우 성신여대 교수는 "환경 보존과 도시 관리라는 기본 취지에 맞게 보존이 꼭 필요한 지역은 영구적으로 묶고, 보존 가치가 낮은 지역은 환경평가 등을 거쳐 해제할 수 있도록 관련 지침을 조문화해야 한다."고 말한다.

그린벨트 투자의 성공과 실패 사례

성공 사례

대전 유성구에서 건설하도급을 하는 장 씨는 지방자치단체 개발계획을 잘 살펴보고 그린벨트에 투자해 2배 이상 수익을 얻었다. 장 씨는 2년 전 유성구에 있는 그린벨트 내 밭 300평을 평당 14만 원씩 총 4,200만 원에 샀고, 이를 지난해 말 평당 35만 원에 팔았다.

장 씨는 평소 토지에 관심을 갖고 관련 기사를 꼼꼼히 스크랩하면서 시간이 나는 대로 인근 지역 매물을 살피러 다녔으나 여윳돈이 5,000만 원 정도라서 마땅한 투자처를 찾기 어려웠다. 매물로 나오는 땅은 대부분 규모가 컸고, 수도권 지역은 규모가 작아도 평당 가격이 비싸 투자할 엄두가 나지 않았다. 그러던 중 5,000만 원 수준으로 살 수 있는 적당한 매물을 찾았다.

건설 현장으로 가는 길이라 자주 지나치는 곳이었다. 그린벨트로 묶여 있지만 현황도로(지적도에 없는 도로)로 둘러싸여 있어 도시계획도로가 생기면 그린벨트에서 풀리지 않을까 생각했던 곳이다. 마침 인근에 왕복 2차선 도로가 들어선다는 기사를 발견하고 유성구청 담당과에 확인해보니 사실이었다.

장 씨는 유성구의 개발이 활발히 진행되기 때문에 도로가 개발되면 근처 그린벨트가 풀릴 것으로 예상해 토지를 구입했다. 그린벨트로 묶여 있었기 때문에 싼 가격에 살 수 있었고 그린벨트에서 풀리면 가격이 크게 오를 것이라는 판단이 들었다.

1년 뒤 장 씨의 땅은 그린벨트에서 풀렸다. 신행정수도 충청권 이전이라는 공약을 건 노무현 정부가 출범하면서 투자가치는 더 올랐다. 장 씨는 투자비 대비 2.5배인 평당 35만 원에 팔 수 있었다. 4200만 원을 투자해 1년 만에 6,300만의 수익을 얻은 셈이다.

실패 사례

경기도 수원에 직장을 가지고 있는 박 씨는 2시간 넘게 걸리는 출퇴근 시간을 줄이고 덤으로 공기 좋은 곳에 집을 지을 생각으로 회사와 가까운 근처의 땅을 알아보고 있었다.

마침 한 중개업소에서 화성시 매송면 그린벨트지역의 6,000평이 매물로 나왔는데, 좋은 조건으로 300평씩 분할매각을 하고 있다며 매입을 권유했다. 그린벨트 지역이라 환경도 좋고 이 일대는 해제를 앞두고 있으므로 투자성도 좋다는 설명이었다. 게다가 현재 임야 상태여서 가격이 평당

65만 원으로 주변 시세보다 싸다고 했다.

박 씨는 회사에서 멀지 않고 공기도 좋은 데다 투자가치도 높다는 말에 일석삼조라고 생각했다. 또 여러 사람이 이미 매입한 상태였으므로 안전하다고 생각해 주저하지 않고 계약한 뒤 매입 가격 1억 9,500만 원 중 계약금으로 30%인 5,850만 원을 지불했다.

박 씨는 토지거래허가구역이라 주소지를 옮겨야 하는 등 준비할 것이 많아 잔금을 치르기 전 땅에 대해 자세히 알아보기로 하고 전문가에게 컨설팅을 의뢰했는데, 결과는 기대와는 반대였다.

박 씨가 구입한 땅은 그린벨트 해제 인근에 있는 땅이었다. 따라서 용도지역이 자연녹지지역이라면 투자 가치가 있다.

그러나 박 씨가 매입한 땅은 보존산지(보전녹지)로 지정돼 있는 토지여서 무주택 농민만 농가주택을 지을 수밖에 없는 곳이었다. 박 씨가 주소지를 옮긴다 해도 집을 지을 수 없으므로 평당 20만 원대에 구입을 해도 투자성이 없는 매물이었다.

결국 박 씨는 6,000만 원 정도의 계약금만 날렸다. 이미 이 땅을 매입했던 사람들은 1억 원 이상 손해를 본 셈이다.

그린벨트 투자, 이 점을 주목하라

그린벨트의 정책 방향 판독

전·답·임야 등의 그린벨트는 법이 허용하는 범위 안에서 특수한 경우에만 형질 변경이나 건축행위가 가능하고 원래의 지목에 맞게 이용하도록 법으로 강제되어 있다.

그러나 지목이 전·답인 그린벨트 토지가 대개 도시지역 내에 분포돼 있고 매년 땅값이 오르기 때문인지 투자 목적으로 구입하는 사람들이 많다.

실수요자라 하더라도 이용 기간 중 땅값이 오르는 것을 싫어할 사람이 있을까?

여기서는 이용 가치와 투자 가치를 동시에 만족시킬 수 있는 그린벨트 투자 요령을 알아본다.

그린벨트 투자는 무엇보다도 대규모 취락지를 찾아야 한다. 가장 안전한 투자처는 대규모 취락지이다. 정부가 1,000명 이상 거주지역을 그린벨트 우선해제권역으로 정하고 있기 때문이다. 물론 현장답사는 필수과목이다. 서류나 항공사진만 보고 투자하는 경솔한 투자는 절대 금물이다. 사전 정보를 충분히 섭렵한 후 직접 현장을 들러 해제 대상 지역으로 선정될 것인지 여부를 나름대로 직접 확인해야 한다. 주의할 것은 해제 프리미엄이 반영된 곳은 피해야 한다는 것이다.

그린벨트가 풀린다는 얘기는 어제 오늘 일이 아닌 만큼 이미 해제 프리미엄이 반영돼 값이 오를 대로 오른 지역이 많다. 이런 지역은 시세차익을 기대하기 어렵고 공영개발이 들어가는 경우 오히려 손해를 볼 수도 있다.

우선 환경이 좋은 곳을 노려야 한다. 그린벨트가 풀려도 당장 아파트를 지을 만큼 규제가 완화되는 것은 아니므로 일단 전원형 주택단지를 염두에 두어야 한다. 또 완전 해제가 안 되더라도 건축 규제 완화 등 혜택이 뒤따를 경우, 괜찮은 전원주택지로 탈바꿈될 수 있음을 고려해야 한다.

이왕이면 교통이 좋은 곳을 찾아야 하는데, 그중에서도 역세권이라면 금상첨화일 것이다. 서울 등 수도권은 이미 말할 것도 없고 대전지역과 같은 곳에서도 지하철이 닿는 역세권 그린벨트를 찾을 수 있다. 제반 여건상 해제가 유력하고 개발 가능성이 있는 경우라면 논이나 밭을 사는 것도 좋은 투자 방법이다.

요즘은 대부분 농지가 허가구역에서 풀려 농지 구입에 큰 어려움이 없으나 반드시 고려해야 할 것은 승용차 정도는 진출입이 가능한 도로에 접한 땅을 고려해야 한다는 것이다.

도로에 접하지 않는 곳은 개발 기간이 장기화 될 수 있고 보상을 받는 경우에도 상대적으로 저평가될 수 있기 때문이다.

기존 주택이나 지목이 대지인 곳을 고르는 것은 전·답에 비해 안전한 투자 방법이라 할 수 있고, 전·답에 비해 처분도 쉬우며, 직접 사용하기도 편리하다.

모든 부동산 투자는 반드시 활용 가능성을 살펴야 한다. 자본이 달려 개발 가능한 땅을 사기 어렵다면 투자 2순위로서 활용할 수 있는 가능성이 높은 임야를 구입하는 것도 투자의 한 방법이 될 수 있다. 나무를 심거나 가족 휴양지로 꾸며 입구에 음식점이나 휴게소를 만들어 의외의 수익을 거둘 수 있고 특용 작물 재배지로도 활용이 가능하다.

투자자라면 누구나 조심해야 할 것은 소위 '브로커'라고 칭하는 의뢰인이다. 일부 지역에서는 그린벨트만을 노리는 브로커가 등장해 음성적인 거래를 부추기는 사례가 많다. 이들은 대부분 확정되지도 않은 사실을 호도해 땅을 매입하도록 꼬드기는 경우가 많다. 해당 지자체를 직접 방문해 개발 가능성을 반드시 살펴야 하는 이유다.

만일 정부가 강력한 투기단속 대책을 발표하고 각 지자체마다 대대적으로 부동산 투기단속을 펼칠 때는 한 발자국 뒤로 후퇴하여 좀 조용해질 때까지 기다려 투자하는 것도 좋은 방법이다. 실수요자의 부동산 구입이라도 괜한 오해를 살 수 있기 때문이다. 전답이나 임야를 무리하게 구입했다가는 세무조사를 받기 십상이고, 가격도 과다하게 지급할 수 있는 실수를 범할 수 있다.

미리 땅을 확보해 두기보다는 한 박자 늦춰 필요한 만큼만 떳떳하게 구입하는 지혜가 필요하다.

끝으로 지방자치단체의 개발계획을 숙지할 필요가 있다. 지자체별로 그린벨트 해제 이후의 개발계획을 세워놓고 있기 때문이다.

해당 지자체를 방문해 어떻게 개발할 것인지를 확인하고 공영개발 지역과 민영개발 지역, 용도별 구역 지정 등을 개략적으로 확인해야 한다. 부동산 투자는 실수요자든 순수한 투자 목적이든 노력한 만큼 좋은 결과를 얻을 수 있다는 사실을 명심해야 한다.

그린벨트 내 건축물 용도 변경 허용폭이 넓어진다

개발제한구역 내 건축물 현황

(단위: 동)

총계	주택	축사	창고	공공건축물	공장 및 작업장
121,550	65,000	25,964	12,428	4,710	2,877
근린생활시설	종교시설	교육시설	군사시설	주유소	기타
4,450	2,303	457	392	384	2,505

구분	현행 용도변경 허용	추가 용도변경 허용(안)
신축금지된 건축물(종교 시설, 공장, 물류 창고, 공공청사, 박물관, 미술관, 사회복지시설 등)	슈퍼마켓, 일용품소매점, 휴게음식점, 제과점, 일반음식점, 이용원, 미용원, 세탁소, 의원, 치과의원, 한의원, 침술원, 접골원, 조산소, 탁구장, 체육도장, 기원, 당구장, 금융업소, 사무소, 부동산중개업소, 수리점, 사진관, 표구점, 학원, 장의사, 동물병원, 목공소, 방앗간, 독서실(근린생활시설 302종), 어린이집, 양로원, 종교시설(총 33종)	**〈제1종 근린생활시설〉** 1. 목욕장, 세탁소 시설 2. 지역자치센터, 파출소, 지구대, 소방서, 우체국, 방송국, 보건소, 공공도서관, 건강보험공단 사무소 등 공공업무시설 (1,000㎡ 미만) 3. 마을회관, 마을공동작업소, 마을공동구판장, 공중화장실, 대피소, 지역아동센터 등 주민 공동이용시설 4. 변전소, 도시가스배관시설, 정수장, 양수장 등 에너지공급이나 급수·배수시설 **〈제2종 근린생활시설〉** 5. 공연정(극장, 영화관, 연예장, 음악당, 서커스장, 비디오물감상실, 비디오물 소극장 등으로 500㎡ 미만) 6. 자동차영업소 (1,000㎡ 미만) 7. 청소년게임제공업소, 복합유통게임제공업소, 인터넷컴퓨터게임시설제공업소(500㎡ 미만) 8. 학원, 교습소(자동차 및 무도 교습시설은 제외), 직업훈련소 (500㎡ 미만) 9. 테니스장, 체력단련장, 에어로빅장, 볼링장, 당구장, 실내낚시터, 골프연습장, 놀이형시설 등 주민의 체육 활동을 위한 시설 (500㎡ 미만) 10. 결혼상담소 등 소개업소, 출판사 등 일반업무시설 (500㎡ 미만) **〈기타〉** 11. 사회복지시설 (노인복지, 아동복지, 근로복지 등) 12. 미술관, 박물관
주택	근린생활시설 (302종) 어린이집, 양로원, 종교시설, 고아원, 장애복지시설(총 35종)	
공장	근린생활시설 (30종) 어린이집, 양로원, 종교시설, 연구소, 교육원, 연수원, 물류창고, 도시형공장 (총 38종)	

바뀌고 있는 개발제한구역의 정책

개발제한구역이라고 하면 왠지 토지의 사용 가치가 떨어지고 개발할 수 없는 땅이라는 생각이 먼저 든다. 그도 그럴 것이 개발제한구역 토지는 대부분 수도권에 집중되어 있고 사유재산이지만 건축이나 기타 토지의 사용에 대해 제약이 많아 재산권 침해의 소지도 많은 게 사실이기 때문이다. 그래서 개발제한구역 토지는 매입을 꺼리게 되고 땅값도 낮은 게 정설이다.

따라서 정부는 개발제한구역 규제를 서서히 완화하는 정책을 조금씩 내놓고 있는데, 이런 부분 때문에 2019년 토지거래 현황을 보면 개발제한구역의 해제에 대한 기대감과 3기 신도시 건설계획 등으로 인해 개발제한구역 토지거래가 2018년에 비해 무려 32% 증가했다는 국토교통부 발표 자료가 나오기도 했다. 그만큼 개발제한구역 해제에 대한 기대감으로 토지투자가 많이 이루어지고 있다는 이야기다.

앞으로도 이런 현상은 정부의 규제완화정책 등으로 인해 지속될 것으로 보이는데, 이런 현상을 가속화 시킬 또 하나의 정책이 발표됐다. 바로 공익사업 시행으로 개발제한구역 지역에 주택 또는 그린생활시설 신축이 가능해질 것으로 보이는 것이다.

국토교통부는 이미 이와 같은 내용을 골자로 한 개발제한구역법 시행령 개정안을 국무회의에서 의결해 시행토록 했는데, 개정안의 골자는 다음과 같다.

앞으로 공익사업 시행으로 개발제한구역 해제 지역에 건축물을 소유한 주민은 주택 및 근린생활시설 이축 자격을 부여하기로 했다. 즉 공익사업의 시행으로 주택, 근린생활시설이 철거되는 경우 다른 개발제한구역 지역으로 옮겨 신축할 수 있게 하는 것이다.

법률 개정에 따른 후속 조치 사항으로는 그간 개발제한구역에서 허용되는 공익사업을 시행하는 경우에는 개발제한구역 입지기준 등에 적합한 경우에 '이축'을 허용하고 개발제한구역 해제 후 시행하는 공익사업의 경우 이를 불허해 왔다.

하지만 앞으로는 개발제한구역 해제 후 시행하는 공익사업의 경우에도 주택, 근린생활시설에 대해 개발제한구역으로 '이축'할 수 있도록 하였다.

이에 따라 개발제한구역 해제 후 시행하는 사업의 경우 토지 보상법에 따른 이주 대책에서 제외되고, '이축' 자격도 부여받지 못하던 주민들도 혜택을 받을 수 있게 됐다. 이렇게 되면 주택 또는 근린생활시설 소유자들의 건축 행위가 자유로워지고 보상 후 지역을 떠나야 하는 상황이 줄어들어 개발제한구역 활성화에도 도움이 될 것이라는 긍정적인 평가가 나온다.

▶ 그간 지역조합에만 허용하던 그린벨트 내 농산물 판매등을 위한 공판장을 농업협동조합법에 따른 모든 조합으로 확대하여 앞으로는 품목조합도 그린벨트에서 공판장을 설치할 수 있게 된다.

▶ 도심 내 부족한 택배화물 분류시설의 확충을 위하여 도시철도 차량기지 내 유휴부지에도 택배화물 분류시설 설치를 허용. (수도권 그린벨트 내 도시철도 차량기지 유휴부지는 수서, 지축, 고덕, 방화, 신내, 천왕, 도봉, 모란 8개소)

▶ 친환경차 보급, 미세먼지 감축 등을 위하여 자동차 전기공급시설, 수소연료공급시설을 그린벨트 내 주유소 및 액화석유가스 충전소의 부대시설로 설치하는 것도 허용.

▶ 도심 인근의 실외 체육시설의 수요 증가, 그린벨트 주민의 생활편익 증진을 위해 실외 체육시설이 시·군·구별 설치 허용 물량에 미달하는 경우에는 2022년 2월까지 한시적으로 국민체육진흥법에 따른 체육단체·경기단체에서 5년 이상 종사한 자도 체육시설을 설치할 수 있도록 하였다.

▶ 도시·군계획시설로 설치하도록 하던 그린벨트 내 열수송시설(도시계획시설부지 지하에 설치하는 경우), 신재생에너지(연료전지, 태양에너지·풍력·지열 등) 설비 사전조사·계측시설도 도시·군계획시설로 설치하지 않을 수 있도록 개선. (도시·군계획시설로 설치 시 의견 청취, 관계기관 협의, 도시계획위원회 심의 등 절차 이행에 상당한 시일이 걸렸으나 앞으로는 이와 같은 절차 생략 가능.)

그린벨트 투자의 핵심 포인트

그린벨트는 골드벨트인가?

그린벨트 해제구역의 투자

2000년부터 보전 가치가 낮은 환경평가 4, 5등급지를 중심으로 그린벨트가 해제되기 시작했다. 경기도에서는 20가구 이상 300가구 미만 중규모 집단취락지 551곳 가운데 4곳을 제외한 547개 지역이 그린벨트에서 해제되었다.

이렇게 그린벨트에서 해제된 집단취락지는 자연녹지로 남거나 제1종 일반주거지역 등으로 용도가 바뀌며 건축물 신·증축이 자유로워진다.

이때 지구단위계획을 수립하면 대부분 제1종 일반주거지역으로 변경된다. 이에 따라 그동안 엄격히 금지됐던 건축물의 신·증축이 자유로워지고 용적률 및 건폐율 등 건축기준도 완화된다.

해제지역이 자연녹지로 남아 있을 경우, 건폐율은 20%, 용적률은 100% 밖에 되지 않지만 1종 일반주거지역일 경우 기존에다 건폐율 50~60%, 용적률 120~150%까지 끌어올릴 수 있어 토지 활용도가 훨씬 커진다.

개발행위허가제한지역 해제 지형도면 고시도(대장동)

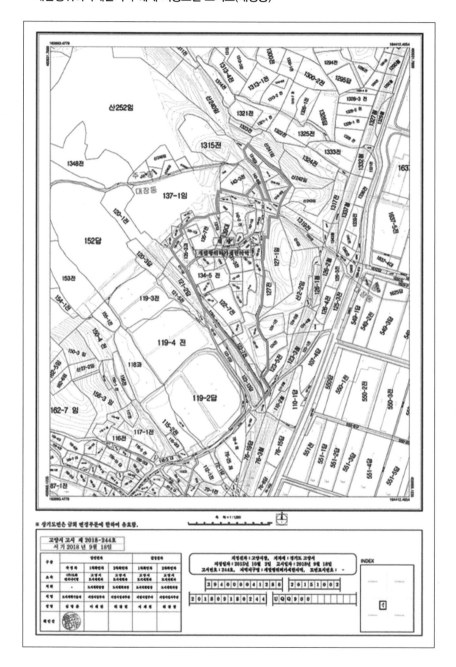

일부 해제지역은 조정 가능지로 분류돼 산업단지나 평균 15층 이상 국민임대주택단지 등 공영개발 사업을 추진할 수 있다. 이런 땅은 수용 이후 토지 보상이 매수가격 이하가 될 수 있으므로 피하는 것이 좋다. 1만 평 이하의 소규모 그린벨트 해제지역은 투자 가치가 있지만 3만 평 이상의 그린벨트는 임대주택을 짓기 위해 수용되는 곳이 많다.

그린벨트 해제구역 혹은 가능성이 높은 땅이라고 해서 무조건 투자 가치가 있는 것은 아니다. 난개발을 방지하기 위해 보존 가치가 높은 곳은 보존녹지 혹은 자연녹지가 묶이고 자연녹지 중에서도 경사도가 15도 이상일 경우 개발행위를 불허하기 때문이다.

또한 현재 그린벨트가 해제된 지역도 토지거래허가지역에 속하는 경우가 많다. 이러한 지역에서 6개월 이상 거주를 해야 소유권을 이전할 수 있으므로 거주기간, 증·개축이 가능한 면적 등 그린벨트 내 건축 관련 법규 내용을 명확히 알고 신중하게 접근해야 한다.

아직 그린벨트에서 해제되지 않은 구역의 토지

만약 아직 해제되지 않은 그린벨트라 할지라도 시장, 군수가 지구단위계획을 세워 정비사업을 시행하면 건폐율 40%, 용적률 150% 범위 내에서 4층 이하의 공동주택을 지을 수 있다. 다만 10,000㎡ 당 10가구 이상 20가구 미만 취락지구에 한해서이다. 이때 전면 정비계획을 마련했다면 4층 이하 연립주택 신축이 가능해지고 부분 정비 때는 3층 이하 다세대주택, 정비가 되지 않았을 때는 단독주택 신축이 각각 허용된다.

그린벨트 내 자연녹지지역 건축 한도인 건폐율 20%, 용적률 150% 범위 내에서 3층 이하의 단독주택, 약국, 이발소, 장의사 등의 근린생활시설은 가능하다. 그러나 허가되는 음식점은 휴게음식점, 일반음식점이다.

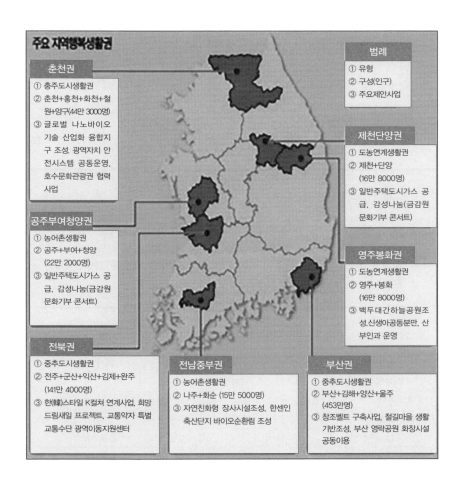

주요 지역행복생활권

춘천권
① 충주도시생활권
② 춘천+홍천+화천+철원+양구(44만 3000명)
③ 글로벌 나노바이오 기술 산업화 융합지구 조성. 광역자치 안전시스템 공동운영, 호수문화관광권 협력사업

범례
① 유형
② 구성(인구)
③ 주요제안사업

제천단양권
① 도농연계생활권
② 제천+단양 (16만 8000명)
③ 일반주택도시가스 공급. 감성나눔(금강원 문화기부 콘서트)

공주부여청양권
① 농어촌생활권
② 공주+부여+청양 (22만 2000명)
③ 일반주택도시가스 공급. 감성나눔(금강원 문화기부 콘서트)

영주봉화권
① 도농연계생활권
② 영주+봉화 (16만 8000명)
③ 백두대간하늘공원조성.신생아공동분만, 산부인과 운영

전북권
① 중추도시생활권
② 전주+군산+익산+김제+완주 (141만 4000명)
③ 한(韓)스타일 K컬처 연계사업, 희망드림새일 프로젝트, 교통약자 특별교통수단 광역이동지원센터

전남중부권
① 농어촌생활권
② 나주+화순 (15만 5000명)
③ 자연친화형 장사시설조성, 한센인 축산단지 바이오순환림 조성

부산권
① 중추도시생활권
② 부산+김해+양산+울주 (453만명)
③ 창조벨트 구축사업, 철길마을 생활기반조성, 부산 영락공원 화장시설 공동이용

경기도 중규모 집단취락지 그린벨트 해제 현황

지자체	지역수(면적)	추가해제 진행지역	지자체	지역수(면적)	추가해제 진행지역
수원	6개 지역 (30만 4000㎡)	–	하남	64개 지역 (567만 3000㎡)	
성남	18개 지역 (113만 9000㎡)	–	의왕	23개 지역 (101만 9000㎡)	
부천	10개 중 9개 (52만 3000㎡)	2개	양평	2개 지역 (5만 6000㎡)	
안양	18개 지역 (8만㎡)	–	과천	10개 지역 (65만 1000㎡)	
안산	6개 지역 (86만 4000㎡)	–	고양	53개 지역 (525만 9000㎡)	
광명	16개 지역 (92만 6000㎡)	2개	의정부	22개 지역 중 21개 지역 (129만 9000㎡)	
시흥	52개 지역 (319만 2000㎡)	–	남양주	88개 지역 (446만 6000㎡)	

군포	10개 지역 (56만 3000㎡)	–	구리	12개 지역 (116만㎡)	
화성	55개 지역 (264만 2000㎡)	–	양주	18개 지역 (93만 2000㎡)	
김포	11개 지역 (77만 9000㎡)	–	광주	39개 지역 (201만 7000㎡)	
합계	551개 지역 (3758만㎡) 중 572개 지역 (3,354만 ㎡)				20개 완료

※총규모 집단취락지는 20가구 이상 30가구 미만

자료 : 국토교통부

> >>> TIP. 그린벨트에서 허용되는 근린생활시설
>
> 슈퍼마켓, 일용품 소매점, 이·미용원, 약국, 세탁소, 정육점, 일반 목욕탕, 사진관, 목공소, 병·의원, 조산소, 침술원, 접골원, 동물병원, 자동차정비업소, 취사용 가스판매장, 장의사, 방앗간, 독서실, 기원, 탁구장, 당구장, 체육도장, 표구점, 부동산중개업소, 금융기관 사무실, 예능·기술·기능계 학원

개발제한구역(그린벨트) 애서 허가를 받아 할 수 있는 행위

행위유형		할 수 있는 행위	허가조건
지정당시 지적법상 나대지	1999. 6.24 대지	단독주택 · 26종 근생시설 신축	
지정당시 주택이 있던 토지		단독주택 · 26종 근생시설 신축	재산세 과세대장 등재 주택부지
지정당시 허가받은 주택부지		단독주택 · 26종 근생시설 신축	
농림수산시설		측사 · 창고 · 우마사 · 관리사 설치	50㎡~1000㎡ 면적제한
토지형질변경		전답의 계간 · 신규 대지 조성 등	지정 목적에 위배되지 않은 경우만
골프연습장 등 실외체육시설		골프장, 배구장, 테니스장, 야외수영장, 잔디축구장 등(건축 미수반 원칙)	
5년 이상 거주자 음식점 신축		휴게 · 일반음식점(99. 6. 24 대지)	연면적 300㎡ 이하
휴게 · 일반음식점 부속주차장		200㎡ 이하 조성 허용	인접 토지에만 인정
용도 변경		주택 ⇔ 근생상호간 (26종 그린벨트에서 허용되는 근생만)	
		주택⇔고아원, 양로원, 종교시설	
		주택 ⇔ 다른시설⇒주택	
		공장 등 금지시설 ⇒26종 근생, 보육시설, 양로원 종교시설로 변경 행위	
이축권		공익사업 이축권	이축은 원칙적으로 취락지구 내로 공익이축 · 재해이축권은 철거일 또는 재해를 입게 된 날 당시의 자기 소유 토지로 이축
		재해 이축권	
		지정 당시 타인 토지 주택 이축권	
		영농 이축권	
학교의 용도변경		청소년수련시설, 연수원, 미술관 등	가존시설 연면적 번위 내에서 허용

도로변 휴게소 · 주유소	시장 · 군수의 배치계획에 의한 건축	지정 당시 거주자에게만 허용

타인 토지 이축권 특례
이축된 건축물이 있었던 개발제한구역안의 토지에는 주택의 신축을 금지하였으나, 2001년 9월 6일부터 개발제한구역 지정 당시부터 토지소유자와 건축물 소유자가 다르고 지목이 대인 경우에는 주택을 신축할 수 있도록 함. (영 별표1 제3호)

그린벨트 구역의 땅은 개발에 여러 가지 제한이 따르지만, 규제만 풀리면 엄청난 개발이익을 누릴 수 있기 때문에 상당한 잠재력을 보유하고 있다고 볼 수 있다. 실제로 그린벨트 해제 예정지로 발표된 지역의 땅값은 일반 매물뿐 아니라 경매 물건까지도 엄청난 시가 상승과 낙찰가 상승을 보이고 있다. 따라서 아직 해제되지 않은 그린벨트 구역의 토지를 노리는 것이 수익률 면에서 좀 더 효과적일 수 있다.

그린벨트는 전 지역이 토지거래허가구역으로 묶여 있어 일반적인 절차에 따라 구입할 경우 사전에 지자체로부터 허가를 받아야 하는 까다로운 절차를 거쳐야 한다. 하지만 경매와 공매로 토지를 낙찰받으면 이와 같은 허가 절차가 필요 없다는 장점이 있다.

다만, 그린벨트 농지의 경우 낙찰을 받은 후 낙찰기일까지 1주일 안에 농지자격취득증명원을 법원에 제출해야 한다. 또한 그린벨트에서 해제된다고 해서 무조건 집을 지을 수 있는 것은 아니라는 점에도 주의해야 한다.

그린벨트 해제 후에도 지목이 대지인 경우를 빼곤 건축허가를 받기가 쉽지 않다. 원래 지목이 논이나 밭, 임야 등인 경우에 건축을 하기 위해서는 형질 변경 절차를 거쳐 대지로 지목을 바꿔야 한다. 그래서 매입 전에 해당 시·군·구청 건축과에 형질 변경이 가능한지 여부를 문의해야 한다. 특히, 그린벨트 구역은 해제되더라도 지역 여건에 따라 보전가치가 높아 보전녹지나 공원으로 지정되는 등 개발이 불가능한 용도로 다시 묶일 수 있는 점에 유의해야 한다.

따라서 주변 경치가 수려한 곳에 위치한 그린벨트 토지나 임상이 좋고 수목이 왕성한 그린벨트 내의 산지는 피하는 것이 좋다. 해당 구역이 개발 제한구역임과 동시에 군사시설보호구역인 경우라면 그린벨트가 풀렸다고 하더라도 군사보호시설보호구역은 해제된 것이 아니므로 여전히 건물 신축이나 증축에 제한을 받는다.

그린벨트에서 해제된 지역의 토지라고 하더라도 반드시 해당 지자체를 방문해 해당 토지의 지번이 명확하게 그린벨트에서 해제된 곳인지 확인해야 안전하다.

그린벨트 투자의 경험칙을 명심하라

일반적으로 그린벨트에서는 건축물의 신축·증축·용도변경·토지의 형질 변경 및 토지분할 등의 행위가 제한되며 기존 건축물의 경우에 한하여 증·개축이 1회 가능하다.

따라서 원주민이 아닌 외지인의 경우에는 그린벨트의 땅을 구입해 건축하는 것이 불가능하나, 그린벨트 내 기존 구옥을 구입하여 증·개축을 하든가 이축권을 이용하여 건물을 지을 수 있다.

그린벨트 지정을 통해 도시의 무질서한 확산과 국토의 환경 훼손을 막아 왔으나 역설적이게도 해당 지역의 주변 자연환경이 파괴되지 않아 주거 여건이 좋다는 이유로 전원주택 수요자들에게 꾸준한 관심을 받아왔다. 물론 그린벨트에 전원주택을 짓는다는 것은 규제가 많아 매우 까다롭고 그린벨트 투자는 토지 투자 중 가장 어려운 영역에 속할 만큼 만만치는 않다.

위험 요소가 따르긴 하나 그에 따른 반대급부도 상존하므로 늘 투자자들의 관심 영역에 있는 그린벨트 투자 중 매력적인 이축권 투자에 대해 알아보기로 한다.

이축권이란 기존 주택의 주거환경이 나빠져서, 인근 지역으로 집을 옮겨 지을 수 있는 권리를 말한다. 그린벨트 내에서 이축권을 행사할 수 있는 경우는 도로개설 등 공익사업으로 집이 철거된 경우, 수해지역으로 이전이 불가능한 경우, 그린벨트로 지정되기 전 다른 사람의 땅을 임대하여 주택을 지었는데, 토지소유자가 재임대를 거부해 할 수 없어 집을 옮겨야 하는 경우다.

이축권을 갖고 있더라도 아무 곳에나 이축을 할 수 없으며 옮겨 지을 수 있는 지역을 제한하고 있다. 원칙적으로 같은 시·군 지역의 나대지 또는 잡종지로 한정하고 있으나, 현재는 지목의 구별 없이 임야가 아니면 이축이 가능하고, 나대지에는 이축권이 없이도 2000년 이후로 집을 지을 수 있다.

그린벨트 개발규제 사례

구분		토지소유자 B	
		개발	보전
토지소유자 A	개발	환경 훼손 & A·B 개발이익	환경 보통 & A 개발이익
	보전	환경 보통 & B 개발이익	환경 보전

최근 그린벨트 내에 카페나 음식점이 유행하고 있는데, 기존의 건물을 카페나 음식점으로 용도 변경을 하기 위해서는 5년 이상 그곳에 거주하여야 한다.

현재 시행되고 있는 도시계획법 시행규칙에 따르면, 그린벨트 내에 건축 가능한 주택의 규모를 거주 기간에 따라 분류하고 있다. 그린벨트로 지정되기 이전부터 그곳에 살고 있던 원주민의 경우는 기존 주택을 3층 이하 건평 90평(300㎡)까지 증·개축이 가능하고, 5년 이상 거주자는 40평(132㎡)까지만 주택을 지을 수 있다. 원주민이 지은 90평 중 30평은 직계비속에 한해 자녀 분가용으로 분할등기도 가능하다.

이러한 심사기준 위에도 그린벨트법과 동 시행령 등에는 다음과 같은 구체적인 규제 조항들이 있다. (대표적인 것만 열거한다.)

임야의 원칙적 개발 금지

임야 또는 경지정리된 농지는 건축물의 건축 또는 공작물의 설치를 위한 부지에서 제외해야 한다. 다만, 무질서한 개발을 초래하지 않는 경우 등 시장·군수·구청장이 인정하는 경우에는 그렇지 않다. (2019. 5 단서 추가)

그린벨트의 개발 가능한 평균 경사도는 21도

산지관리법에서는 25도가 한도이다.

최소 건축 가능 면적 제한

건축물을 건축하기 위한 대지면적이 60㎡ 미만인 경우에는 건축물의 건축을 허가하지 아니하여야 한다. 다만, 기존의 건축물을 개축하거나 재축하는 경우에는 그러하지 아니하다. (다른 법에 건축소 면적제한은 없다.)

건폐율, 용적률 제한 [건축물의 건축 또는 공작물의 설치]

건폐율 100분의 60 이하로 건축하되 높이 5층 이하, 용적률 300% 이하로 한다. (국토계획법은 용도지역별로 건폐율 용적률이 다르다.)

주택 신축의 제한

그린벨트에서는 외지인이 땅을 구입하여 농지전용이나 산지전용을 해서 주택을 신축할 수 없다.

용도 변경의 제한적 인정

개발제한구역의 지정 및 관리에 관한 특별조치법이 개발제한구역 내의 건축물 용도 변경 행위에 관하여 건축법과는 전혀 다른 체계와 내용의 규제 방법을 규정하여 시행하고 있는 이상, 개발제한구역 내에서 행하여지는 건축물의 용도 변경 행위에 관하여는 건축법과 건축법 시행령이 정한 건축물 용도의 분류나 용도 변경 규제 방법이 적용될 여지가 없다. [판례]

개발제한구역 내에서 할 수 있는 행위

개발제한구역 안에서는 그 구역 지정 목적에 위배되는 건축물의 건축 및 용도 변경, 공작물의 설치, 토지의 형질 변경, 죽목의 벌채, 토지의 분할, 물건을 쌓아놓는 행위 또는 도시계획법 제3조 제13호의 규정에 의한 도시계획사업의 시행을 할 수 없다. 다만, 구역지정 목적에 지장이 없는 행위는 시장·군수 또는 구청장의 허가를 받아 이를 행할 수 있다.

그 주요 내용을 시설의 종류별로 예시하면 다음과 같으며, 각 시설에 대한 세부적인 건축 또는 설치의 범위는 개발제한구역의 지정 및 관리에 관한 특별조치법 시행령 별표 1에서 정하고 있다.

▶ 공공용 시설 : 철도, 궤도 및 삭도, 도로 및 광장, 하천 및 운하, 주차장, 방재시설, 관개 및 발전용수로, 저수지 및 유수지, 항만, 수도 및 하수도, 공공용지 및 녹지, 공항, 공동구, 공동묘지 및 화장장, 공중화장실.

▶ 농림수산업용 시설 : 축사, 잠실, 싸일로, 양어장, 동물사육장, 콩나물재배사, 버섯재배사, 퇴비사 및 발효퇴비장, 종묘배양장, 온실, 창고, 담배건조실, 임시가설건축물, 지역특산물 가공작업장, 관리용 건축물.

▶ 주택 및 근린생활시설.

• 건폐율 100분의 20 이내로 건축하는 경우 : 높이 3층 이하, 용적률 100% 이내.

• 건폐율 100분의 60 이내로 건축하는 경우 : 높이 3층 이하, 용적률

300% 이내로서 기존 면적을 포함하여 연면적 200㎡ (5년 이상 거주자는 232㎡, 지정 당시 거주자는 300㎡) 이하. 이 경우 5년 이상 거주자 또는 지정 당시 거주자가 연면적 200㎡를 초과하여 232㎡ 또는 연면적 300㎡까지 건축할 수 있는 경우는 1회에 한한다.

※ 근린생활시설 중 휴게음식점 또는 일반음식점을 건축하는 경우에는 5년 이상 거주자 또는 지정 당시 거주자로서 건축물의 연면적은 300㎡ 이하이어야 하며, 인접한 토지를 이용하여 200㎡ 이내의 주차장 설치가 가능.

▶ 주민 공동이용시설 : 마을진입로·농로·제방, 마을공동목욕탕·마을공동주차장·마을공동작업장·경로당·노인복지회관·마을공동회관 및 읍·면·동복지회관, 공동구판장·하치장·창고·농기계보관창고·농기계수리소, 공판장 등.

▶ 실외 체육시설 : 등산로·산책로·어린이놀이터·간이휴게소 및 철봉·평행봉 등 이와 유사한 체력단련시설, 배구장·테니스장·야외수영장 등 건축물의 건축이 수반되지 아니하는 운동시설, 골프장 등.

▶ 도시민의 여가활용시설 : 휴양림 및 수목원, 청소년수련시설, 자연공원시설, 도시공원, 문화예술회관, 박물관 및 미술관 등.

▶ 국방·군사에 관한 시설과 학교, 전기공급시설, 가스공급시설, 전기통신시설·방송시설, 유류 저장 및 송유설비 등 공익시설.

또한, 농사를 짓기 위하여 논·밭을 갈거나 파는 행위 등 농림수산업을 영위하기 위한 것이나 가옥 내부를 개조 또는 수리하는 주택을 관리하는 행위, 마을 공동의 우물을 파는 행위, 마을공동사업 등 경미한 행위에 대하여는 별도의 허가나 신고 없이 가능하도록 하고 있다. (개발제한구역 관리규정 별표 1)

행위허가 절차

건축물의 건축·용도 변경 및 공작물의 설치에 관한 허가 또는 신고는 건축법 시행규칙의 해당 서식을 갖추어야 하며, 토지의 형질 변경, 토석의 채취, 죽목의 벌채, 토지의 분할, 물건의 적치에 관한 허가를 얻고자 하는 자는 개발제한구역의 지정 및 관리에 관한 특별조치법 시행규칙 제7조 제1항 제2호에서 정하는 서식을 갖추어 해당 시장·군수 또는 구청장에게 신청하여야 한다. 그러나 그린벨트에 들어가 처음 집을 지으려는 사람은 30평(100㎡)까지밖에 집을 짓지 못한다. 그것도 그린벨트 내의 기존 주택을 구입하였을 때에 한해서이다.

하지만 이축권을 구입, 원주민의 이름으로 증·개축을 하거나 이축을 한 후 자신의 명의로 소유권을 이전하면 60평 주택의 주인이 될 수 있다.

이축 대상 주택은 사전에 식별하기가 어려우므로 해당 지자체에 이축 대상 주택인지를 반드시 파악한 후 매입하여야 하며, 이축권이 있는 사람이 원주민이 아닌 경우는 손해를 볼 수 있으므로 주의해야 한다.

그린벨트 투자에서의 핵심 포인트

그린벨트 투자 5계명

해제 프리미엄이 반영된 곳은 피하라.

그린벨트가 풀린다는 얘기는 어제 오늘 일이 아닌 만큼 이미 해제 프리미엄이 반영되어 값이 오를 대로 오른 지역이 많다. 이런 지역은 시세차익을 기대하기 어려울 뿐만 아니라 공영개발이 들어가는 경우 오히려 손해를 볼 수도 있다.

환경이 좋은 곳을 노려라.

그린벨트가 풀린다고 해도 당장 아파트를 지을 만큼 규제가 완화되는
것은 아니므로 일단 전원형 주택단지를 염두에 두어야 한다. 그러기 위해
서는 주변 환경이 좋은 곳을 골라야 한다. 또한 완전히 해제가 되지 않는
상황 속에 건축 규제 완화 등 혜택이 뒤따를 경우, 괜찮은 전원주택지로
탈바꿈될 수 있음을 고려해야 한다.

전답보다는 대지를 매입하라.

농지는 구입이 어려울 뿐더러 도로에 접하지 않는 곳은 개발 기간이 장
기화될 수 있다. 따라서 기존 주택이나 지목이 대지인 곳을 고르는 것이
안전하다.

활용 가능성을 살펴라.

투자 금액이 부족해 개발 가능한 땅을 매입하는 게 어렵다면 투자 2순
위로서 활용 가능성이 높은 임야를 골라라. 나무를 심거나 가족 휴양지로
꾸며 입구에 음식점이나 휴게소를 열 수 있다. 특용작물 재배지로도 활용
이 가능하다.

지자체의 개발계획을 숙지하라.

지자체별로 그린벨트 해제 이후의 개발계획을 세워놓고 있다. 해당 지
자체를 방문해 어떻게 개발할 것인지를 확인하고 공영개발지역과 민영개
발지역, 용도별 구역지정 등을 개략적으로 확인해야 한다.

개발제한구역 내 투자에서 주의해야 할 점

전문가들은 그린벨트 해제 지역 내 부동산 투자에는 신중하라고 조언한다. 이미 땅값이 오를 만큼 올라 투자 목적보다는 실수요 입장에서 접근하라는 것이다. 따라서 투자 개념으로 해제 이전의 토지를 구입하는 것도 요령이다. 또 지구단위계획이 세워지면서 공원, 주차장 등 공공시설 용지로 편입될 땅은 피하는 게 좋다고 한다. 이런 땅은 쓰임새가 떨어져 땅값도 바닥세를 면치 못한다. 주민들의 반대로 지구단위 수립 대상서 제외된 지역의 투자에도 신중하게 접근할 필요가 있다.

지구단위계획 수립으로 제1종 전용주거지역으로 지정된 집단취락지구도 마찬가지다. 이런 곳에서는 연립주택 등 공동주택의 신축이 어렵다. 일부 지자체에서는 서로 연접한 300㎡ 미만의 소규모 필지들을 공동개발할 경우 5%의 용적률 인센티브(완화 적용)를 주고 있어 관심을 가져볼 만하다.

그린벨트 해제 집단취락지구가 대부분 토지거래허가구역으로 묶인 점에도 주의해야 한다. 때문에 도시지역 내에서 토지거래허가 없이 외지인 매입이 가능한 규모를 노리는 게 좋다. 도시지역에서 토지거래허가 없이 외지인 매입이 가능한 토지 면적은 ▶180㎡ 초과 주거지 ▶200㎡ 초과 상업지 ▶660㎡ 초과 공업지 ▶100㎡ 초과 자연녹지 등이다.

제1종 지구단위계획 = 지방자치단체가 체계적인 개발이 필요하다고 판단되는 도시지역을 대상으로 용적률, 건폐율, 층고 등의 상한을 미리 정해놓은 도시계획의 기본틀이다. 민간업체는 이 기본틀을 가이드라인으로 각종 개발사업을 할 수 있다. 이에 비해 제2종 지구단위계획은 비도시지역(관리지역)에 수립된다.

그린벨트 투자에서 집중해서 고려해야 할 점들은 다음과 같다.

- 대규모 집단취락지역을 찾아라.
- 손품과 발품을 팔아라.
- 프리미엄이 붙은 곳은 남는 것이 없다.
- 도로, 교통 환경이 좋은 곳을 선택하라.
- 전답보다는 대지를 선택하라.
- 향후 활용 가능성을 살펴라.
- 크로스 체킹(cross checking)을 하라.
- 장기전으로 돌입하라.
- 지자체의 개발계획을 살펴라.
- 용도 면에서 어느 정도까지 개발이 허용되는지 먼저 조사하라.
- 환경평가 후 3, 4, 5등급을 받을 것으로 예상되는 지역을 주목하라.
- 거래허가제도 도입으로 세무조사와 개발부담금, 양도소득세를 부담해야 할 수 있음에 유의하라.
- 그린벨트가 해제되더라도 반드시 국토이용계획을 확인하라.
- 이미 기대심리가 반영된 땅값이 많이 오른 지역은 피하라.

그린벨트 해제지라도 안심할 수 없다

그린벨트지역 내 땅은 개발에 여러 가지 제한이 따르기 때문에 그린벨트 해제 가능성이 높은 곳을 선택하는 것이 가장 중요하다.

그러나 그린벨트가 해제된다고 해서 무조건 집을 지을 수 있는 것이 아니라는 점에 유의해야 하며, 그린벨트 해제 후에도 지목이 대지인 경우를 빼곤 건축허가를 받기가 쉽지 않다. 원래 지목이 논이나 밭, 임야 등인 경우에는 형질 변경 절차를 거쳐 대지로 지목을 바꿔야 하기에 매입 전에 해당 시·군·구청 건축과에 형질 변경 가능 여부, 즉 건물 신축이 가능한지에 대해 꼭 문의해야 한다. 특히 그린벨트 지역은 해제가 되더라도 지역 여건에 따라 보전가치가 높아 보전녹지나 공원으로 지정되는 등 개발이 불가능한 용도로 다시 묶일 수 있다는 점을 염두에 둬야 한다.

해당 구역이 개발제한구역임과 동시에 군사시설보호구역인 경우라면 그린벨트에서 풀렸다고 하더라도 군사보호시설보호구역은 해제된 것이 아니므로 여전히 건물 신·증축에 제한을 받는다. 그리고 그린벨트에서 해제된 지역 토지라고 하더라도 반드시 해당 지자체를 방문해 해당 토지가 명확하게 그린벨트에서 해제된 곳인지 확인해야 한다. 정부가 해제 예정지로 지정해 언론에 해제가 된 곳으로 소개되는 지역이라 하더라도 정확한 지번을 찾아보면 해제 대상에서 제외된 곳도 있기 때문이다.

질의응답을 통한 그린벨트에서 가능한 행위 파악

Q : 개발제한구역 내 농지, 임야에 주택이나 음식점을 신축할 수 있는지?
A : 개발제한구역 내 농지나 임야에는 주택이나 음식점 신축할 수 없다.

Q : 개발제한구역 내 농지나 임야를 묘지로 형질을 변경할 수 있는지?
A : 신규로 형질 변경을 할 수 없다.

Q : 개발제한구역 내 농막 개념으로 컨테이너박스를 설치할 수 있는지?
A : 컨테이너는 건축법상 가설건축물에 해당되므로 개발제한구역 내에서는 설치할 수 없으나 대지화 되어 있는 토지 또는 하천부지(행정기관에서 설치)에 60일 이내의 기간 동안 설치하는 관람, 전시용 가설건축물에 대해서는 설치가 가능하다.

Q : 개발제한구역 내 농지에서 고물상 부지 등 물건적치장으로 사용할 수 있는지?

A : 지목이 대, 공장용지, 철도용지, 학교용지, 수도용지, 잡종지로서 건축물이나 공작물의 건축 또는 설치되어 있지 아니한 임목이 없는 토지에 가능하므로 농지에는 설치할 수 없다.

Q : 대지를 분할할 수 있는 규모는?

A : 330㎡ 이하로의 분할은 금지한다.

Q : 주택이나 근린생활시설의 건축이 허용되는 토지는?

A : 개발제한구역 지정 이전부터 지목이 대인 나대지나 개발제한구역 지정 이전부터 기존 주택이 있는 토지, 개발제한구역 지정 당시 주택지 조성을 목적으로 허가를 받아 조성되었거나 조성 중이던 토지.

Q : 개발제한구역 지정 이전부터 지목이 대지인데 지정 이후 창고를 지었다 창고를 헐고 주택이나 근린생활시설을 건축할 수 있는지?

A : 지정 당시 대지에 적법하게 개발제한구역 내에서 허용되는 건축물을 건축한 경우에는 이를 헐어서 주택이나 근린생활시설을 신축하거나 용도 변경할 수 있다.

Q : 기존 주택을 이축하고 남은 대지에 주택이나 근린생활시설을 건축할 수 있는지?

A : 건축물이 있었던 토지의 경우에는 개발제한구역 지정 당시부터 당해 토지의 소유자와 건축물의 소유자가 다른 경우에만 가능하다.

Q : 개발제한구역 안에서 주택 또는 근린생활시설을 건축할 때 건축가

능 규모는?

A : 기존 면적을 포함하여 5년 이상 거주자는 232㎡, 지정 당시 거주자는 300㎡ 이하로 건축할 수 있다. 단, 5년 이상 거주자 또는 지정 당시 거주자가 허용범위까지 건축할 수 있는 경우는 1회에 한한다.

Q : 개발제한구역 내에서 축사로 형질 변경 가능 면적은?
A : 형질 변경이 가능한 면적은 축사 건축 면적의 3배 이내로 가능하다.

그린벨트 내에서 허가나 신고 없이 할 수 있는 행위

개발제한구역 내에서 허가 없이 할 수 있는 일로는 농수산업의 경우 논·밭 경작, 농경지 정리, 지력 증진을 위하여 전·답 내의 환토, 객토를 할 수 있고 채소, 연초, 버섯재배와 66㎡ 이하의 잠실 및 원예용 비닐하우스 설치와 농업용 원두막, 분뇨장 및 작물보호용 철조망 설치, 임목 벌채없이 나무를 심는 것과 기존 대지 내에 15㎡ 이하의 간이 축사를 설치 할 수 있으며, 비닐하우스 내에 15㎡ 이내의 탈의실 및 농기계보관시설등의 임시 가설물을 설치 할 수 있다.

주택의 경우는 가옥 내부의 개조 수리, 지붕 개량, 내·외벽 창문 설치, 외벽 등에 차양을 달아 헛간으로 사용하는 일과 택지 조성 목적이 아닌 높이 2m 미만의 담장, 축대 설치 우물을 파거나 장독대 설치 등을 할 수 있으며, 마을 공동 사업의 경우는 공동우물 또는 빨래터 등의 설치, 마을 도로 및 구거의 정비와 노폭 5m 이하의 소로 축조, 하천 정비와 도로·수로의 개·보수, 식수용 간이급수시설, 참호, 마을 자위시설, 새마을회관 및 마을 공동작업장의 내부 개조의 필요사항 설치 등이며, 기타 건축물의 경우는 주택의 경우와 같이 지붕개량이나 벽수선, 미화작업, 창문의 설치가 가능하다.

제12조 관련 허가 또는 신고 없이 할 수 있는 행위

농림수산업을 하기 위한 다음 각 목의 어느 하나에 해당하는 행위

가. 농사를 짓기 위하여 논·밭을 갈거나 50㎝ 이하로 파는 행위.

나. 홍수 등으로 논·밭에 쌓인 흙·모래를 제거하는 행위.

다. 경작 중인 논·밭의 지력을 높이기 위하여 환토(換土)·객토(客土)를 하는 행위. (영리 목적의 토사 채취는 제외한다.)

라. 밭을 논으로 형질 변경. (머목의 행위와 병행할 수 있다.)

마. 과수원을 논이나 밭으로 변경하기 위한 토지의 형질 변경.

바. 농경지를 농업생산성 증대를 목적으로 정지, 수로 등을 정비하는 행위. (휴경지의 죽목을 벌채하는 경우에는 영 제15조 및 제19조 제4호의 규정.)

사. 채소·연초(건조용을 포함한다)·버섯의 재배와 원예를 위하여 비닐하우스를 설치(가설 및 건축을 포함한다. 이하 이 표에서 같다.)하는 행위. 이 경우 허용되는 비닐하우스(이하 "농업용 비닐하우스"라 한다.)의 구조 등은 다음의 요건을 모두 갖춘 것이어야 한다.

• 구조상 골조 부분만 목제·철제·폴리염화비닐(PVC) 등의 재료를 사용하고, 그밖의 부분은 비닐로 설치하여야 하며, 유리 또는 강화플라스틱(FRP)이 아니어야 한다. 다만, 출입문의 경우는 투명한 유리 또는 강화플라스틱(FRP) 등 이와 유사한 재료를 사용할 수 있다.

• 화훼직판장 등 판매전용시설은 제외하며, 비닐하우스를 설치하여도 녹지가 훼손되지 아니하는 농지에 설치하여야 한다.

• 기초 및 바닥은 콘크리트 타설을 하지 아니한 비영구적인 임시가설물

(보도블록이나 부직포 등 이와 유사한 것을 말한다)이어야 한다.

아. 농업용 분뇨장(탱크 설치를 포함한다)을 설치하는 행위.

자. 과수원이나 경작물을 보호하기 위하여 철조망(녹색이나 연두색 등의 펜스를 포함한다)을 설치하는 행위.

차. 10㎡ 이하의 농업용 원두막을 설치하는 행위.

카. 밭 안에 야채 등을 저장하기 위하여 토굴 등을 파는 행위.

타. 나무를 베지 아니하고 나무를 심는 행위.

파. 축사에 사료를 배합하기 위한 기계시설을 설치하는 행위. (일반인에게 배합사료를 판매하기 위한 경우는 제외한다)

하. 기존의 대지(담장으로 둘러싸인 내부를 말한다)에 15㎡ 이하의 간이축사를 설치하는 행위.

거. 가축의 분뇨를 이용한 분뇨장에 취사·난방용 메탄가스 발생 시설을 설치하는 행위.

너. 농업용 비닐하우스 및 온실에서 생산되는 화훼 등을 판매하기 위하여 벽체(壁體) 없이 33㎡ 이하의 화분 진열시설을 설치하는 행위.

더. 농업용 비닐하우스에 탈의실 또는 농기구보관실, 난방용 기계실, 농작물의 신선도 유지를 위한 냉장시설 등의 용도로 30㎡ 이하의 임시시설을 설치하는 행위.

러. 토지의 형질 변경이나 대지 등으로의 지목변경을 하지 아니하는 범위에서 축사에 딸린 가축방목장을 설치하는 행위.

머. 영농을 위하여 높이 50㎝ 미만(최근 1년간 성토한 높이를 합산한 것을 말한다.)으로 성토하는 행위.

버. 생산지에서 50㎡ 이하의 곡식 건조기 또는 비가림 시설 설치 행위.

서. 축사 운동장에 개방형 비닐하우스(축산분뇨용 또는 톱밥 발효용을 말한다.)를 설치하는 행위(축사용 도로 사용하는 것을 제외한다.)

어. 토지의 형질 변경 없이 논에 참게·우렁이·지렁이 등을 사육하거나 사육을 위한 울타리 및 비닐하우스를 설치하는 행위.

저. 농산물 수확기에 농지에 설치하는 30㎡ 이하의 판매용 야외 좌판(그늘막 등을 포함한다)을 설치하는 행위.

처. 화훼재배와 병행하여 화분·원예용 비료 등을 판매(화분만을 판매하는 경우는 제외한다.)하는 원예용 비닐하우스를 설치하는 행위.

커. 저수지를 관리하기 위한 단순한 준설 행위. (골재를 채취하는 제외한다.)

주택을 관리하는 다음 각 목의 어느 하나에 해당하는 행위

가. 사용 중인 방을 나누거나 합치거나 부엌이나 목욕탕으로 바꾸는 경우 등 가옥 내부를 개조하거나 수리하는 행위.

나. 지붕을 개량하거나 기둥 벽을 수선하는 행위.

다. 외장을 변경하거나 칠하거나 꾸미는 행위.

라. 내벽 또는 외벽에 창문을 설치하는 행위.

마. 외벽 기둥에 차양을 달거나 수리하는 행위.

바. 외벽과 담장 사이에 차양을 달아 헛간으로 사용하는 행위.

사. 높이 2m 미만의 담장·축대(옹벽을 포함한다.)를 설치하는 행위. (택지 조성을 위한 경우는 제외한다.)

아. 우물, 장독대(광을 함께 설치하는 경우는 제외한다.)를 설치하는 행위.

자. 재래식 변소를 수세식 변소로 개량하는 행위.

마을 공동사업인 다음 각 목의 어느 하나에 해당하는 행위

가. 공동우물(지하수법에 따른 음용수용 지하수를 포함한다.)을 파거나 빨래터를 설치하는 행위.

나. 마을도로(진입로를 포함한다) 및 구거를 정비하거나 석축을 개수·보수하는 행위.

다. 농로를 개수·보수하는 행위.

라. 나지裸地에 녹화사업을 하는 행위.

마. 토관을 매설하는 행위.

비주택용 건축물에 관련된 다음 각 목의 어느 하나에 해당하는 행위

가. 주택의 경우와 같이 지붕 개량, 벽 수선, 미화작업 또는 창문 설치를 하는 행위.

나. 기존의 종교시설 경내(공지)에 종각·불상 또는 석탑을 설치하는 행위.

다. 기존의 묘역에 분묘를 설치하는 행위.

라. 종교시설의 경내에 일주문을 설치하는 행위.

마. 임업시험장에 육림연구·시험을 위하여 임목을 심거나 벌채하는 행위.

건축물의 용도 변경으로서 다음 각 목의 어느 하나에 해당하는 경우

가. 축사·잠실 등의 기존 건축물을 일상 생업에 필요한 물품·생산물의 저장소나 새끼·가마니를 짜는 등의 농가부업용 작업장으로 일시적으로 사용하는 경우.

나. 주택의 일부를 이용하여 부업의 범위에서 상점 등으로 사용하는 경우. (관계 법령에 따른 허가 또는 신고 대상이 아닌 것만 해당한다.)

다. 주택의 일부(종전의 부속 건축물을 말한다.)를 다용도시설 및 농산물건조실(건조를 위한 공작물의 설치를 포함한다.)로 사용하는 경우.

라. 새마을회관의 일부를 경로당으로 사용하는 경우.

기존 골프장을 통상적으로 운영·관리할 목적으로 골프장을 유지·보수하는 다음 각 목의 어느 하나에 해당하는 행위

가. 차량정비고나 부품 보관창고 부지의 바닥 포장.

나. 잔디의 배토(培土) 작업에 소요되는 부엽토 및 토사를 일시적으로 쌓아놓는 행위.

다. 골프장 배수로 정비.

라. 잔디를 심고 가꾸는 행위.

마. 티 그라운드의 모양 및 크기를 변경하는 행위.

바. 벙커의 위치·모양 및 크기를 변경하는 행위.

사. 코스 내 배수 향상을 위하여 부분적으로 절토·성토하는 행위.

아. 염해(鹽害)를 입은 잔디의 생육이 가능하도록 하기 위한 통상적인 성토.

자. 작업도로 변경 및 포장.

재해의 긴급한 복구를 위한 다음 각 목의 어느 하나에 해당하는 행위

가. 벌채 면적 500㎡ 미만의 죽목(竹木) 베기. (연간 1,000㎡를 초과할 수 없다.)

나. 벌채 수량 5㎥ 미만의 죽목(竹木) 베기. (연간 10㎥를 초과할 수 없다.)

수도권 그린벨트 민원 유관 부서

개발제한구역의 관리 담당부서

구분		담당부서
중앙(국토교통부)		주택도시국 도시관리과
서울특별시	시청	녹지과
	구청	공유녹지과
5대광역시	시청	도시계획과, 도시정비과, 도시개발과, 건축과
	구청	건설과, 도시정비과, 도시개발과, 건축과
도	도청	지역정책과, 도시과
	시청	도시과, 도시계획과
	군청	도시과, 건설과

그린벨트 해설의 핵심 찌르기

개발제한구역 내 행위

• 순수 단독주택과 26개 근생시설 → 99.6.24조치 이전 대지에 허용.

• 기타 지역은 행위 불가임을 명심.

• 3층 이하로 지어라.

• 음식점은 준 원주민 제도 5년 거주 도입/신축 300㎡

• 주차장은 200㎡

축사와 창고

- 농림수산업 종사자이나 지자체에 따라 규제 내용과 강도가 다르다.
- 임야를 제외한 토지는 지목 불문 허용하고 있다.

그린벨트 내 이축권(용마루가격) 발생과 내용

1. 공익사업(공익사업으로 수용)
2. 재해 이축권(장마철 상시 침수) -가까운 취락지구, 본인 소유 토지 원칙, 동일 행정구역(2㎞ 내)
3. 타인 토지 이축권(건물, 토지소유자 틀린 경우) - 취락지구 내로 이전 조건, 종전 토지는 주택만 허용.
4. 영농이축권 – 자기 소유 농장 또는 과수원으로 이축.

이축권의 3대 원칙

1. 취락지구로 가라.
2. 진입로 개설 없고
3. 이축된 토지는 녹지지역 존치

무너진 한번 그린벨트는 영원한 그린벨트라는 원칙

- 지정과 해제는 국토교통부장관, 시장은 해제예정지역 품신 권한만 가지고 있다.
- 99. 6. 24 조치로 첫 수술 이후 보금자리로 예외 인정했는데 해제지역은 저밀도지구단위(1종)로 개발하고 개발이 없어도 개발부담금 부과.
- 미해제 지역은 종합관리계획으로 철저히 관리한다.
- 그린벨트 해제조건 4가지
1. 집단취락(우선해제 지역/호수밀도)
2. 일반 조정 가능 지역(보존가치가 낮은 지역/ 4~5등급 + 불합리 지역)
3. 국책사업(보금자리)

4. 지역 현안사업(시·군 사업)

그린벨트의 보물찾기 (그린벨트 전체 면적의 1.3%)

1. 그린벨트 지정 전 지목이 대지 (서울 1971. 7. 30 이전 대지(구 토지대장)
2. 지정 당시 주택 입증 (그린벨트 내 무허가건축물 관리대장 = 가옥대장)
3. 지정 당시 주택 건축허가를 받고 착공 신고 완료된 토지

그린벨트 내 사기 유형

법정대지 = 이축권 행사 후 전 대지로서 지목 여하를 불문하고 녹지로 본다.

그린벨트 내 합법적 전원주택 건축 방법

1. 그린벨트 내 대지 (1999. 6. 24)
2. 그린벨트 내 이축권 발생
3. 그린벨트 내 기존 주택
4. 그린벨트 내 상가매입

>>> Tip. 그린벨트 리스크를 감안하라.

그린벨트가 풀렸다고 땅값이 뛰는 것은 아니다.
개발제한구역에서 풀리는 땅이 모두 자연녹지가 되는 것은 아니다. 자연녹지보다는 생산녹지나 보존녹지로 지정되는 땅이 훨씬 많을 것이다.
자연녹지는 건폐율 20%, 용적률 100%로 토지 활동도가 매우 제약적인 편이나 어쨌든 건물은 지을 수 있다. (물론 도로 등 기반시설이 뒤따라 줘야 한다.)
반면에 생산녹지나 보존녹지는 농산물유통시설 등 극히 제한된 용도의 건축행위만 가능하다. 공익적 목적이 없는 건물은 사실상 짓는 게 불가능하다. 개발제한구역에서 풀렸다고 별로 좋아할 일이 아니라는 얘기다. 결국 개발제한구역에서 풀릴 것으로 전제로 토지 매입에 나서는 데는 상당한 위험이 따른다. 그린벨트가 잘 풀리면 두 세 배 남기는 장사임은 분명한데 안전을 100% 보장할 수 없으니 그게 아픔이다.

종목별 그린벨트 투자 예시

주유소 및 GAS 충전소의 설치

그린벨트에서 해당 시설의 설치는 총량제로 그 수량이 제한되며, 고시/공고를 통해 추첨제로 허가된다.

1) 해당 행위 허가를 위하여 서는 인접한 동일 선과의 거리 제한에 저촉되지 않는 위치에 토지를 보유할 것.
2) 그린벨트에서의 거주 기간이 길어야 우선순위가 된다.
point : 수도권의 주요 요충지는 대부분이 그린벨트에 해당되며, 수십
       년 동안 이러한 시설들이 갖추어졌다. 따라서, 신규로 광역도로
       등이 개설되는 곳에서만, 투자가 가능하다.

도로 이축권(도로 딱지)에 의한 근생건물 신축

위치에 구속받지 않고, 토지의 지목에 상관없이 개발행위허가를 받아 근린생활시설의 건축을 위해서는 그린벨트 내 공익사업(도로개설, 철도개설)으로 인한 건축물의 수용시 이를 이축할 수 있는 권리, 일명 도로 딱지를 허용한다.

이러한 도로 딱지는 광역도로, 철도개설에 의하여서만 이루어지는 것으로 그 희소성이 때문에 그 권리 가액 또한 매우 높다.

1) 수용 예정지의 건축물을 매입한다.
2) 보상금을 수령하기 전에 건물을 매입하여야 한다.

point : 주택이나 1종근린생활시설이 가능하며, 만약 건물주가 그린벨트 내에 5년 이상 거주하면, 2종 근린생활시설(대로변의 음식점)로 용도 변경이 가능하므로, 건축 당시 정화조 용량을 용도에 맞추어 시설하여야 한다.

미술관 및 박물관의 설치

개발제한구역의 지정 및 관리에 관한 특별조치법 시행령 별표 1 제7호 사목 단서 규정에 의하여 박물관 및 미술관은 박물관 및 미술관진흥법 제2조 제1호 및 제2호의 규정에 의한 박물관 및 미술관을 말한다.

다만, 사립미술관의 신축은 문화관광부장관이 정하는 시설기준과 시장·군수 또는 구청장이 수립하는 배치 계획에 적합한 경우에 한한다.

point : 일정 요건을 갖추면 개발이 불가능한 토지에 개발행위를 할 수 있다는 장점이 있으나, 상대적으로 손쉬운 사립미술관의 경우는 배치계획(수량)에 제한이 있고, 현재로서 신규 입지가 불가할 수 있다.

그러나 이러한 행위 대부분은 사용 의무기간 5년 후 기타의 목적으로 전환하고자 건축하는 것이므로, 순번식으로 가능하다. 유치원 또한 배치 계획에 의한다.

집단취락지구로의 이축권(용마루 딱지)

그린벨트의 집단취락지구 내에 토지를 매입하여 주택을 신축하여 전원주택지로 사용하고자 한다면 확인해야 할 사항은 다음과 같다.

1) 개발제한구역 지정 이전부터 지목이 '대'인 경우.

주의 : 지목이 '대'이더라도 구역 지정 후에 이축을 한 경우의 토지에는 신축이 불가하므로, 해당 시·군·구의 그린벨트 건축물대장을 열람하여야 한다. 이때, 주택의 이축 사실이 확인되면 매입해서는 안 된다.

2) 용마루 딱지를 매입하여 집단취락지구 내의 전·답·대에 신축.

3) 건축면적의 한도.

• 형질 변경 면적은 개인당 100평 이내로서 건폐율 60%, 용적률 300%, 3층 이하로 가능.

• 한도 면적은 개발제한구역 지정 이전의 거주자는 90평, 5년 연속하여 거주한 자는 70평 거주 사실이 없는 자는 60평으로 제한된다.

농수산물 창고 시설 또는 동식물 관련 시설

수도권 그린벨트는 지리적 위치가 서울시에 연접한 주요 요지이고, 교통·물류보관용 창고시설이 턱없는 부족한 현상을 보이고 있어 이러한 시설이 절실히 필요한 수요자들에 의해 그 개발이 이루어지고 있다.

그러나 허가 용도의 목적대로 사용하지 않으면, 이행강제금 및 벌금의 부과 대상이 된다.

가. 동식물 관련 시설 : 개인당 합산 허용 면적은 150평 이내로 제한된다.

1) 해당 시·군·구의 그린벨트에서 3년 이상 자경한 자.

2) 3년 이상의 농업인. (농지원부 소유자)

3) 허가 당시 그린벨트 내에 주택 보유.

주의 : 최근 경기도는 대대적인 취락 개선사업으로 인하여, 그린벨트의

주택지 대부분이 해제되어, 그린벨트 내에 주택을 보유하는 것은 사실상 불가능하다.

　참고 : 축사 창고(목장용지), 버섯재배사(전·답), 콩나물재배사(잡종지) 등이 이에 해당한다. 농수산물 보관창고 : 필지별로 허가 가능.

　1) 해당 시·군·구에 거주하면서 1년 이상 자경한 자.

　2) 1년 이상의 농업인. (농지원부 소유자)

　3) 해당 토지가 303평 이상이어야 하고, 이상의 면적에 50% 범위 내에서 허가가 가능하나 30평이 한도로 정해져 있으며, 50평 한도로 제도가 개선 중에 있다.

공공택지 개발 예정지의 투자

서울과 연접한 지역의 공공택지 개발사업은 99% 수용이 원칙이므로 수용에 대비한 투자 방법을 고려해야 한다.

주택 소유 및 거주

보상금(실가 보상 기준 또는 감정평가금액 보상) 이외에 이주자 택지 당첨권, 아파트 당첨권을 조성 원가의 80% 선에서 취득할 수 있는 우선권을 주며, 실무에서는 조성 후 공급가액의 60% 선에서 취득할 수 있다.

협의 택지

토지를 1,000㎡ 이상 소유 시 단독주택 택지 우선권을 준다.

기타 보상을 위한 행위

• 영업권 보상

• 지상물보상 (지상물의 종류에 따라, 토지 자체의 평가금액 또한 달라짐)

그린벨트 임야의 투자

그린벨트 내의 임야는 상기 모든 경우(수용의 경우 예외)에 혜택이 거의 없는 공익용 임지로서 투자를 고려할 경우에 각별히 유의하여야 한다. 다만 다음의 경우는 적정 금액을 평가하여 매수하여도 큰 무리가 없을 것이다.

지목이 임야인 과수원

주의 : 임야에 감벌 허가를 받아 유실수를 심은 후 일정 기간이 지나면, 밭 또는 과수원으로 형질을 변경할 수 있다. 과거에는 허용되었던 사례가 있었겠으나 최근에는 강력히 규제하므로 반드시 해당 지자체에 사실 관계를 확인할 필요가 있다.

지목이 임야임에도 이미 훼손되어 밭으로 사용하고 있는 것

주요 수요자는 그린벨트가 수도권의 최고 요지에 위치하고 있어, 그 개발의 압력이 집중되어 언젠가는 개발이 허용될 것이라는 점을 고려하여 장기적 안목에서 투자를 결정하게 된다.

그린벨트 이축권 투자

부동산에는 속칭 딱지라는 명칭으로 회자되는 서로 다른 개념들이 다수 존재한다. 일반적으로 부동산에서 딱지는 택지개발사업, 도시개발사업, 도시 및 주거환경정비사업 등과 같이 수용 방식으로 공익목적의 개발사업이 진행되는 경우, 사업시행자가 토지 등 소유자 및 세입자에게 보상금과 더불어 보상 차원에서 지급하는 권리를 의미한다.

더불어 개발제한구역 내에서 주택 신축이 가능한 이축권 또한 딱지라 일컬어진다. 근래 외지인의 토지거래가 엄격히 제한되는 개발제한구역에 건축을 할 수 있는 이축권에 대한 관심이 높아지고, 도시 인근 녹지지역으로의 투자 수요와 맞물려 높은 프리미엄이 형성되고 있다.

개발제한구역 내에서는 원칙적으로 주택이나 건축물의 신축이 매우 까다롭다. 하지만 다음의 경우에는 신축이 가능한데 개발제한구역 지정 당시부터 지목이 대인 토지와 개발제한구역 지정 당시부터 있던 기존의 주택이 있는 토지의 경우가 이에 해당한다. 또한 농업인에 해당하는 자로서 개발제한구역 안에서 기존의 주택을 소유하고 거주하는 자가 영농의 편의를 위해 자기 소유의 기존 주택을 철거하고 자기 소유의 농장이나 과수원 안에 주택을 신축할 수 있다.

다음으론 공익사업과 재해로 인한 이축이다. 주택소유자가 철거일 또는 재해를 입게 된 날 당시의 자기 소유 토지로 기존 주택이 소재하는 시·군·구(자치구) 내의 지역이나 연접된 시·군·구로서 기존 주택으로부터 2km 이내인 지역으로 이축하는 경우 신축이 허용된다. 마지막으로 주거환경 이축으로 외딴집, 고속도로 또는 철도변에 있는 주택 등 주거환경이 심히 불량한 경우이다.

음식점을 신축할 수 있는 조건은 개발제한구역 내 5년 이상 거주자 또는 지정 당시 거주자여야 한다. 이 경우 건축물의 연면적은 300㎡ 이하이어야 하며, 인접한 토지를 이용하여 200㎡ 이내의 주차장을 설치할 수 있는데, 음식점을 다른 용도 변경하는 경우에는 주차장 부지는 원래의 지목으로 환원된다.

　농림수산업용 시설은 개발제한구역 안에서 농림업 또는 수산업에 종사하는 자가 설치하는 경우 큰 제한은 없으나 축사 1,000㎡ 이하, 버섯재배사 500㎡ 이하, 콩나물재배사 및 동물사육시설은 300㎡ 이하로 면적이 제한되고 개발제한구역 안에서 주택을 소유하면서 거주하는 1가구당 1개의 시설만 건축할 수 있다.

　이처럼 극히 제한적인 조건 때문에 원주민으로부터 이축권을 구입, 원주민의 명의로 증·개축하거나 이축을 한 후 자신의 명의로 소유권을 이전하는 방식은 외지인이 개발제한구역에서 투자할 수 있는 유일한 대안이 되고 있다.

　하지만 이축권 매입 시 매우 주의를 기울여야 하는데, 위에서 언급한 바 대로 이축권의 대상이 되는지의 진위 여부를 토지대장 및 개발제한구역 건축물관리대장, 재산세 과세 대장 및 과세 영수증 등 입증서류를 통해 확인하고 해당 시·군의 담당 부서에 문의해야 하며 기존 토지의 이축권 행사 여부 등도 필히 체크해야 할 것이다.

　또한 건축에 필요한 여타 사항은 일반 건축물과 다르지 않아서 건축법 등 타법에 저촉되는 사항을 확인하는 것은 기본이라 하겠다. 이축권 매입을 위한 계약 시에도 원주민이 건축허가까지 받아주고 소유권을 이전해 준다는 특약을 달아 사후에 발생할 수 있는 문제의 소지를 없애야 할 것이다.

이축권

개발제한구역에 건물을 지을 수 있는 권리, 개발제한구역에서만 발생하는 권리 해제지역에서는 이전이라고 표현함. (참고 건축법 시행령 제2조 제1항 제4호)

일명 '용마루' 라고 불리는 이축권은 기존 주택의 주거환경이 나빠져 기존 주택을 인근지역으로 옮겨 철거되는 연면적만큼 새로 지을 수 있는 권리다.

그린벨트에서 이축권이 나오는 경우는 도로개설 등 공익사업으로 기존 가옥이 철거되는 경우, 수해지역으로 이전이 불가능한 경우에 나온다. 가장 흔한 경우가 도시개발로 새 도로가 생길 때인데 매물이 귀하고 값도 크게 오른다.

이축권은 1회 소유권 이전이 가능하며 최초 원주민에게 매입해야 이축권이 나온다. 고수익이 예상되는 투자 대상이지만 매물이 적어 불법 매물이 많고 거래가 음성적으로 이루어진다.

- 기존 개발제한구역에서 거주하던 주민이 부득이한 사유로 기존 주택을 계속 유지하기 어려운 경우에는 인근지역으로 새로 부지를 마련하여 집을 신축할 수 있는 권리.
- 그린벨트 내에서 부득이 집이 철거되거나 이주해야 하는 경우에 권리발생, 일명 '딱지' 라고 표현하기도 함.

개발제한구역의 지정 및 관리에 관한 법률 검토

1. 그린벨트는 전국의 6대 광역시와 마·창·진(현재의 창원시) 등 7개 권역에 지정되어 있다.

2. 수도권 그린벨트는 모두 토지거래허가구역이다.

3. 원주민이라 할지라도 그린벨트 내 대지나 기존 주택이 있었던 토지 혹은 자기 과수원 등에서만 집을 지을 수 있고, 1회에 한하여 증·개축이 가능하며 기존 주택을 최대 5층 이하 300㎡까지 증·개축이 가능하다.

4. 외지인의 경우에는 이주 후 바로 주택을 지을 수 없다.

그린벨트 지역 내로 주민등록을 옮기고 실제 거주하고 난 후 3년이 지나야 비로소 주택을 신축할 수 있다. 그 주택도 100㎡만 지을 수 있는데 지자체 별로 달리 적용한다는 얘기도 들었으니 사전 조사를 해봐야 한다.

5. 음식점 허가를 받으려면 이주 후 5년은 지나야 했지만 규제완화위원회 의견을 받아들여 국토교통부에서 이 규정을 없애는 것으로 발표했다. 그동안 이 규정 때문에 외지인이 그린벨트에 바로 집을 지을 수 있는 방법으로 이축권을 활용하는 방법이 생겼다.

6. 개발제한구역에서 주택을 신축할 수 있는 경우는 다음과 같다.
　　1) 개발제한구역 지정 당시부터 지목이 대인 토지.
　　2) 개발제한구역 지정 당시부터 주택(개발제한구역 건축물관리대장에 등재된 주택)이 있던 토지.
　　3) 예외적으로 규정한 이축권 (논밭에 새로이 주택을 신축할 수 있는 경우)
　　공익사업의 시행으로 인하여 철거되거나 재해로 인하여 이축이 불가피한 경우, 혹은 타인 토지에 있는 주택의 경우 토지소유자의 승낙을 받지 못하여 증·개축이 불가능한 경우에 발생하는 것이 이축권이다.

7. 이축권이란 그린벨트 내에 거주하던 주민이 부득이한 사유로 기존 주택을 계속하여 유지하기 어려운 경우에 그린벨트 내의 인근 지역으로 새로 부지를 마련하여 집을 신축할 수 있는 권리를 말한다. 그린벨트 내에서 법으로 인정하는 입주권 딱지라고 할 수 있다.

8. 이축권이 생기는 세 가지 경우와 행사 기간
　　1) 공익 이축권 : 공익사업의 시행으로 인한 경우에 생긴다.

기존 주택이 그린벨트 내에 도로 개설, 공원 조성 등으로 기존의 건물 주택이 철거된 경우 이축권이 발생한다. 다만, 공익사업의 경우 따로 이주 대책이 세워져 있는 경우에는 이축권을 인정하지 않는다.

이 이축권은 철거일로부터 6개월 이내에 행사하여야 한다.

2) 재해 이축권 : 자연재해로 인한 경우에 생긴다.

홍수, 태풍 등의 자연재해로 집이 유실된 경우에 발생하며 재해발생일로부터 6개월 이내에 행사하여야 한다.

3) 일반 이축권 : 타인 토지 상의 건축물 소유자에게 생긴다.

개발제한구역 지정 이전부터 건축되어 있는 주택 또는 개발제한구역 지정 이전부터 다른 사람 소유의 토지에 건축되어 있는 주택으로서, 토지소유주 동의를 받지 못하여 증축 또는 개축할 수 없는 주택에서 이주해야 할 경우 이축권이 발생한다.

이축권의 행사

▶ 취락지구 내로의 이축권 : 경치가 좋거나 살고 싶은 취락지구를 선정하여 이축권 실행.

큰 장점은 없으나 취락지역 내 저렴한 농지를 구입하여 이축권 실행하면 농지가 대지로 전환되어 가치 상승. 단점으로는 취락지역으로 지정된 곳으로만 이축권 실행이 가능하고 다른 개발제한구역에는 불가.

▶ 개발제한구역 내 농지 또는 취락지역 등으로의 이축권 : 공익사업의 시행으로 발생하는 이축권은 값어치가 있다. 일명 '도로딱지'라고도 하는데 이 이축권을 사용하여 도로변 위치 좋은 농지(논·밭·임야에는 거의 불가능)에 이축권을 실행하면 위치 좋고 사람의 통행이 많은 곳에 건물을 소유할 수 있다. 예를 들면 큰 도로변의 개발제한구역에 어느 순간 음식점이 건축되고 있다면 분명 도로 딱지로 이축권을 실행하는 것이다.

9. 이축권을 가지는 자

이축권을 가지는 자는 그린벨트 내 기존 주택의 소유자에 한한다.

　1) 공익사업의 시행으로 인한 경우에는 보상금을 모두 지급받은 날 현재의 소유자.

　2) 자연재해로 집이 유실되어 더이상 거주할 수 없게 된 주택의 소유자.

　3) 다른 사람 소유의 토지에 건축되어 있는 주택으로서 토지소유자의 동의를 받지 못하여 증축 또는 개축할 수 없는 주택의 소유자. (사용할 수 없게 된 주택은 모두 현존함을 요건으로 한다.)

10. 신축할 수 있는 주택 부지의 입지 요건

　1) 공익 및 재해이축권의 입지요건

　　(1) 그린벨트 내 자기 소유의 토지일 것.

　　(2) 기존 주택이 있는 시·군·구(자치구)의 지역이거나 기존의 주택이 없는 시·군·구의 지역 중 기존 주택으로부터 2㎞ 이내의 지역일 것.

　　(3) 우량농지가 아닐 것.

　　(4) 국가하천의 경계로부터 500m 이상 떨어져 있을 것. 다만, 다음 각목의 어느 하나에 해당하는 지역의 경우에는 그러하지 아니하다.

　　　가. 하수처리구역으로서 하수종말처리시설을 설치 운영 중인 지역.

　　　나. 공공하수도의 설치인가를 받은 하수처리예정지역.

　　(5) 새로운 진입로를 설치할 필요가 없을 것. 단, 면적에 포함되어 진입로가 설치되는 경우에는 그러하지 아니하다.

　　(6) 전기·수도·가스 등 새로운 간선 공급설비를 설치할 필요가 없을 것.

일반 이축권의 입지 요건. 취락지구에 신축할 수 있다.

취락지구의 지정 요건

1) 취락을 구성하는 주택의 수가 10호 이상일 것.

2) 취락지구 10,000㎡ 당 주택의 수(호수밀도)가 10호 이상일 것. 단, 해당 시·도의 도시계획 조례로 정하는 경우에는 호수밀도를 5호 이상으로 할 수 있다.

3) 취락지구의 경계설정은 도시관리계획 경계선, 다른 법률에 따른 지역, 지구 및 구역의 경계선, 도로, 하천, 임야, 지적 경계선, 그 밖의 자연적 또는 인공 지형지물을 이용하여 설정하되 지목이 대지인 경우에는 가능한 한 필지가 분할되지 않도록 할 것.

11. 이축권으로 지을 수 있는 주택의 요건

1) 신축하는 주택은 건축법 시행령 별표 1 제1호 가목의 단독주택에 한한다.

2) 신축하는 주택의 규모는 철거하는 기존 건축물의 연면적만큼만 가능하다.

3) 이축권이 발생하려면 기존 주택 소유자가 신규 주택 부지를 지정하여 건축허가를 받아야 한다.

4) 이축권 행사시 주택 신축 부지의 지목 제한은 현행 규정상 없다. 그러나 임야는 사실상 불가능하다.

12. 신축건물의 건폐율 제한

신축하는 주택의 건폐율은 60%, 용적률은 300%, 높이는 5층 이하로 제한한다.

1) 건폐율 60% 이하로 건축하는 경우 : 높이 3층 이하, 용적률 300%

이하로서 기존 면적을 포함하여 200㎡. (5년 이상 거주자는 232㎡(70평), 지정 당시 거주자는 300㎡(90평)) 이하.

2) 건폐율 20% 이하로 건축하는 경우 : 높이 3층 이하, 용적률 100% 이하.

13. 이축권 투자를 할 때 유의할 점

1) 이축권이 생기는 주택인지를 토지대장, 건축물대장, 등기부등본, 토지수용확인서, 철거 예정 통보서 등을 징구하여 검토하고 현존 여부를 확인한다.

2) 이축권 대상 주택의 면적과 새로 신축할 건물의 허가(예정) 면적이 적합한지를 검토한다.

3) 입주권 시세가 그 지역 거래 상황에 타당한지를 검토한다.

4) 새로 이주하여 신축할 부지의 소유권이 정확히 확보되어 있는지를 등기부등본 등으로 확인한다.

5) 이축권만으로는 매입자가 직접 건축허가를 받아 집을 지을 수는 없는 것이고, 기존 거주자가 이축권으로 집을 지은 뒤에 그 집을 매입하는 절차로 하는 것이 일반적이다. (법상으로는 위법)

6) 그린벨트 내 구옥을 경매로 취득 시 이축권의 발생 여부. (소극)

투자 유의점

▶ 토지대장, 건축물대장, 등기부등본 등으로 충분히 검토하여 대상이 분명한지 확인.

▶ 소유자의 자격에 따라 건축 가능 면적이 다르므로 원하는 규모가 되는지 확인.

▶ 이축권만으로 매입자가 직접 건축허가를 득하여 집을 지을 수 없기에 기존 거주자가 이축권으로 집을 지은 뒤에 그 집을 매입하는 절차를 하

는 것이므로 신뢰 관계 충분히 검토.

▶ 개발제한구역 내 구옥을 경매로 취득시 이축권 발생 여부.(소극) 즉 법원에서는 인정하지 않는 흐름이다.

14. 이축권의 호가

　1) 취락지구 내로의 이축권 : 하남시의 경우 1억~1.5억 원 선이나 거의 소멸되었다고 알려져 있다.

　2) 개발제한구역 내 농지 또는 취락지역 등으로의 이축권 : 하남시의 경우 6~6.5억 원 정도로 알려져 있다. 예전 마천지구 북측 도로를 개설하면서 3~4개의 도로 딱지가 만들어졌다고 알려져 있다.

이축권이란 개발제한구역 지정으로 인하여 재산권 행사에 갑작스런 불이익을 받는 원주민을 위한 권리다.

그러나 개발이 되지 않는 곳의 그림 같은 전원주택 등 전원생활을 희망하는 은퇴자들의 폭발적인 관심으로 한때 붐을 일으켰던 투자 방법 중 하나다.

위에서 언급한 바와 같이 이축권 자체는 양도가 불가하므로 기존 이축권 취득자 명의로 건축허가를 득한 뒤 준공 후 부동산을 넘겨받는 형태의 거래 방법을 택하고 있으나 위법 행위를 우회하는 방법이므로 거래상 리스크 발생 여지가 충분하다는 단점이 있다.

또한 경매로 취득 시 이축권에 관하여 승계가 가능한지에 대한 논란이 많았다. 하지만 대법원 판결에 따라 이축권은 일신전속권으로서 승계가 불가능하다는 것을 명심해야 한다. 그럼에도 누구든 탐낼 만한 투자처가 바로 이축권 투자이다.

▶ 개발제한구역(그린벨트)내 건축물의 신축이 가능한 경우

(1) 개발제한구역 지정당시부터 지목이 '대'인 토지.

(2) 개발제한구역 지정 당시부터 있던 기존의 주택이 있는 토지의 경우.

(3) 농업인이 개발제한구역 안에서 기존주택을 소유하고 거주하면서 영농 편의를 위해 자기소유의 기존 주택을 철거하고 자기소유의 농장이나 과수원 안에 주택을 신축하는 경우.

▶ 공익사업과 재해로 인한 이축으로 신축이 허용되는 경우

(1) 주택소유자가 철거일 또는 재해를 입게 된 날 당시의 자기소유 토지로 기존 주택이 소재하는 시·군·구(자치구)내의 지역에 이축하는 경우.

(2) 연접된 시·군·구로서 기존 주택으로부터 2km 이내인 지역으로 이축하는 경우.

(3) 주거 환경 이축으로 외딴집, 고속도로 또는 철도변에 있는 주택 등 주거 환경이 심히 불량한 경우.

▶ 개발제한구역 내 음식점을 신축할 수 있는 조건

(1) 개발제한구역 내 5년 이상 거주자 또는 지정 당시 거주자인 경우로서 건축물의 연면적은 300㎡ 이하.

(2) 인접한 토지를 이용하여 200㎡ 이내의 주차장을 설치할 수 있으며 음식점을 다른 용도 변경하는 경우에는 주차장 부지는 원래의 지목으로 환원된다.

▶ 개발제한구역 내 농림수산업용 시설

개발제한구역 안에서 농림업 또는 수산업에 종사하는 자가 설치하는 경우 큰 제한은 없으나 다음과 같이 면적 제한은 있다.

(1) 축사 1,000㎡ 이하.

(2) 버섯재배사 500㎡ 이하.

(3) 콩나물재배사 및 동물사육시설은 300㎡ 이하.

(4) 개발제한구역 안에서 주택을 소유하면서 거주하는 경우, 1가구당 1개의 시설만 건축할 수 있다.

▶ 외지인의 개발제한구역 투자 필살기

원주민으로부터 이축권을 구입 → 원주민의 명의로 증·개축 → 이축 → 자신의 명의로 소유권을 이전.

▶ 이축권 매입 시 주의해야 할 사항

(1) 이축권의 대상이 되는지의 진위 여부를 토지대장 및 개발제한구역 건축물관리대장, 재산세 과세대장 및 과세영수증 등 입증서류를 통해 확인하고 해당 시·군의 담당부서에 문의해야 한다.

(2) 기존 토지의 이축권 행사 여부 등도 필히 체크해야 한다.

(3) 건축에 필요한 사항은 일반건축물과 다르지 않아서 건축법 등 타법의 저촉 사항을 확인해야 한다.

(4) 이축권 매입을 위한 계약시 원주민이 건축허가까지 받아주고 소유권을 이전해준다는 특약을 약정하여 사후에 발생할 수 있는 문제의 소지를 없애야 한다.

1. 건축 가능 평수와 거주 햇수.

2. 이축권 소유자가 원주민인지 여부.

3. 매입 토지의 용도 변경 가능 여부. (건축물허가 제한 여부)

4. 지적공부와 가옥대장이 등기부와 일치하는지 여부.

5. 토지거래허가 부분. (6개월 이상 거주 부분 체크)

이축권 투자에서 주의해야 할 사항

이축 대상 주택은 사전에 식별하기 어려우므로 해당 지방자치단체에 이축 대상 주택인지를 확인한 후 매입해야 하며, 이축권이 있는 사람이 원주민이 아닐 경우에는 손해를 볼 수도 있으니 주의해야 한다.

투자에 앞서 이축권의 진위 여부를 반드시 확인해야 한다. 시중에 나도는 이축권 중에는 멸실주택처럼 이축이 불가능한 경우도 있다. 이축 대상 주택이라 하더라도 기존 거주자가 해당 시·군에 이축허가와 함께 집을 지을 위치를 제출해야 건축허가가 나온다는 점도 유의해야 한다.

이축권을 매도한 최초 권리자 명의로 새집을 완공한 후, 이를 매입하는 형식을 취해야 한다. 이축권 구입 시 고려해야 할 사항은 건축 가능 평수와 거주 햇수가 일치하는지, 또 매입하고자 하는 논밭이 대지로 용도 변경이 가능한지 여부다.

가장 현명한 방법은 지역 관할 행정관청 주변의 설계사무소에 가서 1차적으로 컨설팅을 받는 것이다. 그 지역 설계사무소는 관할 관청과 끈끈한 인간관계가 형성돼 있기 때문이다. 최종적으로 이축권 매입을 위한 계약서를 작성할 때는 '원주민이 건축허가까지 받아주고 소유권을 이전해 준다.'는 내용을 단서조항으로 붙여야 한다. 원주민은 계약한 뒤 생길 각종 민원 해결에 유리하다.

기본적으로 이축권 투자는 실제 전원주택을 지어 살고 싶지만 당장 전세대원이 이사할 수 없는 불가피한 사정이 있을 경우에만 이용해야 하며, 투기 목적으로 접근하는 것은 금물이다.

사례 : 그린벨트 이축권 투자 유의점

"용인~양재 간 고속도로 밑에 이축권 나온 주택이 있습니다. 1층에 음식점도 할 수 있는 90평짜리 상가주택을 지을 수 있습니다. 대지 한도가 100평이지만 주차장까지 조성 가능합니다. 프리미엄은 6억 원입니다."

판교신도시에서 가까운 청계산 기슭 그린벨트 지역인 성남시 수정구 금토동 소재 모 부동산 컨설턴트의 말이다. 이축권이란 더이상 살 수 없게 된 기존 주택을 인근 지역으로 옮겨 지을 수 있는 권리다.

그는 프리미엄 6억 원에 그린벨트 내 이축권을 사서 목 좋은 다른 땅에 심으면(부동산업자들은 이축권을 이용해 다른 땅에 건물을 옮겨 짓는 것을 '심는다' 혹은 '꽂는다'라고 표현한다.) 평당 300만 원짜리 전답이 평당 1,000만 원으로 치솟는다고 유혹한다. 즉 도로변의 괜찮은 땅 500평 정도를 사서 이축권을 꽂을 경우, 땅값 15억 원에 이축권 프리미엄 6억 원, 건축비 정도를 투자하면 땅값만 따져도 총 투자 금액의 2배가 된다는 것이다. 이 물건은 그나마 프리미엄이 적게 붙은 편이다.

그린벨트 이축권은 이처럼 땅 투자로 한 방에 대박을 노릴 수 있는 아이템이다. 발 빠른 투자자들에게는 '그린벨트의 로또'라 할 수 있다. 그러나 이축권은 매물이 극히 귀하다. 나오는 물건이 드물다. 투자 위험성도 크다. 한마디로 고수익 고위험 투자라고 할 수 있다.

성남·과천 4~11억, 고수익 고위험

이축권은 부동산시장에서 아파트 입주권과 마찬가지로 속칭 '딱지'의 일종이다. 같은 시·군 내에서만 이축이 허용되는 '공공딱지'보다 다른 지역에서도 신축이 가능한 딱지에 프리미엄이 더 많이 붙는다. 서울공항 인근의 성남시 고등동 일대와 판교신도시 인근 지역에는 땅값을 제외한 순수 용마루 프리미엄만도 보통 4억~5억 원, 많게는 11억 원까지 호가했었다.

그린벨트에 도로가 신설된 과천시의 경우에도 당시 이축권 프리미엄이 보통 6억 원 이상이었으며, 하남이나 구리 등은 이보다 다소 낮은 것으로 알려졌다. 수용된 주택 외에 이축할 땅까지 소유한 이축권자의 명의를 빌릴 경우, 프리미엄의 20~40%를 추가로 얹어 주는 경우도 있다.

하지만 문제는 물건이 워낙 귀하다는 점이다. 가물에 콩 나듯 물건이 나온다. 성남시 고등동 소재 A 부동산 컨설턴트는 "이 근방의 이축권은 도로에 수용된 것과 함께 비행장이 들어설 당시 설정된 이축권이 많다. 작년까지는 심심찮게 물건이 나왔지만 올해 들어서는 거래가 거의 없다. 최근 매물 하나가 프리미엄 6억 원에 팔렸다."고 밝혔다.

또 "대로변은 아니더라도 이면도로나 코너, 아파트단지 입구 등에 설정된 이축권은 프리미엄이 10억 원을 넘는다. 평범한 물건은 3억~6억 원 선"이라며 "미리 연락을 해 놓고 매물이 나오길 기다려야 한다."고 말한다.

성남시 심곡동 소재 K 부동산 대표는 "판교신도시로 수용된 지역에서는 대토 이축권도 꽤 많이 거래된다. 주택이 수용된 경우 주어지는 상가주택을 지을 수 있는 권리인 '이주자 택지'와 건물 없이 땅만 수용돼 땅값 보상 및 단독주택을 지을 수 있는 권리가 부여된 '협의자 택지'가 있다."고 설명한다.

이 대토 이축권은 그린벨트 이축권과는 조금 다른 개념이다. 용마루 이축권은 그린벨트에만 해당된다.

용마루든 대토 이축권이든, 이축권 투자는 고수익인 반면 위험성도 높다.

이축권은 단 1번만 소유권 이전이 된다. 따라서 반드시 원주민(최초 이축권자)인지 확인해야 한다. 또 이미 멸실된 주택은 이축이 불가능하다. 즉 이축권 투자는 고수익을 기대할 수 있는 반면 자칫 큰 낭패를 당할 수도 있다.

거래 자체도 대부분 음성적으로 이뤄지는 경우가 많은데 프리미엄에 대한 과세를 피하기 위해 다운계약서로 처리할 경우 불법행위가 된다. 프리미엄 부분은 양도소득세가 아닌 종합소득세 과세 대상이다.

이축권으로 그린벨트(개발제한구역 내)에 집짓기

1. 개발제한구역 지정 당시 지목이 '대'.
2. 지정 당시부터 있던 기존의 주택이 있는 토지.
3. 농업인이 개발제한구역에 기존 주택을 소유하고 거주하는 자는 영농의 편의를 위하여 자기 소유의 기존 주택을 철거하고 자기 소유의 농장에 주택을 신축.
4. 기존 주택이 공공사업으로 수용되거나 재해로 인하여 더이상 거주할 수 없게 된 경우로서 그 주택의 소유자가 철거일 또는 재해를 입게 된 날로부터 6개월 이내에 자기 소유 토지에 이축. (일명 딱지 작업)
   • 대지 면적 : 100평 이하.
   • 취락지구로 이축하는 경우 90평. (건축 연면적)
   • 본인 소유로 이축하는 경우 : 지정 당시 거주자 90평, 5년 이상 거주자 70평, 5년 미만 거주자 60평. (건축 연면적)
5. 지정 이전부터 다른 사람 소유의 토지에 건축되어 있는 주택으로서

토지소유자의 동의를 받지 못하여 증축 또는 개축할 수 없는 주택을 취락지구에 신축.

그린벨트 거주 기간에 따른 증축 규모

구분	증축할 수 있는 규모 (연면적)	비고
그린벨트 지정 전부터 거주한 경우 (원주민)	300㎡(약 90.75평)까지 증축	1회에 한해 증축 가능
그린벨트 지정 후 거주 기간이 5년을 경과한 경우	232㎡(약 70.18평)까지 증축	1회에 한해 증축 가능
그린벨트 지정 후 거주 기간이 5년을 경과하지 않은 경우	200㎡(약 60.5평)까지 증축	200㎡까지는 증축 횟수에 제한없음

※ 이 규모는 증축은 물론 신축하는 경우에도 적용된다.

그린벨트 건축기준

그린벨트는 다른 구역이 건축법의 적용을 받는 것과 달리, 도시계획법에 따라 건축하여야 하며, 정확한 명칭은 개발제한구역이다.

1. 최소 대지면적은 60㎡ 이상, 건폐율 60%, 용적률 300%를 적용받는다.

개발제한구역 지정 당시 지목이 대인 토지 중 나대지와 구역 지정 당시 이미 주택이 있는 경우에만 3층 이하의 단독주택이나 근린생활시설을 신축할 수 있는데, 그 중 구역 안에 5년 이상 계속 거주한 자는 연면적 200㎡ 이하의 휴게·일반음식점을 건축할 수 있다.

2. 주택을 증축하는 경우 기존 면적을 포함하여 3층 이하 100㎡ 이하까지 건축할 수 있다.

이때 기존 부속 건축물이 있는 경우는 기존 부속 건축물을 포함하여 66㎡까지, 지하층인 경우는 100㎡까지 건축할 수 있으나, 개발제한구역 안에 5년 이상 계속 거주한 자의 경우는 132㎡까지, 구역 지정 이전 거주자는 200㎡까지(다세대·연립의 경우 세대당 132㎡ 이하) 가능하며, 구역 지정 당시의 거주자나 기혼자녀의 분가를 위한 경우는 기존 면적을 포함해 300㎡까지 가능한데 이때 기혼자녀의 분가용으로 100㎡ 이상 건축되게 하여야 한다.

3. 그린벨트 안에서 이축이 가능하기 위해서는 이축 예정부지가 취락지구의 지정이 선행되어야 하며, 취락지구로 지정하기 위해서는 1만 제곱미터 범위 안에 주택이 20호 이상 있어야 한다. 다만, 재해로 인하여 이축이 불가피한 경우는 예외 규정을 두어 20세대가 아니라 5세대 이상이면 가능하도록 하고 있다.

4. 기타의 경우는 매우 엄격하게 법규에서 정하는 용도만 건축하게 하고 있다.

이축권은 기존 주택이 있는 시·군·구(자치구)나 기존의 주택이 없는 시·군·구 지역 중 기존 주택으로부터 2km 이내의 지역에서만 이축할 수 있고 보상금을 모두 받은 날 현재 해당 지역이 개발제한구역에서 해제되는 경우에는 이축권이 발생하지 않는다.

참고로 이축권을 취득하여 음식점을 하려면 이축권(5년 이상 거주자)을 사고 등기하지 않은 상태에서 땅까지 이축권 소유자 명의로 취득한 후 건축허가 받고 준공되면 음식점으로 용도 변경을 하고 주차장을 60평까지 허가 받은 후 이전등기해야 하는데 토지거래허가구역인 경우 이용 의무기간이 있어 개발제한구역에서 딱지 작업은 신중을 기해야 한다. 물론 딱지 작업은 어렵고 희소성 때문에 개발이익은 다른 곳보다 많다.

그린벨트 내 최대 300㎡ 신축 가능

그린벨트 내에서는 원칙적으로 집을 새로 지을 수 없고 기존 건축물의 경우에만 1회에 한해 증·개축이 가능하다. 원주민이 아닌 외지인의 경우 그린벨트 내 땅을 구입해 건축하는 게 불가능하지만, 기존 구옥을 사서 증·개축을 하거나 이축권을 이용하면 다른 곳에 건물을 지을 수 있다.

그린벨트에서 이축권이 나오는 경우는 다음과 같다.
▶ 도로개설 등 공익사업으로 기존 가옥이 철거되는 경우.
▶ 수해지역으로 이전이 불가능한 경우.
▶ 그린벨트로 지정되기 전에 다른 사람의 땅을 임대해 주택을 지었는데 땅 주인이 재임대를 거부해 할 수 없이 집을 옮겨야 하는 경우.

가장 흔한 케이스는 도로가 생길 때인데 그 매물들이 소화되고 나면 이축권은 '귀하신 몸'이 되고 그 결과 부르는 게 값이 된다.

이축권을 갖고 있다 하더라도 아무 곳에나 이축을 할 수는 없다. 원래는 같은 시·군 지역의 나대지 또는 잡종지로 한정하고 있었으나 현재는 그린벨트 규제가 많이 완화돼 지목 구분 없이 임야가 아니라면 이축이 가능하다.

나대지에는 이축권이 없어도 지난 2000년 4월부터 집을 지을 수 있게 됐으며, 이축권을 사용하면 적법하게 조성된 공부상 나대지로 이축할 경우 인접 시·군·구에까지 확대 적용하고 있다.

현행 도시계획법 시행규칙에 따르면, 그린벨트 내 건축 가능한 주택의 규모는 거주기간에 따라 차등 적용된다. 그린벨트로 지정되기 전부터 살고 있던 원주민의 경우는 기존 주택을 3층 이하 300㎡ (90평)까지 증·개축이 가능하고 5년 이상 거주자는 132㎡ (40평)까지만 지을 수 있다.

원주민이 지은 300㎡ 중 100㎡는 직계비속에 한해 자녀분가용으로 분할등기하는 것도 가능하다. 하지만 외지인은 그린벨트 내 기존 주택을 구입해 증·개축을 하는 경우라도 100㎡까지만 지을 수 있다.

반면 이축권을 구입해 원주민의 이름으로 증·개축을 하거나 이축을 한 후 자신의 명의로 소유권을 이전하면 순수 주거용은 200㎡, 상가주택은 300㎡까지 지을 수 있는 것이다.

이축 기간은 기존 주택이 철거된 날로부터 4년 이내이며, 자기 땅이어야 한다. 이축 시 대지조성 면적은 330㎡ (100평)까지다.

단, 현재의 사정에 의해 새집을 지을 수 없는 원주민에게 이축권이 주로 주어지는 점을 감안, 1회에 한해 제3자 전매를 허용하고 있다. 이에 따라 외지인의 이축권 투자가 가능한 것이다.

이축권은 다음의 경우 주어진다.	
1	도로개설 등 공익사업으로 철거된 경우
2	수해지역으로 이전이 불가피한 경우
3	그린벨트로 지정되기 전에 다른 사람의 땅을 임대해 주택을 지었으나 소유자의 동의를 받지 못해 증·개축을 할 수 없는 경우
이축권은 공공 이축권과 일반 이축권으로 구분된다.	
공공 이축권	개발제한구역 내에 위치해 있는 주택이 도로에 수용되어 건물이 헐렸을 때 나오는 것.
일반 이축권	개발제한구역 지정 전에 다른 사람의 땅 위에 주택을 짓고 살고 있다가 토지소유자가 철거를 요구해 주택을 옮겨야 하는 경우
이축권 매입시 주의사항	
1	이축 대상 주택 여부를 사전에 구별하기가 쉽지 않으므로 해당 지자체에 이축 대상 주택인지 또는 해당 토지로 이축(이축허가)이 가능한 자, 이축권 행사 잔여 기간, 건축허가를 받을 수 있는지, 건축 면적과 규모 등을 반드시 확인 후 매입
2	이축 대상에 포함된 주택이라 하더라도 기존 거주자가 해당 시군에 이축허가와 함께 집을 지을 위치를 제출해야 건축허가가 나오므로 매입을 하기 전에 반드시 건축허가 여부를 확인
3	건축허가시 이축권의 소유자와 토지소유자가 다른 경우에 토지사용승낙서를 첨부하여 건축허가를 받을 수 없으며, 이축권자와 토지소유자가 동일해야 건축허가가 가능하므로 일단 이축권을 매도한 원 권리자의 명의로 새집을 완공한 후 이를 매입하는 형식으로 거래가 이루어진다는 점을 인지하고 매입

4	이축하고자 하는 토지는 보상금을 수령하기 전에 이축이 가능한 토지를 매입하여 소유권 이전이 되어 있어야 하며, 이축을 위해서 매입하고자 하는 토지, 예를 들어 농지인 경우에는 대지로 용도 변경이 가능한지 확인하고 매입
5	이축권의 건축 가능 평수와 이축권자의 거주 기간을 확인하여야 하며, 만약 식당으로 용도를 변경하는 경우에는 개발제한구역에 5년 이상을 거주해야 하며 주택으로 건축하여 준공을 받은 후에 용도 변경이 가능하다는 점을 인지하고 매입
6	이축권을 매입할 때는 반드시 최초 원주민을 입회시켜 매매계약을 체결하고, 계약서 작성시 원주민과 매입자가 쌍방이 세부적인 특약을 빠짐 없이 정하고 매입
7	부동산실명제법 위반(명의신탁)에 해당되지 않도록 주의하여 매입

그린벨트 해제 집단취락지구 투자법

그린벨트에서 풀린 집단취락지구가 뜨고 있다. 땅값도 오르고 찾는 사람도 많다. 당연하다. 규제에서 풀렸으니 가격이 오를 수밖에 없다. 상대적으로 가격이 낮은 지역은 거래도 활발하다. 앞으로 더 오를 가능성이 큰 데다 각종 개발사업의 채산성 또한 높을 것이라는 판단 때문이다.

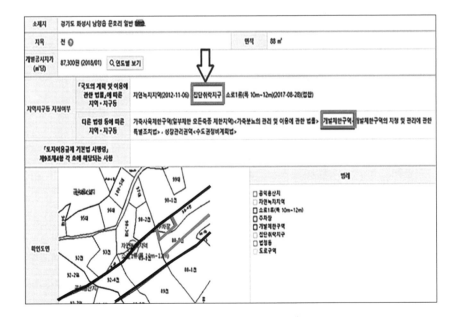

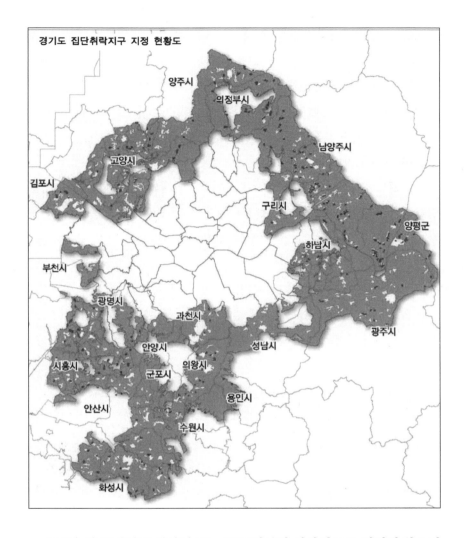

경기도 집단취락지구 지정 현황도

수도권 내 그린벨트 취락지구는 1999년부터 연차적으로 해제돼 왔으며 규제가 풀리기는 했지만 지구단위계획 등 후속 작업이 마무리되지 않아 생각만큼 각광을 받지 못했다.

그린벨트에서 풀린 집단취락지구는 일단 용도지역상 자연녹지지역로 지정된다. 때문에 각종 행위제한이 많아 개발이 쉽지 않다. 여기에 제1종 지구단위계획이 세워져야만 비로소 여러 가지 개발이 가능해진다. 그린벨트에서 풀린 집단취락지구에 제1종 지구단위계획을 수립하면 최대 4층(6가구) 이하 연립주택을 지을 수 있다. 폭 10m 이상의 도로와 접한 땅에는 음식점 등의 신축도 가능하다.

집단취락지구란 주택이 산재한 20가구 이상, 300가구 미만의 자연부락을 말한다. 평균 면적은 대략 97,000㎡(3만 평) 선이지만 20만 ㎡ (6만 평)가 넘는 대규모도 있다.

그린벨트에서 풀린 집단취락지구는 지구단위계획을 통해 대부분 제1종 일반주거지역으로 정해진다. 그러나 해당 지역 주민이 개발을 반대할 경우 단독주택 등만 지을 수 있는 제1종 전용주거지역으로 지정되는 경우도 있다.

전체적으로는 제1종 일반 주거지역 지정 비율이 높다. 제1종 일반주거지역으로 지정된 취락지구엔 건폐율 60%, 용적률 150% 범위 내에서 4층(6가구) 이하의 연립주택 등 공동주택을 지을 수 있다.

서울·수도권의 그린벨트 해제 집단취락지구는 인기가 높다. 대부분 서울 도심 반경 30㎞ 권역 이내에 위치하고, 주변 자연환경도 잘 보존돼 1급 주거지로 꼽혀서다.

하지만 그린벨트 해제 지역 내 부동산 투자에는 신중해야 한다. 이미 땅값이 오를 만큼 올라 투자 목적보다는 실수요자 입장에서 접근하라는 것이다.

또 지구단위계획이 세워지면서 공원, 주차장 등 공공시설 용지로 편입될 땅은 피하는 게 좋다. 이런 땅은 쓰임새가 떨어져 땅값도 바닥세를 면치 못한다. 주민들의 반대로 지구 단위 수립 대상서 제외된 지역의 투자에도 신중을 기할 필요가 있다.

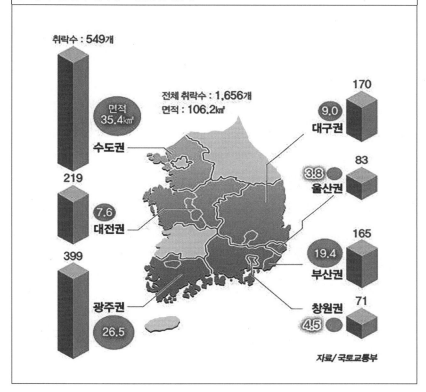

개발제한구역 해제 취락 현황

주거용도로만 개발이 허용됐던 그린벨트 해제 집단취락에 준주거지역, 준공업지역, 근린상업지역으로 용도를 변경해 개발할 수 있게 용도제한을 완화한다.

취락수 : 549개

면적 35.4㎢
수도권

전체 취락수 : 1,656개
면적 : 106.2㎢

170
9.0
대구권

219
7.6
대전권

83
3.8
울산권

399
광주권
26.5

165
19.4
부산권

71
창원권
4.5

자료/국토교통부

　　지구단위계획 수립으로 제1종 전용주거지역으로 지정된 집단취락지구도 마찬가지다. 이런 곳에서는 연립주택 등 공동주택의 신축이 어렵다. 일부 지자체에서는 서로 연접한 300㎡ 미만의 소규모 필지들을 공동개발할 경우 5%의 용적률 인센티브(완화 적용)을 주고 있어 관심을 가져볼 만하다.

　　그린벨트 해제 집단취락지구가 대부분 토지거래허가구역으로 묶인 점에도 주의해야 한다. 때문에 도시지역 내에서 토지거래허가 없이 외지인 매입이 가능한 규모를 노리는 게 좋다. 도시지역에서 토지거래허가 없이 외지인 매입이 가능한 토지 면적은 ▶180㎡ 초과 주거지 ▶200㎡ 초과 상업지 ▶660㎡ 초과 공업지 ▶100㎡ 초과 자연녹지 등이다.

비도시지역(관리지역, 농림지역 등)에서는 1,000㎡ 초과 임야, 500㎡ 초과 논·밭, 250㎡ 초과 기타 토지 등이 지자체 거래허가 없이 구입이 가능하다.

주택 사이에 낀 전답은 땅값이 대지보다 저렴해 한번 노려볼 만하다.

제1종 지구단위계획은 지방자치단체가 체계적인 개발이 필요하다고 판단되는 도시지역을 대상으로 용적률, 건폐율, 층고 등의 상한을 미리 정해 놓은 도시계획의 기본틀이다. 민간업체는 이 기본틀을 가이드 라인으로 각종 개발사업을 할 수 있다. 이에 비해 제2종 지구단위계획은 비도시지역(관리지역)에 수립된다.

자연부락(집단취락)지구 투자법

쉽게 이야기하자면 취락지구는 '작은 마을'을 의미한다. 2가지로 분류되는데, 개발제한지역은 취락지구 지정시 집단취락지구로 분류된다. 개발제한지역이 취락지구로 지정되기 위한 요건으로는 10,000㎡ 안에 10가구 이상 모여 살면 취락지구의 자격을 가지게 된다.

취락지구지정이 되면 좋은 점은 토지의 가치를 결정하는 건폐율과 용적률이 올라가기 때문이다. 보통 건폐율 20% 용적률 100%의 토지들이 건폐율 60%, 용적률 150% 이상으로 상향된다.

당연히 토지 가격도 오른다.

개발제한지역이라고 다 같은 개발제한지역이 아니다. 일반적으로 개발이 제한되어 있지만 상황과 여건에 따라서 건축행위가 가능한 토지들이 있다.

다음 그림은 인천 부평 청천동 토지의 토지이용계획서이다. 용도는 자연녹지지만 개발제한구역으로 묶여 있다는 걸 확인할 수 있다.

지적도상에서 4차선 도로와 접해 있는 걸 확인할 수 있으며, 공시지가는 당시 평당 약 350만 원으로 개발제한구역치고는 상당히 높게 책정되어 있었다.

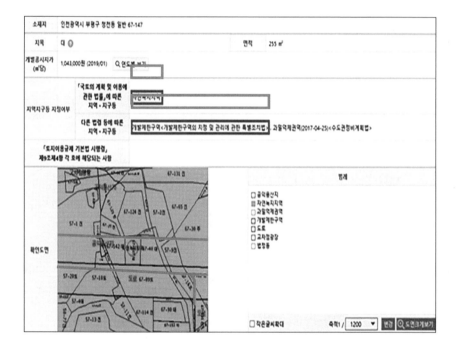

이 토지의 규제사항을 확인해보도록 하자.

먼저 A의 행위제한정보를 클릭해서 B에 이행할 행위를 입력하고 조회를 하면 C에 해당 토지의 행위가능 여부가 표시된다.

개발제한구역임에도 휴게점(음식점)의 건축이 가능하다는 것을 확인할 수 있다. 물론 담당 부서에 확실하게 확인을 하도록 해야 한다.

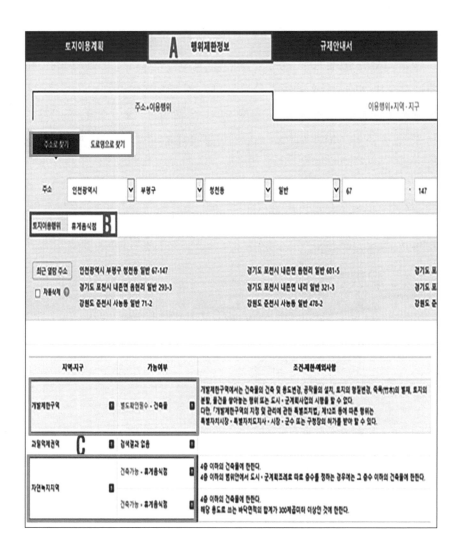

다음 그림에서 과거 거래내역을 보면 2009년 평당 170만 원에 거래된 토지가 2016년 평당 900만 원으로 거래되어 7년 사이에 5배나 뛰었는데, 이렇게나 땅값이 상승한 이유로는 청라와 송도를 지나가는 길목이기도 하지만 추후 취락지구로 지정될 수 있는 여지가 있기 때문이다.

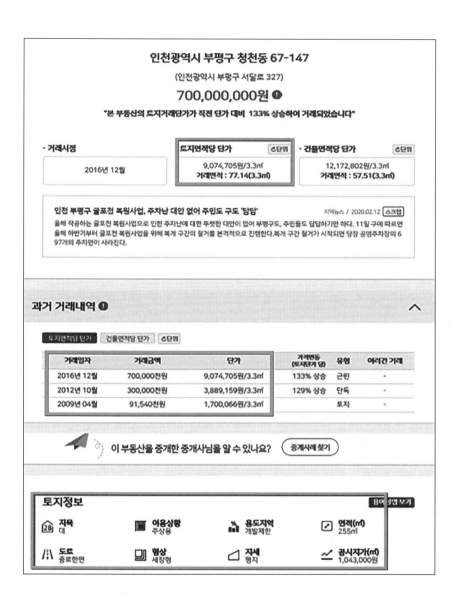

인천광역시 부평구 청천동 67-147

(인천광역시 부평구 서달로 327)

700,000,000원 ❶

"본 부동산의 토지거래단가가 직전 단가 대비 133% 상승하여 거래되었습니다"

· 거래시점

2016년 12월

토지면적당 단가 ❻단위

9,074,705원/3.3㎡
거래면적 : 77.14(3.3㎡)

· 건물면적당 단가 ❻단위

12,172,802원/3.3㎡
거래면적 : 57.51(3.3㎡)

인천 부평구 굴포천 복원사업, 주차난 대안 없어 주민도 구도 '답답'   지역뉴스 / 2020.02.12 스크랩

올해 착공하는 굴포천 복원사업으로 인한 주차난에 대한 뚜렷한 대안이 없어 부평구도, 주민들도 답답하기만 하다. 11일 구에 따르면 올해 하반기부터 굴포천 복원사업을 위해 복개 구간의 철거를 본격적으로 진행한다.복개 구간 철거가 시작되면 당장 공영주차장의 697개의 주차면이 사라진다.

과거 거래내역 ❶   ⌃

토지면적당 단가 건물면적당 단가 ❻단위

거래일자	거래금액	단가	거래변동 (토지단가 당)	유형	여러건 거래
2016년 12월	700,000천원	9,074,705원/3.3㎡	133% 상승	근린	-
2012년 10월	300,000천원	3,889,159원/3.3㎡	129% 상승	단독	-
2009년 04월	91,540천원	1,700,066원/3.3㎡		토지	-

이 부동산을 중개한 중개사님을 알 수 있나요?   중개사례 찾기

토지정보   용어설명 보기

🏛 지목 ㉘ 대

🖼 이용상황 주상용

📊 용도지역 개발제한

↗ 면적(㎡) 255㎡

🛣 도로 중로한면

🗖 형상 세장형

◰ 자세 평지

📈 공시지가(㎡) 1,043,000원

투자에 유의할 점

그린벨트에서 해제된 자연부락에 대해 투자자들의 관심이 높아지고 있

다. 자치단체들이 이곳에 각종 개발(지구단위계획)을 추진하면서 그동안 잠자던 땅이 '노른자위'로 바뀌고 있기 때문이다.

그러나 많은 부동산 전문가들은 "소문만 떠도는 그린벨트 추가 해제 예정지는 위험부담이 높은 편이지만 해제된 곳은 투자가 안정적이라 관심을 가져볼 만하다."면서도 "그린벨트에서 풀린 자연부락은 가격이 많이 올라 단기 차익보다 실수요 위주로 접근할 필요가 있다."고 해석한다.

이미 땅값이 오를 만큼 올라 투자성이나 개발 이익이 떨어질 것으로 예상되는 곳이 많기 때문에 시세차익을 노린 투자는 삼가야 한다. 개발계획에서 공원 등 공공시설 용지로 편입되는 곳도 피하는 게 좋다. 이런 땅은 자치단체에 수용돼 주민공람 공고시점의 땅값 수준에서 보상금만 받게 될 가능성이 크기 때문이다.

자연부락이 그린벨트에서 풀린다고 바로 개발이 가능해지는 것은 아니다. 자치단체에서 개발계획인 제1종 지구단위계획을 세워야 주택·상가 등을 지을 수 있다. 지구단위계획이 세워지지 않은 자연부락은 보존녹지지역 수준의 규제가 적용돼 개발이 어렵다. 그린벨트에서 풀리더라도 주민 반대 등으로 개발계획 수립 대상에서 제외된 땅도 활용 가치가 떨어진다. 개발계획에서 일반주거지역이 아닌 전용주거지역으로 지정된 곳도 마찬가지다. 전용주거지역에선 건축 규제가 많아 개발 이익을 많이 내기 어렵다.

주택들 사이에 낀 300㎡ 미만의 소규모 농지는 땅값이 싼 반면 주변 땅과 함께 개발될 가능성이 크기 때문에 노려볼 만하다.

그린벨트에서 풀린 자연부락은 대부분 토지거래허가구역으로 묶여 전매차익을 노린 투자 목적으로는 거래가 쉽지 않기 때문에 실수요 위주로 접근해야 한다.

대부분 서울 도심에서 15~25㎞ 권역에 위치해 수도권의 마지막 노른자위 땅으로 꼽힌다.

집단취락지구 개발제한구역 해제기준

개발제한구역 해제기준 중에서 집단취락지구 해제기준에 대해 알아
보자.

집단취락지구 해제기준(개발제한구역법 시행령 제2조 제3항 2호)

주민이 집단적으로 거주하는 취락으로서 주거환경 개선 및 취락 정비가
필요한 지역. → 이 경우 지구단위계획구역으로 지정하고 지구단위계획
수립. 집단취락의 해제를 위해 다음의 경우를 충족시켜야 한다.

▶ 집단취락 면적 '10,000㎡ 당 주택 10호 이상의 밀도'(이하 호수 밀도)
를 기준으로 주택(집단취락으로 이축한 주택 포함. 다만 개발제한구역 해제를 위하
여 도시·군관리계획을 입안 중인 집단취락에서 치축한 주택 제외)이 20호 이상인
취락.

▶ 시·도지사는 (1)의 기준을 호수 밀도는 '10,000㎡ 당 주택 20호 이
상으로'까지 주택 호수 기준은 100호 이상으로까지 그 요건을 각각 강화
하여 적용할 수 있다.

▶ 주택 호수 산정 기준

국토교통부 훈령 정리

▶ 주택은 도시관리계획 입안의 기준일(주민공람 공고일) 당시 개발제한
구역 건축물관리대장에 등재된 주택을 기준으로 산정, 동거하는 기혼자녀
의 분가를 위하여 건축한 다세대주택은 주택 1호로 산정.

▶ 개발제한구역 지정 당시부터 있던 공동주택. (가구당 1호), 무허가주택
(건축물만 1호)

> **>>> 개발제한구역의 조정을 위한 도시·군관리계획 변경안 수립 지침**
> **(시행 2019. 12. 31. 국토교통부 훈령 제1253호)**
>
> ① 주택은 도시·군관리계획 입안의 기준일(별도의 기준일을 정하지 아니한 경우에는 주민공람 공고일을 기준일로 본다) 당시 개발제한구역 건축물관리대장(영 제24조)에 등재된 주택을 기준으로 산정한다. 이 경우 다세대주택(개발제한구역 지정 당시부터 개발제한구역 안에 거주하고 있는 자가 종전의 도시계획법 시행규칙(2000년 7월 4일 전문개정되기 전의 것) 제7조 제1항 제2호 나목(3)에 따라 동거하는 기혼자녀의 분가를 위하여 건축한 다세대주택을 말한다.)은 주택 1호로 산정한다.
> ② 개발제한구역 지정 당시부터 있던 공동주택 및 무허가주택은 주택 호수의 산정시 이를 산입하되 공동주택은 가구당 1호로 무허가주택은 건물 동수에 관계없이 주된 건축물만을 1호로 산정한다.
> ③ 다음 각항에 해당하는 시설은 당해 시설(입안일 현재 건축허가가 이루어진 것을 포함) 전체를 주택 1호가 있는 것으로 본다.
>   가. 영 제18조 제1항에 따라 주택으로부터 용도 변경이 가능한 근린생활시설과 사회복지시설.
>   나. 영 별표 1 제5호의 시설(주민공동이용시설) 중 건축법령에 따른 근린생활시설에 해당하는 시설.
> ④ 다음의 하나에 해당하는 토지(이하 '나대지등' 이라 함)에 대하여는 1필지당 주택 1호가 있는 것으로 본다.
>   가. 개발제한구역 지정 당시부터 지목이 '대' 인 토지로서 영 별표 1 제5호 다(주택) 및 라(근린생활시설)에 따라 주택 또는 근린생활시설의 신축이 가능한 나대지.
>   나. 개발제한구역 지정 당시 주택지 조성을 목적으로 시장 또는 군수의 허가를 받아 조성되었거나 조성 중이던 토지.

▶ 주택으로부터 용도 변경이 가능한 근린생활시설에 해당하는 시설. (전체를 주택 1호)

▶ 주민공동이용시설 중 건축법령에 따른 근린생활시설에 해당하는 시설. (전체를 주택 1호)

▶ 개발제한구역 지정 당시부터 지목이 '대'일 토지. (1필지당 주택 1호)

▶ 개발제한구역 지정 당시 주택지 조성을 목적으로 시장이나 군수의 허가를 받아 조성되었거나 조성 중이던 토지. (1필지당 주택 1호)

집단취락의 해제가능 면적

① 집단취락으로서 해제하는 경우, 개발제한구역에서 해제할 수 있는 면적은 당해 취락을 대상으로 다음의 면적 범위 내로 한다.

▶ 조정대상취락의 해제가능 총면적(㎡) = 취락을 구성하는 주택수(호) ÷ 호수밀도(10호~20호/10,000㎡) + 대규모 나대지등의 1,000㎡ 초과 부분의 면적 + 도시계획시설 부지 면적 (㎡)

가. '취락을 구성하는 주택 수'란 '3-2-3(3)항'에 따른 주택호수 산정기준에 따라 산정된 호수를 말한다.
나. '호수밀도'란 10,000㎡ 당 10호로 하되 당해 시·도시사가 10호부터 20호까지 범위 내에서 요건을 강화한 경우에는 그 밀도를 말한다.
다. '대규모 나대지등'이란 그 규모가 1,000㎡ 이상인 나대지등을 말한다.
라. '도시계획시설 부지 면적'이란 취락 안에 설치되었거나 설치하고자 하는 도시계획시설(공공공지를 제외)의 부지 면적을 말한다.

② 이미 해제된 취락도 추후 지구단위계획을 수립한 결과 도시계획시설 면적 조정, 취락정비사업 시행을 위해 필요한 경우에는 3-2-3(4) ①항에 따른 면적의 범위 내에서 이를 해제할 수 있다. 이 경우 '취락을 구성하는 주택의 수'는 최초 지구단위계획 입안 당시의 지구단위계획구역 내 주택수(해제 후 최초로 지구단위계획을 입안하는 경우에는 기존 해제지역 내 주택수)로 한다.

③ 전항에도 불구하고 다음 각호의 경우에는 집단취락해제지역을 3-2-3(4) ①의 규정에 따른 면적을 초고하여 해제할 수 있다.
가. 지구단위계획이 수립된 취락의 도시계획시설 면적 조정을 위해 필

요한 경우. (이 경우 초과하여 해제할 수 있는 면적은 지방도시계획위원회가 해제취락의 현황, 지구단위계획수립지침 규정 등 제반 여건을 종합적으로 고려하여 불가피하다고 인정하는 범위 내로 한다.)

나. 광역도시계획에 반영된 해제가능 총량(당해 시·군에 배분된 해제가능총량)을 사용하여 3-5-1-(1) ②의 규정에 따른 취락정비사업을 시행하는 경우. (이 경우 초과하여 해제할 수 있는 면적은 같은 항 해제가능 면적 산식에서 '취락을 구성하는 주택수(호) ÷ 호수밀도(10호~20호 / 10,000㎡) 항'에 의한 해제가능 면적의 30% 이내 범위로 한다.)

④ 집단취락해제지역에 대해 지구단위계획을 수립하는 경우에는 취락의 현황 및 주변 여건을 고려하여 도로, 주차장, 공원 녹지 등 기반시설을 적정하게 계획하되, 장기미집행 도시계획시설이 발생하지 않도록 반드시 시·군 중기지방재정계획과 연동하여 단계별 집행계획에 반영하여야 한다.

취락지구 용도 변경 허용과 투자 유의점

앞으로 개발제한구역(그린벨트) 해제 지역 중 100가구 이상, 300가구 미만의 중급 규모 취락지구의 경우, 용도지역 변경으로 최고 5층 이하의 아파트를 지을 수 있게 되면서 이들 지역에 대한 투자자의 관심이 높아지고 있다. 하지만 용도지역을 변경할 경우 건폐율·용적률이 달라지고 토지의 용도가 오히려 제한될 수 있는 만큼 신중해야 할 것으로 분석된다.

정부는 이에 따라 그린벨트 해제지역 가운데 중급 규모 취락지구는 기존 1종 전용주거지역, 또는 1종 일반주거 지역에서 2종 전용주거지역까지 지방자치단체장이 선택적으로 허용할 수 있도록 했는데, 이 기준에 따라 1종 전용주거지역에서 2종 전용주거지역으로 용도 변경이 이루어질 경우 건폐율은 50%로 같지만 용적률은 기존 50~100%에서 100~150%로 상향 조정된다.

반면 1종 일반주거지역에서 2종 전용주거지역으로 변경되면 건폐율은 60%에서 50%로, 용적률은 100~200%에서 100~150%로 각각 10% 포인트, 50% 포인트 떨어진다.

경기도 개발제한구역 해제집단취락과 취락지구 현황

| 구분 | 해제집단취락 | | | | | GB내 집단취락지구 지정 | | | |
| | 계(총량 외 해제 포함) | | | 총량 해제 | | | | | |
	취락수 (개소)	면적 (천㎡)	호수	취락수 (개소)	면적 (천㎡)	취락수	면적 (천㎡)	호수	인구 (명)
경기도	605	40,832	35,231	582	39,785	230	5,880	4,648	12,962
수원시	6	304	304	6	304	–	–	–	–
성남시	19	1,368	1,513	19	1,368	–	–	–	–
부천시	15	1,129	995	14	1,019	2	42	47	120
용인시	–	–	–	–	–	–	–	–	–
안산시	18	864	689	18	864	6	134	110	287
안양시	10	549	625	9	545	–	–	–	–
시흥시	53	3,403	2,491	53	3,403	28	1,243	638	1,457
화성시	61	2,715	2,085	61	2,715	24	542	247	750
광명시	23	2,082	1,481	22	1,866	3	58	65	166
군포시	10	565	436	10	565	–	–	–	–
광주시	39	2,107	1,462	39	2,017	10	275	111	200
김포시	14	812	603	14	812	5	162	88	220
하남시	64	,5,570	3,832	64	5,570	10	235	222	1,021
의왕시	26	1,144	950	23	1,019	23	364	340	840
양평군	2	57	38	2	57	6	225	146	286
과천시	14	996	1,164	12	908	6	139	192	471
고양시	71	7,056	7,405	58	6,628	27	555	478	1,440
의정부시	24	1,879	1,491	24	1,879	16	545	356	702
남양주시	88	4,695	4,339	88	4,695	54	1,129	1,310	4,165
구리시	15	1,746	1,781	15	1,746	3	75	189	543
양주시	33	1,881	1,487	31	1,804	7	155	109	294

자료 : 1) 경기도 내부자료(2019.4).   2) 경기도 내부자료(2017.12)

그린벨트 해제 지역에 지을 수 있는 건축물의 종류

구 분	내용
허용 용도	· 단독주택 : 단독주택, 다가구주택 (3세대 이하) · 공동주택 중 : 다세대주택 (3세대 이하), 연립주택 (6세대 이하. 단, 10m 도시계획도로와 접한 필지) · 제1종 근린생활시설 · 제2종 근린생활시설중 다음의 시설 (다만, 신규입지는 폭 10m 이상의 도로변 1층만 허용) – 일반음식점, 기원, 휴게음식점, 서점, 종교집회장, 금융업소, 사무소, 부동산중개업소, 제조업소, 수리점, 세탁소, 사진관, 표구점, 학원(자동차학원, 무도학원은 제외), 독서실 · 문화 및 집회시설 중 : 종교집회장, 전시장 · 판매 및 영업시설 중 : 상점 · 의료시설 중 : 병원 · 교육연구 및 복지시설 중 : 아동 관련 시설, 노인복지시설, 사회복지시설, 근로복지시설
불허 용도	· 운동시설(옥외 철탑이 설치된 골프연습장은 제외) · 공장 중 다음의 시설 (다만, 기존건축물의 용도 변경에 한함. (형질 변경이 수반되는 신축 불허) – 인쇄업, 기록매체복제업, 봉제업, 컴퓨터 및 주변기기제조업, 컴퓨터 관련 전자제품조립업, 두부제조업의 공장, 아파트형 공장 · 창고시설 (기존 건축물의 용도 변경에 한함) · 자동차 관련시설 중 : 주차장, 세차장 · 공공용 시설 중 : 통신용 시설 · 허용용도 이외의 용도

토지의 용도도 1종 전용주거지역과 1종 일반주거지역은 주거시설 외에도 음식점, 종교 집회장, 소매시장, 상점, 병원, 체육관, 오피스텔, 공장, 창고 등을 다양하게 지을 수 있다.

2종 전용주거지역으로 바뀌면 주거 용도와 슈퍼와 학교 등 일부 1종 근린생활시설 외에는 허용되지 않는다.

용도지역 간 건축기준 비교

용도지역	제1종 전용주거	제1종 일반주거	제2종 전용주거
건폐율	50% 이하	60% 이하	50% 이하
용적률	10~100%	10~200%	100~150%
층고	제한없음	4층 이하	제한 없음

※ 자료 : 국토교통부

개발제한구역 내 토지 투자에서 주의해야 할 점

그린벨트 해제지역 내 부동산 투자를 하고자 한다면 신중을 기해야 한다. 투자 개념으로 해제 이전의 토지를 구입하는 것도 요령이다.

또 지구단위계획이 세워지면서 공원, 주차장 등 공공시설 용지로 편입될 땅은 피하는 게 좋다. 주민들의 반대로 지구단위 수립 대상에서 제외된 지역의 투자에도 신중을 기할 필요가 있다.

① 취락을 구성하는 주택의 수가 10호 이상일 것.
② 취락지구 1만 ㎡당 주택의 수(이하 "호수밀도"라 한다.)가 10호 이상일 것. 다만, 당해 지역이 상수원보호구역에 해당되거나 이축 수요를 수용할 필요가 있는 등 지역의 특성상 필요한 경우 시도지사는 취락지구의 지정 면적, 취작지구의 경계선 설정, 취락지구 정비계획의 내용에 대하여 국토교통부장관과 협의한 후, 도시계획조례가 정하는 바에 따라 호수밀도를 5호 이상으로 할 수 있다.
③ 취락지구의 경계설정은 도시계획 경계선, 다른 법률에 의한 지역지구 및 구역의 경계선, 도로, 하천, 임야, 지적경계선 기타 자연적 또는 인공적 지형지물을 이용하여 설정하되, 지목이 대인 경우에는 가능한 한 필지가 분할되지 아니하도록 할 것.

지구단위계획 수립으로 제1종 전용주거지역으로 지정된 집단취락지구도 마찬가지다.

이런 곳에서는 연립주택 등 공동주택의 신축이 어렵다. 일부 지자체에서는 서로 연접한 300㎡ 미만의 소규모 필지들을 공동개발할 경우 5%의 용적률 인센티브(완화 적용)을 주고 있어 관심을 가져볼 만하다.

그린벨트 해제 집단취락지구가 대부분 토지거래허가구역으로 묶인 점에도 주의해야 한다. 때문에 도시지역 내에서 토지거래허가 없이 외지인 매입이 가능한 규모를 노리는 게 좋다. 도시지역에서 토지거래허가 없이 외지인 매입이 가능한 토지 면적은 ▶180㎡ 초과 주거지 ▶200㎡ 초과 상업지 ▶660㎡ 초과 공업지 ▶100㎡ 초과 자연녹지 등이다.

제1종 지구단위계획이란 지방자치단체가 체계적인 개발이 필요하다고 판단되는 도시지역을 대상으로 용적률, 건폐율, 층고 등의 상한을 미리 정해놓은 도시계획의 기본 틀이다. 민간업체는 이 기본 틀을 가이드 라인으로 각종 개발사업을 할 수 있다.

이에 비해 제2종 지구단위계획은 비도시지역(관리지역)에 수립된다.

그린벨트 내 '단절토지·관통 대지' 투자법

그린벨트에서 해제되면 통상 땅값이 3배 정도 오른다. 그런데, 그린벨트에 가보면 '단절토지'라며 투자하라는 중개업자를 만나곤 한다. 만약 단절토지로서 그린벨트에서 해제된다면, 평당 100만 원짜리 땅이 3배인 300만 원 정도로 뜀에도 약 150만 원대에 사라고 권하는 것이다.

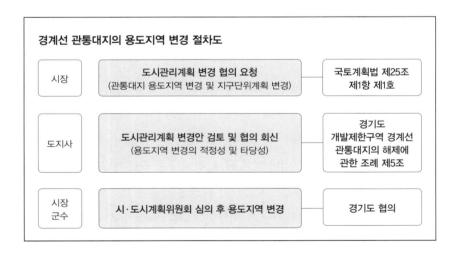

사례를 보자! 우선 단절토지로 되면 투기가 일어는 것을 방지하기 위해 우선 '개발행위제한지역'으로 묶는다.

고 시

「국토의 계획 및 이용에 관한 법률」 제63조 및 같은 법 시행령 제60조 규정에 따라 개발행위 허가의 제한지역으로 다음과 같이 지정하고 「토지이용규제기본법」 제8조 규정에 따라 지형 도면을 고시합니다.

2020. 1. 10

OO 시장

1. 개발행위허가 제한 내용

가. 제한지역 : 개발제한구역 도시관리계획(개발제한구역 해제) 변경 대상지 (13개소, 77,669 ㎡)
   ※ 대상지 목록 및 위치도 '별도 첨부'
나. 제한사유
   ○ 개발제한구역 내 도로 · 철도 · 하천개소 등으로 단절된 토지(3만㎡ 미만)에 대하여 도시관리계획(용도지역 및 용도구역) 및 지구단위계획 결정(변경)으로 개발행위허가가 기준이 크게 달라질 것으로 예상됨.
   ○ 개발제한구역 해제 대상 지역에 대해 부동산 투기 및 불필요한 외부 자본의 유입 등 사회경제적 손실을 예방하고, 계획적 · 체계적인 도시계획 수립을 도모하기 위해 개발행위허가 제한지역으로 지정하고자 함.
다. 제한대상 행위
   (1) 건축물의 건축(신축) 또는 공작물의 설치
   (2) 토지의 형질 변경
   (3) 토석의 채취
   (4) 토지 분할(건축물이 있는 대지의 분할은 제외한다)
   (5) 물건을 1개월 이상 쌓아놓는 행위
라. 제한 제외 대상
   (1) 공익사업으로써 개발행위 제한 목적 및 계획수립에 지장이 없다고 인정되는 행위
   (2) 지구단위계획 및 도시계획시설사업
   (3) 기존 건축물의 대수선, 용도변경, 개축, 증축, 재축
   (4) 경작을 위한 토지의 형질변경(조성이 완료된 농지에서 농작물 재배, 농지의 지력 증진 및 생산성 향상을 위한 객토나 정지작업, 양수 · 배수시설 설치를 위한 토지의 형질변경)
   (5) 농림수산물의 생산에 직접 이용되는 간이공작물의 설치
   (6) 지반의 붕괴 그 밖의 재해 예방 또는 복구를 위한 축대 · 옹벽 및 사방시설, 방재시설의 설치 등 사람과 동물의 안전을 위하여 필요한 행위
   (7) 수허가자 명의 변경 등 경미한 사항
   (8) 그 밖에 해제지역 개발사업에 지장을 초래하지 아니한다고 시장이 인정하는 행위
마. 제한기간 : 고시일로부터 3년간 (제한기간 만료일 전에 관련계획 수립 완료시 해제)

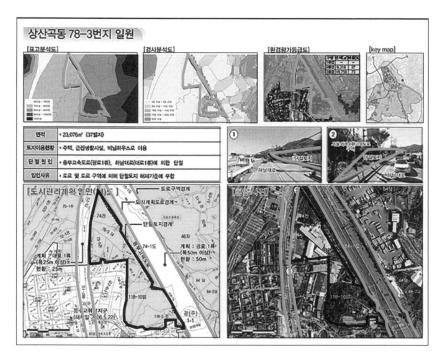

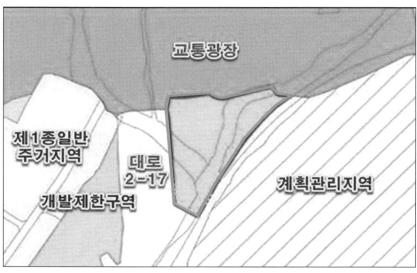

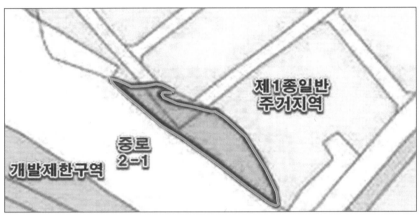

제1종일반
주거지역

개발제한구역

중로
2-1

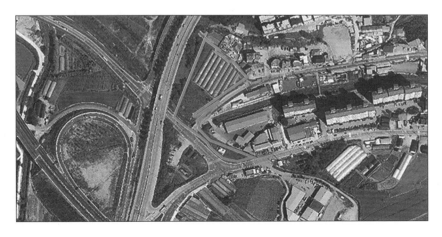

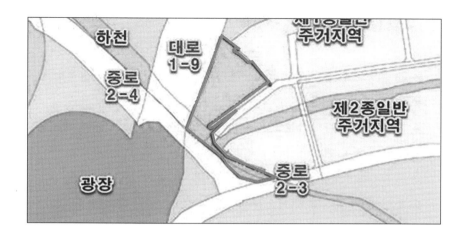

　소규모 단절토지는 개발제한구역 지정 후 도로·철도·하천 등 공공시설 설치로 인해 단절된 10,000㎡ 미만의 토지를 말한다. 반면 경계선 관통대지는 개발제한구역 지정 당시 또는 해제 당시부터 대지의 면적이 1,000㎡ 이하로 개발제한구역의 경계선을 관통한 대지를 지칭한다.

　현재 10,000㎡ 미만에서 30,000㎡ 미만으로 확대하는 방안이 유력하게 검토되고 있으며, 이렇게 된다면 그린벨트 해제가 한층 쉬워진다. 자투리땅으로 남아 있는 그린벨트를 사실상 해제하는 것이다. 소규모 단절토지의 경우 해제허용 면적이 10,000㎡ 미만으로 일률적으로 규정돼 있어 10,000㎡를 초과하는 경우, 개발제한구역 해제가 어려운 상황이다.

　국토부는 10,000㎡를 일부 초과해도 환경적 보전가치가 낮고 난개발과 부동산 투기 우려가 적은 토지는 중앙 도시계획위원회 심의 등 별도 절차를 마련해 해제하는 방안을 추진하기로 했다. 이를 위해 전국 소규모 단절토지 현황 등을 파악하고 연구용역을 통해 허용범위를 조속히 마련한다는 계획이다. 국토교통부는 30.000㎡ 미만까지 허용하는 방안을 검토하고 있는 중이다.

소규모 단절토지 해제기준

▶ 도로(중로2류 15m 이상), 철도, 하천(지방하천 이상) 개수로 설치로 토지 이용 현황, 주변 환경 등을 고려해 소로2류(8m 이상)까지 인정.

▶ 10,000㎡ 미만의 소규모 토지가 발생하고, 소규모 토지가 개발제한 구역이 아닌 지역과 접하여야 함.

※ 근거 : 개발제한구역 특별법 시행령 제2조 제3항 제5호

▶ 소규모 단절토지 해제요건 및 세부내용 통보(국토교통부 녹색도시과, 2012.05.16.)

가. 소규모 단절토지 해제 요건

도로, 철도 또는 하천 개수로 설치로 인하여, 소규모 토지(1만 ㎡ 미만)가 발생하고, 소규모 토지는 개발제한구역이 아닌 지역과 접해야 한다.

※ 이 경우 설치라 함은 당해 시설의 준공 시점으로 보아야 할 것임.

▶ 세부 내용

1) '도로'는 소규모 단절토지에 접하고 도시·군계획시설로 설치된 중로2류 15m 이상이어야 하는 바, 다음과 같은 경우는 도로로 인정하지 않는다.

　가. 실제 도로폭이 15m 이상이라도 도시·군계획시설이 아닌 현황도로나 중로 3류 이하로 결정된 경우.

　나. 중로 2류 이상으로 결정되었지만 실제 설치되지 않은 경우이거나 실제 도로폭이 15m 미만인 경우.

2) 개발제한구역이 아닌 지역이란 개발제한구역으로 지정되지 않았던 지역뿐만 아니라 개발제한구역에서 해제된 지역〈개발사업지(주거단지, 산업단지 등), 해제 취락 등〉도 포함.

3) 10,000㎡ 미만의 토지는 도로·철도·하천 개수로의 설치로 인하여 발

생하여야 하므로, 개발제한구역 해제된 이후 도로·철도·하천 개수로가 설치되어야 한다.

집단취락 해제의 경우

가. 집단취락 해제 결정 이후 도로가 설치되어 10,000㎡ 미만 토지가 발생한 경우는 소규모 단절토지 해제 대상이 될 수 있으나 그 반대로 도로 설치 후 집단취락으로 해제되어 10,000㎡ 미만 토지가 발생한 경우는 소규모 단절토지 해제 대상이 될 수 없음.

나. 집단취락으로 해제 후 도로가 설치되어 해제된 취락과 도로 사이에 10,000㎡ 이상의 토지가 발생하였으나 경계선 관통대지(필지) 해제로 10,000㎡ 미만의 토지가 되는 경우는 소규모 단절토지 해제 대상이 될 수 없음.

>>> 개발제한구역 해제의 유형

· 200,000㎡ 이상의 국책사업, 지역현안사업
· 20호 이상의 집단취락 해제
· 도로, 철도, 하천개수로 인하여 단절된 10,000㎡ 미만의 소규모 단절토지
· 1,000㎡ 이하의 경계선 관통대지

※근거 : 개발제한구역특별법 시행령 제2조

개발제한구역 해제경계선 관통대지 해제 기준

개발제한구역 지정 당시 또는 해제 당시부터 대지의 면적이 1,000㎡ 이하로서 개발제한구역 경계선이 그 대지를 관통하도록 설정된 토지. (필지)

※ 근거 : 개발제한구역 특별법 시행령 제2조 제3항 제6호

▶ 경계선 관통대지

경계선이 대지를 관통하고 있는 1,000㎡ 이하 토지에서 그린벨트 부분의 해제 면적 기준은 도 조례로 정함.

관통대지의 용도 변경 절차

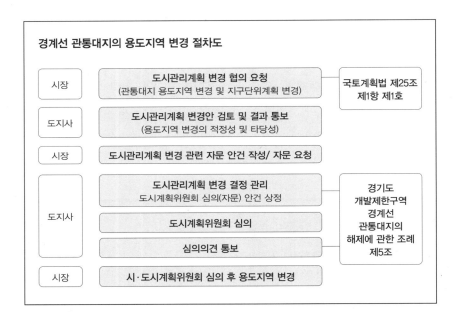

환경영향평가 등급이 그린벨트 해제의 열쇠

환경영향평가 정보시스템으로 전국 그린벨트 등급을 확인할 수 있다. https://www.eiass.go.kr/에 들어가 우측 하단의 '우리 동네 환경영향평가'를 클릭하고 주소를 입력하면 전국 그린벨트에 대한 평가가 나온다.

환경영향평가는 1~5등급까지 색으로 표시되며, 1등급과 2등급은 그린벨트 해제 불가 지역이다. 반면 3~5등급은 해제가능 지역이다.

그린벨트 환경평가등급 추진 관련 행정정보공개청구(국토부 답변 내용)

부동산투기 등의 우려로 토지소유자 또는 거주자 등에게만 자료를 공개하고 있으므로, 지자체에서 확인 절차 이행 후 확인할 수 있다.

※ 참조 : 공공기관의 정보공개에 관한 법률 제9조 제1항 제8호, 공개될 경우 부동산투기, 매점매석 등으로 특정인에게 이익 또는 불이익을 줄 수 있는 정보는 비공개로 할 수 있다.

정부는 1999년부터 그린벨트에 1~5등급까지 환경등급을 매겨 지방자치단체와 공유하고 있다.

하지만 그동안 각 등급별로 그린벨트 면적이 얼마나 되고 또 해당 지역이 어디인지는 단 한 번도 공개된 적이 없다.

그린벨트로 묶여 있는 토지소유자라고 해도 개별적으로 지자체에 문의를 해야만 자신의 땅이 몇 등급인지를 알 수 있다.

해당 부처인 국토교통부는 "땅 투기에 대한 우려 때문"이라고 말하지만, 그 쓰임새를 살펴보면 실효성 자체에 의문이 가는 것 또한 사실이다.

국토교통부에 따르면 환경등급은 1999년과 2015년 2번에 걸쳐 매겨졌다. 그린벨트 내 자연 상태를 경사도 표고, 수질, 식물 상태, 농업적성도, 임업적성도 등 6개 부문으로 나눠 살펴본 뒤 1~5단계까지 등급을 부여한다.

천연림 등 녹지가 많고 환경 보전가치가 높을수록 등급이 올라간다.

그린벨트 토지 보상 해설

그린벨트의 토지 보상

정당한 보상을 위해서는 우선 토지수용의 의의를 알아두어야 한다. 토지수용이란 특정한 공익사업을 위하여 법률이 정한 절차에 따라서 국가나 지방자치단체 또는 공공단체가 강제적으로 토지의 소유권 등을 취득하는 것을 뜻한다. 이는 개인재산권에 대한 소유권 변동을 수반하는 것이기 때문에 반드시 공익사업을 위한 토지 등의 취득 및 보상에 관한 법률 등에서 정한 요건을 구비해 그 절차를 거쳐야 한다.

특히 그린벨트(개발제한구역) 내 토지 수용의 경우, 대부분 보상금 책정에 있어서 혼선이 유발된다. 통상 공익사업이 시행되면 그린벨트가 해제되어도 용도가 낮게 평가되곤 하며, 대부분 이런 사항을 잘 이해하지 못해 손해를 인식하지 못하는 경우가 많다. 개발제한구역 지정으로 인해 정상적인 지가보다 가치가 하락한 토지를 개발 목적으로 수용하면서 그 가치에 상응하는 금액으로 책정하면 당연히 부당한 상황이 벌어지게 된다. 이는 그동안 개발 제한으로 토지소유자가 감수해오던 특별희생분이나 개발이익이 고스란히 사업시행자의 몫으로 돌아가기 때문이다.

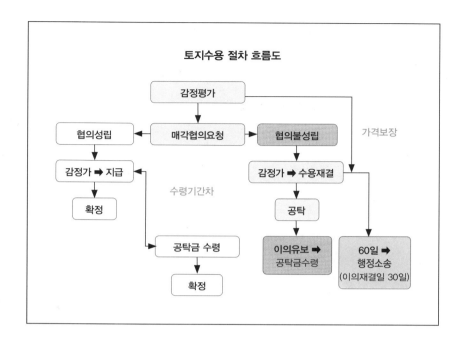

토지수용 절차 흐름도

감정평가

협의성립 ← 매각협의요청 → 협의불성립

감정가 → 지급

확정

가격보장

감정가 → 수용재결

공탁

수령기간차

공탁금 수령

확정

이의유보 →
공탁금수령

60일 →
행정소송
(이의재결일 30일)

　이명박 정부에서 추진한 그린벨트 지역의 보금자리주택 공급이 공급 주체인 한국주택공사의 자금난으로 토지수용 보상에 차질을 빚기도 했다.

　대개 그린벨트의 개발은 그 제한이 해제된 상태에서 이루어져야 하는데, 일반적으로 토지가 개발제한구역으로 묶이게 되면 토지소유자는 엄청난 피해를 보게 된다.

　정부의 조사에 따르면 그린벨트 지정 유무에 따라 토지 가격은 71%에 이를 정도로 큰 차이를 보이고 있기 때문이다.

　그린벨트를 지정한 이유는 도심의 무분별한 확산을 방지하고 자연환경을 보존하기 위한 것이다. 하지만 그 취지가 묵인되는 경우가 많다. 자연환경을 보존하기 위한 목적이 아니라 아파트를 짓고 공공시설물을 세우기 위해 개발제한을 해제하는 것임에도 보상 금액의 규모가 커 정부나 법원에서 이를 인정하지 않으려 하는 것이다.

공법상 제한을 받는 토지의 보상

공법상 제한 (일반적 제한, 개별적 제한)

"공법상 제한"을 받는 토지라 함은 관계법령의 규정에 의하여 토지의 이용규제나 제한을 받는 토지를 말한다. 이중 가장 대표적인 것은 국토계획법에 의한 지역·지구·구역의 지정 또는 변경을 받은 토지와 도로·광장·녹지·공원·운동장·학교·묘지·화장장·오물처리장 등의 시설로 고시된 토지이다.

공법상 제한을 받는 경우 제한받는 상태대로 평가하여야 하나, 공법상 제한이 사업시행을 위한 경우에는 개별제한(사업제한, 특별제한)이라 하여 공법상 제한이 없는 것으로 보고 평가한다.

토지보상법시행규칙 제23조 (공법상 제한을 받는 토지의 평가)

① 공법상 제한을 받는 토지에 대하여는 제한받는 상태대로 평가한다. 다만, 그 공법상 제한이 당해 공익사업의 시행을 직접 목적으로 하여 가하여진 경우에는 제한이 없는 상태를 상정하여 평가한다.

② 당해 공익사업의 시행을 직접 목적으로 하여 용도지역 또는 용도지구 등이 변경된 토지에 대하여는 변경되기 전의 용도지역 또는 용도지구 등을 기준으로 평가한다.

보상기준

공법상 제한사항은 일반적 제한사항과 개별적 제한사항으로 구분한다.

일반적 계획제한사항 : 제한받는 상태대로 평가 보상

아래 사항의 공법상 제한은 비침해적·보존적 제한으로 제한 그 자체로 목적이 완성되고 구체적인 사업의 시행이 필요하지 아니한 일반적인 계획 제한 사항으로서 그 제한 받는 상태대로 평가하여 보상하여야 한다.

① 국토계획법의 규정에 의한 용도지역·지구·구역의 지정 및 변경.

② 자연공원법에 의한 공원.(국립공원, 도립공원, 군립공원)

③ 문화재보호법에 의한 문화재보호구역, 수도법에 의한 상수원 보호구역, 군사시설보호법에 의한 군사시설보호구역, 도로법에 의한 접도구역 등.

④ 기타 관계 법률의 규정에 의한 ①~③과 유사한 토지이용계획의 제한.

개별적 제한사항 : 제한받지 않는 상태대로 평가 보상

개별적 제한사항은 그 제한이 구체적인 사업의 시행을 필요로 하는 제한사항으로서 시설 또는 사업제한이라고도 하며 그 제한을 받지 아니한 상태를 기준으로 평가하여 보상하여야 한다.

"제한을 받지 아니한 상태를 기준으로 평가한다."라 함은 시설결정으로 인하여 하락된 가격으로 취득한다면 이는 국가가 공공사업을 핑계로 하여 사권을 부당하게 침해하는 결과가 되므로 이 경우에는 하락된 가격은 고려하지 아니하고 결정 이전의 상태로 평가하여야 한다는 뜻이다.

① 국토계획법 제2조 제6호에 의하여 기반시설로 결정고시.

② 도시공원법에 의한 공원.(어린이공원, 근린공원. 도시자연공원, 묘지공원, 체육공원 등)

③ 토지보상법 제4조에 의한 공익사업을 위한 사업인정 고시.

④ 기타 관계법령의 규정에 의한 공익사업의 계획 또는 시행의 공고 또는 고시 및 공익사업의 시행을 목적으로 한 사업구역·지구·단지 등.

용도지역에 관련된 토지 보상

공법상 용도지역이 변경된 토지에 대한 평가

그 용도지역의 변경이 당해 공공사업의 시행에 따른 절차로서 행하여진 경우에는 변경 전 용도지역을 기준으로 하고(토지보상법 시행규칙 제23조 제2항), 당해 공공사업과 직접 관계없이 용도지역이 변경된 경우에는 변경 고시된 용도지역을 기준으로 한다.

둘 이상의 용도지역에 속한 토지의 보상

둘 이상의 용도지역에 걸쳐있는 토지에 대한 평가는 각 용도지역 부분의 위치·형상·이용상황 기타 다른 용도지역 부분에 미치는 영향 등을 고려하여 면적 비율에 의한 평균 가격으로 한다. 다만, 용도지역을 달리하는 부분의 면적이 과소하여 가격형성에 미치는 영향이 별로 없거나 관계법령의 규정에 의하여 주된 용도지역을 기준으로 이용할 수 있어 주된 용도지역의 가격으로 거래되는 관행이 있는 경우에는 주된 용도지역의 가격으로 할 수 있다.(토지보상평가지침 제26조)

용도지역 미지정 토지의 보상

공법상 용도지역 사이에 있는 용도지역이 지정되지 아니한 토지에 대하여는 그 위치·면적·이용상태 등을 고려하여 양측 용도지역의 평균적인 제한 상태를 기준으로 보상한다. (토지보상평가지침 제25조)

그린벨트 해제지구의 평가 (토지보상평가지침 제31조의 2)

① 개발제한구역은 일반적 제한으로 그 안에 있는 토지는 제한 상태로 평가함이 원칙이다. 개발제한 구역이 해제된 경우에도 그린벨트 해제가 당해 공익사업의 시행을 직접 목적으로 하거나 당해 공익사업시행에 따른

절차로서 이루어진 경우에는 제한상태로 평가한다.

그러나 그린벨트지역안의 토지가 '집단취락등의개발제한구역해제를 위한도시계획변경(안) 수립지침'(이하 '해제지침'이라 함)에 의한 조정대상에 해당되는 지역 중 집단취락·경계선관통취락·산업단지 개발제한구역 지정의 고유목적 외의 특수한 목적이 소멸된 지역, 기타 개발제한구역의 지정 이후에 개발제한구역 안에서 공익사업의 시행 등으로 인한 소규모 단절토지에 해당되는 경우로서 서울특별시장·광역시장·시장 또는 군수가 개발제한구역의 지정 및 관리에 관한 특별조치법 제4조 및 동법 제4조의 규정에 의하여 개발제한구역의 해제에 관한 도시관리계획안의 주요 내용을 공고한 경우에는 당해 토지가 개발제한구역이 해제된 것으로 보도 평가할 수 있으며, 개발제한구역의 해제에 관한 도시관리계획의 주요 내용이 공고되지 아니하였으나 가까운 장래에 공고가 예정되어 있는 것으로 확인이 되는 경우에는 그 공고가 예정된 것에 따른 정상적인 지가의 상승요인을 고려한 가격으로 평가할 수 있되, 당해 토지가 개발제한구역이 해제된 것으로 보고 평가한 가격수준으로 평가할 수 있다. 이때에는 평가서에 그 내용을 기재한다.

② 개발제한구역의 해제가 당해 공익사업의 시행을 직접목적으로 하거나 당해 공익사업의 시행에 따른 절차로서 이루어진 경우에 있어서도 당해 토지가 광역도시계획수립지침에 의한 환경평가검증 결과 환경보전가치가 낮은 등급(4·5등급)이거나, 환경보전가치가 있는 등급(1·2·3등급)의 토지가 환경보전가치가 낮은 일단의 토지 안에 산재되어 있어 광역도시계획수립지침의 "제3장 제5절 조정가능지역의 설정"에서 정하는 ①~③(일반조정가능지역)이나 ④(취락·취락군)에 해당되는 것으로 인정될 수 있는 경우에는 당해 토지의 환경보전가치가 낮은 것 등으로 인한 개발제한구역 해제 가능성에 따른 정상적인 지가의 상승요인을 고려한 가격으로 평가할

수 있되, 당해 공익사업이 없었을 경우를 상정한 당해 토지의 개발제한구역 해제가능시기 및 환경평가검증결과에 따른 당해 토지의 등급 등을 개별 요인의 비교 시 또는 기타 요인의 보정 시에 반영하여 평가한다.

3기 신도시 조성과 토지 보상

3기 신도시 조성이 본궤도에 오르고 있다.

신도시 조성의 첫걸음이라고 할 수 있는 지구 지정이 지난해 완료됐고, 지난달에는 인천 계양, 과천, 하남 교산, 남양주 왕숙 지구에 대한 3기 신도시가 보상 계획이 공고돼 현재 감정평가사 선임 과정이 활발하게 진행되고 있다.

3,428만 ㎡에 달하는 대규모 사업에 대한 토지 보상 절차가 본격화하면서 '정당한 보상' 수준에 대한 관심도 어느 때보다 커지고 있다.

보상제도는 헌법 제23조에 보장된 국민의 재산권에 대한 중대한 예외 사항으로 국가 경제에 미치는 영향이 매우 크다. 특히 강제 수용의 전제가 되는 '정당한 보상' 수준에 대한 논쟁은 이미 오래 전부터 지속돼왔다.

이번 3기 신도시와 공공택지지구의 대규모 수용 과정에서도 수용 지구 내 강제 수용 대상자들의 연합체인 '공공주택지구 전국 연대 대책 협의회'(공전협) 등을 중심으로 보상제의 적정성 논란이 꾸준히 제기됐다.

이 가운데 행정 심판 대상 토지의 경우, 대토 보상을 선택할 수 없고 현금 보상만 받을 수 있게 한 제도는 반드시 시정돼야 할 것으로 꼽힌다.

대토 보상은 말 그대로 보상금을 땅으로 대신 받는 것인데, 원주민의 재정착과 개발 지구 인근 지가의 상승 방지, 사업 시행자와 수용 대상자들의 개발 이익 공유 등 순기능이 매우 많은 제도다.

하지만 이 제도의 수혜 대상은 사업시행자가 1차로 제시한 협의 보상

평가 결과를 그대로 수용하는 경우만 해당된다. 만약 첫 번째로 받은 협의 보상 평가금액이 실제 수령 가능한 적정한 가치에 미달될 경우 두 차례의 행정 심판과 행정 소송의 절차로 보상금에 대한 적정 가치의 재평가가 가능한데, 이러한 과정에 원천적으로 진입할 수 없도록 막아놓은 것이다.

본질적인 문제는 '개발 이익을 배제한' 보상금 수준에 대한 논란이다.

개발 이익을 배제하고 보상금을 책정하도록 한 취지 자체는 타당하다. 개발 이익은 토지주의 노력과 무관하게 공익 사업으로 발생한 것이기에 그 귀속은 공공 복리를 위해 개인이 아닌 사회에 환원돼야 하는 것이 타당하다.

하지만 수용 대상자들에게 개발 이익이 배제된 보상이 이뤄져야 한다면 마찬가지로 공익 사업을 시행하는 지역의 주변 지역 토지주에게도 개발 이익을 환수하는 제도가 마련돼야 한다.

수용 대상자들에게 개발 이익을 배제한 수준의 토지보상금을 지급하면 이미 지구 지정으로 훌쩍 뛰어버린 인근 지역에서는 대체지를 구하는 것이 불가능하다. 따라서 개발 이익 배제의 대상자를 수용 지구 내 토지소유자로 한정하는 것은 형평성 측면에서 매우 부당하다.

수용 보상금에 대해서도 일반 거래와 유사한 수준의 양도소득세를 부과하는 현재의 세제 아래에서는 대체 부지 구입은 거의 불가능에 가깝다.

일본의 경우 금전 보상에 대해 최고 재판소가 다음과 같이 판시한 바 있다. 피수용자가 근처 피수용자와 동등한 대체지 등을 취득할 수 있는 데 충분한 금전의 보상이 아니면 안 된다.

독일 역시 우리나라의 공시지가 기준 보상과 유사하게 기준 시가를 기준으로 보상을 하도록 규정하고 있지만, 기준시가 자체가 철저하게 실질적인 매매 가격에 기초를 두고 있어 공시지가와 실거래 사이에 괴리가 큰 우리나라와는 근본적인 차이가 있다.

우리나라 보상제도 수립에 가장 큰 영향을 준 일본과 독일의 경우만 봐도 보상금 수준 책정에 대해서는 우리보다 훨씬 진일보한 방식을 취하고 있는 셈이다.

우리나라의 보상법제는 1962년 첫 제정된 토지수용법, 1975년 제정된 공공 용지의 취득 및 손실 보상에 관한 특례법, 2002년 제정된 현재의 공익 사업을 위한 토지 등의 취득 및 보상에 관한 법률에 이르기까지 개발 이익을 배제하도록 한 감정평가 방식에는 큰 변화가 없었다.

해방 이후 현재까지 수용 대상자에 대해서만큼은 여전히 인권의 사각지대로 남겨두는 것은 매우 유감이다.

이번 3기 신도시 보상에서는 이러한 제도적 취약점을 감안한 적정한 수준의 정당한 보상이 이뤄지길 기대해본다

3기 신도시 현황 및 예상 토지보상금   자료 : 국토교통부

구분	면적(㎡)	규모(채)	토지보상 현황	예상토지보상금(원)
하남 교산	649만	32,000	공고완료	6조 8,000억
인천 계양	335만	17,000	공고완료	1조 1,500억
남양주 왕숙	1134만	66,000	공고완료	5조 8,000억
부천 대장	343만	20,000	내년 상반기 공고 예정	1조 2,700억
고양 창릉	813만	38,000	내년 상반기 공고 예정	6조 원 이상

토지보상을 제대로 받으려면?

기타 사항을 참작할 수 있는지의 여부

토지보상금 산정공식은 다음과 같다.

보상금 = 면적 × 비교표준지공시지가 × 시점 수정 × 지역 요인 × 개별 요인 × 기타 요인

시점 수정은 객관적인 수치이고, 지역 요인은 거의 1이고, 개별 요인은 통상 30% 정도 이내에서 반영된다. 따라서 보상금 산정에서는 기타 요인이 매우 중요하다. 예를 들어 모 산업단지에서는 기타 요인으로 5를 곱하여 보상을 하였다.

이하에서는 기타 요인에 대해서 살펴보고자 한다.

공시지가를 기준으로 하여 토지를 평가할 경우, 위에서 든 지가변동률, 생산자물가상승률 및 개별 요인에 한하여 고려할 수 있고, 그 외에는 고려할 수 없다는 견해와 그 외에도 고려할 수 있다는 견해로 입장이 나누어져 있다.

전자는 첫째, 현행 감정평가 및 감정평가사에 관한 법률 및 토지보상법에 구 국토이용관리법에서와 같이 보상액의 산정에서 기타 사항을 참작할 수 있는 근거 규정이 삭제되었고,

둘째, 공시지가 자체에는 이미 인근 유사 토지의 정상적인 거래가격 등이 포함된 기타 사항이 종합적으로 참작된 적정가격이기 때문에 그 외에 별도의 기타 사항을 참작할 필요가 없으며,

셋째, 현 법 제70조 제1항의 '그 밖에 당해 토지의 위치… 등'의 규정은 개별 요인의 비교항목에 한정된 것이기 때문에 개별 요인의 비교 외에 기타 사항은 참작할 수 없다는 이유에서 주장된 것임에 반하여,

후자는 첫째, 보상은 헌법 제23조 제3항에 규정된 정당 보상이 되어야 하고, 정당 보상에 이르는 방법에는 어떠한 제한이 없으므로 기타 사항을 고려하여야 정당 보상이 이루어진다면 기타 사항을 고려할 수 있도록 하여야 하는 것이지 토지보상법에 명문으로 규정되어 있지 않다 하여 이를 적용 대상에서 배제할 수 없으며(기타 사항을 참작하지 못한다면 토지보상법이나 감정평가 및 감정평가사에 관한 법률에 의하여 산정하는 손실보상액이 헌법 제23조 제3항에 규정된 정당 보상에 미치지 못할 가능성이 있기 때문에, 기타 사항을 참작

하여 정당 보상이 이르도록 하여, 위 법률이 위헌법률로 되지 않도록 함에 필요), 둘째, 감정평가에 관한 규칙 제17조에 토지의 평가에 있어서는 기타 사항을 참작하도록 규정되어 있기 때문에 보상액 평가에서 이를 적용하여야 하고, 셋째, 법 제70조 제1항 제1호에서 '그 밖에 당해 토지의 위치… 등'에는 개별요인에 한정되지 않고, 그 외에 적정보상을 실현할 수 있는 모든 사항을 포괄하는 규정이므로, 당해 규정의 예시가 개별요인의 비교 사항만을 들고 있다 하여 이를 열거규정으로 볼 수 없다는 이유에서의 주장이다.

위의 두 주장 중에서 후자의 견해가 타당하다고 보아야 할 것이다. 대법원의 판례도 후자의 입장에 서고 있다.

기타 사항(기타 요인)의 내용

기타 사항은 지가변동률·생산자물가상승률 및 개별 요인과 같이 법에 명문으로 참작하도록 규정되어 있지 않으므로 반드시 그것을 참작하여야 하는 것은 아니기 때문에, 그것을 참작하여야 적정한 보상이 이루어지며, 그것을 참작함으로써 적정 보상이 이루어진다는 것을 주장하는 자가 입증하여야 참작할 수 있는 것이다.

이와 같은 입장에서 대법원에서 인정한 기타 사항은 인근 유사 토지의 정상거래 사례, 보상 선례, 호가 및 그 외의 기타 사항이다.

즉 대법원은 "수용 대상 토지의 정당한 보상액을 산정함에 있어서 인근 유사 토지의 정상거래 사례나 보상 선례를 반드시 조사하여 참작하여야 하는 것은 아니고, 인근 유사 토지가 거래된 사례나 보상이 된 선례가 있고 그 가격이 정상적인 것으로 적정한 보상액 평가에 영향을 미칠 수 있는 것임이 입증된 경우에는 이를 참작할 수 있는 것이나, 단순한 호가시세나 담보목적으로 평가한 가격에 불과한 것까지 참작할 것은 아니다."고 판시하고 있다. (대법원 2003.2.28. 선고 2001두3808, 2003.7.25. 선고 2002두5054).

그린벨트 토지 보상 평가지침

제31조 개발제한구역 안 토지의 평가

① 개발제한구역 안의 토지에 대한 평가는 개발제한구역의 지정이 일반적인 계획 제한으로서 그 공법상 제한을 받는 상태를 기준으로 한다. 〈개정 98. 2. 17, 2003. 2. 14〉

② 개발제한구역 지정 당시부터 공부상 지목이 '대'인 토지(이축된 건축물이 있었던 토지의 경우에는 개발제한구역 지정 당시부터 당해 토지의 소유자와 이축된 건축물의 소유자가 다른 경우에 한한다.)로서 개발제한구역의 지정 및 관리에 관한 특별조치법 시행령 제24조에 따른 개발제한구역 건축물관리대장에 등재된 건축물(이하 이 조에서 "건축물"이라 한다.)이 없는 토지(이하 이 조에서 "건축물이 없는 토지"라 한다)에 대한 평가는 다음과 같이 한다. 다만, 당해 토지가 같은 법 제17조 제3항에 따른 매수 대상 토지인 경우에는 이 조 제5항의 규정에 따른다.

1. 토지의 형질 변경허가 절차 등의 이행이 필요하지 아니하는 나지 상태의 토지는 인근 지역에 있는 건축물이 없는 토지의 표준지 공시지가를 기준으로 평가한다. 다만, 건축물이 없는 토지의 표준지 공시지가가 인근 지역에 없는 경우에는 인근 지역에 있는 건축물이 있는 토지의 표준지 공시지가를 기준으로 하거나, 동일 수급권 안의 유사 지역에 있는 건축물이 없는 토지의 표준지 공시지가를 기준으로 평가할 수 있다.

2. 농경지 등 다른 용도로 이용되고 있어 토지의 형질 변경 절차 등의 이

행이 필요한 토지는 제1호의 기준에 따른 평가가격에 형질 변경 등 대지 조성에 통상 필요한 비용 상당액 등을 고려한 가격으로 평가한다. 다만, 주위 환경이나 당해 토지의 상황 등에 비추어 '대'로 이용되는 것이 사실상 곤란하다고 인정되는 경우에는 현재의 이용 상황을 기준으로 평가하되, 인근 지역 또는 동일수급권 안의 유사 지역에 있는 현재의 이용 상황과 유사한 이용 상황의 표준지 공시지가를 기준으로 한다.

③ 개발제한구역 안에 있는 건축물이 있는 토지에 대한 평가는 인근 지역에 있는 유사한 이용 상황의 표준지 공시지가를 기준으로 하고, 유사한 이용 상황의 표준지 공시지가가 인근 지역에 없는 경우에는 동일수급권 안의 유사 지역에 있는 유사한 이용 상황의 표준지 공시지가를 기준으로 하거나 인근 지역에 있는 건축물이 없는 토지의 표준지 공시지가를 기준으로 평가한다. 다만, 대상 토지의 면적이 인근 지역에 있는 '대'의 표준적인 획지 면적을 뚜렷이 초과하거나 지상 건축물의 용도·규모 및 부속 건축물의 상황과 관계 법령에 따른 용도지역별 건폐율·용적률 상한 그밖에 공법상 제한사항 등으로 보아 그 면적이 뚜렷이 과다한 것으로 인정되는 경우에는 그 초과 부분에 대하여는 제2항을 준용할 수 있다.

④ 제2항 제1호 단서에 따라 건축물이 없는 토지를 인근 지역에 있는 건축물이 있는 토지의 표준지 공시지가를 기준으로 평가하거나, 제3항 단서에 따라 건축물이 있는 토지를 인근 지역에 있는 건축물이 없는 토지의 표준지 공시지가를 기준으로 평가하는 경우에는 개발제한구역 안에서의 건축물의 규모·높이·건폐율·용적률·용도 변경 등의 제한과 토지의 분할 및 형질 변경 등의 제한 그밖에 인근 지역의 유통·공급시설(수도·전기·가스공급설비·통신시설·공동구 등) 등 기반시설(도시계획시설)의 미비 등에 따른 건축물이 있는 토지와 건축물이 없는 토지의 가격 격차율 수준을 조사하고 이를

개별 요인의 비교 시에 고려하여야 한다. 다만, 주위 환경이나 당해 토지의 상황 등에 비추어 인근 지역의 건축물이 있는 토지와 건축물이 없는 토지의 가격 격차율 수준이 차이가 없다고 인정되는 경우에는 그러하지 아니하다.

⑤ 개발제한구역의 지정 및 관리에 관한 특별조치법 제17조 제3항에 따른 매수 대상 토지에 대한 평가는 같은 법 시행령 제30조에 따르되 다음 각호의 기준에 따른다.

1. 매수청구일 당시에 공시되어 있는 표준지 공시지가 중 매수청구일에 가장 근접한 시점의 표준지 공시지가를 기준으로 하되, 그 공시기준일부터 가격 시점까지의 지가변동률·생산자 물가상승률, 그밖의 당해 토지의 위치·형상·환경·이용 상황 등을 고려한 적정 가격으로 평가한다.

2. 이용 상황의 판단은 개발제한구역의 지정으로 당해 토지의 효용이 뚜렷하게 감소되기 전 또는 사용·수익이 사실상 불가능하게 되기 전의 토지의 상황(이하 이 조에서 "종전 토지의 상황"이라 한다.)을 기준으로 하되, 평가 의뢰자가 제시한 기준에 따른다. 다만, 그 제시가 없는 때에는 개발제한구역 지정 이전의 공부상 지목을 기준으로 한다.

3. 비교 표준지의 선정은 인근 지역에 있는 종전 토지의 상황과 유사한 이용 상황의 공시지가 표준지로 하되, 공부상 지목이 '대'인 토지(평가의뢰자가 개발제한구역 지정 이전의 실제 용도를 '대'로 본 다른 지목의 토지를 포함한다)는 인근 지역에 있는 건축물이 없는 토지로서 실제 용도가 '대'인 공시지가 표준지를 선정한다. 〈신설 2002. 2. 1.〉

제31조의 2. 개발제한구역의 우선해제 대상 지역 안 토지의 평가

① 개발제한구역 안에 있는 토지가 종전의 집단취락등의 개발제한구역 해제를 위한 도시계획 변경(안) 수립지침(건교부 관리 51400-1365, 2003. 10. 9. 이하 이 조에서 "우선해제지침"이라 한다)에 따른 조정 대상에 해당되는 지역(이하 "우선해 제대상지역"이라 한다) 중 집단취락·경계선관통취락·산업단지·개발제한구역지정의 고유 목적 외의 특수한 목적이 소멸된 지역, 그 밖에 개발제한구역의 지정 이후에 개발제한구역 안에서 공익사업의 시행 등으로 인한 소규모 단절토지에 해당되는 경우로서 다음 각호의 어느 하나에 해당되는 경우에는 개발제한구역의 우선해제가 예정된 것에 따른 정상적인 지가의 상승요인을 고려하여 평가하되, 개발제한구역이 해제된 것에 준한 가격으로 평가가격을 결정할 수 있다. 이 경우에는 평가서에 그 내용을 기재한다.

1. 서울특별시장·광역시장·시장 또는 군수(이하 이 조에서 '시장등'이라 한다.)가 우선해제지침에서 정하는 절차에 따라 도시관리계획안(이하 이 조에서 '도시관리계획안'이라 한다)의 주요 내용을 공고한 경우.

2. 우선해제지침에서 정하는 절차에 따라 도시관리계획안의 주요 내용이 수립되었으나 당해 공익사업의 시행을 직접 목적으로 하여 개발제한구역이 해제됨으로써 그 주요 내용이 공고되지 아니한 경우.

3. 당해 공익사업의 시행을 직접 목적으로 하여 개발제한구역이 해제되지 아니하였을 경우에 시장 등이 우선해제 지침에서 정하는 절차에 따라 도시관리계획안의 주요 내용을 수립·공고하였을 것으로 예상되는 경우로서 시장 등이 그 내용을 확인하는 경우.

② 제1항에 따라 평가하는 경우에서 우선해제 지침에서 정하는 기준에 따라 개발제한구역의 해제에 따른 동시 조치 사항으로 용도지역·지구의 변경 지정이 이루어졌을 것으로 예상되는 경우로서 시장 등이 그 내용을 확인하는 경우에는 이를 고려한 가격으로 평가할 수 있다.

③ 제1항과 제2항에 따라 평가하는 경우에서 적용 공시지가 표준지의 선정은 평가 대상 토지의 인근 지역 또는 동일수급권 안의 유사 지역에 있는 것으로서 우선해제 대상지역 안에 있는 표준지로 함을 원칙으로 하되, 개발제한구역의 해제가 예정된 것 등에 따른 정상적인 지가상승요인은 제16조에 따른 기타 요인으로 보정한다. 다만, 그 상승 요인이 적용공시지가 표준지의 가격에 이미 반영되어 있거나, 적용공시지가 표준지가 개발제한구역이 해제된 상태로 공시된 경우에는 그러하지 아니하다.

④ 제1항 본문에서 적시한 우선해제 대상지역 외의 토지가 국민임대주택단지조성사업, 경부고속철도 운영 활성화를 위한 광명역세권 개발사업 및 시급한 지역 현안사업의 부지로서 우선해제 대상지역으로 된 경우에서 당해 토지가 종전의 광역도시계획수립지침(건교부, 제정 2002. 12. 30.)의 "제3장 제5절 3-5-2. 조정가능지역의 설정"에서 정하는 조정가능지역에 해당되는 것으로 인정되는 경우에는 개발제한구역의 해제 가능성에 따른 정상적인 지가의 상승요인을 고려하여 평가할 수 있다. 다만, 사업시행자가 시장 등으로부터 당해 토지가 위 조정가능지역의 ⑤(국가정책사업 및 지역현안사업에 필요한 지역)에 해당하는 것으로 확인받아 평가 의뢰하는 경우에는 그러하지 아니하다.

그린벨트 환지 개발과 수용

개발제한구역 해제지역 사업 활성화

개발제한구역 해제를 통한 공공사업 시행시 환지 방식은 일부 지목(대지, 공장·철도·학교·수도용지, 잡종지)에 한해서 제한적으로 허용하고 있으나, 현재까지 환지 방식을 적용한 사업지구는 없는 실정이다.

이에 따라 사업자의 토지 보상비를 절감하고 지주의 사업 참여가 촉진되도록 환지 방식의 적용 범위를 확대(개발제한구역 해제면적의 50% 미만)하여 해제 지역 공공사업을 활성한다.

위의 말은 개발제한구역의 해제 지역 사업 활성화를 위해 도시개발사업의 개발 방식 중의 하나인 혼용 방식 개발을 확대한다는 의미인데, 현재까지 환지 방식을 적용한 사업지구는 없는 실정이다.

환지 개발을 그린벨트 해제 지역의 50% 미만만 확대하겠다는 의미는 지금까지는 그린벨트 해제 지역을 공공사업으로 수용 방식으로 개발을 해왔지만 이제는 50% 미만을 환지 개발을 확대한다. 즉 50% 이상은 무조건 수용 개발을 원칙으로 하고, 환지 개발을 40%로 확대하면 수용 개발은 60%다. 환지 개발을 30~10%로 확대하면, 수용 개발은 70~90%로 한다는 의미이다.

자, 여기서 결론이 나온다. 그린벨트에 투자하면 그린벨트가 해제되어 개발하면 내 땅 전체가 수용 개발될 확률이 50% 이상이고, 더 나아가 수용 개발될 확률이 90% 이상도 된다는 것이다.

이를 투자자 입장에서 보면 내가 투자한 땅이 수용 개발될 확률이 50~90% 이상이라는 것인데 수용 개발되면 공시지가의 120~140% 선에서 토지 보상을 해 주는 것이 통상적이므로, 내 땅의 실제 가격은 공시지가의 몇 배, 몇십 배가 됨을 인지했을 때 수용 개발은 분명 내 원금이 몇 분의 1로 축소되어 원금의 커다란 손실은 물론 심적으로 큰 피해를 입을 게 뻔하다.

토지소유자의 토지 수용, 토지 보상을 위한 전략

토지소유자의 입장에서 어쩔 수 없이 토지를 수용당하는 입장이라면 보상을 충분히 받는 것에 집중하는 것이 현명하다. 여기서는 토지 보상을 받을 때 알아두어야 할 점들을 간략하게 알아보자.

보상금의 종류 파악

① 손실보상

손실보상에서도 보상의 종류와 기준이 다르다.

손실보상을 위한 토지의 종류

취득하는 토지	공법상 제한을 받는 토지	무허가 건축물등의 부지
불법 형질변경 토지	미지급 용지	도로 부지
구거 및 도·수로 부지	하천 부지	소유권 외의 권리의 목적이 되고 있는 토지
그 밖의 토지		

② 건축물 등 물건

토지 내 건축물이나 공작물, 수목, 농작물, 토지에 속한 흙·돌·모래·자갈, 분묘에 대한 보상도 받을 수 있다.

③ 영업손실 보상

만약 해당 구역에서 영업이나 농업, 축산업 등을 하고 있었다면 이에 대한 보상을 받을 수 있다. 토지수용으로 인해 휴업 혹은 실직, 사업 폐업까지 되었다면 관련 보상을 받을 수 있다.

④ 이주 대책 관련

토지 수용으로 인해 이주해야 하기 때문에 이에 대한 이주정착금, 주거이전비, 이사비 등을 지급받을 수 있다.

필요하다면 사감정을 받아두자

감정평가는 내 토지의 가치를 객관적으로 평가하여 수치화하는 것이다. 공감정은 공적인 감정평가로 재판이나 여러 토지 보상 절차에서 진행한다. 사감정은 사적인 감정평가로 개인의 선택에 따라서 진행할 수 있다. 사감정을 미리 진행하여 정상적인 가격(적어도 시세에 준하는 가격)을 받아놓게 된다면 후에 보상금을 책정할 때 반영될 여지가 높다.

개략적인 토지 보상 절차 파악

사업 진행과 토지 보상의 전반적인 절차를 머릿속에 넣어두자. 그래야 어느 시점에서 어떤 행동을 취할지 계획할 수 있고, 타이밍을 놓쳐서 감수하게 될 손실을 예방할 수 있다.

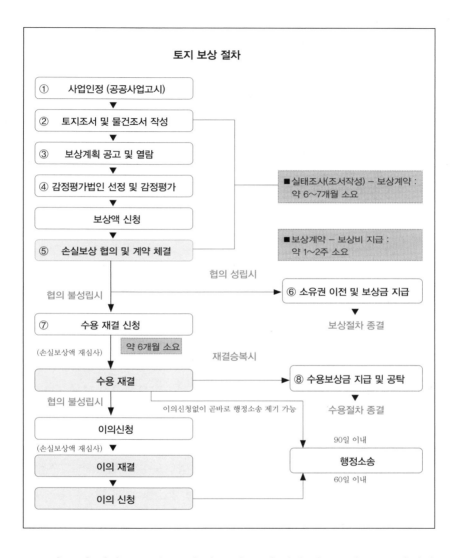

토지 보상 절차

① 사업인정 (공공사업고시)

② 토지조서 및 물건조서 작성

③ 보상계획 공고 및 열람

④ 감정평가법인 선정 및 감정평가

보상액 신청

⑤ 손실보상 협의 및 계약 체결

■실태조사(조서작성) – 보상계약 : 약 6~7개월 소요

■보상계약 – 보상비 지급 : 약 1~2주 소요

협의 성립시

협의 불성립시

⑥ 소유권 이전 및 보상금 지급

보상절차 종결

⑦ 수용 재결 신청

(손실보상액 재심사)

약 6개월 소요

재결승복시

수용 재결

협의 불성립시

⑧ 수용보상금 지급 및 공탁

수용절차 종결

이의신청없이 곧바로 행정소송 제기 가능

이의신청

(손실보상액 재심사)

이의 재결

이의 신청

90일 이내

행정소송

60일 이내

토지 보상 절차를 보면, 토지 및 물건 등에 대한 기본조사 → 보상계획 공고 및 조서 열람 → 감정평가 → 손실보상협의 → (사업시행자의) 수용재결 신청 → 수용재결서 수령, 보상금 수령 → (이의가 있을 때, 소유자의) 이의 재결 신청 → 이의재결서 수령, 보상금 수령 → (이의가 있을 때) 행정소송 → 행정소송 판결 선고로 이어진다.

토지보상금 증액 전략

보상금이 공시지가보다도 낮게 책정됐다고 하자. 평균 보상금액은 개발 계획이 승인된 개별공시지가의 1.2배 수준이 통상 수준이다.

명확한 통계가 있는 것은 아니지만 재판을 한다고 하여 협의보상금에서 10% 이상 증액되는 일은 그리 많지 않다. 이에 대해 주민들은 강하게 반발하면서 수용을 거부하려는 움직임을 보이고 있다. 이러한 경우 과연 어떠한 해결책이 있는지 알아보자.

수용재결 거부가 가능한지 여부

협의보상에 불응하고 수용재결까지 갈 경우 유리한 점은, 추후 3번에 걸쳐서 다시 평가(수용재결시, 이의재결시, 행정소송시 다시 평가함)를 하므로, 이때 보상금 증액 가능성이 생기고, 민사상 하자담보책임이 면제된다. 하자담보책임이라는 것은 토지에 흠(예를 들어 오염된 토지 등)이 있는 경우 수용재결에 의하여 토지를 넘기게 되면 그 흠은 사업시행자가 책임지는 것이고, 주민은 책임지지 않는다는 것이다. 협의보상에 불응하고 수용재결로 가면 불리한 점은 수용재결시까지 보상금을 늦게 받는다는 점이나 다만, 수용재결 후에는 보상금을 수령하므로 큰 불이익은 아니라고 생각한다.

수용재결은 사업시행자의 신청일로부터 통상 늦어도 6개월 정도가 소요되고, 이 수용재결이 있게 되면, 소유권이 공탁을 조건으로 변동되며, 주민들은 공탁된 보상금에 대해 '이의유보'를 하고 수령해도 무방하다. 주민들은 수용재결서를 받은 날로부터 다시 30일 안에 이의재결을 신청할 수 있으며, 이의재결을 신청하면 중앙토지수용위원회가 담당하며, 다시 2곳의 감정평가사를 선정하여 평가를 거쳐 이의재결을 하게 된다. 한편 운정3지구와 같이 협의보상금액이 통지된 상태에서 과연 주민들이 수용재결을 거부할 수 있느냐는 것인데, 법적으로는 쉽지 않다.

그러나 주민들이 이 때 꼭 알아야 할 법리가 있다. 수용재결을 하려면 협의경위서라는 서류에 주민들의 서명 또는 날인을 받아야 하는데, 이것을 주민들이 정당한 사유가 없이 거부하면 받지 않아도 된다는 점이다. 즉 수용재결을 거부하는 방법은 협의경위서에 서명 또는 날인을 하지 않는 것인데, 이를 정당한 사유 없이 거부하면 받지 않아도 되므로, 주민들이 이 대목에서 주의를 하여야 한다. 즉 보상금이 적다고 이의신청서를 내거나 보상 사무실을 찾아가 항의를 하면 그 뜻을 달성하기는커녕 오히려 협의경위서에 서명·날인을 받지 않아도 되는 결과를 초래한다는 점이다. 따라서 이때부터는 전문가의 조언을 받고 행동하여야 한다. 또한 재결단계에서도 토지수용위원회가 정한 감정평가사 2곳이 감정평가를 다시 하여야 하고, 이때 감정평가사는 반드시 현지조사를 하여야 하는 바, 이 현지조사를 거부하는 방법으로 재결을 거부하는 경우도 있기는 하나, 이 경우 경우에 따라서는 벌금을 내야 하는 경우도 있음을 알아야 한다.

수용재결, 이의 재결 단계에서 보상금 증액 방법

사업시행자가 재결을 신청하면 관할 시장·군수(자치구는 구청장)는 주민들에게 수용재결신청에 대해 의견서를 내라는 통보를 하고, 이때 주민들은 철저히 의견을 개진할 필요가 있다. 그런데 보상통지서에서 누락된 토지나 지장물이 있음을 알리면서 추가 보상을 요구하는 경우가 많으나, 이는 생각해볼 일이다. 보상 대상에서 누락되면 보상을 받지는 못하나, 대신 소유권도 넘어가지 않으므로, 사업시행자가 가장 두려워하는 일이다.

그런데 그것을 굳이 알려야 하는지 생각해 보자는 것이다. 재결 단계에서 가장 문제는 토지수용위원회가 사업시행자와 주민들간에 대립하는 쟁점에 대해 먼저 판단을 하고 감정평가를 요구하여야 하는데, 그런 과정을 거치지 않고 먼저 협의보상 시와 같은 조건대로 감정평가를 의뢰한다는 데 있다.

예를 들어 지목이 임야이지만 밭으로 이용된다면 밭으로 평가를 하여야 한다고 주민은 주장하는데도 이 부분이 감정평가 후에 결정되는 모순이 있다는 점이다. 따라서 주민들은 미리 토지수용위원들이 누구인지에 대한 정보공개를 청구하여 명단을 입수하고, 전담위원을 지정하여 예비심사를 하게 하거나, 사무국 직원으로 하여금 현지 실지조사를 하도록 요구하거나, 위원회 개최과정에서도 본인 또는 변호사가 출석하여 의견을 개진할 수 있도록 요구하는 것도 검토할 만하다. 또한 경우에 따라서는 화해권고를 하여 줄 것을 요구할 수도 있을 것이다.

재판에서 증액하는 방법

가끔 재판이 번거롭고, 비용이 많이 들고, 많은 금액이 증액되지도 않으므로 무조건 협의보상에 응하는 경우가 많으나, 이러한 생각은 오해이다. 다른 재판과 달리 이 보상금증액재판은 변호사만 선임하면 본인이 직접 관여할 일이 전혀 없고, 비용도 많이 들지 않으며(특히 재결절차에서는 전혀 들지 않으며, 재판비용도 수십만원에서 수백만원에 불과), 경우에 따라서는 많은 금액이 증액될 수도 있으며, 최소한 조금이라도 올라가는 경우가 대부분이다. 세금 문제, 급한 돈 필요시가 아니라면 증액절차를 진행하는 것이 이익이고, 세금 문제는 전문 세무사의 조언을 꼭 듣고 결정하여야 할 것이다.

재판은 수용재결 후에 바로 재판을 하려면 60일 내에, 이의재결을 거치면 이의재결서를 받은 날로부터 30일내에 소장을 제출하여야 한다.

소장을 제출하면 법원은 다시 감정평가사를 선임하여 평가를 한 후에 재판을 열어 결정한다. 그런데 보상금 증액 재판은 법원이 선임한 감정평가사가 제출한 감정평가 결과를 그대로 채택하는 경우가 많으므로, 감정평가 과정이 가장 중요하다.

보상금 증액은 전략이다. 탁월한 전략으로 대처하면 상당액이 오르는 경우도 있다. 특히 큰 공장, 지목과 현황이 다른 토지, 공원 부지로 묶여 있던 토지, 공장, 양어장 같은 경우는 상당액이 증액되는 경우가 많다. 물론 특별한 쟁점이 없이 단지 보상금이 저렴하다는 이유로 불복하면 그 액수가 크게 오르지는 않는다.

그러나 협의보상 평가와 재결 평가는 대량으로 한꺼번에 많은 토지 등을 일시적으로 평가하므로 비교 표준지 선정에 제약이 있으며, 개별적 토지 등이 갖고 있는 문제를 모두 반영하기가 쉽지 않지만, 법원 감정은 상당한 시간을 가지고 원고의 재산만을 위한 평가를 하게 되고, 원고의 주장을 제출할 수 있는 기회를 갖게 되면서, 재결에서의 잘못된 평가를 바로 잡음으로써 증액 가능성을 높일 수 있다.

또한 액수가 문제이지 조금이라도 승소를 할 확률은 매우 높고, 이 경우 소송비용은 패소자가 부담하고, 보상금 증액소송은 변호사가 알아서 진행하는 소송이므로 부담 갖지 말고 재판을 하는 경우가 이익이다. 다만 주의하여야 할 점은 보상금증액재판은 전문변호사를 선임하여야 한다는 점이다. 그렇지 않으면 증액 확률이 떨어진다.

그린벨트 해제가 예상되는 지역은?

그린벨트 해제 요건

집단취락지구	각 지역에 택지개발지구와 집단취락지구가 있다. 이런 지역에 최대한 가까이 붙어 있는 그린벨트여야 한다.
보존가치가 낮은 지역	국가나 지자체에서 환경 영향 평가라는 것을 하는데, 여기서 보존가치가 상대적으로 낮은 그린벨트여야 한다.
국책사업	개발을 하겠다고 고시하는 나라의 국책사업은 두말 할 것도 없이 그린벨트가 풀리게 된다. (예 : 국가산업단지)
지자체	지자체 의회 통과 혹은 지자체장이 임의로 허가하는 지역 또한 눈여겨볼 필요가 있다.

1. 개발제한구역 경계선이 관통하는 대지(垈地: 측량·수로조사 및 지적에 관한 법률에 따라 각 필지로 구획된 토지를 말한다)로서 다음 각 목의 요건을 모두 갖춘 지역.

　　가. 개발제한구역의 지정 당시 또는 해제 당시부터 대지의 면적이 1,000㎡ 이하로서 개발제한구역 경계선이 그 대지를 관통하도록 설정되었을 것.

　　나. 대지 중 개발제한구역인 부분의 면적이 기준 면적 이하일 것. 이 경우 기준 면적은 특별시·광역시·도 또는 특별자치도(이하 "시·도"라 한다)의 관할구역 중 개발제한구역 경계선이 관통하는 대지의 수, 그

대지 중 개발제한구역인 부분의 규모와 그 분포 상황, 토지이용실태 및 지형·지세 등 지역 특성을 고려하여 시·도의 조례로 정한다.

2. 개발제한구역에서 해제하는 토지에 대하여 용도지역을 지정할 경우에는 녹지지역으로 지정하여야 한다. 다만, 다음 각 호의 요건을 모두 갖춘 경우에는 다른 용도지역으로 지정할 수 있다.

　가. 도시 발전을 위하여 다른 용도지역으로 지정할 필요가 있고 국토계획법 제2조 제1호에 따른 광역도시계획 및 같은 조 제3호에 따른 도시기본계획에 부합할 것.

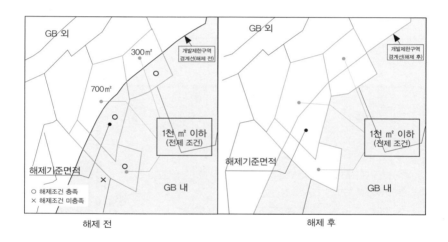

　나. 제3항 제2호에 따라 개발제한구역에서 해제된 인근의 집단취락 또는 인근의 개발제한구역이 아닌 지역의 용도지역과 조화되게 정할 필요가 있을 것.

　다. 다른 용도지역으로 지정되더라도 기반시설을 추가적으로 설치할 필요가 없을 것.

3. 시·도지사는 토지에 대하여는 면적, 분포 등 그 실태를 조사하여 개발제한구역에서 해제할 수 있도록 필요한 조치를 취하여야 한다.

4. 경기도, 인천, 대구, 광주, 대전은 1,000㎡ 미만으로 조례 통과.

순위	지역	해제범위
1위	시흥시	25.274㎢
2위	고양시	15.,0754㎢
3위	남양주시	14.553㎢
4위	하남시	14.524㎢
5위	광명시	13.996㎢
6위	성남시	6.012㎢
7위	의정부시	5.92㎢
8위	화성시	4.848㎢
9위	수원시	3.3㎢
10위	의왕시	3.28㎢

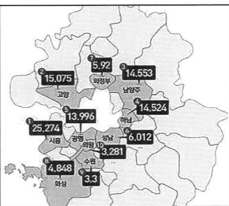

>>> TIP

▶ 그린벨트가 급속도로 해제되는 추세.

▶ 최근 대규모 개발은 대부분 그린벨트를 해제하면서 진행.

▶ 그린벨트 지역은 대체로 경관이 뛰어남.

▶ 정부나 지자체에 의해 관리되어 옴.

▶ 개별공시지가가 무척 낮다. 따라서 거래가격도 낮아 비교적 큰 수익을 기대할 수 있다.

▶ 그린벨트가 해제 될 경우엔, 수십 배의 수익이 가능.

▶ 해제되지 않더라고 기대감이 강하기 때문에 매수자는 항상 있으며, 거래가 이루어 지고 있다.

▶ 해제되지 않더라고 보통 매입가가 낮기 때문에 위치에 따라 매매를 통해 수 배의 수익이 가능하다.

▶ 수도권의 경우 해제 및 개발 압력이 꾸준하고 강력하다.

▶ 지자체에서 경제활성화를 위해 중앙정부에 해제 요청이 많다.

신도시 그린벨트도 평가등급 1, 2등급지는 원칙적 배제

3기 신도시에 포함된 그린벨트 1, 2등급지(농지 제외)는 10% 이하로 공원 및 녹지 등 보전용도로 조성할 계획이다.

3기 신도시 그린벨트 등급별 비중　　　　　　　　　　　　(단위=%)

신도시	1등급	2등급	3등급	4등급	5등급
인천 계양테크노밸리	0.50	92.30	7.20	0.00	0.00
과천 과천	2.30	62.20	25.50	7.70	2.30
남양주 왕숙 1	6.10	46.80	47.10	0.00	0.00
남양주 왕숙 2	0.40	43.60	56.00	0.00	0.00
하남 교산	1.80	12.60	85.60	0.00	0.00

※ 등급별 비중은 지구 내 그린벨트 중 차지하는 비율

환경영향평가등급은 그린벨트 해제 및 개발과 무관한 국토환경성평가를 기준으로 하고 있으며, 이는 그린벨트 환경평가와 다르다.

* 국토를 효율적으로 보전하고 환경친화적 이용을 위하여 입지적 타당성, 환경적 가치(환경성)를 종합적으로 평가해 등급화 하나, 높은 등급의 토지에 대한 제척 등 제한하는 규정은 없다.

3기 신도시 내 농업적성도 2등급지 현황

남양주 왕숙　　　　　　　　　　　　인천 계양

남양주 왕숙 등 3기 신도시에서 개발할 수 있는 농지를 제외한 그린벨트 1, 2등급지는 전체 면적 대비 평균 10% 이하. 그린벨트 환경평가등급은 표고·경사도·농업적성도·식물상·임업적성도·수질 6개 항목을 평가한 최상위 등급을 기준으로 하며, 관계 법령*에 따라 농업적성도 1, 2등급지의 경우 농림축산식품부와 협의에 따라 활용이 가능하도록 규정돼 있다.

>>> 개발제한구역의 조정을 위한 도시관리계획 변경안 수립지침

제2절 해제대상지 선정 및 제척 기준
3-2-1. (2) 표고·경사도·농업적성도·임업적성도·식물상·수질 등에 대한 환경평가등급이 1, 2등급인 곳을 제외한 지역. 다만, 다음 어느 하나에 해당하는 경우에는 1, 2등급지를 포함하여 적용할 수 있다.
가. 농업적성도 1등급 내지 2등급지로서 농림축산식품부와 협의된 경우
3기 신도시 내에 포함된 농업적성도 2등급지(1등급지 없음)는 대부분 비닐하우스 설치 등으로 훼손되어 환경적 보존가치가 낮은 지역에 해당합니다.
*농업적성도 등급은 환경적인 측면보다는 경지정리 및 농지 생산성 등을 고려하여 평가.(환경적으로 보존가치가 높은 것은 아님)

그린벨트를 찾는 부자들

그린벨트 해제 추진에 '큰손'들이 몰려들면서 서울 개발제한구역 거래 면적이 4.8배 늘었다. 우이·시흥·궁동을 중심으로 거래가 활발하게 이루어지고 있으며, 추후 토지 보상·이주택지를 받으면 손해볼 것이 없다는 기대 심리가 작용하고 있는 것으로 보인다.

한 언론사 기사를 통해 2020년 말 현재, 그린벨트 시장의 흐름에 대해

알아보면서 그린벨트 투자에 대한 안목을 다지는 계기를 갖도록 한다.

2020년 9월 서울 구로구 궁동의 그린벨트 임야 36,363㎡가 새로운 주인을 찾았다. 매매가는 3.3㎡당 20만 원 선으로 알려졌다. 이 임야는 그린벨트인데다 효용 가치도 없어 투자자들의 관심을 전혀 받지 못했었다.

인근 중개업소 관계자는 "모 투자자가 수 년 후의 가치를 보고 임야를 매입했다."며 "항동지구 인근이라 언젠가 궁동도 그린벨트에서 풀릴 것으로 기대하고 있다."고 말했다.

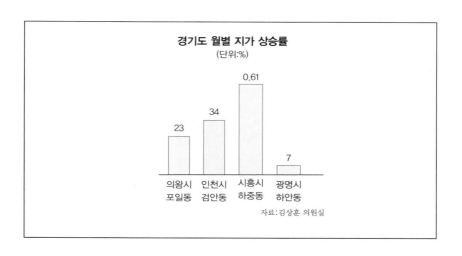

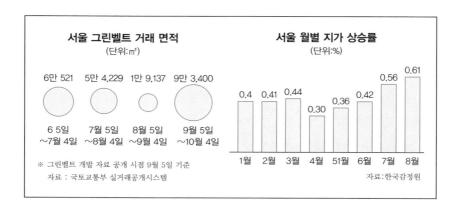

투자자들이 그린벨트 시장으로 눈을 돌리고 있는 것은 시중 부동자금이 풍부한 상황에서 정부가 집값 안정을 위해 서울 및 인근 그린벨트를 풀어 신규 택지를 공급하기로 한 데 따른 것이다.

주택 위주의 대책 역시 그린벨트로 눈을 돌리게 하는 요인이다. 한 부동산 전문가는 "투자자들이 최근 들어 그린벨트를 더욱 눈여겨보고 있다."며 "앞으로 그린벨트 투자에 대한 기대심리가 더욱 높아질 것으로 보인다."고 말했다.

서울경제신문이 국토교통부 실거래가 공개시스템을 토대로 토지거래를 분석한 결과 신창현 더불어민주당 의원이 경기도 공공택지 후보지를 공개한 9월 5일 기준으로 서울의 개발제한구역 토지거래 면적이 크게 늘어난 것으로 나타났다. 세부적으로 보면 2020년 9월 5일부터 10월 5일까지 한 달간 개발제한구역 실거래 면적은 93,400.47㎡로 직전 한 달(8월 5일~ 9월 4일)의 거래 면적인 19,136.97㎡보다 4.88배 늘었다. 9월 5일부터 한 달간 거래된 서울 전체 토지거래 면적에서 그린벨트가 차지하는 비중은 45.5%를 기록했다. 9월 5일 이전 한 달 동안은 그린벨트 비중이 34.6%에 불과했다.

이 기간 서울의 그린벨트 거래는 강북구 우이동, 금천구 시흥동, 구로구 궁동 등을 중심으로 이뤄졌다. 서울 외곽에 위치해 상대적으로 땅값이 저렴한 지역들이다. 특히 9월 21일 정부의 수도권 택지공급 발표 전후로 거래가 집중됐다. 궁동의 한 공인중개사는 "9월 들어서는 근처 목동에서 살 만한 땅을 좀 구해달라는 전화가 쏟아졌다."면서 "궁동 일대는 3.3㎡당 200만 원 수준으로 비닐하우스가 있는 개발제한구역의 경우 매물이 적어 수요를 맞추지 못하고 있다."고 말했다. 금천구 시흥동의 한 공인중개사도 "시흥동은 정부가 택지개발지로 발표한 하안2동과 안양천을 끼고 있어 향후 개발을 기대하는 투자 문의가 늘어나고 있다."고 전했다.

이미 그린벨트 땅값이 많이 오른 강남구의 내곡동·세곡동 등은 아예 매물이 자취를 감춘 상황이다. 내곡동의 G공인 대표는 "내곡동의 경우 대로변 쪽은 이미 3.3㎡당 500~600만 원까지 올라 추가 투자하기에는 수익이 크지 않아 매수자가 문의하고도 망설이고 있다."고 말했다.

경기도의 주요 그린벨트 지역도 거래가 늘었다. 의왕·인천·시흥·광명 등 후보지 6곳의 거래량이 7월부터 최고 4배 이상 증가했으며, 9·21 공급대책에서 언급된 인천 검암동의 경우 6월 거래량은 6건이었으나 7월 한 달 동안 거래가 25건 이뤄졌다. 8월에도 25건, 9월에는 9건의 거래가 등록됐다. 시흥시 하중동은 6월과 7월 거래량이 각각 16건, 23건에 그쳤으나 8월 거래량은 42건으로 전달 대비 1.5배 이상 늘어났다. 의왕시 포일동도 4~7월 2건이었는데 8월 11건, 9월 12건으로 급증했다. 7월까지 지분 거래가 없다가 8월과 9월 2달 사이 16건의 지분거래가 이뤄졌다.

당분간 그린벨트에 대한 관심이 지속될 것으로 보인다. 정부가 그린벨트 직권 해제까지 언급하는 상황에서 훼손이 심한 3·4등 급지를 시작으로 거래 수요가 발생하고 있으며 당장 재개발·리모델링 공급도 쉽지 않은 상황에서 그린벨트가 주목받고 있는 것이다.

권대중 명지대 부동산학과 교수는 "토지의 경우 '9·13대책'으로 대출규제를 받지 않고 총부채원리금상환비율(DSR)만 적용된다."며 "추후 토지보상이나 이주택지를 받는다면 장기적으로 손해 볼 것이 없다는 게 투자자들의 기대심리인 것 같다."고 강조했다.

그린벨트 해제지역 땅값 평균 30% 올라

개발제한구역(그린벨트) 해제지역의 땅값이 평균 30% 넘게 상승한 것으로 조사됐다. 특히 인근 지역 땅값 역시 20% 이상 올라 일대 파급효과가 큰 것으로 분석됐다.

국토연구원 이우민 박사는 15일 '개발제한구역 해제 후 지가 상승에 의한 개발이익 분석' 보고서에서 이같이 분석했다. 이 박사는 그러면서 "공익 목적으로 추진되는 그린벨트 해제의 효과가 목적에 부합하지 않는다."고 지적했다.

이 보고서에 따르면 14개 국책사업 및 지역현안사업지구의 평균 지가 변동률은 32.5%였다. 서울 강남과 서초, 인천 구월, 고양 원흥 등이 포함됐다. 이들 지역은 인근 평균 지가변동률보다 약 20.2% 높은 상승률을 보였다. 해제 전·후와 준공 이후에 평균지가는 지속적으로 상승했다.

사업 단계별로는 해제2년 전~해제된 해 평균 지가변동률이 16.9% 상승했다. 해제~준공연도에는 32.5% 올랐고, 준공~준공 2년 후에는 14.8% 상승했다. 특히, 사업지 인근 1.5㎞의 땅값도 함께 올랐다. 인근의 평균 지가변동률도 해제~준공까지 26.4% 상승했다. 해당 지역 평균 지가변동률보다 14.1% 오른 것으로 나타난 것이다.

14개 사업지 중 비수도권의 평균 지가변동률(해제~준공)은 수도권보다 28.4% 높았다. 산업용지의 평균 지가변동률(해제~준공)은 주거용지보다 17.7% 높게 뛰었다. 그린벨트를 해제하면 해제한 지역뿐 아니라 인접 개발제한구역에도 지가 상승을 통한 개발이익이 발생했다.

개발이익 측정과 환수 규모 및 시기에 대한 적정성 기준은 부족한 실정이며 개별사업의 특성과 함께 주변 미해제지역 지가에 미치는 영향을 세부적으로 고려해야 한다.

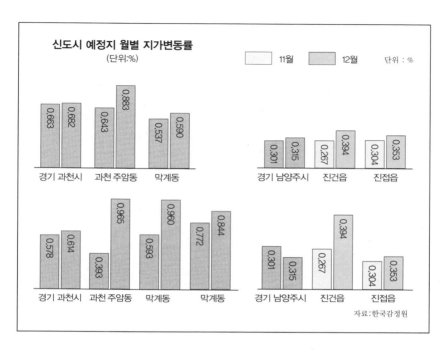

신도시 예정지 월별 지가변동률
(단위:%)
11월 12월 단위 : %

경기 과천시: 0.663 / 0.682
과천 주암동: 0.643 / 0.883
막계동: 0.537 / 0.590

경기 남양주시: 0.301 / 0.315
진건읍: 0.267 / 0.394
진접읍: 0.304 / 0.353

경기 과천시: 0.578 / 0.614
과천 주암동: 0.393 / 0.965
막계동: 0.593 / 0.960
막계동: 0.772 / 0.844

경기 남양주시: 0.301 / 0.315
진건읍: 0.267 / 0.394
진접읍: 0.304 / 0.353

자료:한국감정원

3기 신도시 대상 지역 지가변동률 추이

(단위 : %)

지역			2017년	2018년	2019년	2020년 7월
인천광역시	계양구		3,098	3,558	4,030	2,289
			2,913	3,514	5,004	2,779
		병방동	2,141	2,894	6,620	3,149
		박촌동	2,499	3,868	7,105	3337
		동양동	2,499	3,868	7,105	3,337
		귤현동	2,499	3,868	7,105	3,337
		상야동	1,467	2,660	6,616	3,647
경기도			3,450	4,421	4,291	2,366
	고양시		3,619	5,219	4,167	2,104
	덕양구		3,883	5,638	5,142	2,861
		동산동	4,085	9,353	7,917	4,982
	과천시		3,275	5,581	6,316	3,748
		광문동	3,812	4,321	5,123	3,452
		막계동	3,136	4,810	4,940	3,860
		주암동	3,434	6,855	7,925	4,494

경기도	남양주시		3,963	3,757	5,431	3,140
		일패동	4,976	4,340	5,723	2,977
		이패동	4,976	4,340	5,723	2,977
		삼패동	4,976	4,340	5,723	2,977
		진접읍	4,943	4,340	6,338	3,541
		진건읍	4,249	4,262	5,860	3,172
	하남시		3,885	3,842	6,904	4,086
		천연동	4,061	5,263	8,758	3,906
		교산동	4,099	5,856	9,654	3,963
		춘궁동	4,099	5,132	9,654	3,963
		하사창동	3,792	4,637	9,025	4,043
		상사창동	3,792	4,637	9,025	4,043

자료:한국감정원

투자가 유망한 그린벨트 농지는?

그린벨트 투자에서 도시 주변의 그린벨트 해제 지역 농지 또한 유망하다. 특히 대도시 주변 취락마을 내 농지 중 지구단위계획 수립 중인 농지가 투자가치와 환금성이 좋은 농지다.

그러나 그린벨트 지역은 토지거래허가구역이며 세대 전원이 1년 이상 주민등록 기재되어 살고 있어야 소유권 이전이 가능하다. 또 투자 금액이 크므로 소액투자자라면 공동투자 방식(2인 이하)으로 접근해야 한다.

주의해야 할 점은 해제지역이 20,000평(66,000㎡) 이상인 지역은 수용돼 임대아파트로 지어져 투자성이 없으므로 피해야 한다. 그린벨트 해제 지역은 올해 역시 투자가 늘어나고 그에 따라 가격도 꾸준히 상승할 것이다.

사실 토지거래허가제는 실소유자에게는 종이호랑이나 다름없다. 아직 주거환경이 열악해도 재테크가 된다면 불편을 감수하는 습관으로 단련이

된 사람들이 많기 때문이다.

이런 점에서 그린벨트 내 농지는 이미 가격이 올라서 지역에 따라서는 평당 50~150만 원 선을 호가하고 있어 서민들보다는 부자들의 투자처가 될 것이다. 또한 같은 그린벨트 내에 있는 지역이라고 해서 전부 풀리는 것은 아니기 때문에 잘못 투자하면 낭패를 보게 되므로 주의해야 한다.

10가구 이상 취락마을로 지정된 지역에 투자를 해야 한다. 그린벨트 해제는 가구당 300평을 기준으로 풀린다.

그린벨트에서 해제된다고 다 좋은 것은 아니다. 득이 되는 지역과 손해가 되는 지역이 있다. 즉 수용이 될 수 있는 지역에는 투자를 하지 말라는 것이다. 들판이 넓은 지역은 그린벨트가 해제된다고 해도 수용해서 임대아파트가 들어설 지역으로 보아야 할 것이 때문이다.

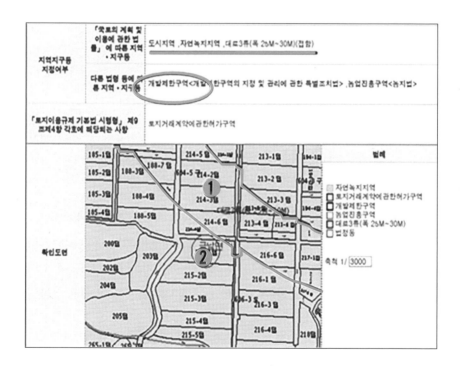

그린벨트에 투자하려면 우선해제 여부를 잘 파악해야 한다. 길 하나 차이로 해제되는 곳이 있고 그렇지 않을 수 있기 때문이다. 그린벨트 내에 있는 땅이라고 무조건 돈이 되는 것이 아니므로, 집단취락지역 밖의 개발이 불가능한 임야 구입은 신중해야 한다. 그린벨트에서 해제되었다고 제약을 받지 않는 것은 아니다. 해제가 되어도 지역에 따라서는 토지공사가 수용해 전원 임대아파트나 벤처타운 등을 짓는 경우도 있다. 또한 거래가 자유로운 것도 아니다.

현재 그린벨트가 해제된 지역도 토지거래허가지역에 속하는 경우가 많아 해당 지역에서 6개월 이상 거주를 해야 소유권을 이전할 수 있으므로, 여건을 잘 살펴야 한다.

또한 거주기간, 증·개축 가능 면적 등 그린벨트 내 건축 관련 법규 내용을 명확히 알고 구입해야 한다. 특히, 나대지의 경우 신축 허용 범위를 잘 살펴봐야 한다. 건축을 할 수 있는 나대지와 건축을 할 수 없는 나대지가 있어 큰 손해를 볼 수 있기 때문이다.

먼저 건축을 할 수 있는 나대지는 지구 지정 이전에 지목이 '대'인 나대지다. 이는 3층까지 건축이 가능하나, 지적도로가 있어야 하며 맹지인 경우는 이웃 토지소유자의 토지사용승낙을 받아야 한다. 또한 건축이 허용되는 건축물 종류는 단독주택뿐이다.

이중 다가구주택이나 벌집으로 비유되는 다중주택은 제외된다. 또한 그린벨트구역 지정 당시 주택 조성을 목적으로 허가를 받아 조성되었거나 조성 중인 토지에는 건축이 가능하다. 지목이 대지가 아니더라도 구역 지정 이전부터 있는 건물로서(무허가대장) 건축물관리대장에 기재된 건물인 경우에도 건축이 가능하다.

그린벨트 임야의 활용

그린벨트는 도시의 무질서한 확산을 방지하고 도시 주변의 자연환경을 보전하여 도시민의 건전한 생활환경을 확보하기 위하여 도시의 개발을 제한할 필요가 있거나 보안상 도시의 개발을 제한할 필요가 있다고 인정하는 경우 국토교통부장관이 지정하는 특별용도구역이다. 개발제한구역의 지정기준은 대상 도시의 인구·산업·교통 및 토지이용 등 경제적·사회적 여건과 도시 확산 추세, 그 밖의 지형 등 자연환경 여건을 종합적으로 고려하여 결정한다.

1971년~1976년에 전국에 걸쳐 도청소재지, 대도시, 공업도시 등 13개 도시 주변에 단계적으로 지정되었던 그린벨트는 2000년 초에 중소도시 주변은 모두 해제되고, 현재는 6대 광역시와 마산·창원·진해지구에만 잔존한다. 당초 지정되었던 면적의 30% 가량은 그동안 해제되어 현재에는 약 70% 정도만 남아 있으며, 현재 남아 있는 그린벨트 지정 면적은 전 국토의 약 4%에 해당한다.

그린벨트가 가지고 있는 취지는 좋으나, 오랜 규제로 도시 발전의 장애나 주민생활의 어려움이 적지 않다. 예컨대 울산이나 부산에서는 육지 방향으로 그린벨트가 두텁게 설정되어 있어, 도시의 확산 발전이 어렵고, 도시의 통일적 장기 발전이 힘든 실정이다.

수도권의 경우에는 더욱 심각하다. 그린벨트는 주로 서울시에 인접한 외곽 지역에 설정되었기 때문에, 주변의 작은 도시들은 서울과의 접근성이 뛰어남에도 불구하고, 도시 발전이나 주민생활이 극도로 위축되어 있다. 시 면적의 50% 이상이 그린벨트인 경기도 시로는 의정부, 구리, 하남, 과천 등과 안양, 시흥, 군포, 의왕 등 8곳이 있으며, 이 중 의왕시는 86%로서 경기도에서 그린벨트 비중이 가장 높다.

고양시와 남양주시도 그린벨트 비중이 50%에 육박한다. 경기도 31개 시군 중에서 21개 시군에 그린벨트가 지정되어 있다.

그린벨트는 주로 서울시와 광역시 주변의 녹지지역(용도지역)에 지정되어 있어 접근성이 매우 좋고, 50년 가까이 보존되어 주변 환경이 뛰어나다. 농지도 적지 않지만 주로 임야가 대부분의 그린벨트를 차지하고 있는데, 해제 후에는 주로 보전녹지지역이나 자연녹지지역으로 환원되어 지주들은 해제 후 개발가치와 땅값 상승에 대한 기대감이 크다.

그린벨트 지역은 별개의 특별법인 개발제한구역의 지정 및 관리에 관한 특별조치법이 최우선적으로 적용된다. 국토계획법상 용도구역의 하나로 지정되어 있으며, 개발제한구역의 지정 및 해제를 도시·군관리계획으로 결정하는 등, 매우 엄격한 해제 절차로 쉽게 풀리지 않는다. 더구나 고도 70m 이상이 되는 임야인 경우에는 해제 대상에서 제외(제척)하도록 하는 지침도 있다. 과거 2000년대 초에는 수도권 그린벨트의 경우 모두 토지거래허가구역으로 묶였으나 지금은 대부분 허가구역에서 풀렸다.

개발제한구역의 경우 그린벨트법이 우선 적용되는 결과 일반 국토에서 적용되는 농지전용이나 산지전용 등의 개발행위가 인정되지 않는다. 집을 짓는 것도 용도지역에 관계 없이 지목이 대지거나 그린벨트 당시부터 대지였던지 혹은 집이 있던 자리만 허용된다. (이축권의 경우 제외)

집을 지을 수 있는 자는 그린벨트 내의 원주민이나 3년 이상 거주자에 국한한다. 외부인이 그린벨트 내에 집을 지으려면 이축권을 이용해서만 가능하다. 그린벨트 임야의 경우에는 산지관리법과 중복적으로 규제되어 그 강도가 더욱 심하다.

그린벨트 산지는 공익용 산지, 보전녹지(자연녹지), 개발제한구역으로 중복적으로 규정되며, 서울은 북한산국립공원 구역과 맞물린다. 도시자연공원이나 군사시설보호구역에 속한 경우도 있다. 그린벨트 내의 개발행위를 하기 위해서는 새로이 도로를 개설하지 않아야 하고 또 임야는 가급적 피하라는 명문의 조건도 있다. 맹지인 경우 길을 내거나 도로를 확장하여 건축행위를 할 수 있는 일반 건축허가의 조건은 적용되지 않는 것이다.

개발제한구역의 형질 변경 시 5,000㎡ (1,500평) 이상인 경우에는 인허가 전에 소규모 환경영향평가(종전 사전영향평가)를 받아야 한다. 그러나 그린벨트 임야를 파는 경우에는 부재지주 중과세를 받지 않는다. 개발과 활용이 어려운 지경에서 양도세에 대한 중과세는 가혹하다는 배려일 것이다. 그러나 그린벨트 농지에 대해서는 이 특례는 적용되지 않는다.

그린벨트 임야에서 할 수 있는 행위

현행 개발제한구역의 지정 및 관리에 관한 특례법과 동 시행령 및 시행규칙을 통틀어 그린벨트 임야 내에서 그나마 가능한 최소한의 활용 방안이나 개발행위를 찾아보자.

우선 임야를 개간하여 농사를 지을 수 있는 농지로 만드는 개간은 제한적으로 가능할 것이나, 조건이 까다롭고 허가사항으로서 허가를 받을 수 있는 실현 가능성은 적다.

법문에는 다음과 같이 되어 있다.

허가를 받아 할 수 있는 건축물의 건축을 수반하지 아니하는
토지의 형질 변경의 범위

1. 농림수산업을 위한 개간 또는 초지 조성. 이 경우 개간 예정지는 경사도가 21도 이하, 초지 조성 예정지는 경사도가 36도 이하여야 한다.

2. 경작 중인 논·밭을 환토(換土)하거나 객토(客土)하기 위한 토석의 채취, 논·밭의 환토·개답(開畓)·개간(개간의 경우에는 경사도가 5도 이하로서 나무가 없는 토지만 해당한다)에 수반되는 골재의 채취.

3. 농로, 임도, 사도를 설치하기 위한 토지의 형질 변경.

그린벨트 내 농지를 가진 자의 농지전용은 원칙적으로 불가하며, 농막의 경우도 3평 미만의 원두막 규모만 허용된다. (일반 농지인 경우에는 6평까지 가능하며, 전기·급수·취사도 가능함) 비닐하우스도 고정식이거나 고정식 온실은 허가사항이다.

벌목 벌채는 제한적으로 허용되나, 대규모로는 허가사항으로서 불가하고, 주말농장용 농지조성을 목적으로 한 개간도 당연히 금지된다. 그린벨트 내에서는 벌목허가를 받기 어려울 것이므로 산림을 훼손하는 조림사업이나 수종 갱신도 어려울 것으로 보인다.

태양광발전시설도 허가를 받기 위해서는 경사도 21도 요건과 민원 방지, 진입로 관계로 만만치 않을 것이다.

수목장은 묘지의 일종으로 그린벨트 내에서는 불가할 것이다. 그린벨트 내 묘지의 신설 설치는 허가사항이기 때문이다.

임야의 면적이 큰 경우에 수목원(2ha 이상)이나 자연휴양림(20ha 이상)은 가능한 것으로 되어 있다.

일반적인 수익사업으로 기대되는 임대용 공장, 창고는 불가하며, 다만 농사를 짓는 원주민의 농림어업용 창고만 가능하다. 농림지역 중 거의 모든 용도지역에서 가능한 종교시설(교회, 성당, 사찰 등)이나 사회복지시설(요양원) 혹은 병원(요양병원, 종합병원)도 신축이 불가능하다. 기존 건축물의 용도 변경으로만 가능할 것이다.

골프장 건설은 가능하지만, 골프연습장은 골프장 부수시설로만 가능하고, 별도로 골프연습장만은 단독으로 설치할 수 없다.

　주민을 위한 미술관, 도서관은 가능하나 박물관은 불가하다. 주민을 위한 축구장, 야구장, 궁도장, 승마장 등 실외 체육시설이 가능한 것으로 되어 있으나 실제로는 회원제에 가까운 생활체육시설만 가능한 것으로 해석한다.

　원주민의 목축업이나 가축 사육 부업을 위한 축사 신축이나 버섯재배사는 소규모로 가능하지만, 방목이나 그린벨트 외 주민의 축사 신축은 불가하다. 그린벨트 내 주차장, 주기장, 야적장 등은 나무가 없는 평평한 대지나 잡종지 상태인 경우, 제한적으로 허용될 수 있겠지만, 진입통로 개설이 불가능하여, 실제 개설하기는 어려울 것이다.

개발제한구역(그린벨트)에서 허가를 받아 할 수 있는 행위

행위 유형		할 수 있는 행위	허가 조건
1. 지정 당시 지적법상 지목이 대지인 나대지	99.6.24 대지	단독주택 ·26종 근생시설 신축	
2. 지정 당시 주택이 있던 토지		단독주택 ·26종 근생시설 신축	재산세 과세 대장 등재 주택 부지
3. 지정 당시 허가받은 주택 부지		단독주택 ·26종 근생시설 신축	
4. 농림수산시설		축사 · 창고 · 유마사 · 관리사 설치	
5. 토지형질변경		전답의 개간 · 신규 대지 조성 등	
6. 골프연습장 등 실외 체육시설		골프장 · 배구장 · 테니스장 · 야외 수영장 · 잔디축구장 등 (건축 미수반 원칙)	
7. 5년 이상 거주자 음식점 신축		휴게 · 일반음식점 (99.6.24 대지)	
8. 휴게 · 일반음식점의 부속 주차장		200㎡ 이하 조성 허용	
9. 용도 변경		주택 ⇔ 근생상호간 (26종 그린벨트에서 허용되는 근생만)	
		주택 ⇒ 고아원, 양로원, 종교시설	
		주택 ⇒ 다른 시설 주택	
		공장 등 금지시설 ⇒ 26종 근생, 보육시설, 양로원, 종교시설로 변경 행위	
10. 이축권		1) 공익사업 이축권	이축은 원칙적으로 취락지구 내로 공익 이축권 · 재해 이축권은 ― 철거일 또는 재해를 입게 된 날 당시의 지가 소유 토지로 이축 가능
		2) 재해 이축권	
		3) 지정 당시 타인토지 주택 이축권	
		4) 영농 이축권	
11. 학교의 용도 변경		청소년수련시설, 연수원, 미술관 등	기존시설 연면적 범위 내에서 허용
12. 도로변 휴게소 · 주유소		시장 · 군수의 배치계획에 의한 건축	지정 당시 거주자에게만 허용

※등급별 비중은 지구 내 그린벨트 중 차지하는 비율

주의할 것은 그린벨트에서 가능한 개발행위, 허가 신고를 받아야 하는 행위, 허가 신고 없이 할 수 있는 행위의 범위는 지난 40여 년간 끊임없이 개정되어 그 내용이 수시로 바뀌어 왔고, 경과 규정도 많기 때문에 예전에는 가능했으나 지금은 불가능한 것들이 많다. (예, 박물관 등)

반면 근래에 공장이축권이나 종교시설 이축권이 신설되었고, 생활체육 시설의 허용 범위나 용도 변경 기준이 확장된 것도 있다. 그러나 허용되었다 하더라도 해석 적용상 까다로운 조건이 많기 때문에 그린벨트 토지의 개발이나 활용은 그리 간단하거나 쉬운 것이 아니다. 따라서 그린벨트에서 가능한 사업범위를 찾아보려면, 현행 개발제한구역의 지정 및 관리에 관한 법률과 시행령, 시행규칙을 면밀하게 검토해 보아야 할 것이다.

또한 해제를 기대하고 그린벨트 땅을 구입 혹은 경매취득을 하고자 할 때에는 특히 임야에 있어서는 더욱 신중한 검토가 있어야 할 것이다.

그린벨트 해제 유망지역과 투자 전략

전문가들은 그린벨트 해제지역 내 부동산 투자에는 신중하게 접근하라고 조언한다. 이미 땅값이 오를 만큼 올라 투자 목적보다는 실수요 입장에서 접근하라는 것이다. 또 지구단위계획이 세워지면서 공원, 주차장 등 공공시설 용지로 편입될 땅은 피하는 게 좋다고 한다. 이런 땅은 쓰임새가 떨어져 땅값도 바닥세를 면치 못한다. 주민들의 반대로 지구단위 수립 대상서 제외된 지역의 투자에도 신중을 기할 필요가 있다.

지구단위계획 수립으로 제1종 전용주거지역으로 지정된 집단취락지구도 마찬가지다. 이런 곳에서는 연립주택 등 공동주택의 신축이 어렵다. 일부 지자체에서는 서로 연접한 300㎡ 미만의 소규모 필지들을 공동개발할 경우 5%의 용적률 인센티브(완화 적용)를 주고 있어 관심을 가져볼 만하다.

그린벨트 해제 집단취락지구가 대부분 토지거래허가구역으로 묶인 점에도 주의해야 한다. 때문에 도시 지역 내에서 토지거래허가 없이 외지인 매입이 가능한 규모를 노리는 게 좋다.

>>> 해제 유망 지역과 투자 전략

① 그린벨트 해제 가능성이 높은 지역(1~3위) ② 1위 선정 배경 ③ 투자 전략

① 하남, 시흥, 부천
② 교통 요충지 변모 기대(제2경부고속도로 시작점)
③ 가격 많이 오른 만큼 급매 혹은 경공매 투자

① 과천, 서울 은평구, 하남
② 강남 대체지 역할
③ 그린벨트 해제지 넓어질 가능성 높아 인접한 임야 노려볼 만하다.

① 과천, 김포, 의왕
② 높은 그린벨트 비중
③ 토지거래허가구역 묶인 곳 주의

① 과천, 하남, 광명
② 교통 인프라. 도심 접근성 좋음
③ 영농조합, 농민단체만 투자 국한

① 고양, 과천, 안산
② 환경 보전가치 낮고 기존 시가지, 공단 가까움
③ 지목이 대지인 땅 투자

① 하남, 고양, 서울 강남권
② 기반시설 정비 필요성 적음
③ 그린벨트 경계지 투자

① 하남, 과천, 고양
② 시 면적 대비 그린벨트 비중 최대. 사회간접시설(SOC) 확보 유지
③ 그린벨트 해제 예정지 주변 농지(농지 소유 규제 저촉하지 않는 경우)

언론으로 보는 그린벨트 해제 추세 : 서울시, '국토교통부장관 직권 해제 가능'

서울 시내 그린벨트는 2020년 1월 기준 19개 자치구에 149.13㎢ 규모로 지정돼 있다. 지역별로 서초구가 23.88㎢로 가장 넓고 강서구 18.92㎢, 노원구 15.91㎢, 은평구 15.21㎢ 등이다.

국토교통부는 지난 2018년에도 수도권 주택공급 확대를 위해 서울 그린벨트 해제를 검토한 적이 있다. 당시 김현미 국토부장관은 직권으로 그린벨트를 해제할 가능성을 시사했다. 하지만 박원순 서울시장이 "그린벨트 해제 불가"를 강력히 주장하며 시내 주택공급 절충안을 내놓자 그린벨트 해제는 없던 일이 됐다.

최근 10년 간 국토부 서울 시내 그린벨트 직권 해제 공공주택지구 현황 (단위 : %)

위치 (지구명)	면적(천㎡)		세대수 (호)	GB해제일 (지구계획)	시행자	사업기간
	전체	GB				
서울 강남	939	874	6,592	'09.09	LH	'19.06~'15.06
서울 서초	362	323	3,304	'09.09	LH	'09.06~'13.12
서울 양천	345	301	3,198	'11.09	LH	'10.12~'19.12
수서 역세권	386	386	2,530	'18.01	LH,KR	'16.06~'21.12
서울 내곡	812	662	4,629	'10.04	SH	'09.12~'17.12
서울 세곡2	771	665	4,344	'10.14	SH	'09.12~'17.12
서울 항동	662	582	5,221	'10.11	SH	'10.05~'17.12
고덕 강일	1,660	152	11,109	'12.12	SH	'11.12~'20.12
서울 오금	129	115	1,613	'12.12	SH	'12.07~'18.12
서울 신정4	36	36	560	'12.12	SH	'12.07~'17.12
합계	6,101	4,096	43,100			

※ 출처 : 국회 자유한국당 홍철호 의원실

현재까지 추진 실적이 저조해 목표치 달성이 불투명한 상황이다. 2,200가구를 공급할 예정이었던 강남구 대치동 동부도로사업소(52,795㎡)는 아직 이전 부지도 확정하지 못했다. 연내 착공 일정이 잡힌 송파구 가락동 성동구치소 부지(1,300가구)도 주민 반발로 사업 속도가 더디다.

이에 업계에서는 국토부가 주택 공급을 위해 그린벨트 직권 해제 카드를 쓸 것이라는 전망이 힘을 얻고 있다. '개발제한구역의 지정 및 관리에 관한 특별조치법 시행령' 제2조 3항에 따르면 국토부장관은 규모에 상관없이 직권으로 그린벨트를 해제할 수 있다.

해제 대상인 개발제한구역은 환경평가 결과 보존가치가 낮게 나타나는 곳으로서 도시용지의 적절한 공급을 위해 필요한 지역일 경우다.

고상철 인하대학교 정책대학원 초빙교수는 "국토부 장관은 규모에 상관없이 개발제한구역을 지정 및 해제할 권한이 있다."며 "이 경우 국토부와 서울시 간 의견 충돌이 불가피하지만, 김 장관이 직권을 발휘하는 게 불가능한 일은 아니다."고 말했다.

10년간 국토교통부 직권 해제 70%, 세곡동·내곡동 유력

> **>>> 국토부 직권**
>
> 면적 30만 m² 이하는 국토부장관이 시장, 도지사에게 그린벨트 해제 권한을 위임한다. 다만 국가 계획과 관련된 도시관리계획을 입안할 때는 면적과 관계 없이 국토부장관이 그린벨트를 해제할 수 있다. 국토부장관이 직권으로 그린벨트를 해제할 수 있는 총량은 40m²이다.

앞서 국토부는 지난 10년간 서울시 내 10곳의 그린벨트를 직권 해제해 주택 43,000가구를 공급한 바 있다. 홍철호 미래통합당 의원(경기 김포시을,

국회 국토교통위원회)이 지난 2018년 국토부에서 제출받은 자료에 따르면 국토부는 지난 2009년부터 2018년 10월까지 서울 강남, 서초구 등 10곳의 공공주택지구 조성을 위해 총 409만 6000㎡의 그린벨트를 직권해제했다. 이로써 공급한 주택은 총 41,000가구다.

특히 서초구 내곡동, 강남구 세곡동은 그간 공공택지 조성을 위한 그린벨트 해제 얘기가 나올 때마다 해제 1순위 지역으로 꼽혔다. 이들 지역은 강남과 분당 사이에 있어 주거지로 개발할 경우 인기가 높을 것이기 때문이다.

또한 두 지역은 농지 중심으로 구성돼 그린벨트 중 보존가치가 낮은 지역이다. 주변 교통 여건도 나쁘지 않아 대단위 기반시설 공사를 하지 않아도 주거 신도시로 탈바꿈할 수 있다는 장점이 있다.

내곡동 그린벨트 내 거주하는 주민은 3,000명 내외로 취락지구를 형성하고 있다. 과거 조성된 옛 보금자리지구인 내곡지구에도 1~7단지 통틀어 4,265가구가 있다. 세곡동 그린벨트의 경우 쟁골마을, 교수마을에 취락지구가 형성돼 있다.

그린벨트 해제해도 '산 넘어 산, 비오톱·보전산지 '개발 불가'

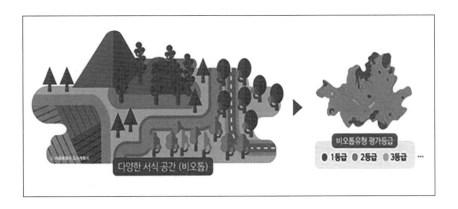

국토부 직권으로 그린벨트를 해제해도 무조건 주택 공급이 가능해지는 것은 아니다. 국토부가 해제한 그린벨트가 비오톱 1등급이면 개발이 불가능해 서울시와의 협의가 필수적이기 때문이다.

강남 내곡동 일대 비오톱 평가도

비오톱이란 특정 식물과 동물이 하나의 생활공동체를 이뤄 지표상에서 다른 곳과 명확히 구분되는 생물서식지를 말한다. 비오톱 1등급 토지는 개발이 절대 불가능한 땅으로, 그린벨트보다 더 강력한 토지개발 규제를 받는다.

서울연구원에 따르면 지난 2015년 기준 서울시 내 비오톱 1등급지 전체 면적은 9,829ha로 서울시 면적의 16.15%를 차지한다. 비오톱 1등급지 중 대부분은 녹지지역(85%)이지만 주거지역도 15%에 이른다.

비오톱은 서울시 조례를 적용받는다. 서울시 도시계획조례 24조 별표 개발행위허가기준에 따르면 도시생태현황 조사 결과 비오톱 유형 평가 1등급이고 개별 비오톱평가 1등급인 땅은 보존해야 한다. 국토부가 해제한 그린벨트가 비오톱 1등급인데, 서울시가 이를 해제하는 데 협의하지 않으면 개발이 불가능하다.

서울시 그린벨트 현황 (단위 : ㎢)

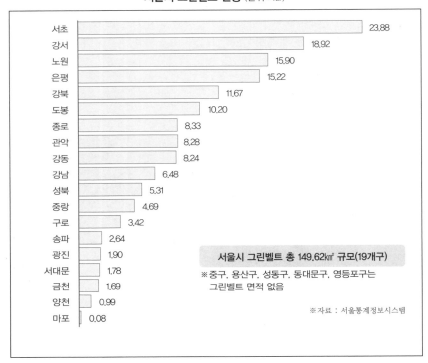

구	면적
서초	23.88
강서	18.92
노원	15.90
은평	15.22
강북	11.67
도봉	10.20
종로	8.33
관악	8.28
강동	8.24
강남	6.48
성북	5.31
중랑	4.69
구로	3.42
송파	2.64
광진	1.90
서대문	1.78
금천	1.69
양천	0.99
마포	0.08

서울시 그린벨트 총 149.62㎢ 규모(19개구)

※중구, 용산구, 성동구, 동대문구, 영등포구는
그린벨트 면적 없음

※자료 : 서울통계정보시스템

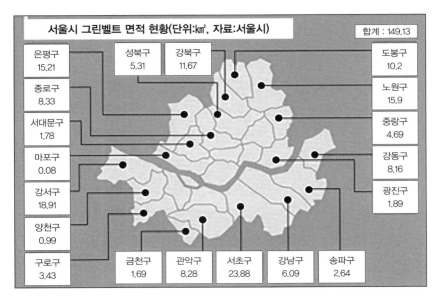

서울시 그린벨트 면적 현황(단위:㎢, 자료:서울시)

합계 : 149.13

구	면적
은평구	15.21
종로구	8.33
서대문구	1.78
마포구	0.08
강서구	18.91
양천구	0.99
구로구	3.43
성북구	5.31
강북구	11.67
도봉구	10.2
노원구	15.9
중랑구	4.69
강동구	8.16
광진구	1.89
금천구	1.69
관악구	8.28
서초구	23.88
강남구	6.09
송파구	2.64

앞서 서울시는 수도권 내 주택공급 지역으로 그린벨트 해제가 검토될 당시 비오톱 1~2등급 지역은 보존이 필요해 해제가 어렵다는 의견을 내놓았다.

또한 국토교통부가 해제한 그린벨트가 공익용 산지, 임업용 산지 등의 규제를 적용받으면 산림청과도 협의해야 한다. 공익용 산지, 임업용 산지의 지정 및 해제는 산지관리법상 산림청장의 권한이기 때문이다.

산지관리법은 산지의 합리적 보전과 이용을 위해 전국 산지를 보전산지와 준보전산지로 구분한다. 보전산지는 다시 임업용 산지와 공익용 산지로 나뉘는데 이들 산지는 '보전'이 목적인 만큼 사업성 있는 개발이 사실상 불가능하다.

그린벨트 해제지 공략법

그린벨트 해제 총량

해제가능 총량의 종합

구분	계(km²)	서울특별시	인천광역시	경기도	국가
기존 해제계획 총량	124,507	13,280	6,907	104,230	(46,804)
해제 잔여 면적	26,520	1,183	1,336	24,001	(0.796)
추가 해제가능 총량	114,496	1,328	2,099	31,269	79.8
향후 해제가능 총량	141,016	2,511	3,435	55,270	79.8

※해제 잔여면적은 :09.03기준
※국가부문 ( )는 기존 2020수도권광역도시계획에 국책사업으로 반영된 총량, 물량임

경기도 권역별 물량 배분

단위 : km²

권역 구분	해당 시군	기존 해제 계획 총량	잔여 면적	추가 해제 가능 총량	향후 해제 가능 총량
남부권역	수원, 성남, 안양, 과천, 군포, 의왕, 용인	20,692	5,862	1,994~2,992	7,856~8,854
서남부권역	광명, 화성, 시흥, 안산, 부천	31,473	9,940	10,233~15,349	20,172~25,289
서북부권역	고양, 김포	15,162	1,107	3,241~4,862	4,348~6,968
동남부권역	하남, 광주, 양평	10,965	0.792	3,339~5,008	4,131~5,801
동북부권역	남양주, 의정부, 양주, 구리	25,938	6,301	6,208~9,312	12,509~15,613

※권역별 배분은 행후 개발시 수요에 따라 탄력적으로 조정

그린벨트 해제지 투자 노하우

그린벨트 지역은 토지는 물론이고 인근 아파트까지, 투자가치는 충분하다고 볼 수 있다. 2020년 7월에 논의되었던 그린벨트 해제가 실제로 실현되지 않았더라도 그러하다. 크게 두 가지 이유를 들 수 있다.

첫째 이유는, 지금이 아니더라도 언제든 그린벨트는 매번 부동산 대책이 나올 때마다 해제가 거론될 것이라는 점이다.

22번째까지 발표된 부동산 정책들이 과연 집값을 잡을 수 있을 것인가를 생각해보면, 그렇지 못할 것이라는 예상이 가능하다. 앞으로도 계속해서 23번째는 물론, 심할 경우 조만간 30번째까지 계속 발표되지 않을까 생각된다. 대책 발표가 준비될 때마다 그린벨트 해제 가능성은 계속해서 높아질 것이고, 이에 따라 그린벨트와 주변 아파트는 계속 수요가 증가할 것으로 예상해볼 수 있다.

두 번째 이유는 서울의 주택공급 부족이다. 현재 재건축, 재개발이 진행되고 있는 곳들의 용적률이 급격하게 높아지지 않는 이상, 서울지역 내의 신규주택 공급은 수요에 비해 계속 부족할 것이다. 수요가 많고 공급이 부족하다는 것은 가격 상승의 기본 원리에 해당된다. 즉 서울지역의 주택공급 부족은 필연적으로 그린벨트 해제에 대한 압력을 높일 것으로 보인다. 앞에서 말했던 첫 번째 이유와 연결되어 서울 지역의 주택공급 부족은 그린벨트와 주변 지역의 가격 상승을 이끌어낼 것으로 예상된다.

대박이냐, 쪽박이냐

30여 년간 자유로운 재산권 행사를 제약받았던 토지를 소유하고 있는 주민들의 입장에서는 그린벨트 해제 여부에 따라 그 희비가 극명하게 엇

갈릴 수밖에 없기에 관심이 고조되고 있는 것은 어쩌면 당연하다고 할 수 있다. 투자자 입장에서는 그린벨트 투자를 통해 소위 말하는 대박을 터뜨리는 경우가 있겠고, 잘못된 선택으로 쪽박을 차는 경우도 있을 것이다.

대박의 확률을 높이기 위해서는 먼저 시류에 편승하지 않는 확실한 투자 전략을 세워 접근해야 한다. 전략이 수립되었다면 과감한 투자로 이어져야 함은 재고의 여지가 없을 것이다.

그린벨트가 해제되면 땅값은 얼마나 뛸까?

그린벨트 해제가 되면 지구단위계획이 어떻게 수립되는가에 따라 개발계획을 알 수 있다. 그러므로 해당 시·군·구청에 도시계획업무를 담당하는 부서나 시도의 도시계획업무부서에 문의하는 것이 가장 바람직하다.

과연 그린벨트가 해제되면 땅값은 얼마나 상승할까?

이미 집단 주택지가 조성되어 있는 취락지구를 제외하고는 그린벨트에서 풀리면 토지 용도는 자연녹지지역으로 변경, 인근 자연녹지지역 땅값과 비슷한 수준으로 상승할 것이라고 보는 것이 일반적이다.

97%가 그린벨트인 하남시의 대로변 자연녹지는 평당 150만 원인 데 비해 옆의 그린벨트 토지는 평당 40만 원에 불과하다. 그렇다면 개발제한구역에서 풀리는 것과 동시에 그린벨트 토지는 150만 원으로 뛰는 것이 일반적이나 하남시의 경우에는 그 경우에 해당하지 않는다. 하남시의 경우 전체 면적의 97%가 개발제한구역으로 자연녹지 토지가 절대적으로 부족하기에 비교적 높은 가격을 형성하고 있다.

그러나 그린벨트가 풀리게 되면 한꺼번에 많은 공급이 이루어지면서 가격은 하락할 것으로 보여진다. 장기적으로 바라보면 150만 원 하던 자연녹지 땅값은 100만 원으로 내려앉고 40만 원이던 최초 그린벨트 땅은 100만 원으로 상승하는 충돌현상이 예상된다.

그린벨트 투자에서 계명으로 삼아야 할 다섯 가지

1. 현장답사는 필수

토지 투자와 마찬가지로 사전정보를 충분히 숙지한 후 직접 현장을 들러 해제 대상 지역으로 선정될 것인지를 직접 확인해야 한다.

2. 해제 프리미엄이 반영된 곳은 피하라.

그린벨트가 풀린다는 얘기는 어제 오늘 일이 아닌 만큼 이미 해제 프리미엄이 반영돼 값이 오를 만큼 오른 지역이 많다. 이 지역은 시세 차익을 기대하기 어려울 뿐 아니라 공영개발이 들어가는 경우에는 오히려 손해를 보는 수도 있으니 주의해야 한다.

3. 환경이 좋은 곳을 노려라.

그린벨트가 풀려도 당장 아파트를 지을 만큼 규제가 완화되는 것은 아니므로 일단 전원형 주택단지를 염두에 두어야 한다. 그러려면 주변 환경이 좋은 곳을 골라야 한다. 또 완전 해제가 되지 않더라도 건축규제 완화 등 혜택이 뒤따를 경우 괜찮은 전원주택 부지로 탈바꿈 될 수 있음을 고려해야 한다.

4. 활용 가능성을 살펴라.

자본이 달려 개발 가능한 땅을 사기 어렵다면 투자 2순위로서 활용 가능성이 높은 임야를 골라라. 나무를 심거나 가족 휴양지로 꾸며 입구에 음식점이나 휴게소를 열 수 있다. 특용 작물 재배지로도 활용이 가능하다.

5. 브로커를 조심하라.

일부 지역에서는 그린벨트 투자자만을 노리는 브로커가 등장해 음성적인 거래를 부추기는 것으로 알려졌다. 이들은 대개 확정이 되지도 않은 사실을 호도하여 땅을 매입하도록 권유한다. 해당 지자체를 직접 방문해 개발 가능성을 살펴야 한다.

어떤 땅을 주목해야 하나?

전체 그린벨트 중 해제된 면적은 16%에 그치고 있지만 투자가치가 있는 토지는 이미 대부분 해제되었기에 아직 해제되지 않은 그린벨트 중 가치 있는 토지를 선별해 내는 안목이 필요하다.

1. 최고의 그린벨트 투자 대상은 지목이 대지인 땅이다.

그린벨트 지정 전부터 대지였던 땅은 해제 후 일반 주택 등의 신축이 가능하다. 물론 맹지가 아닌 경우에만 한한다. 다만 다른 그린벨트에 비해 이미 상당 수준으로 가격이 올라 있다는 것이 단점이다.

2. 집단 취락지구가 형성되어 있는 개발제한구역 내 도로에 접한 전답을 매입하는 것도 높은 수익을 기대할 수 있는 한 방법이다.

대형 취락지구의 경우에는 덩어리로 그린벨트 해제가 예상되어 일단 해제가 되면 대지, 전답, 임야 등과 같은 지목은 더 이상의 의미가 없어지게 된다. 향후 대지와 같은 조건으로 각종 건축물을 지을 수 있음에도 땅값은 대지 가격보다 저렴하게 구입이 가능하다.

다만 10만 ㎡(약 3만 평) 이상 규모의 경우에는 공공임대주택으로 개발되어 수용될 가능성이 있기에 피하는 것이 좋다.

3. 안전을 먼저 생각한다면 다소 비싸더라도 해제가 임박한 지역을 노리는 것이 좋다.

특히, 경기도 화성시, 광명시, 시흥시 등 수도권 일대의 그린벨트 내 중규모 이하 집단취락지에 관심을 가져보는 것도 좋은 방법이다. 그린벨트 투자에 성공하게 되면 1년 내 최소한 투자 금액의 두 배 수익은 기본이다.

그린벨트 해제는 모두가 알고 있는 흔한 정보지만 돈 보따리를 들고 뛰어드는 사람들은 많지 않다. 따라서 그린벨트 투자는 아직 막차가 아니다.

그린벨트 해제 지역 투자에서 유의할 점

먼저 원칙적 개발 기준을 알아두도록 해야 한다. 일단 그린벨트에서 풀리면 제1종 일반주거지역(용적률 150%, 4층 이하)이나 제1종 전용주거지역(용적률 100%, 2층 이하)으로 분류된다. 다만, 서울시 등이 주민들로부터 토지를 사들여 공영개발을 하는 지역은 예외적으로 제2종 일반주거지역(용적률 200%, 7층 이하)이 될 수 있다.

투자 목적으로 그린벨트 해제 대상 지역을 검토해서는 곤란하다. 이미 해당 지역의 거래 시세는 그린벨트 해제에 따른 호재를 반영하고 있기 때문이다. 전원생활을 계획하고 있으나 전원주택이 가지는 많은 문제(학교, 생활편익시설, 직장문제 등) 때문에 고민하는 실수요자라면 수도권 외곽으로 나가는 위험을 피해 신중하게 매입을 검토할 수 있어 보인다. 가격으로 인한 부담이 되겠지만 향후 전원적인 분위기, 점진적인 투자가치 상승 등을 기대할 수 있어 동호인주택 개발 방식으로 뜻이 맞는 사람들끼리 모여 매입하는 것도 하나의 방법이 될 수 있다.

다만, 제2종 일반주거지역으로 개발되는 지역의 경우 용적률 200%, 7층까지라는 양호한 개발 조건에 현혹되어 비싼 값을 주고 사는 실수를 하지 말아야 한다. 이런 지역은 공영개발 대상으로 토지를 강제수용하여 개발하는 것이 원칙이므로 기대했던 투자 목적을 실현하지 못할 가능성이 크기 때문이다.

그린벨트 해제 유망지는 인구 유입이 활발하다

경기도 개발제한구역은 1,302.1㎢ 중 135.0㎢가 해제되어 1,167.1㎢가 지정되어 있으며, 2018년 12월 현재 경기도 전체 행정구역 면적의 11.5%를 차지하고 있다. 경기도 시·군 중에서는 21개 시·군에 개발제한구역이 지정되어 있다. 면적으로는 남양주시의 지정 면적이 가장 크고, 행정구역 면적 대비 비율로는 의왕시, 과천시, 하남시, 의정부시에서 개발제한구역이 70% 이상을 차지하고 있는 것으로 나타난다.

2016년 현재 경기도 개발제한구역 거주 인구는 47,894명, 가구는 22,186가구이다. 개발제한구역 지정 이전부터 거주하고 있는 인구는 4,644명(9.7%), 가구는 1,787가구(8.1%)이며, 전체 거주 가구 중 자가 가구는 12,130가구(54.7%) 세입 가구는 10,056가구(45.3%)를 구성하고 있다. 2006년과 비교하여 가구는 42.4%, 인구는 47.8%가 감소하였는데 특히, 2006~2011년 사이 감소폭이 큰 것은 집단취락 해제와 국책사업 등의 추진에 따른 영향으로 판단된다. 자가 거주자의 변동폭은 크지 않으나, 세입자가 크게 감소한 것도 특징이다.

개발제한구역 내 집단취락 현황을 살펴보면, 2006~2016년 기간 동안 집단취락은 14개소가 줄었다. 면적의 변화는 크지 않으나, 인구와 가구 수는 크게 감소하였다. 반면 주건축물은 1,451동이 증가한 것으로 나타났다.

2016년 현재 집단취락지구는 남양주시에 54개소, 시흥시 28개소, 화성시 24개소, 의왕시 23개소, 고양시 20개소 등이 있다. 취락지구 인구는 남양주시가 4,165명으로 가장 많으나, 지구 총면적은 시흥시가 1,165,000㎡로 가장 넓고, 건축물 수도 경기도 전체의 50% 이상을 차지하고 있다.(출처 : 경기도 개발제한구역 이용 실태와 관리방안, 경기연구원 연구보고서)

그린벨트 지역이 각광 받는 6가지 이유

투자는 사람의 욕망을 읽는 것이다. 그린벨트가 각광을 받는 다음에 소개하는 이유를 보면 투자의 방향을 잡을 수 있다.

1. 대도시 주변에 있기 때문이다.
그린벨트는 대체로 대도시 주변에 있다. 난개발에 따른 부작용을 없애기 위해 개발 제한이 생겼기 때문이다.

2. 큰폭으로 성장하기 때문이다.
서울 외곽지역을 중심으로 그린벨트를 보면 땅값이 오르지 않을 것 같지만 시내 부동산 가격이 오르는 만큼 꾸준히 오르고 있다.

3. 건물이 있는 땅은 재건축이 가능하기 때문이다.
그린벨트 땅이 매력 있는 것은 현재 건축물을 보다 더 넓혀 새로 지을 수 있기 때문이다.

그린벨트지역 땅값을 보면 인접 부동산과 별로 차이가 없다. 다만 개발이 제한되어 있을 뿐이다.

4. 이축권이 매력적이기 때문이다.

그린벨트 지역 내에 간혹 이축권이 보장된 곳이 있다. 이런 지역은 매력 만점이기 때문에 부동산에 대해 잘 알고 있는 부자들의 먹이가 되고 있다.

5. 그린벨트는 언젠가는 풀리기 때문이다.

댐은 언젠가 수문을 열지 않으면 무너질 수밖에 없다. 아무리 높게 댐을 쌓아 물을 가둔다고 해도 언젠가는 수문을 열어서 흘려보낼 수밖에 없다.

마찬가지로 수도권 그린벨트 또한 도시로 몰려드는 사람들 때문에 언젠가는 풀릴 수밖에 없다.

6. 쾌적한 지역에서 살고 싶은 욕망 때문이다.

주거환경에서 가장 우선시 하는 것이 쾌적함이다. 그린벨트는 바로 쾌적한 주거환경을 갖추고 있는 곳이다.

대도시에 사는 사람들 중에서도 자금에 여유가 있는 사람들은 그린벨트로 자연환경이 잘 보존된 지역에서 살고 있다. 또 투자자들에게 미래가치가 있는 토지 투자 지역이기도 하다.

그린벨트 토지 시장 분석

그린벨트 해제 투자 유망지 시장 분석

2018년 12월 19일 국토교통부에서 3기 신도시계획을 발표했다. 신도시계획을 위한 수도권 그린벨트 해제지역은 남양주 왕숙신도시 343만 평, 하남 197만 평, 과천 47만 평, 인천 계양 102만 평에 달한다.

요즘은 개발이 필요한 지역은 그린벨트라 하여도 국가나 지자체에서 그냥 풀어서 개발하고 있다. 많은 사람들이 인프라가 잘 갖춰진 수도권에 사는 것을 원하므로 계속해서 인구가 몰릴 수밖에 없고, 따라서 수도권에는 주거지와 일자리가 계속해서 생길 수밖에 없으며 그 문제를 해결하기 위해서는 수도권의 그린벨트를 풀 수밖에 없기 때문이다.

"그린벨트가 해제되었다."는 말은 그린벨트인 도시지역의 녹지지역이 주거·상업·공업 등의 지역으로 용도지역이 변경되었다는뜻이다. 개발행위가 허용되어 새로 건축물을 지을 수도 있고, 용도 변경을 하여 건축물을 더 높게 지을 수도 있다.

하남 84%, 남양주 50%, 구리 65%, 고양 45%, 광명 65%, 과천 90%, 시흥 70%. 수도권 주변 지역에는 개발이 용이한 전·답, 낮은 임야 등 많은 땅이 그린벨트로 묶여 있는 실정이다.

수도권 주요 신도시 현황

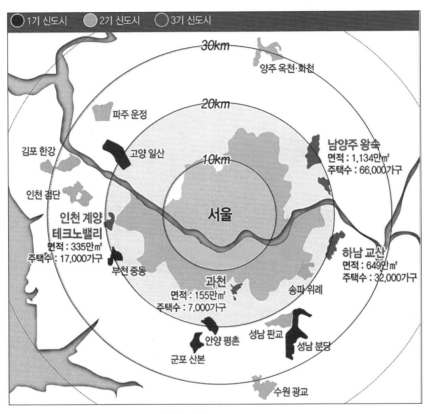

* 1기 신도시 : 서울시청에서 20km 내외에 위치
* 2기 신도시 : 서울시청에서 30km 내외에 위치
* 3기 신도시 : 1기와 2기 사이에 위치

2020년 역대 최고의 그린벨트 투자 열기와 위험성

2020년 초부터 경기도 일대 개발제한구역에 막대한 자금이 몰리고 있는 것으로 나타나고 있다. 그동안 치솟았던 서울 아파트 값이 정부의 고강도 규제로 주춤하자 시중의 유동자금이 3기 신도시 주변 토지 등에 스며

드는 것으로 파악됐다. 이 과정에서 기획부동산의 개입이 의심되는 토지 지분 거래도 늘어 투자자들의 주의가 요구된다.

국토교통부 실거래가 공개시스템에 따르면 연초부터 약 한 달 동안 경기도권에서 약 1조 1088억 원 규모의 토지가 매매됐다. 이 중에서 그린벨트는 1079억 원으로 9.73%를 차지한다. 지난해 같은 기간엔 전체 토지매매액 2조 258억 원 중 7.97%인 1,615억 원의 그린벨트가 매매됐다. 부동산 계약 신고기간이 60일이라는 점을 감안하면 경기도권 그린벨트 토지 거래량이 역대 최대치였던 지난해 수준에 버금갈 정도의 투자가 올해도 이어지고 있다는 것이 대체적인 분석이다.

땅 투자는 주로 대규모 개발사업 주변 지역에 집중되고 있다. 남양주 왕숙, 고양 창릉, 하남 교산, 부천 대장 등 3기신도시와 시흥 거모·하중, 과천 지식정보타운, 안산 장상, 용인 구성 등 택지개발지구가 주요 대상지다. 정왕동은 거모지구 개발사업이 예정지와 평택-시흥고속도로를 사이에 자리 잡은 곳이다. 고양시 창릉지구와 인접한 덕양구 용두동 주변 그린벨트에도 막대한 투자 자금이 몰리고 있다. 용두동 일대 토지 거래액은 115억 원으로 올해 경기도 일대 전체 그린벨트의 10.65%에 달한다.

정부와 지자체가 대규모 개발계획을 세운 지역의 그린벨트는 대체로 토지거래허가구역이나 개발행위제한지역으로 묶여 있어 거래가 까다롭다. 대신 주변 땅들은 개발 수혜 기대감으로 가격이 치솟는 게 일반적이다. 토지 투자자들 사이에서는 정부가 조성하는 택지보다 오히려 주변 상권이 더 주목을 받는다. 그린벨트가 풀려도 개발되지 못할 가능성이 있는 임야보다는 곧바로 건물을 지을 수 있는 대지나 전답의 시세가 3~4배 더 높게 형성돼 있다.

이른바 '쪼개기'로 의심되는 지분거래도 기승을 부리고 있다. 올해 경기도에서 매매된 그린벨트 1891필지 중 78.9%에 달하는 843건이 지분 형태의 거래였다. 지난해 같은 기간에는 총 1891건 중 83.2%(1575건)가 이

같은 방식으로 거래됐었다. (아시아경제 참고)

개발제한구역 면적과 해제총량

구분		당초 지정	기해제 면적 2007~ 2017.12	해제 면적 2017.12	해제총량 소진시 잔여면적	2020 광역도시계획				
						해제총량	최초 수립시	추가 해제	기해제 면적	잔여총량
전국		5,397.1	1,550.5	3,846.6	3,626.2	531.6	342.8	188.7	311.1	220.4
대도시권		4,294.0	44.7	3,846.6	3,626.2	531.6	342.8	188.7	311.1	220.4
수도권		1,566.8	157.0	1,409.8	1,316.6	239.0	124.5	114.5	145.8	93.2
	서울	167.9	17.2	150.7	148.3	14.6	13.3	1.3	12.2	2.4
	인천	96.8	8.8	88.0	86.9	9.1	7.0	2.1	8.0	1.1
	경기	1,302.1	129.4	1,172.7	1,125.7	135.5	104.2	31.3	88.4	47.1
	국책	–	37.2	–	–	79.8	–	79.8	37.2	42.6
부산권		597.1	183.5	413.5	395.6	80.5	54.3	26.3	62.6	17.9
대구권		536.5	20.5	516.0	495.2	40.9	31.5	9.4	20.1	20.8
광주권		554.7	39.5	515.2	494.6	59.5	45.8	13.7	38.9	20.6
대전권		441.1	16.2	424.9	400.7	39.9	31.3	8.6	15.7	24.2
울산		283.6	14.3	269.3	245.5	38.1	29.3	8.8	14.3	23.8
창원권		314.2	16.2	298.0	278.0	33.6	33.6	7.4	13.7	19.9
중소도시권		1,10.31	1,103.1	–	–	–	–	–	–	–

주 : 2017. 12. 기준
자료 : 김중은 외(2018). 『개발제한구역 해제 관련 공공성 및 합리성 제고방안 연구』. 국토교통부 「2020년 수도권 광역도시계획」(변경)

실제로 3기 신도시와 광역교통망 등 호재를 이용해 개발 가치가 전혀 없는 서울 외곽 땅을 시세보다 4~5배 더 비싸게 파는 기획부동산이 판을 치고 있다.

2020년 8월 말 기준 서울시 개발제한구역에서 공유인 50명 이상 필지를 조사한 결과 여의도 절반 크기(약 149만 ㎡)인 땅에서 소유자가 총 4,485명에 달했다. 가령 면적이 34만 ㎡(축구장 48개 크기)인 '서울시 도봉구 도봉동 산53' 필지는 소유인이 무려 936명에 달했다. 면적 13만 ㎡ 규모 도봉구 도봉동 산6-1 필지 역시 소유자가 229명이다. GTX-C 노선, 창동 역세권 개발계획 등 호재를 미끼로 도봉동 산에서 지분 거래가 성행한 것으로 추측된다. 문제는 이 땅이 모두 개발이 불가능하다는 것이다. 다시 말해 서로 모르는 사람 수백 명이 아무런 개발 가치가 없는 땅을 공동 소유하고 있다는 이야기다.

936명이 소유한 도봉동 산53은 지난해 9월 기획부동산이 27억 원에 이를 사들였고 그해 11월부터 현재까지 총 134억 원어치를 판매했다. 서울시 구로구 궁동 산1-1 역시 소유자가 167명에 달하는데, 기획부동산이 지난해 7월 12억 원에 이를 매입해 최근까지 총 78억 원에 되팔았다.

태릉골프장 그린벨트와 구리 갈매지구 분석

정부는 그린벨트 해제 카드를 접은 대신 군 골프장 등 서울에 남은 시설을 외곽으로 옮기고 대형 택지를 조성하는 방안을 검토 중이다. 대표적인 곳이 태릉, 88, 뉴서울골프장이다. 태릉골프장은 총 82만 5,000㎡ 규모로 인근 육군사  관학교, 태릉선수촌까지 합하면 부지 규모가 250만 ㎡ 수준으로 늘어나 최대 2만 가구 공급이 가능할 것으로 전망된다.

역세권 그린벨트 토지로 유동자금 대거 유입

주택시장 규제로 인한 풍선효과와 더불어 올해 약 45조 원에 달하는 역대 최대 규모의 토지 보상금이 풀리면서 대출과 세금 등 비교적 규제에서 자유로운 토지시장으로 쏠리게 될 것으로 분석되고 있다. 최근 수도권 3기 신도시 지정 등으로 남양주 왕숙, 인천 계양, 하남 교산, 과천 등에서만 17조 원 이상의 풀릴 것으로 예상된다.

향후 미래가치와 개발호재가 예상되는 수도권 알짜배기 입지에 투자자들의 관심이 쏠리고 있는데, 서울과 가깝고 다수의 교통망이 추가로 들어설 예정인 대장지구와 그 주변 지역들이 대표적이다. 성남 대장동을 관통해 서울로 이어지는 용인~서울간 고속도로 동쪽에 위치한 대장지구는 북쪽으로 판교신도시와 서울이 이어지는 핵심 입지로 남쪽으로는 용인 신봉지구와 광교신도시 동서로는 분당과 평촌신도시로 이어진다.

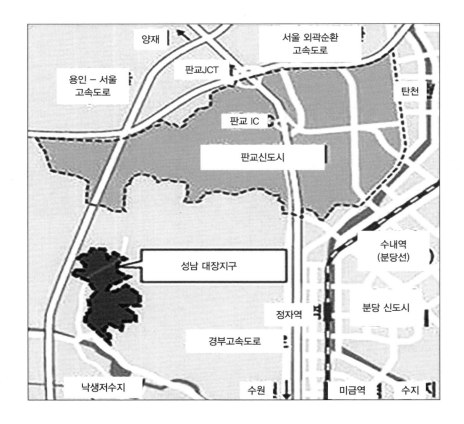

대장동을 비롯한 동판교지역은 각종 개발과 교통망 개선이 기대되면서 판교생활권으로 자리 잡을 것으로 기대되는 지역으로 전원주택용지가 많아 투자 수요뿐만 아니라 실수요자들로부터도 관심이 쏠리고 있다.

역세권개발법 개정안 통과도 토지시장 호재로 작용하고 있다. 개정안은 역세권 범위가 역사는 물론 차량정비기지, 선로보수기지, 직원 기숙사 등까지 확대해 사업성이 대폭 개선됐다.

또한 그린벨트에 대한 규제 완화로 해당부지에 대한 투자자들의 관심 역시 높아지고 있는데, 그동안 그린벨트는 규제로 인해 개발이 어렵다는 인식이 강해 투자처로 선호되지 않았지만 최근 수도권 내 취락지구 인접 그린벨트가 해제되면서 대규모 개발로 이어졌기 때문이다. 실제로 3기 신도시로 지정된 창릉지구는 전체의 97.7%, 성남 대장지구는 99.9%가 그린벨트이다.

그린벨트 해제 축 분석

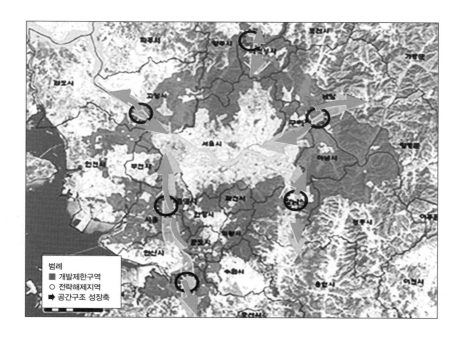

환경평가 결과 4, 5등급지를 노려라

환경평가결과 4, 5등급지 추가조정 가능량

구분	조정 기준 총량①	조정 허용 총량②	추가조정 가능량 ③ = ① - ②
고양시	19.99	13.1	6.89
과천시	3.79	2.5	1.29
광명시	6.15	3.3	2.88
광주시	0.92	7.0	−6.8
구리시	1.72	1.9	−0.18
군포시	3.99	2.5	1.49
김포시	3.02	1.5	1.52
남양주시	6.48	11.3	− 4.82
부천시	3.67	2.1	1.57
성남시	8.12	5.3	2.82
수원시	4.33	3.0	1.33
시흥시	28.20	12.1	16.10
안산시	8.62	4.5	4.12
안양시	3.06	2.6	0.46
양주시	5.64	4.5	1.17
양평군	0.13	1.1	−0.97
용인시	0.001	0.2	−0.19
의왕시	7.67	5.1	2.57
의정부시	8.42	5.9	2.52
하남시	5.76	7.1	−1.34
화성시	15.15	7.6	7.55
합계	147.44㎢	104.2㎢	43.2㎢

개발제한구역 조정 대상 지역을 공략하라

비조정지역의 경우, 장점이 많기 때문에 아직 덜 오른 곳을 잘 골라 투자한다면 향후 차익을 실현할 수 있다. 조정 대상 지역과 투기과열지구는

서울 전 지역을 포함하여 다음 표와 같다. (2020. 11. 20)

조정 대상 지역 지정 기준 지정 효과

지정 기준 및 절차

구분	조정 대상 지역
법령	주택법 제63조의 2 제1항 및 시행규칙 제25조의 3
지정	정량적 요건 : 공통요건 + 선택요건 중 1이상 충족 공통 요건 : 직전 월부터 소급하여 3개월간 해당지역 주택가격 상승률이 시도 소비자물가 상승률의 1.3배를 초과한 지역으로서 다음 중 하나에 해당하는 지역. 선택 요건 : ① 직전 월부터 소급하여 주택공급이 있었던 2개월간 청약경쟁률이 5:1을 초과(국민주택 규모 10:1) ② 직전월부터 소급하여 3개월간 전매거래량 전년 동기 대비 30% 이상 증가 ③ 시도별 주택보급률 또는 자가주택비율이 전국 평균 이하 정성적 요건 : 주택가격, 청약경쟁률, 분양권 전매량 및 주택보급률 등을 고려하였을 때 주택분양 등리 과열되어 있거나 과열될 우려가 있는 지역
지정절차	지자체(시·도지사) 의견 청취 후 국토부장관이 주거정책심의위원회 심의를 거쳐 지정

지정 효과

구 분	조정 대상 지역 규제 내용
금 융	· LTV : 9억 이하 50%, 9억 초과 30%. DTI 50% 　－ 서민 실수요자 10%p 우대 · 중도금 대출 발급요건 강화 (분양 가격 10% 계약금 납부, 세대당 보증 건수 1건 제한) · 2주택 이상 보유세대는 주택 신규 구입을 위한 주택담보대출 금지 (LTV 0%0 · 주택 구입 시 실거주 목적 제외 주택담보대출 금지 　－ (예외) 무주택세대가 구입 후 6개월 내 전입, 1주택세대가 기존주택 6개월내 처분·전입 시
세 제	· 다주택자 양도세 중과, 장특공 배제 (2주택+20%p 추가 과세) · 분양권 전매시 양도세율 50% · 2주택 이상 보유자 종부세 추가 과세(+06.~2.8%p 추가 과세) · 일시적 2주택자의 종전 주택 양도 기간 (1년 이내 신규주택 전입 및 1년 이내 양도) · 1주택 이상자 신규 취등록 임대주택 세제혜택 축소(양도세 중과, 종부세 합산과세)
전매제한	· 주택 분양권 전매제한(1지역 : 소유권이전등기, 2지역 : 1년 6개월, 3지역 : 6개월) · 오피스텔분양권 전매제한(소유권이전등기 or 사용승인일로부터 1년 중 짧은 기간)
청 약	· 1순위 자격 요건 강화 / 일정 분리 　－ 청약통장 가입 후 2년 경과 + 납입 횟수 24회 이상 　－ 5년 내 당첨자가 세대에 속하지 않을 것, 세대주일 것 　－ (국민, 민영, 가점제) 무주택자, (민영 추첨제) 1주택 소유자 　※추첨제의 75%는 무주택자, 25%는 기존주택 처분 조건 12주택자 공급 · 가점제 적용 확대 (85㎡ 이하 75% 85㎡ 이상 30%) · 가점제 적용 배제 (가점제 당첨된 자 및 가점제 당첨된 세대에 속하는 자는 2년 간 가점제 적용 배제)
기 타	· 취득 시 자금조달계획서 신고 의무화 (기존 주택 보유 현황, 현금 증여 등)

개발제한구역의 해제

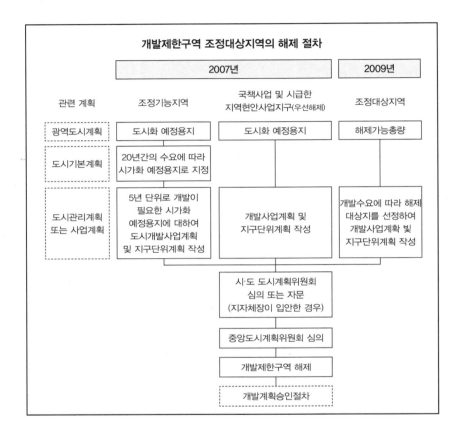

개발제한구역법 시행령 제2조 제3항에 따르면, 개발제한구역의 해제가 가능한 지역 또는 토지의 요건을 다음과 같이 정하고 있다.

① 개발제한구역에 대한 환경영향평가 결과 보존 가치가 낮게 나타나는 곳으로서 도시용지의 적절한 공급을 위하여 필요한 지역.

② 주민이 집단적으로 거주하는 취락으로서 주거환경 개선 및 취락 정비가 필요한 지역.

③ 도시의 균형적 성장을 위하여 기반시설의 설치 및 시가화 면적의 조정 등 토지이용의 합리화를 위하여 필요한 지역.

④ 지정 목적이 달성되어 개발제한구역으로 유지할 필요가 없게 된 지역.

⑤ 도로·철도 또는 하천 개수로를 설치함에 따라 생겨난 10,000㎡ 미만의 소규모 단절토지.

⑥ 개발제한구역 경계선이 관통하는 대지.

개발제한구역 해제를 위해서는 종전 광역도시계획에 따라 조정가능지역의 경우 도시화 예정용지에서 도시기본계획을 통해 시가화 예정용지로 지정 후 도시개발사업계획 및 지구단위계획이 수립된다. 반면, 국책사업이나 시급한 지역 현안사업 등(우선해제지역)은 시가화 예정용지 지정 없이 개발계획 및 지구단위계획을 수립한 후 중앙도시계획위원회 심의를 거쳐 개발제한구역에서 해제된다.

조정 대상 지역, 해제 대상지 선정 요건

1. 광역도시계획 목표 연도 내 실질적으로 개발이 가능한 지역 중 관리계획결정 고시일~4년 내 착공

1) 기 시가지, 공단, 항만 등과 인접, 경제효과 크고 대규모 기반시설 설치 적은 곳

2) 환경평가등급 1~2등급지 제외

3) 20만 ㎡(20ha) 이상, 정형화된 개발 가능한 지역 : 예외 사항(20ha 미만 가능) : 기 해제구역 인근, 공공시설 등, 공공주택지구 등

2. 제척 대상

1) 도시연담화 방지 보전지역 (그린벨트 최소폭 5km 이상 기준)

2) 지가급등, 투기성행 지역, 심각한 갈등 초래 지역

3) 대규모 환경 훼손을 수반하는 지역, 수질 등 환경 보전이 필요 지역, 방재지구, 자연재해지구

그린벨트 해제 지역에 지을 수 있는 건축물의 종류

구분	투기과열지구(48개)	조정 대상 지역 (75개)
서울	전 지역 ('17 .8. 3)	전 지역('16. 11.3)
경기	과천 ('17. 8. 3), 분당 ('17. 9. 7) 광명, 하남 ('18. 8. 28), 수원, 성남수정, 안양, 안산단원, 구리, 군포, 의왕, 용인수지, 기흥, 동찬2 ('20. 6. 19)	과천, 성남, 하남, 동탄2 ('16. 11. 3) 광명('17. 6. 19), 의왕 ('12 .2. 21), 구리, 안양동안, 광교지구 ('18. 8. 28) 수원 팔달, 용인 수지 기흥 ('18. 12. 31) 수원 영통, 권선 장안, 안양 만안 ('20. 2. 21) 고양, 남양주주1), 화성, 군포, 안성주2) 부천, 안산, 시흥, 용인 처인주3), 오산, 평택, 광주주4), 양주, 의정부 ('20. 6. 19), 김포주5)('20.11.29)
인천	연수, 남동, 서 ('20 .6. 19)	중, 동, 미추홀, 연수, 남동, 부평, 계양, 서('20.6.19)
대전	동, 중, 서 유성 ('20. 6. 19)	동, 중, 서, 유성, 대덕 ('20. 6. 19)
부산	–	해운대, 수영, 동래, 남, 연제 ('20. 11. 20)
대구	수성 ('17. 9. 6)	수성('20. 11. 20)
세종	세종 ('17. 8. 3)	세종주6)('16. 11. 3)
충북	–	천주주7)('20. 6. 19)

주1) 화도읍, 수동면, 및 조안면 제외
주2) 일죽면, 축산면, 축산리·용설리·장계리·매산리·장릉리·장원리·두편리 및 심축면 용월리·덕산리·율곡리·내장리·배태리 제외
주3) 포곡읍, 모현읍, 백암면, 양지면 및 원삼면 가재월리·사암리·미평리·좌항리·맹리·두창리 제외
주4) 초월읍, 곤지암읍, 도척면, 퇴촌면, 남종면 및 남한산성면 제외
주5) 통집읍, 대곶면, 월곶면, 하성면 제외
주6) 신행정수도 후속 대책을 위한 연기공주지역 행정중심복합도시 건설을 위한 특별법 제2조제2호에 따른 예정지역에 한함.
주7) 남한산성, 미원면, 가덕면, 남일면, 문의면, 남이면 현도면, 강내면, 오옥산면, 내수읍 및 북이면 제외

3. 집단취락 충족 기준

1) 호수밀도(10호/ha) 이상, 주택 20호 이상

2) 집단취락 해제 가능 면적(m^2) = 취락 주택 수(호) / 호수밀도(10호/ha) + 대규모 나지 등 1,000m^2 초과 면적 + 도시계획시설 면적 (m^2)

4. 경계선 관통대지

1) 그린벨트 지정부터 해제 도시관리계획 입안일까지 1,000㎡ 이하로 구역 경계선 관통 유지 대지.

2) 제외 : 해제하면 심각한 부정형이 되는 경우, 환경평가등급 1~2등급, 국공유지.

선거와 그린벨트 해제

그린벨트를 선거철에 손쉽게 이용했던 건 역대 어느 정권도 마찬가지였다. 그린벨트 해제나 그린벨트를 이용한 사업 발표는 늘 각종 선거를 앞두고 집중됐다.

15년간 여의도 면적 530배 사라진 그린벨트의 해제 이유는? "당선을 위해서라면 그린벨트를 개발해야 한다." 국책사업을 위해서라면 '도시 허파'는 필요 없다. 임대주택을 지을 때도, 새로운 단지를 조성할 때도, 전략 산업을 육성할 때도 어김없이 그린벨트 해제가 포함된다. 역대 정부에서도 그린벨트는 늘 지역 주민들에게 던져줄 선거용 선물로 활용돼 왔다.

그린벨트는 '군사정권 시대의 상징'이라는 슬로건을 내건 김대중 정부에서 그린벨트 제도개선 방안을 내놓은 것도 16대 국회의원 선거를 9개월 앞둔 1999년 7월이었고, '국민임대 20만 가구 건설' '국민임대 연내 1만 가구 건설' '택지공급 확대' 등 본격적으로 그린벨트를 통해 개발하겠다고 공개한 시점도 16대 대통령 선거를 앞둔 시점이었다. 대선이 있던 2002년 1월에는 '수도권 광역도시계획안'과 '주택시장 동향 점검 및 대응 방안', '청주권 그린벨트 해제안' 등 그린벨트 해제를 기반으로 한 정책을 한 달 동안 잇따라 쏟아냈다.

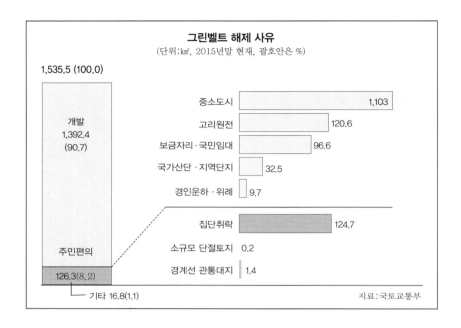

그린벨트 해제 사유

(단위:㎢, 2015년말 현재, 괄호안은 %)

1,535.5 (100.0)

개발
1,392.4
(90.7)

주민편의
126.3(8.2)

기타 16.8(1.1)

중소도시	1,103
고리원전	120.6
보금자리·국민임대	96.6
국가산단·지역단지	32.5
경인운하·위례	9.7
집단취락	124.7
소규모 단절토지	0.2
경계선 관통대지	1.4

자료:국토교통부

노무현 정부도 2003년 9월 '서민 중산층 주거안정지원 대책'을 통해 2012년까지 국민임대 100만 가구를 공급하겠다고 밝혔다. 17대 총선을 정확히 반년 앞둔 시점이었다. 이렇게 김대중·노무현 정부에서 국민임대주택 건설에 활용된 그린벨트가 62.4㎢에 달한다.

이명박 정부는 한 걸음 더 나갔다.

그린벨트를 중심으로 주요 대선공약이 수립됐기 때문이다. 대표적인 게 보금자리주택이다. 도심지 그린벨트를 해제해 값싼 아파트를 공급하자는 취지였다. 실제 서울 강남·서초 등이 주변 시세의 절반도 안 되는 42~49% 수준에 분양돼 '로또복권'으로 통했을 만큼 표심을 끌기에 충분했다. 대선 이듬해인 2008년 치러진 18대 총선에는 유력 후보들이 너도나도 그린벨트를 풀어 물류도시, 산업단지, 운하 등으로 개발하겠다고 경쟁을 벌이기는 박근혜 정부도 다르지 않았다.

개발제한구역의 정책 흐름을 공부하라

그린벨트는 환경론자들마저도 인정하는 박정희의 유일한 환경 치적이다. 도심의 과도한 팽창을 막고 난개발을 제한하는 마지막 수단으로 여겨졌다.

물론 당시 개발지상주의자들을 위해 암암리에 수많은 토지 사용을 허용했기 때문에 이를 가리기 위한 방법으로 그린벨트를 떠올렸다는 의견도 있다. 어쨌든 그린벨트는 70년대 이후 고속성장을 거듭한 대한민국의 자연환경을 유지할 수 있는 거의 유일한 대안이 돼 왔다.

그린벨트는 지정 당시 총 5,397㎢였다. 이 중에 경기도는 1,302㎢로 전 권역 가운데 가장 넓은 면적이 묶였다. 그 뒤 경남 719㎢, 대구시 418㎢, 부산시 389㎢, 전남도 374㎢ 순이다.

경기도는 당시 확장되는 서울을 둘러쌀 것으로 예상해 범수도권이라는 의미에 따라 너른 원형의 그린벨트를 지정했다. 부산을 포함해 범부산권에 속하는 경남도의 그린벨트 면적도 합하면 1,000㎢를 넘는다. 도심 과밀화가 예상되는 곳일수록 그린벨트를 넓게 묶은 것으로 쉽게 유추할 수 있다. 향후 서울과 부산의 도심화가 더욱 가속화될 것이기 때문에 그 부근의 자연환경을 보호해야 한다는 의지가 깃든 것이다. 그래서 그린벨트는 쉽게 손을 대서는 안 되는 일종의 금기였다. 군부 정권을 넘어 김영삼 정부에 이르러서도 그린벨트는 건드리지 않았다.

팽창하는 도시를 그린벨트 외에는 진정시킬 방법이 없었다. 그러나 다른 한편, 그린벨트로 묶어두면 정치 권력이 도심의 자연환경을 손쉽게 활용할 수 있다는 이유도 있다. 개발을 제한하기 때문에 주변 지가에 비해 상당히 저렴한 가격으로 토지나 임야를 정부가 사들일 수 있고, 이를 정치 권력이 원하는 대로 활용할 수 있다는 것이다.

실제 그린벨트 해제는 대통령령으로 이뤄진다. 중앙 정부가 개인의 토지 소유를 인정하는 자본주의 국가에서 국토를 제어할 수 있는 강력한 수단이 된다는 의미다. 군사적인 이유를 내세워 일부 권력층만이 국민들 몰래 자연환경을 향유할 수 있는 좋은 핑계거리가 되기도 했다.

그린벨트로 묶인 경관 좋은 곳을 국방부가 사들여 철책을 세워두고 군인들을 경비로 세워둔 뒤 중앙정부의 관리와 정치인들이 유람을 즐긴 것이다. "그린벨트 안에서 골프를 한 번 쳐봐야 나라(국토)를 사랑하게 된다."는 식의 정계 유머도 이때 이야기다. 달리 이해하자면 환경보존을 위해 설정된 그린벨트가 본래 목적을 벗어나 일반 국민의 토지 소유권을 일부 권력이 독점하는 방식으로 변질된 것이다.

2000년 이후 그린벨트는 해제되기 시작했다. 암암리에 군사적 이유를 들어 정권이 사용하던 토지를 공공에게 돌려주기 위해서다. 박수현 의원이 국토교통부에 요청한 통계 자료에 따르면, 김대중 정부는 2002년까지 총 781㎡, 본래 그린벨트 면적의 14.5%를 해제했다. 이때 강원도 294㎢와 제주도 82㎢가 모두 해제됐다. 그린벨트를 푼다고 해도 난개발이 이뤄지지 않을 곳이기 때문이다.

노무현 정부는 전라북도의 225㎢ 모두를 해제했다. 같은 이유에서다. 노무현 정부가 해제한 총면적은 653㎢, 그린벨트 총면적의 12.1%다.

2012년 7월까지, 즉 이명박 정부에서 해제된 총면적은 75㎢, 1.4%에 불과하다. 이 때문에 혹자는 김대중-노무현 시절 그린벨트를 무분별하게 풀었다고 비판하기도 한다. 상당히 나이브한 환경론자들을 중심으로 이런 이야기가 나오는데, 충격적인 실상은 다르다.

김대중 정부가 해제한 그린벨트 지역을 보면 충청북도 180㎢, 전라남도 87㎢, 부산 86㎢, 울산 35㎢ 순이다. 지역 안배를 고려한 흔적이 보인다. 그린벨트는 푸는 순간 해당 지역 주민들에게 상당한 개발 이익을 가져다준다. 정치적 지지를 얻으려면 그린벨트를 적절히 푸는 것만큼 괜찮은 효과를 내는 것도 없다.

수도 이전을 추진했던 노무현 정부는 경기도와 서울시 등의 그린벨트를 푸는 데 노력했다. 서울시의 9㎢, 경기도의 69㎢를 풀었다. 다른 지역과 달리 최고의 개발 이익을 수도권에 안겨준 것이다. 경남은 247㎢로 34.3%나 풀었다.

주로 지지기반이 부족한 정치 거점을 풀어준 것으로 풀이된다. 물론 바람과 달리 그린벨트 해제 이후 지자체 선거에서 경기도, 서울시, 경남도 모두에서 민주당은 패배했다. 정치적 실익은 얻지 못했다.

어쨌든 그린벨트 해제 면적만 놓고 보면 김대중-노무현 정부가 상당히 자연환경을 무분별하게 해쳤다는 이야기가 나올 만하다. 그러나 그 내용이 다르다.

개발제한구역 제도 변천

시기	개선 횟수	특징	대표적인 제도 개선
1970년대	12회	– 농·축·수산업 시설 지원 – 최소한의 주택 개량 허용 – 공익·공공용 설치	– 농림수산업 종사자의 창고·축사신축 : 허용 토지 면적 5/1000 이하, 100㎡ 이내 – 축사 규모 확대 : 가구당 100㎡ → 100㎡ – 정부 제2종합사, 국립원호병원 설치
1980년대	8회	– 주민편익시설 제한적 허용	– 체육시설, 공원시설, 승마경기장 설치
1990년	10회	– 주택개량 확대 – 국제경기 지원	– 거주 기간에 따른 주택 증축 규모 확대 – 제14회 아시아경기대회, 2002년 월드컵축구대회 경기장 등 설치
2000년대	13회	– 관리계획제도 도입 등 관련 제도 정비 – 신규 설치요건 완화	– 토지매수청구권, 보전부담금 등 헌법 불합치 상태 해소를 위한 노력 – 개발제한구역 재지정 및 훼손지 복구 제도 도입 – 화훼전시판매장, 화물자동차 차고지, 납골봉인시설 등 설치 요건 완화
2010년 이후	4회	– 개발제한구역 내 주민지원 호가대 – 법령 효율화 모드	– 생활비용보조사업, 주택계량사업 추진과 구역 변경 시 경미한 사항의 명확화 – 불필요·불합리한 법조문 정리

2002년 4월 8일 처음으로 해제된 그린벨트 지역은 서울 서초구였다. 화장장과 납골당을 설치하기 위해서였다. 이후 2003년에는 경인교대를

설치하기 위해 경기도 안양시를 풀었고, 2004년 서울시 구로구의 천왕지구 도시재개발사업을 위해 그린벨트를 해제했다. 울산시는 정밀화학단지를 조성하기 위해 풀었고 부산시 강서구는 유통단지와 산업단지를 만들기 위해서 해제했다.

2002년부터 2006년까지 김대중-노무현 정부 시절 해제한 그린벨트는 모두 22곳이다. 대부분 산업단지 조성이 목적이었고 주거단지를 조성할 때도 산업단지를 만들면서 그 인근에 주택단지 용도로 함께 풀어준 것이다. 주거단지 조성만을 목적으로 해제한 것은 울산시 남구 효천 2지구 보금자리와 광주시 동구 월남 도시개발사업 2곳뿐이다. 도시 자체에 산업기능을 가지고 있어 주거지역을 분산하기 위한 목적임이 뚜렷하다.

이명박 정부에서는 어떨까. 2007년 이후 2012년 7월까지(현재) 모두 62곳의 그린벨트가 해제됐다. 이 중 주택단지 조성을 목적으로 한 곳은 34곳에 이른다. 주택단지 활용 외에 비산업적 용도로 해제한 것을 모두 제하고도 용도의 반 이상이 단지 주택단지 조성을 목적으로 했다. 실질적으로는 주택단지 조성사업인 것을 모두 빼줘도 대부분 오로지 주택사업을 위해 그린벨트를 풀어 준 것이다. 각종 보금자리 주택사업이 주를 이룬다.

골칫거리로 지적됐던 주택가격 안정화를 위해 정부가 나서서 주택을 공급하기 위해서라고 항변할 수도 있다. 그러나 주택 경기가 하향세로 접어든 2010년(실질적으로는 2008년 하반기 이후)에도 주택단지 조성을 목적으로 한 그린벨트 해제가 이어졌다. 아니 더 가속화됐다. 정권이 끝나기 전에 풀어놓고 보자는 식이었다.

산업을 키우지 않고 주택만 공급하는 것이 더 문제다. 일자리를 만든 뒤 그곳에 모이는 사람들을 수용할 주택을 만드는 것이 정상이다. 그래야 새로운 도심이 자족 기능을 발휘할 수 있다. 돈을 벌 수 있어야 사람이 모이고, 사람이 모여야 주택이 필요하기 때문이다. 단지 서울에서 출퇴근하는 청년층에게 수도권에 아파트를 공급하겠다는 생각은 과하게 단순한 논리다. 이명박 정부의 그린벨트 해제가 난개발인 것은 이런 자족 기능을 전혀 고려하지 않았기 때문이다. 특히 경기도 이곳 저곳에 갖은 보금자리주택 사업을 펴놓고 이후 책임지지 못할 것이 뻔하다. 실상이 충격적이라는 것은 바로 이런 이유 때문이다.

개발제한구역 제도 변천

시기	년도	내용
김대중 정부	1999년	**7월** : 그린벨트 제도 개선 방안 **12월** : 시화산업단지, 그린벨트 첫 해제 지역
	2000년	**3월** : 창원산업단지 해제 4월 : 제16대 국회의원 선거 실시
	2002년	**1월** : 청주권 그린벨트 5,448만 평 해제, 국책사업용지 등에 30만 가구 공급 **8월** : 부암동 등 그린벨트 우선해제 지역에 국민임대주택 건설 추진 12월 : 제16대 대통령 선거 실시
노무현 정부	2003년	**5월** : 광명, 대구, 울산 그린벨트 74만 평 해제 **9월** : 그린벨트 풀어 국민임대 100만 가구 건설 **10월** : 경남 진주 통영권 7,048만 평 그린벨트 해제 **12월** : 서울지역 그린벨트 78만 평 해제, 아파트 27,000가구 건설
	2004년	**1월** : 서울 은평뉴타운 그린벨트 해제, 착공 결정 **2월** : 경기 남양주 고양 그린벨트 해제지에 임대주택단지 조성 결정 **3월** : 부산 그린벨트 1,300만 평 해제 골자의 광역도시계획안 발표 4월 : 제17대 국회의원 선거 실시 **5월** : 서울 강남구 세곡동 등 그린벨트 4곳 해제
	2007년	**1월** : 그린벨트 내 국민임대아파트 층수 제한 완화 **7월** : 2020 수도권 광역도시계획 확정, 수도권 그린벨트 124.3㎢ 해제 **8월** : 송파신도시 용지 그린벨트(200만 평) 해제 착수 12월 : 제17대 대통령 선거 실시
이명박 정부	2008년	**3월** : 2020년까지 수도권 그린벨트 141㎢ 추가해제 발표 **4월** : 그린벨트 등 보금자리주택 150만 호 건설 계획 구체화 　　　 제18대 국회의원 선거 실시 **9월** : 그린벨트 등 보금자리, 전국 500만 가구 조성 발표
	2012년	4월 : 제19대 국회의원 선거 실시 **5월** : 수도권 그린벨트 해제지역 내 전매제한 기간 대폭 단축 12월 : 제18대 대통령 선거 실시
박근혜 정부	2014년	**3월** : 그린벨트 신축 허용 완화 발표, 해제된 취락지역 상업시설 등 허용 6월 : 제6회 지방선거 실시
	2015년	**3월** : 그린벨트 내 임대주택 허용 **5월** : 30만㎡ 이하 그린벨트 해제 권한 지자체 이양 　　　 KTX 수서역 주변 60만 ㎡ 그린벨트 해제 **12월** : 도로·철로로 쪼개진 1만 ㎡ 이상 그린벨트 해제 허용

시기	내용
김대중 정부 (1998~2003)	• 중소도시권 포함, 최초 • 대규모(781㎢)로 해제 추진 • 개발제한구역제도 개선방안 발표(1997. 7) : 개발제한구역의 기본골격은 유지하되 先 환경평가 및 도시계획 – 後 해제 방식으로 관리방향 조정 • 관리계획, 토지매수, 주민지원, 훼손부담금 제도 등 개발제한구역의 특별법 제정(2000. 1.28) • 광역도시계획 수립지침 제정(1999. 7)

노무현 정부 (2003~2008)	• 국민임대, 집단취락 등 해제(654㎢) : 국민임대주택사업 추진을 위해 개발제한구역 해제(67㎢). 주민불편 해소를 위해 집단취락지구 1,800여개소(119㎢) 해제(2002~2009). 기타 산단 등 지역현안사업(9㎢) 및 잔여 중소도시권 해제(458㎢) ※해제총량 343㎢ 중 195㎢(국민임대 67㎢ + 집단취락 119㎢ + 지역현안 9㎢) 해제 • 7개 대도시권 '2020년 광역도시계획' 수립(2004~2007)
이명박 정부 (2008~2013)	• 보금자리 • 지역현안 등 추진을 위해 해제(88㎢) • 2020 수도권 광역도시계획 수립(2008. 9) • 광역도시계획 수립지침 전면개정(2009. 8) • 개발제한구역의 조정 및 관리계획 국무회의 심의 · 의결(2008. 9) • 7개 대도시권 '2020년 광역도시계획' 변경(2009~2012) : 보금자리주택 등 국책사업 및 지자체 지역현안개발사업 추진을 위해 해제총량을 추가(189㎢)로 부여하고 해제 추진 • 제도개선 : 개발사업에 민간참여(SPC) 허용. 불법시설에 대한 이행강제금 도입 및 해제시 훼손복구(해제면적 10~20%) 의무화 등(2008~2009)
박근혜 정부 (2013~2017.3)	• 주민지원 및 임대주택 공급을 위한 구제완화. 21㎢ 해제
문재인 정부 (2017~)	• 기존 해제 총량을 유지하면서, 지역 현안 등 소폭 해제 (12㎢) • GB내 거주주민의 불편 해소를 위해 주민지원사업을 지속하고 소득 증대를 위한 제도개선을 추진 (지역사업의 원활한 추진지원 병행) • 2018년 제3기 신도시 건설 및 수도권 주택공급 계획 30만호 발표 : 서울 인접 2㎢ 이내에 3기 신도시 (남양주 왕숙, 하남 교산, 인천 계양, 고양 창릉, 주천 대장), 과천 과천 등 대규모 택지 조성 계획

　　이명박 정부 초기 부동산 가격 이슈가 부각되자 정부는 주택공급을 확대해 가격을 안정화시키겠다고 선언했다. 이를 위해 수도권, 특히 경기지역에 주택을 단기간에 확보하는 정책을 썼다. 부동산 문제의 근본이 공급 부족이라는 판단에서다. 정권 초 국토개발사업을 긴급히 진행하면서 각 수도권 지자체에 검토된 바 있는 계획안을 수렴했고 이 내용이 대부분 그린벨트 해제로 이어졌다. 각 지자체는 폐기됐거나 검토 중이던 개발사업 계획안을 서류뭉치째 중앙 정부로 올려보냈고, 주택공급을 서둘러야 했던 중앙 정부는 무턱대고 이를 승인해 그린벨트를 해제했다.

　　이명박 정부의 그린벨트 해제 지역을 보면 또 다른 특징이 있다. 그린벨트를 해제하지 않더라도 주택이 차고 넘치는 서울 강남 지역을 연이어 풀어준 것이다. 2009년 9월 28일 강남구 세곡지구, 서초구 우면지구,

2010년 4월 27일 서초구 내곡지구, 강남구 세곡 2지구 보금자리 등이다. '내곡'이라는 이름만 들어도 예상할 만하다. 왜 이 지역에 주택단지 조성을 목적으로 그린벨트까지 해제했는지는 짐작할 수 있을 것이다.

그린벨트 해제의 문제는 일단 풀면 묶을 수 없다는 것이다. 사업성 없이 풀린 그린벨트는 향후 누가 대권을 잡든 차기 정권에 두고두고 문제가 될 수밖에 없다. 사업을 진행할 수도 없고 이미 올라버린 토지 가격 때문에 주민들의 보상 요구는 커질 수밖에 없다. 농지에는 하우스 하나 올릴 수 없고 보상 하나만 믿고 대출을 끌어다 쓴 주민들의 시위와 자해 소동은 이어질 수밖에 없다. 이전에 사업이 지체된 그린벨트 해제 지역에서 흔히 일어났던 일이다.

투자에서 그린벨트 '매수청구제도'를 활용하라

투자와 개발제한구역 토지매수제도

개발제한구역 토지매수제도

구분	매수청구제도	협의매수제도 (우선 매수)
청구자 요건	• GB 지정 당시부터 계속해서 해당 토지를 소유한 자 • 토지의 사용 수익이 사실상 불가능하게 되기 전에 해당 토지를 취득하여 계속 소유한 자 • 위 토지를 상속받아 계속 소유한 자	• 개발제한 구역 안에서 토지들을 소유하는 자
매수 대상기준	• 종래 용도대로 사용헐 수 없어 그 효율이 현저히 감소된 토지 • 사용 또는 수익이 사실상 불가능한 토지	• 개발제한구역 내측 경계선으로부터 2㎞ 이내 토지 등 • 해제되거나 해제될 지역의 경계선으로부터 1㎞ 이내 토지 등 • 해제 후 벨트(Belt) 폭이 2㎞ 미만인 지역에 위치한 토지 등 • 집단취락의 경계선으로부터 0.5㎞ 아내 토지 등 • 방재지구 및 자연재해 위험지구 • 계획적 매수를 통하여 녹지축의 유지나 미래의 공공적 수요 등을 위하여 확보할 필요가 있다고 국토교통부장관이 인정하는 지역에 있는 토지 등
매수기한	• 매수대상 토지로 알린 날부터 5년	• 기한은 없으나 당해년도에 예산 부족으로 매수 못할 경우 다음 연도에 매수
매수가격 산정시기	• 매수청구 당시 표준지 공시지가를 기준으로 매수청구인에게 매수금액을 지급하는 날까지 지가변동률 등 고려 산정	• 협의 성립 당시 가격

그린벨트 매수청구제도의 이해

매수청구제도는 개발제한구역 지정 당시부터 계속 소유하고 있는 토지를 종래의 용도대로 사용할 수 없어 토지의 효용이 감소되었거나 토지의 사용 및 수익이 사실상 불가능하게 된 경우, 토지소유자가 정부를 상대로 매수청구를 인정하는 제도이다. (개발제한구역법 제17조)

매수청구자의 요건을 살펴보면 다음과 같다,

① 개발제한구역 지정 당시부터 당해 토지를 계속 소유한 자.

② 토지의 사용·수익이 사실상 불가능하게 되기 전에 당해 토지를 취득하여 제2장 도시성장관리와 개발제한구역 계속 소유한 자.

③ 앞의 대상자(① 또는 ②에 해당하는 자)로부터 당해 토지를 상속받아 계속 소유한 자.

매수청구제도의 매수 대상 토지의 판정은 종래의 용도대로 사용할 수 없어 그 효용이 현저히 감소된 토지이다. 이때 '종래의 용도대로 사용할 수 없다.'의 의미는 개발제한구역 지정 이전의 지목대로 사용할 수 없다고 해석된다. 또한, '그 효용이 현저히 감소된 토지'는 매수청구일 현재 당해 토지의 개별지가가 그 토지가 소재하는 읍·면·동 범위를 벗어나지 않는 개발제한구역 내 동일한 지목의 개별공시지가의 평균치의 50% 미만인 경우가 해당된다.

또한, 개발제한구역법 제12조 및 제13조의 행위 제한으로 인하여 토지의 사용·수익이 사실상 불가능한 토지도 매수 대상 토지로 인정된다.

토지매수청구 절차를 살펴보면, 한국토지주택공사(이하 LH)는 토지의 매수를 청구받은 날부터 2개월 이내에 매수대상 여부와 매수 예상가격 등을 매수청구인에게 고지해야 한다. 따라서 매수기한은 매수청구인에게 매수

대상 여부를 고지하고 매수 예상가격 등을 통보한 날로부터 3년 이내에 매수하여야 한다.

매수 가격은 매수청구 당시의 표준공시지가에다 공시기준일부터 매수 청구인에게 지급하고자 하는 날까지의 기간 동안 토지의 이용 상황, 지가 변동률 및 생산자 물가상승률을 감안하여 2인의 감정평가업자가 평가한 금액의 산술평균치로 매수 가격을 산정한다.

이때, 토지매수청구제도는 행정청의 재량이 허용되지 않는 기속 행위로 봄이 타당하다.

>>> 제 목 : 전국 LH 개발제한구역 토지 협의 매수 안내

1. 신청 일시 및 장소
- 신청 대상자 : 개발제한구역 내 토지소유자
- 신청 기간 : 연중 수시 접수
- 신청 장소 : LH 관할 지역본부

※ 2014년 2월 28일까지 접수분에 한하여 2014년도 심의대상에 포함됨.

2. 매수 절차
- 매수공고→ 매도신청서접수 → 현장조사 → 매수대상토지 선정 → 감정평가 및 계약체결

3. 신청 서류
- 매도신청서(공사소정양식), 주민등록등본, 신분증

※ 대리인 경우 본인 발급 인감증명서가 첨부된 위임장과 본인신분증 사본 및 대리인 신분증 추가 제출

4. 매수 가격 결정 방법
- 2개 이상의 감정평가법인이 평가한 금액을 산술평균한 금액으로 함.

개발제한구역 내 토지 등의 협의매수 절차

| 매수신청서 접수 | 토지소재지 관할 LH 지역본부에서 접수, 확인 가능한 매수 제외 토지는 접수 시 제외 |

↓

| 현장조사 및 토지평가 | LH 지역본부에서 현장조사 (PDA 활용) 및 지자체 조회 후 우선 · 일반 매수 대상 구분 |

↓

| 매수대상 토지 선정 | 매수심의위원회 심의 결정, 예산을 초과하여 매수 대상 토지 결정 가능 (본사) |

↓

| 선정결과 통보 | LH 지역본부가 일방 통보(대상 토지, 제외 토지), 대상 토지 감정평가 · 측량 수수료 예치 안내, 지상물 및 사권설정 토지는 철거 · 말소계획 제출 (1월 이내) |

↓

| 감정평가 실시 | LH 지역본부별 2개 감정평가기관에 의뢰, 공시지가기준 산정 수수료의 1.2배 예치 (측량은 소유자 동의 필요) |

↓

| 매수가격 결정 및 통보 | 2개 평가기관의 평가금액을 감정평가심사를 거쳐 산술평균한 금액 |

↓

| 매수협의 | 2개 평가기관의 평가금액을 감정평가심사를 거쳐 산술평균한 금액 |

협의 성립 ↓　　　　(협의 불성립)　　　　　　　　　　　　　수수료 귀속

| 매수 불가 |

| 매매계약 체결 | 매매신청자의 귀책사유로 계약미체결 시 수수료 분담 |

↓

| 소유권 이전 | 국가(국토교통부)로 소유권 이전 등기 |

↓

| 매수대금 지급 | 등기 이전 후 본사로 대금 요청하여 LH 지역본부가 토지소유자에게 대금 지급 및 감정평가 · 측량수수료 환급 |

그린벨트 규제 완화에 주목하라

서울시 그린벨트 지정 현황

영국 그린벨트 제도를 지탱하는 요인을 다시 짚어볼 필요가 있다. 영국의 도시계획제도는 우리와 같은 용도지역제가 아닌 '원칙적 금지, 예외적 허용'의 포지티브 규제 방식인 개발행위 허가제로 운영되고 있다. 그린벨트 지역과 외부의 규제 강도 차이가 우리만큼 크지 않다는 뜻이다. 이 때문에 그린벨트 안과 밖의 토지 가격 차이가 거의 없고, 오히려 그린벨트 안의 땅값이 더 높은 지역도 있다.

반면 한국은 강력한 규제로 인해 개발제한구역이라 하면 산과 논·밭만 있는 곳으로 여겨질 정도다. 1971년 지정 당시 95만 명이던 개발제한구역 거주 인구는 약 11만 명으로 줄었다. 1998년 이후 대도시권을 제외한 춘천권 등 7개 중소도시권의 그린벨트를 전면 해제하는 등 조정을 거쳤지만 아직도 해당 지자체와 주민들은 지역경제 활성화와 고용 창출을 위해 추가적인 해제가 필요하다는 주장을 계속하고 있다.

과거 정부는 일부 그린벨트를 해제해 임대주택, 보금자리주택 등을 공급하거나 산업단지 건설 등 사업을 벌이는 데 집중했을 뿐 개발제한구역에 살고 있는 당사자인 주민의 생활과 관련된 규제 개선은 미흡했다.

이에 따라 정부는 주민들이 살고 싶은 개발제한구역으로 만들기 위해 제3차 규제개혁 장관회의에서 규제개선 방안을 발표했다. 주민들이 거주하는 곳은 생활 불편 해소에 중점을 두고 규제를 완화하되, 나머지 지역은 환경보전 가치에 따라 맞춤형 정책을 시행하기로 했다.

이 대책 중에서 중소 규모 그린벨트 해제 사업에 대한 권한을 지자체에 위임한 부분이 논란이 됐는데, 선거 등을 의식해 선심성 해제를 남발해 난개발을 초래할 것이라는 지적과 함께 정부가 개발제한구역 관리를 포기한 것이 아니냐는 우려의 목소리였다.

하지만 지자체가 개발제한구역을 무조건 해제할 수 있는 것은 아니다. 국토교통부와 사전 협의를 의무화했다. 해제 가능한 그린벨트 면적도 전체의 6%인 해제 총량 이내로 한정했다. 2년 내 착공하지 못할 경우 개발제한구역으로 환원하게 하는 등 이중삼중의 안전장치도 마련했다. 그린벨트 면적의 약 80%를 차지하는 환경평가 1~2등급지는 해제가 불가능하다. 지역에 꼭 필요한 공익사업으로 계획적 개발이 가능한 사업은 해제 절차를 간소화해 신속히 추진하도록 하고, 그렇지 않은 사업은 중앙도시계획위원회에서 엄격히 심사해 해제를 불허한다.

무허가 축사 등으로 훼손된 개발제한구역은 녹지로서 기능을 회복할 수 있게 면적의 30%를 공원으로 만들어 공공기여(기부채납)하면 창고시설 설치를 허용하는 훼손지 정비제도도 도입했다. 훼손된 지역을 방치하기보다는 계획적으로 정비해 공원을 확충하자는 것이다.

그린벨트는 녹지 확보와 도시 연담화(連擔化·거대도시 확산) 방지 등에 기여했다.

하지만 일방적인 희생을 강요하면 제도의 지속 가능성을 확보하기 어렵다. 보전할 곳은 철저히 보전하면서 주민 생활 불편을 해소해 살고 싶은 그린벨트로 만드는 쪽으로 패러다임을 전환하는 그린벨트 규제 완화 정책을 추진해야 한다.

그린벨트(개발제한구역) 활용법

그린벨트의 관리제도

그린벨트 내 취락지구

그린벨트 내 취락지구는 일정 규모 이상의 주택이 집단적으로 들어선 마을로 그린벨트에서 해제되지는 않지만 해제에 준할 정도로 건축규제가 완화된다. 이는 대규모 취락이 우선해제 대상으로 선정돼 그린벨트 족쇄에서 완전히 벗어나지만 소규모 취락은 여전히 재산권 행사에 큰 제약을 받는 데 따른 보완 조치로 마련된 것이다.

그린벨트 내 취락지구로 지정되면 기존 주택을 최고 90평까지 증·개축할 수 있게 된다. 또 신축의 경우 건폐율 40% 범위 내에서 3층까지 지을 수 있어 취락지구 밖의 건축규제(건폐율 20% · 용적률 100%)보다 완화된다.

지정 대상은 일단 3,000평당 주택의 수가 20가구 이상인 곳으로 지자체의 판단에 따라 5가구 정도 가감될 수 있다. 이때 나대지도 1가구의 주택으로 간주된다.

한편 공익사업으로 철거되는 건축물과 재해로 인해 이축이 불가피한 건축물 등은 취락지구가 지정되기 이전이라도 지구 지정 요건을 갖춘 곳으로 옮겨갈 수 있다.

2000년 7월 1일부터 시행에 들어간 개발제한구역 지정·관리에 관한 특별조치법에 의해 지방자치단체들이 2001년 6월 말에 그린벨트 내 취락지구를 지정한 바 있다.

토지매수청구권 제도

개발제한구역 지정 이전의 지목(기존 용도)대로 사용할 수 없게 되어 보유한 토지의 가치가 현저히 하락한 토지의 경우 소유주는 국가를 상대로 매수청구권을 행사할 수 있다.

특별조치법에 따른 매수 대상 토지

▶ 토지 가격이 동일한 개발제한구역 내 읍·면·동의 동일 지목에 해당하는 개별공시지가의 평균치보다 50% 미만으로 하락한 경우.

▶ 토지에 대한 행위 제한으로 토지의 합법적 사용 및 수익을 얻는 것이 사실상 불가능하게 된 경우로 규정할 수 있으며 구체적인 판정 기준은 시행령으로 정하도록 하고 있다.

국가는 2개월 안에 매수 여부와 예정 매입가격을 통보해야 하며 매수 기간은 토지소유자에게 통보한 날로부터 3년 이내다. 땅 소유자는 매입가격이 부당하다고 판단할 경우 중앙토지수용위원회에 이의신청을 할 수 있다.

1. 1998년 12월 헌법재판소의 그린벨트 지정에 대한 헌법불합치 결정에 의하여 토지소유자는 당해 그린벨트 지역 내의 토지가 그린벨트 지정 당시의 용도대로 쓸 수 없게 된 경우, 국가를 상대로 매수청구권을 행사,

토지를 사달라고 청구 할 수 있음.

2. 그린벨트의 규제가 크게 완화되면서 본래 용도대로 토지를 사용할 수 있는 기회가 늘어나 매수청구권의 행사가 많지는 않을 것이나, 매수청구가 들어오면 2개월 이내에 매수 여부를 통보해주고 3년 안에 당해 토지를 사들여야 함.

3. 매수 업무의 대행기관은 토지공사임. 토지소재지 관할 토지공사 용지부를 찾아 매수청구서(토지공사에 비치됨)에 당해 토지의 토지대장, 토지등기부등본, 토지이용계획확인원, 매수청구 사유를 증명할 수 있는 서류를 첨부하여 제출하면 됨.

훼손부담금 제도

국토교통부장관은 개발제한구역의 훼손을 억제하고 구역의 보전과 관리를 위한 재원 확보를 위하여 보전부담금을 부과하도록 정하고 있다. (개발제한구역법 제21조). 이에 개발제한구역 해제 대상 지역 개발사업자 중 복구계획을 제시하지 아니하거나 복구를 하지 아니하기로 한 자와 개발제한구역법 제12조 제1항 단서 14 또는 제13조에 따른 허가를 받은 자에 대하여 보전부담금을 부과 징수한다.

개발제한구역의 훼손을 억제하고 개발제한구역 내 주민지원사업 등 관리에 필요한 재원 마련을 위해 훼손부담금을 징수, 국가에 매수청구된 토지의 매수 비용 및 도로, 상하수도 등 주민지원사업의 설치비용과 구역관리비 등으로 사용토록 한다.

개발제한구역 내 사업 대상지와 구역 밖의 동일한 지목을 가진 땅과의 지가 차액 100%를 부과하는 것을 원칙으로 하되 건축물의 목적에 따라 부과율과 감면폭을 차등화 한다.

그린벨트 관리에 도움이 되는 공공시설(도로, 공원, 철도, 주차장)과 실외체육시설 및 여가활용시설(휴양림, 수목원)의 부과율을 50%로 한다. 다만 이러한 시설도 건축물 부지에 대해서는 100%를 징수한다.

주택과 근린생활시설, 농림수산업시설, 주민공동이용시설 및 영농을 위한 토지형질 변경 행위에 대해서는 전액 면제한다. 또한 공익시설(학교, 폐기물처리시설, 도서관, 파출소, 동사무소, 보육시설)은 30%의 감면율을 적용한다.

부담금 산정은 다음 방식에 따른다.

부담액 = (기준금액 × 형질 변경허가면적) × 부과율 × (1-감면율)

기준금액은 개발제한구역 내 시설 설치 대상 토지의 개별공시지가와 동일 시·군·구 안의 구역 외 동일지목의 평균지가와의 차이로 한다.

>>> 보전부담금 산정기준

1. 해제 대상 지역 개발사업자
해제 대상 지역 개별공시지가 평균치의 100분의 10 × 해제 대상 지역 토지 면적[1]
 1) 바다, 하천 면적 제외

2. 토질형질변경 수반
(토지형질 변경면적 + 건축물 바닥면적의 2배 면적) × 지가차액[1] × 부과율[2]
 1) 구역 외 지목별 개별공시지가 평균치에서 당해토지의 개별공시지가를 차람
 2) 주요 대상애 따른 부과율은 다음과 같다.
  ① 면제 : 주민의 주거, 생활편익시설
  ② 일부 면제 : 공원, 녹지, 실회체육시설 등 구역의 보전관리에 도움이 되는 시설
   (건축물은 바닥면적 2배 100%)
  ③ 20% : 도로 등 공공용 시설(건축물은 바닥면적 2배 100%)
  ④ 10% : 국방군사시설(건축물은 바닥면적 2배 100%)

그린벨트 관리계획

구역조정 이후 존치되는 구역을 보다 종합적으로 관리하기 위해 시·도 지사가 계획안을 수립해 관계부처 협의 및 도시계획위원회 심의를 거친 뒤 국토교통부장관의 승인을 받아 5년 단위의 개발제한구역 관리계획을 수립하도록 한다.

그동안 개발제한구역 안에 대규모 시설을 설치할 때는 개별적으로 국토 교통부장관의 사전승인을 받은 후 시장·군수가 설치허가를 했으나 앞으로 사전승인제도가 폐지됨에 따라 대규모 시설은 반드시 관리계획에 반영돼 야만 시장·군수가 설치허가를 할 수 있다.

3,000㎡ 이상인 건축물 건축이나 10,000㎡ 이상인 토지형질 변경행위 에 대해서는 시장·군수가 허가를 하기 전에 주민 의견 청취, 관계기관 협 의 및 도시계획위원회의 심의를 거쳐야 한다.

그린벨트 내 건축행위 일람

주택의 신축

개발제한구역에서 주택의 신축은 원칙적으로 할 수 없으나 개발제한구역 지정 당시부터 지목이 대지인 토지 및 개발제한구역 지정 당시부터 주택이 있는 토지와 농업인이 소유하는 기존 주택을 철거하고 신축하는 경우, 기존 주택이 공익사업의 시행으로 철거된 경우, 재해로 거주할 수 없게 된 경우, 개발제한구역 지정 이전부터 다른 사람 소유의 토지에 건축되어 있는 주택으로서 토지소유자의 동의를 받지 못하여 증축 또는 개축할 수 없는 주택소유자는 허가를 받아 주택을 신축할 수 있다. (주택 개념 : 건축법 시행령 별표 1 제호 가목에 의한 단독주택, 다중·다가구·공관 제외)

그린벨트 지정 당시부터 대지에 주택 신축 및 개발제한구역 지정

당시부터 기존의 주택(건축물관리대장에 등재된 주택)이 있는 토지에 주택의 신축주택을 건폐율 60% 이하로 건축하는 경우에는 높이 3층 이하, 용적률 300% 이하로서 기존 면적을 포함하여 연면적 200㎡ 이하 (5년 이상 거주자는 232㎡ 이하, 지정 당시 거주자는 300㎡ 이하 가능하며, 232㎡, 300㎡까지 건축은 1회로 한한다.) 또는 건폐율 20% 이하로 건축하는 경우에는 높이 3층 이

하, 용적률 100% 이하로 건축이 가능하다. (시행령 별표 1, 3항, 별표 2, 2항 가호)

농업인이 소유하는 기존 주택을 철거한 대지에 주택의 신축

(1) 농업·농촌 및 식품산업기본법 제3조에 의한 농업인으로서 개발제한구역에 기존 주택을 소유하고 거주하는 자는 영농의 편의를 위하여 자기 소유의 기존 주택을 철거하고 자기 소유의 농장 또는 과수원에 주택을 신축할 수 있다. 이 경우 생산에 직접 이용되는 토지의 면적이 10,000㎡ 이상으로서 진입로를 설치하기 위한 토지의 형질 변경이 수반되지 아니하는 지역에만 주택을 신축할 수 있으며, 건축 후 농림수산업을 위한 시설 외로는 용도 변경을 할 수 없다. (시행령 별표 1, 3항 나호)

(2) 주택의 건폐율, 층고, 용적률을 개발제한구역 지정 당시부터 대지에 주택의 신축하는 경우와 동일하다.

※ 농업인 : 농업·농촌 및 식품산업기본법 제3조 (정의)

"농업인"이란 농업에 종사하는 자로서 대통령령으로 정하는 기준에 해당하는 자. 동법 시행령 제3조 (농업인의 기준)

1. 1,000㎡ 이상의 농지를 경영하거나 경작하는 사람.
2. 농업경영을 통한 농산물의 연간 판매액이 120만 원 이상인 사람.
3. 1년 중 90일 이상 농업에 종사하는 사람.
4. 영농조합법인의 농산물 출하·가공·수출 활동에 1년 이상 계속하여 고용된 사람.
5. 농업회사법인의 농산물 유통·가공·판매 활동에 1년 이상 계속하여 고용된 사람.

이축권을 이용한 주택의 신축

이축권리가 발생하는 경우는 공익사업으로 철거한 주택의 소유자, 재해로 거주할 수 없는 주택의 소유자, 개발제한구역 지정 이전부터 타인 소유의 토지에 건축한 주택으로 토지소유자의 동의를 받지 못하여 증축. 개축할 수 없는 주택의 소유자 이축은 개발제한구역 내 취락지구로 이축할 수 있는 권리가 주어진다.

(1) 개발제한구역 내의 적법한 주택의 이축은 취락지구로 이축하여야 하나 취락지구가 지정될 때까지 취락지구의 지정기준에 해당하는 취락이나 그 취락에 접한 토지로의 이축을 허가할 수 있다.

(2) 공익사업으로 철거한 주택의 이축은 공익사업으로 철거일 또는 재해로 인한 이축은 재해를 입게 된 날 당시의 자기 소유 토지로서 다음의 입지기준에 적합해야 이축할 수 있다. (시행령 별표 1, 규칙 제6조)

① 기존의 주택이 있는 시·군·구의 지역이거나 기존의 주택이 없는 시·군·구의 지역 중 기존의 주택으로부터 2㎞ 이내의 지역일 것.

② 임야, 우량농지(경지정리 · 수리시설 등 농업생산기반 정비된 농지)가 아닐 것.

③ 하천법 제7조에 따른 국가하천과 지방하천의 경계로부터 500m 이상 떨어져 있을 것. 단, 하수도법 제2조 따른 하수처리구역으로서 하수종말처리시설을 설치·운영 중인 지역과 동법 제11조에 따라 공공 하수도의 설치인가를 받은 하수처리예정지역은 제외.

④ 새로운 진입로를 설치할 필요가 없을 것.

⑤ 전기·수도·가스 등 새로운 간선공급설비를 설치할 필요가 없을 것. (시행령 별표 1, 별표 2, 1항 바호, 규칙 제6조)

(3) 주택의 건폐율, 층고, 용적률을 개발제한구역 지정 당시부터 대지에 주택의 신축하는 경우와 동일하다.

(4) 공익사업에 편입된 대지 면적만큼 대지로 형질 변경 가능하나, 330㎡ 이하인 경우에는 330㎡까지 형질 변경이 가능하다.

(5) 이주 대책이 수립된 경우 및 멸실되어 현존하지 아니하는 건축물을 근거로 이축 허가는 아니 된다. (당해 공익사업 또는 재해로 멸실된 것은 제외)

※ 이축권에 대한 대법원 판례 1.

요지 : 부동산 실권리자 명의 등기에 관한 법률 위반 여부 사건 (대법원 2002. 11. 26. 선고 2002도 5197 판결)

판결 : 이축권자로부터 이축권을 양수하고, 양수인의 비용으로 이축권자의 명의로 허가를 받고 건축을 완료하여 이축권 명의로 소유권 보존등기를 했다면 부동산 실권리자 명의 등기에 관한 법률 위반으로 범법 행위이다.

※ 이축권에 대한 대법원 판례 2.

요지 : 개발제한구역의 지정 및 관리에 관한 특별조치법 위반 여부 사건 (대법원 2007.1.26. 선고 2006도 7187 판결)

판결 : 이축권자로부터 이축권을 양수하고, 양수인의 비용으로 이축권자의 명의로 허가를 받았다면 법 제30조 ①항 2호 거짓이나 부정한 방법으로 허가를 받은 경우에 해당한다.

증축, 신축, 용도 변경 (시행령 별표 1, 4항)

근린생활시설의 증축

근린생활시설 증축은 주택을 용도 변경한 근린생활시설 또는 1999년 6월 24일 이후에 신축된 근린생활시설만 할 수 있다.

근린생활시설 신축

(1) 개발제한구역 지정 당시부터 지목이 대인 토지(이축된 건축물이 있었던 토지의 경우에는 개발제한구역 지정 당시부터 그 토지의 소유자와 건축물의 소유자가 다른 경우만 해당한다.)와 개발제한구역 지정 당시부터 있던 기존의 주택(개발

제한구역 건축물관리대장에 등재된 주택)이 있는 토지에만 근린생활시설을 신축할 수 있다. 다만, 수도법 제3조에 따른 상수원의 상류 하천(하천법에 따른 국가하천 및 지방하천)의 양안 중 그 하천의 경계로부터 직선거리 1㎞ 이내의 지역(하수도법 제2조에 따른 하수처리구역은 제외)에서는 한강수계 상수원 수질 개선 및 주민지원 등에 관한 법률 제5조에 따라 설치할 수 없는 시설을 신축할 수 없다.

(2) 휴게음식점 또는 일반음식점을 건축할 수 있는 자는 5년 이상 거주자 또는 지정 당시 거주자이어야 한다. 이 경우 건축물의 연면적은 300㎡ 이하이어야 하며, 인접한 토지를 이용하여 200㎡ 이하의 주차장을 설치할 수 있되, 휴게음식점 또는 일반음식점을 다른 용도로 변경하는 경우에는 주차장 부지를 원래의 지목으로 환원하여야 한다.

(3) 신축 가능한 업종
슈퍼마켓, 일용품 소매점, 휴게음식점, 일반음식점, 이용원·미용원, 세탁소, 의원·치과의원·한의원·침술원·접골원, 조산소, 탁구장 및 체육도장, 기원, 당구장, 금융업소·사무소 및 부동산중개업소 제조업소 및 수리점, 사진관·표구점·학원·장의사 및 동물병원, 목공소·방앗간 및 독서실.

근린생활시설로 용도 변경
(1) 적법한 주택 및 공장 등 신축이 금지된 건축물을 휴게음식점, 일반음식점, 제과점으로 용도 변경을 할 수 있는 자는 다음과 같으며, 용도 변경을 하려는 건축물의 연면적은 300㎡(90.75평) 이하이어야 한다. (영 제18조 ②, ③항)
① 허가신청일 현재 해당 개발제한구역에서 5년 이상 계속 거주 및 직접 소유하면서 경영하고 있는 자.

② 개발제한구역 지정 당시부터 해당 개발제한구역에 거주하고 있는 자. (개발제한구역 지정 당시 해당 개발제한구역에 거주하고 있던 자로서 개발제한구역에 주택이나 토지를 소유하고, 생업을 위하여 3년 이하의 기간 동안 개발제한구역 밖에 거주하였던 자를 포함하되, 세대주 또는 직계비속 등의 취학을 위하여 개발제한구역 밖에 거주한 기간은 개발제한구역에 거주한 기간으로 본다.)

(2) 용도 변경을 하는 휴게음식점, 일반음식점, 제과점에 인접한 토지를 이용하여 200㎡(60.5평) 이내의 주차장을 설치할 수 있으며, 주차장을 다른 용도로 변경하는 경우에는 주차장 부지를 원래의 지목으로 되돌려야 한다.

농림수산업용 시설의 신축 (시행령 별표 1, 2항)

농림수산업용 시설의 신축 조건

(1) 개발제한구역에서 농림업 또는 수산업에 종사하는 자가 설치하는 경우만 해당한다.

(2) 이 영에서 정하는 사항 외에 축사, 콩나물재배사, 버섯재배사의 구조와 입지 기준에 대하여는 시·군·구의 조례로 정할 수 있다.

(3) 축사, 동물사육장, 콩나물재배사, 버섯재배사는 1가구당 1개 시설만 건축할 수 있다.

단, 개발제한구역에서 2년 이상 계속 농업에 종사하고 있는 자가 이미 허가를 받아 설치한 축사, 동물사육장, 콩나물재배사, 버섯재배사를 허가받은 용도대로 사용하고 있는 경우에는 그러하지 아니하다.

축사

(1) 축사는 1가구당 기존 면적을 포함하여 1천 ㎡ 이하 및 관리실 33㎡

이하로 설치할 수 있다. 다만, 수도권과 부산권의 축사의 규모는 시행규칙에 정하는 바에 따른다. (규칙 제5조, 500㎡ 이하)

(2) 과수원 및 초지의 축사는 1가구당 100㎡ 이하, 초지와 사료작물 재배지에 설치하는 우마사는 초지 조성 면적 또는 사료작물 재배면적의 1천분의 5 이하로 설치하여야 한다.

잠실

뽕나무밭 조성 면적 2,000㎡당 또는 뽕나무 1,800주당 50㎡ 이하로 설치하여야 한다.

저장창고

소·말 등의 사육과 낙농을 위하여 설치하는 경우만 해당한다.

양어장

유지·하천·저습지 등 농업 생산성이 극히 낮은 토지에 설치하여야 한다.

동물사육장

꿩, 우렁이, 달팽이, 지렁이, 그 밖에 비슷한 동물의 사육을 위하여 임야 외의 토지에 설치하는 경우로서 1가구당 기존 면적을 포함하여 300㎡ 이하로 설치하여야 한다.

콩나물재배사

1가구당 기존 면적으로 포함하여 300㎡ 이하, 관리실을 10㎡ 이하로 설치할 수 있다.

버섯재배사

1가구당 기존 면적을 포함하여 500㎡ 이하로 설치하여야 한다.

기타 퇴비사, 종묘배양장, 온실, 창고, 담배건조실, 임시 가설건축물, 지역특산물 가공작업장, 관리용 건축물 등을 건축할 수 있다.

주민 공동이용 시설 (시행령 별표 1, 5항)

낚시터 시설 및 그 관리용 건축물

기존의 저수지 또는 유지를 이용하여 지방자치단체 또는 마을 공동으로 설치·운영하거나 기존의 양어장을 이용하여 5년 이상 거주자가 설치하는 경우만 해당한다. 이 경우 50㎡ 이하의 관리실을 설치할 수 있다.

목욕장

개발제한구역의 거주자를 주된 이용자로 하는 경우만 해당한다.

휴게소(고속도 제외), 주유소, 자동차용 가스충전소

(1) 시장·군수·구청장이 수립하는 배치 계획에 따라 시장·군수·구청장 또는 지정 당시 거주자가 국도·지방도 등 간선도로변에 설치하는 경우만 해당한다. 다만, 도심의 자동차용 액화석유가스 충전소를 이전하여 설치하는 경우에는 해당 사업자만 설치할 수 있다.

(2) 휴게소 및 자동차용 액화석유가스 충전소의 부지면적은 3,300㎡ 이하로, 주유소의 부지면적은 1,500㎡ 이하로 한다. 이 경우 주유소 및 자동차용 액화석유가스 충전소에는 세차시설을 설치할 수 있다.

(3) 휴게소는 개발제한구역의 해당 도로 노선 연장이 10㎞ 이내인 경우

에는 설치되지 아니하도록 하여야 하며, 주유소 및 자동차용 액화석유가스 충전소의 시설 간 간격 등 배치 계획의 수립기준은 국토교통부령으로 정한다. (규칙 제7조, 같은 방향으로 주유소 2㎞, 충전소 5㎞ 간격, 단, 개발제한구역 내 거리만)

기타 농로, 공판장, 퇴비장, 승강장 등

실외 체육시설 (시행령 별표 1, 6항)

골프장

골프장과 골프연습장을 포함하며, 회원제 골프장을 설치하는 경우에는 대중 골프장 또는 간이 골프장을 함께 설치해야 하며, 숙박시설은 설치할 수 없고, 국토교통부령(규칙 제8조)의 입지기준에 적합하게 설치하여야 한다.

기타 산책로, 테니스장 등

공익시설 (시행령 별표 1, 9항)

폐기물처리시설

폐기물관리법 제2조에 따른 시설을 말하며, 건설폐기물 중간처리시설은 다음의 기준에 따라 설치하여야 한다.

(1) 토사, 콘크리트 덩어리와 아스팔트 콘크리트 등의 건설폐기물을 선별·파쇄·소각 처리 및 일시 보관하는 시설만 해당한다.

(2) 시장·군수·구청장이 설치·운영하여야 한다. 다만, 폐기물관리법 제25조에 따른 폐기물 중간처리업 허가를 받은 자 또는 허가를 받으려는 자로서 폐기물처리업 사업계획의 적합 통보를 받은 자가 대지화 되어 있는 토지 또는 폐천 부지에 설치하는 경우에는 시·군·구당 3개소 이내로 해당 토지를 소유하고 도시계획시설로 설치하여야 한다.

(3) 시설 부지의 면적은 10,000㎡ 이상, 관리실 및 부대시설은 건축 연면적 66㎡ 이하여야 하며, 이와는 별도로 경비실을 조립식 공작물로 설치할 수 있다.

재활용 가능 자원 집하시설

자원의 절약과 재활용촉진에 관한 법률에 따른 시설로서 시·군·구당 1개소만 설치할 수 있으며, 대지화 되어 있는 토지 또는 기존의 쓰레기매립장 및 쓰레기 적환장의 시설 부지에 설치하여야 한다.

납골시설 및 장례식장

기존의 공동묘지에 설치하는 경우만 해당하며, 납골시설은 사찰 경내에 설치하는 것을 포함한다.

다만, 가족·종중 또는 문중의 납골시설(기존의 분묘를 정비하는 경우만 해당한다)은 기존의 공동묘지 또는 사찰 경내가 아닌 지역에도 설치할 수 있다.

공사용 임시 가설건축물 및 임시시설

(1) 공사용 임시 가설건축물은 2층 이하의 목조, 시멘트 블록, 그 밖에 이와 비슷한 구조로 설치하여야 한다.

(2) 임시시설은 공사를 위하여 임시로 도로를 설치하는 경우와 공사에 직접 사용되는 블록·시멘트벽돌·쇄석, 레미콘 및 아스콘 등을 생산하는 경우만 해당한다.

(3) 둘 다 사용 기간을 명시하여야 하며, 사용 후에는 이를 철거하고 원상복구하여야 한다.

기타 학교, 가스공급시설, 유류 저장 및 송유시설, 차고지 등

기타 시설

1) 공공용 시설 : 철도, 주차장, 공항 등
2) 도시민 여가활용 시설 : 청소년수련시설, 박물관, 미술관 등
3) 국방, 국사에 관한 시설

참고법률

개발제한구역의 지정 및 관리에 관한 특별조치법, 동법 시행령, 시행규칙, 국토의 계획 및 이용에 관한 법률, 동법 시행령, 농업·농촌 및 식품산업 기본법, 동법 시행령.

그린벨트 내 개발행위 허가

개발제한구역 허용 행위

그린벨트는 개발을 제한하는 조치를 취한 구역을 의미한다. 그린벨트에 묶이면 그곳에서는 거의 모든 개발이 제한되어 중대한 경제적 손실을 보게 된다. 그린벨트는 정부에서 부분적으로 해제해 준다.

수 년 전에 경기도에서 일괄해서 그린벨트를 제한적으로 해제 조치를 한 바 있다. 개인이 그린벨트를 풀 권한은 없다. 공공의 이익을 위하여 필요한 경우에 정부에서 풀어줄 뿐이다.

토지거래허가 지역 내에 있는 임야를 매입하려는 사람은 허가를 받기 위해서는 토지사용 목적을 관청에 신고해야 한다. 사용 목적을 일단 기재해서 토지거래허가를 받게 되면 일정 기간 다른 목적으로 사용할 수 없다. 예컨대 임야를 매수해서 과수원으로 사용하려면 사전에 준비를 철저하게 해서 토지거래허가를 받을 때 신청서에 과수원으로 사용하려고 한다는 목적을 기재해 제출해야 한다. 그렇지 않으면 과수원으로 사용하기가 매우 어렵게 된다.

> >>> 개발제한구역 조정 및 해제
>
> 1. 개발재한구역에 대한 환경평가 결과 조본가치가 낮게 나타나는 곳으로서 도시용지의 적절한 공급을 위하여 필요한 지역
>   - 이 경우 도시의 기능이 쇄퇴하여 활성화할 필요가 있는 지역과 연계하여 개발할 수 있는 지역을 우선적으로 고려
> 2. 주민이 집단적으로 거주하는 취락으로소 주거환경 개선 및 취락 정비가 필요한 지역
> 3. 도시의 균형적 성장을 위하여 기반시설의 설치 및 시가화 면적의 조정 등 토지이용의 합리화를 위하여 필요한 지역
> 4. 지정 목적이 달성되어 개발제한구역으로 유지잘 필요가 없게 된 지역
> 5. 도로(국토교통부장관이 정하는 규모의 도로만 해당)·철도 또는 하천 개수로로 인하여 단절된 3만 ㎡ 미만의 토지
> 6. 개발제한구역 경계선이 관통하는 대지(공간정보의 구축 및 관리 등에 관한 법률에 따라 각 필지로 구획된 토지를 말한다.)
> 7. 제6호의 지역이 개발제한구역에서 해제되는 경우 개발제한구역의 공간적 연속성이 상실되는 1㎡ 미만의 소규모 토지
>
> 자료 : 개발제한구역의 지정 및 관리에 관한 특별조치법 제3조 제2항, 시행령 제2조 ③

과수원으로 사용하는 경우 유실수를 심을 수 있으며, 나중에 수용을 당하게 될 경우에도 상당한 손실보상을 받을 수 있다.

임야의 경우 수종 갱신을 허가받기가 쉽지 않다. 특히 소나무 등이 많이 들어서 있는 경우에는 기존에 심겨 있는 소나무 등을 베어버리고 다른 수종을 심는다는 신청을 해도 허가가 잘 나지 않는다. 수목원을 한다고 해도 기존의 나무를 모두 베어버리고 관상수를 심는 것을 잘 허가해 주지 않는 경향이 있다. 임야에 대해서는 개간 허가와 수종 갱신허가를 받아야 한다. 이런 경우 토목측량설계사의 도움을 받아야 한다.

건축물이 아니기 때문에 건축사 소관 사항이 아니다. 시청에서는 도시계획과에서 그린벨트 담당 직원이 따로 있다. 그린벨트 안에서는 축사를 지어 공장으로 사용하는 경우엔 고발을 당하지만 나중에 일부 양성화 되는 경우가 있다.

관련 법규 : 농어촌정비법 제2조 제16호 다목 개발제한구역의 지정 및 관리에 관한 특별조치법 시행령 제19조

농어촌정비법 제2조 제16호 다목

16. "농어촌 관광휴양사업"이란 다음 각 목의 사업을 말한다.

다. 주말농원사업 : 주말영농과 체험영농을 하려는 이용객에게 농지를 임대하거나 용역을 제공하고 그 밖에 이에 딸린 시설을 갖추어 이용하게 하는 사업.

개발제한구역의 지정 및 관리에 관한 특별조치법 시행령 제19조

농어촌정비법」 제2조 제16호 다목에 따른 주말농원사업 중 주말영농을 위하여 토지를 임대하는 이용객이 50명 이상인 주말농원사업에 이용되는

10㎡ 초과 20㎡ 이하의 농업용 원두막 (벽이 없고 지붕과 기둥으로 설치한 것을 말한다)을 설치하는 행위. 다만, 주말농원을 운영하지 아니하는 경우에는 지체 없이 철거하고 원상복구 하여야 한다.

개발제한구역의 지정 및 관리에 관한 특별조치법 시행령 제13조 1항 (별표1)

그린벨트 내 허가를 받고 할 수 있는 행위 중 유리온실.

1) 시설의 종류 : 온실

2) 건축 또는 설치의 범위 : 수경재배·시설원예 등 작물재배를 위한 경우로서 재료는 유리, 플라스틱, 그 밖에 이와 비슷한 것을 사용하여야 하며, 그 안에 온실의 가동에 직접 필요한 기계실 및 관리실을 66㎡ 이하로 설치할 수 있다.

그린벨트 내 허가를 받고 할 수 있는 행위 중 휴양림 및 수목원

1) 시설의 종류 : 휴양림 및 수목원

2) 건축 또는 설치의 범위 : 산림문화·휴양에 관한 법률 제13조에 따른 자연휴양림 및 수목원 조성 및 진흥에 관한 법률에 따른 수목원과 그 안에 설치하는 시설을 말한다.

그린벨트 내 개발행위 실무

개발행위 허가제한지역이란 특별한 개발계획 수립에 즈음하여 일정 지역의 개발행위를 금지 또는 제한하는 지역을 뜻한다.

개발행위 허가제한지역은 국토계획법에 근거하며, 그린벨트인 개발제한구역, 건축법에 따른 건축행위 허가제한구역이나 배출시설 설치제한구역과는 다른 개념이라고 볼 수 있다.

개발행위란 무엇인가?

개발행위란 특별시장·광역시장·시장 또는 군수의 허가를 받아야 하는 다음의 행위를 말한다.

1. 건축물의 건축 : 건축법 제2조 제1항 제2호에 따른 건축물의 건축.

2. 공작물의 설치 : 인공을 가하여 제작한 시설물의 설치.

3. 토지의 형질 변경 : 절토·성토·정지·포장 등의 방법으로 토지의 형상을 변경하는 행위와 공유수면의 매립. (경작은 제외)

4. 토석 채취 : 흙·모래·자갈·바위 등의 토석을 채취하는 행위.

5. 토지 분할 : 다음 각 목의 어느 하나에 해당하는 토지의 분할.

가. 녹지지역·관리지역·농림지역 및 자연환경보전지역 안에서 관계 법령에 따른 허가·인가 등을 받지 아니하고 행하는 토지의 분할.

나. 건축법 제49조 제1항의 규정에 의한 분할제한면적 미만으로의 토지의 분할.

다. 관계 법령에 의한 허가·인가 등을 받지 아니하고 행하는 너비 5미터 이하 토지의 분할.

6. 물건을 쌓아놓는 행위 : 녹지지역·관리지역 또는 자연환경보전지역 안에서 건축물의 울타리 안에 위치하지 아니한 토지에 물건을 1월 이상 쌓아놓는 행위.

개발행위 허가제한지역

공공의 목적을 위해 허가를 제한하는 지역이다. 그중 개발행위 허가제한지역은 국토계획법에 의해 특히 필요하다고 인정되는 지역에 대하여 국토교통부장관, 시·도지사, 시장 또는 군수가 3년 동안(1회에 한함) 개발행위 허가를 제한하는 지역을 말한다.

또한 건축 허가제한지역은 광역시장·시장·군수(광역시 군수 포함)·구청장(자치구의 구청장)은 관할 지역의 수질이 수계구간별 목표 수질보다 나쁜 경우에는 일반적인 건축법의 기준을 충족하더라도 건축물 신축허가를 제한하는 지역을 말한다.

개발행위 허가제한의 근거와 내용

국토교통부장관, 시·도지사, 시장 또는 군수가 개발행위 허가를 제한하려면, 국토계획법 제63조에 정하는 사유에 해당하여야 하며, 사전에 도시계획위원회의 심의를 거쳐야 한다.

제한 공표는 고시로서 하되, 제한 사유 및 일정 지역, 일정 기간(3년 이내)과 제한 대상 행위를 명기한다. 고시는 관보 또는 공보로서 한다.

국토계획법 제63조 (개발행위허가의 제한)

① 국토교통부장관, 시·도지사, 시장 또는 군수는 다음 각 호의 어느 하나에 해당되는 지역으로서 도시관리계획상 특히, 필요하다고 인정되는 지역에 대하여는 대통령령으로 정하는 바에 따라 중앙도시계획위원회나 지방도시계획위원회의 심의를 거쳐 1회에 한하여 3년 이내의 기간 동안 개발행위 허가를 제한할 수 있다. 다만, 제3호부터 제5호까지에 해당하는 지역에 대하여는 1회에 한하여 2년 이내의 기간 동안 개발행위 허가의 제한을 연장할 수 있다.

1. 녹지지역이나 계획관리지역으로서 수목이 집단적으로 자라고 있거나 조수류 등이 집단적으로 서식하고 있는 지역 또는 우량 농지 등으

로 보전할 필요가 있는 지역.

2. 개발행위로 인하여 주변의 환경·경관·미관·문화재 등이 크게 오염되거나 손상될 우려가 있는 지역.

3. 도시기본계획이나 도시관리계획을 수립하고 있는 지역으로서 그 도시기본계획이나 도시관리계획이 결정될 경우 용도지역·용도지구 또는 용도구역의 변경이 예상되고 그에 따라 개발행위허가의 기준이 크게 달라질 것으로 예상되는 지역.

4. 지구단위계획구역으로 지정된 지역.

5. 기반시설부담구역으로 지정된 지역.

② 국토교통부장관, 시·도지사, 시장 또는 군수는 제1항에 따라 개발행위허가를 제한하려면 대통령령으로 정하는 바에 따라 제한지역·제한 사유·제한 대상 행위 및 제한 기간을 미리 고시하여야 한다.

국토계획법 시행령 제60조 (개발행위허가의 제한)

① 법 제63조 제1항의 규정에 의하여 개발행위 허가를 제한하고자 하는 자가 국토교통부장관인 경우에는 중앙도시계획위원회의 심의를 거쳐야 하며, 시·도지사 또는 시장·군수인 경우에는 당해 지방자치단체에 설치된 지방도시계획위원회의 심의를 거쳐야 한다. 〈개정 2008. 2. 29〉

② 법 제63조 제1항의 규정에 의하여 개발행위 허가를 제한하고자 하는 자가 국토교통부장관 또는 시·도지사인 경우에는 제1항의 규정에 의한 중앙도시계획위원회 또는 시·도 도시계획위원회의 심의 전에 미리 제한하고자 하는 지역을 관할하는 시장 또는 군수의 의견을 들어야 한다. 〈개정 2008. 2. 29〉

③ 법 제63조 제2항의 규정에 의한 개발행위 허가의 제한에 관한 고시는 국토교통부장관이 하는 경우에는 관보에, 시·도지사 또는 시장·군수가 하는 경우에는 당해 지방자치단체의 공보에 게재하는 방법에 의한다. 〈개정 2008. 2. 29〉

개발제한구역 안의 행위 제한

개발제한구역 안에서 어떤 행위를 금지하는 것을 말한다. 개발제한구역 안에서는 건축물을 신축하거나 증축하거나 건축물의 용도를 변경하거나, 공작물을 설치하거나, 토지의 형질을 변경하거나, 죽목竹木을 벌채하거나, 토지를 분할하거나, 물건을 쌓아놓는 행위 또는 도시계획사업을 할 수 없다. 그러나 국토교통부장관, 도지사, 시장·군수 등의 승인 또는 허가를 받아 설정 목적에 위배되지 않는 한도 내의 실외 체육시설, 국방·군사시설, 구역 안의 주민 생활 편익시설, 영농을 위한 형질 변경 등 일정한 행위는 허가를 받아서 할 수 있다.

최근 정부의 보금자리 주택사업으로 인해 수도권 지역의 그린벨트는 점차 해제되어 줄어들고 있는 실정이다. 관련 법은 개발제한구역의 지정 및 관리에 관한 특별조치법이다.

개발하려는 자는 기반시설의 설치나 그에 필요한 용지의 확보, 위해(危害) 방지, 환경오염 방지, 경관, 조경 등에 관한 계획서를 첨부한 신청서를 개발행위 허가권자에게 제출해야 하여 특별시장·광역시장·시장 또는 군수의 허가를 받아야 한다.

허가권자는 개발행위 허가의 신청 내용이

① 용도지역별 특성을 고려하여 개발행위의 규모에 적합하고,

② 도시관리계획의 내용에 어긋나지 않으며,

③ 도시계획사업의 시행에 지장이 없고,

④ 주변 지역의 토지이용실태 또는 토지이용계획, 건축물의 높이, 토지의 경사도, 수목의 상태, 물의 배수, 하천·호소·습지의 배수 등 주변 환경이나 경관과 조화를 이루며,

⑤ 해당 개발행위에 따른 기반시설의 설치나 그에 필요한 용지의 확보계획이 적절한 경우에 허가한다.

허가를 받아야 하는 행위

① 건축물의 건축 또는 공작물의 설치.

② 토지의 형질 변경. (경작용 토지의 형질 변경은 제외)

③ 토석의 채취.

④ 토지 분할. (건축물이 있는 대지는 제외)

⑤ 녹지지역·관리지역 또는 자연환경보전지역에 물건을 1개월 이상 쌓아놓는 행위.

여기서 용도지역별 개발행위의 규모는 도시지역의 주거지역·상업지역·자연녹지지역·생산녹지지역은 10,000㎡ 미만, 공업지역은 30,000㎡ 미만, 보전녹지지역은 5,000㎡ 미만, 관리지역은 30,000㎡ 미만, 농림지역은 30,000㎡ 미만, 자연환경보전지역은 5,000㎡ 미만이며, 관리지역 및 농림지역은 그 면적의 범위 안에서 당해 특별시·광역시·시 또는 군의 도시계획조례로 따로 정할 수 있다.

근거법은 국토계획법이다.

개발제한구역 내 행위허가 신고

Ⅰ. 개요

개발제한구역 내에서 도시계획사업인 경우를 제외한 행위를 하고자 하는 자는 시장의 행위 허가를 득하여야 하며, 사업을 완료한 때에는 준공검사를 받아야 한다.

Ⅱ. 관련 근거 (법령, 조례)

▶ 개발제한구역의 지정 및 관리에 관한 특별조치법 제11조 제1항 : 행위허가대상

▶ 개발제한구역의 지정 및 관리에 관한 특별조치법 제11조 제2항 : 행위신고 대상

▶ 개발제한구역의 지정 및 관리에 관한 특별조치법 시행령 제13조 제1항 [별표 1]

행위허가(신고) 대상 건축물 및 공작물의 종류

1. 건축물의 건축
2. 공작물의 설치
3. 토지의 형질 변경
4. 토석 채취
5. 토지 분할
6. 죽목의 벌채
7. 물건을 쌓아놓는 행위

▶ 개발제한구역의 지정 및 관리에 관한 특별조치법 제11조 제4항 : 준공검사.

▶ 개발제한구역의 지정 및 관리에 관한 특별조치법 제11조 제6항 및 동법 시행령 제22조 : 행위허가의 기준.

Ⅲ. 처리 절차

① 행위허가신청서 작성

② 행위허가신청서 접수(민원봉사과)

③ 읍·면 경유(농지심의위원회 개최 및 결과 통보) - 농정과(검토 및 심의의견 통보)

④ 도시계획과(검토, 현지 확인 및 관련 법 협의)

⑤ 허가 여부 통보

⑥ 사업 시행 및 사업 완료

⑦ 준공검사 신청 및 준공검사

※ 행위허가 업무처리 흐름도 : "별첨" [행위허가 신청서 구비서류] → 개발제
  한구역의 지정 및 관리에 관한 특별조치법 시행규칙 제7조 제1항 제2호]

① 별지 제1호 서식의 신청서 또는 신고서

※ 건축물 또는 공작물이 수반되는 경우 건축법 시행규칙에 의한 해당
  신청서식 첨부.

② 위치도

③ 사업계획도서

④ 조경계획도서 (축사와 공사용 임시 가설건축물 및 임시시설이 아닌 시설로서 200㎡를 초과하는 토지의 형질 변경허가를 신청하는 경우에 한함.)

⑤ 기타 신청(신고) 사항을 증명하는 서류

※ 건축물(가설건축물 포함) 및 공작물을 포함하는 경우 건축 관련 서류 동

시 제출.

행위 허가기준 검토 :
법 제11조 제6항 및 동법 시행령 제22조 [별표 2] : 행위허가의 세부기준

1. 일반적 기준

가. 개발제한구역의 훼손을 최소화할 수 있도록 필요한 최소규모로 설치하여야 한다.

나. 당해 지역 및 그 주변 지역에 대기오염·수질오염·토질오염·소음·진동·분진 등에 의한 환경오염·생태계 파괴·위해 발생 등이 예상되지 아니하여야 한다.

   다만, 환경오염의 방지, 위해의 방지, 조경, 녹지의 조성, 완충지대의 설치 등의 조건을 붙이는 경우에는 그러하지 아니하다.

다. 당해 지역 및 그 주변 지역에 있는 역사적·문화적·향토적 가치가 있는 지역을 훼손하지 아니하여야 한다.

라. 토지의 형질 변경 및 죽목의 벌채를 하는 경우에는 표고, 경사도, 임상, 인근 도로의 높이 및 물의 배수 등을 참작하여야 한다.

마. 도시계획시설의 설치 또는 법 제10조 제1항 제5호의 건축물의 건축 및 토지의 형질 변경에 대하여는 관리계획이 수립되지 아니하였거나 수립된 관리계획의 내용에 위반하는 경우 이를 허가하여서는 아니 된다.

바. 임야 또는 경지정리가 된 농지는 건축물의 건축 또는 공작물의 설치를 위한 부지에서 가능한 한 제외하여야 한다.

사. 건축물을 건축하기 위한 대지면적이 60㎡ 미만인 경우에는 건축물의 건축을 허가하지 아니하여야 한다. 다만, 기존의 건축물을 개축

하거나 재축하는 경우에는 이를 적용하지 아니한다.

허가의 절차 등 : 법 제11조 제3항 및 동법 시행령 제20조 : 의회 의견 청취 및 주민공람 등.

개특법 시행령 제20조 제1항	가. 주민의 의견청취 등의 대상 ① 연면적이 1,500제곱미터 이상인 건축물의 건축
개특법 시행령 제20조 제2항	나. 주민의 의견청취 등의 절차 주민의 의견을 청취하고자 하는 때에는 다음 각호의 사항을 시 및 읍·면·동의 게시판에 14일 이상 게시하고, 일반이 열람토록 조치 1. 사업목적 2. 사업의 규모 3. 사업시행자 4. 열람장소 5. 기타 주민이 알아야 할 사항으로서 시장 군수 또는 구청장이 필요하다고 인정하는 사항
개특법 시행령 제20조 제3항	다. 주민의 의견 제출 게시된 내용에 관하여 의견이 있는 자는 열람 기간 내에 시장에게 의견서를 제출
개특법 시행령 제20조 제14항	라. 의견 반영 의무 시장은 제출된 의견이 타당하다고 인정되는 경우에는 이를 반영

도시민의 여가활용시설 (제13조 제1항 관련)

도시기반시설에 해당하는 경우로서 건축물의 연면적이 1,500㎡ 이상, 토지의 형질 변경 면적이 5,000㎡ 이상인 경우에는 도시계획시설로 설치하여야 한다.

가. 휴양림 및 수목원
산지관리법에서 휴양림 및 수목원과 그 안에 설치하는 시설을 말한다.

<table>
<tr><td colspan="6" align="center"># 개발행위허가(신고)서</td><td>처리기간</td></tr>
</table>

개발행위허가(신고)서	처리기간

□ 토지의 형질변경   □ 토석의 채취   □ 주목의 벌채
□ 토지의 분할   □ 물건의 적취

신청인	성명 (법인명)	한글		주민등록번호 (법인등록번호)	
		한자			
	주소			전화번호	

신청(신고)사항

위치(지번)			지목	

신청 (신고) 내용	토지의 형질변경	토지현황	경사도		토질	
			토석매장량			
		죽목재식 현황	주요수종			
		신청면적	임목지		무임목지	
		신청면적			부피	
		수종		면적		수량	
	토석의채취	종전면적		분할면적	
	수목의벌채	중량		부피	
	토지의분할	품명		평균적치량	
	물건의적치	적치기간	년 월 일부터 년 월 일까지 (개월간)		
	허가목적				
	사업기간	착공	년 월 일	준공	년 월 일

「개발제한구역의 지정 및 관리에 관한 특별조치법」 제11조 제1항 제2항, 동법 시행령 제14조 내지 제19조의 규정에 의하여 위와 같이 신청(신고)합니다.

　　　　　신청(신고)인　　　　　　　　　　　　　　(서명 또는 인)

　　　　　의 정 부 시 장　　　　　　　　　　　　　귀 하

구비서류	수수료
1. 위치도 2. 사업계획도서 3. 조경계획도서(축사와 공사용 임시 가설건축물 및 임시시설이 아닌 건축물의 건축 또는 공작물의 설치를 위하여 200㎡를 초과하는 토지의 형질 변경허가를 신청하는 경우에 한합니다.) 4. 기타 신청(신고)사항을 증명하는 서류(분할의 경우 : 토지등기부등본 1통, 공유지분 소유자 동의서 1통, 인감증명 1통, 분할계획서 1통)	없음

뒤쪽

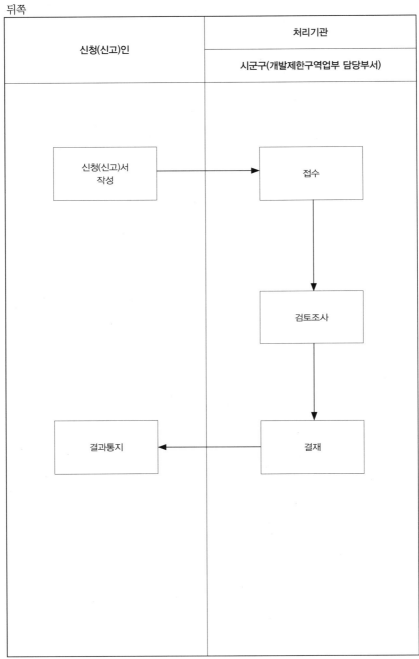

개발행위준공검사신청서

처리기간

신청인	성명 (법인인 경우는 그 명칭 및 대표자 성명)		주민등록번호 (법인등록번호)	
	주소		(전화번호 :)	

신청사항	사업(행위)의 종류			
	위치			
	면적		허가일자	
	사업기간	착공 년 월 일	준공 년 월 일	

신청기간

준공면적	
도로	
급수시설	
배수시설	
기타 시설	
기타 사항	

국토의 계획 및 이용에 관한 법률 제62조 제1항 및 개발제한구역의 지정 및 관리에 관한 특별조치법 제11조 제4항의 규정에 의하여 위와 같이 준공검사를 신청합니다.

년   월   일

시장   귀하

※ 구비서류
1. 준공사진
2. 지적측량성과도(토지분할이 수반되는 경우와 임야를 형질변경하는 경우로서 지적법 제18조의 규정에 의하여 등록전환신청이 수반되는 경우에 한함)
3. 국토의 계획 및 이용에 관한 법률 제62조 제3항의 규정 에 의한 관계 행정 기관의 장과의 협의에 필요한 서류

수수료
없음

뒤쪽

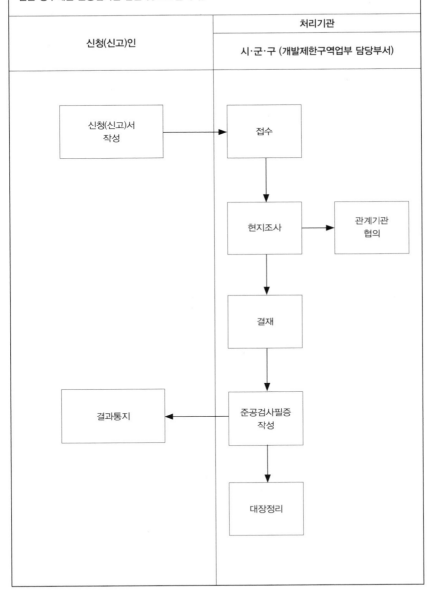

	처리기관
신청(신고)인	시·군·구 (개발제한구역업부 담당부서)

신청(신고)서 작성 → 접수

접수 → 현지조사

현지조사 → 관계기관 협의

현지조사 → 결재

결재 → 준공검사필증 작성

준공검사필증 작성 → 결과통지

준공검사필증 작성 → 대장정리

그린벨트 내 허가 실무 사례별 해설

신축 가능 토지

다음 조건 중 하나만 맞으면 신축이 가능하다.

▶ 개발제한구역 지정 당시부터 지목이 '대'인 토지(이축된 건축물이 있었던 토지의 경우에는 개발제한구역 지정 당시부터 당해 토지의 소유자와 건축물의 소유자가 다른 경우에 한한다.)와 개발제한구역 지정 당시부터 이미 있던 주택(제24조의 규정에 의한 개발제한구역 건축물관리대장에 등재된 주택을 말한다.)이 있는 토지에 한한다.

▶ 농업인이 10,000㎡(약 3,000평) 이상의 농장이나 과수원을 소유하고 있는 경우 기존 개발제한구역 내 주택을 철거하고 자기 소유의 농장이나 과수원에 주택을 신축할 경우 : 이 경우 향후 근린생활시설 등으로 용도 변경은 불가하다.

▶ 허가 가능 규모 (다음 중 하나를 선택하여 건축할 수 있다.)

• 건폐율 60%, 용적률 300% 이내로 하되, 200㎡ 이하로 건축 (단, 1회에 한하여 5년 이상 거주자는 232㎡, 개발제한구역 지정 당시 거주자는 300㎡까지 건축할 수 있다.)

※ 5년 이상 거주자 및 지정 당시 거주자란 아래와 같다.

• 5년 이상 거주자 : 5년 전부터 지금까지 계속하여 개발제한구역에서 거주한 경우. (개발제한구역에서 거주한 기간을 합한 것이 아니다.)

• 지정 당시 거주자 : 개발제한구역 지정 당시부터 당해 개발제한구역 안 거주하고 있는 자. (단, 본인이 개발제한구역 안에 주택이나 토지를 소유하고서

세대주나 직계비속 등의 취학을 위하여 개발제한구역 밖에 거주한 기간은 개발제한구역 안에서 거주한 기간으로 보며, 개발제한구역 안에 주택이나 토지를 소유하고서 생계 등의 사유로 3년 이내의 기간 동안 개발제한구역 밖에 거주한 자도 포함된다.)

▶ 건폐율 20%, 용적률 100%, 3층 이하로 건축 가능.

개발제한구역 내 증·개축

▶ 개발제한구역 내 주택의 건축 : 기존 주택에 한하여 증·개축을 허용하고 있으며 신축은 허용되지 않음.
　▶ 주택의 증·개축은 구역 내 거주 기간
　　• 5년 이하 거주자 주택 : 기존 면적 포함 연면적 100㎡ 이하.
　　• 5년 이상 거주자 주택 : 기존 면적 포함 연면적 132㎡ 이하.
　　• 지정 당시 거주자 주택 : 기존 면적 포함 연면적 200㎡ 이하.

☞ 개발제한구역 지정일자 : 1971. 7. 30

▶ 부속 건축물의 건축 (주택 부속)
　　• 지상 건축물 : 기존의 부속 건축물 포함 66㎡ 이하.
　　• 지하 건축물 : 기존의 부속 건축물 포함 100㎡ 이하.
▶ 구비서류
　　• 대지의 범위와 그 대지의 소유·사용에 관한 권리증명서류 1부.
　　• 건축법 제8조 5항에서 요구하는 건축허가(신고) 서류.
　　• 구역 거주 기간을 확인할 수 있는 증빙서류 1부.

취락지구로 이축하는 경우

▶ 취락지구가 지정된 경우에는 우리 시 개발제한구역 내 합법적으로 현존하고 있는 건축물은 우리 시 취락지구로 지정된 지역으로의 이축이 가능.

▶ 이 경우 이축대상 건물에 대한 별도 조건이 없으므로 모든 건물은 이축이 가능하나, 취락지구 지정 취지로 보아 공장 등은 취락으로 이축이 제한될 수 있음.

▶ 이축한 건물이 있었던 토지는 지목을 전, 답, 과수원 용지 등으로 변경하여야 함.

공익사업 또는 재해로 철거되어 이축하는 경우

▶ 개발제한구역 내 기존 주택이 공익사업(도로, 학교 등)에 편입되거나 재해로 인하여 거주할 수 없게 된 경우 철거일(현장에서 주택이 실질적으로 철거된 날을 말함) 또는 재해를 입게 된 날 당시 이미 자기가 소유한 토지로서 다음에 나열한 이축 대상 토지의 입지 기준에 모두 적합하여야 주택을 이축할 수 있음.

▶ 이축대상 토지의 입지 기준
우리 시에서 공익사업 또는 재해로 철거되어 이축되는 주택은 우리 시 관내에서는 이축이 가능함. 경지 정리된 농지등 우량농지가 아닌 지역이어야 하며, 새로운 진입로의 설치가 필요하지 아니하여야 함.
다만, 형질 변경 면적(330㎡ 이하)에 진입로 면적을 포함하는 경우는 가능하다. 전기, 수도, 가스 등 새로운 간선공급시설의 설치가 필요하지 않아야 한다.

신축 가능 토지 (다음 조건 중 하나만 맞으면 근린생활시설의 신축이 가능)

▶ 개발제한구역 지정 당시부터 지목이 '대'인 토지.

▶ 개발제한구역 건축물관리대장에 등재되어 있는 주택이 현존하는 토지.

개발제한구역 내에서 허용되는 근린생활시설

▶ 슈퍼마켓 및 일용품 소매점 : 식품, 잡화, 의류, 완구, 서적, 건축자재, 의약품류 등.

• 휴게음식점 및 일반음식점 : 휴게음식점 또는 일반음식점을 건축할 수 있는 자는 개발 제한 구역 내에서 5년 이상 거주자이거나 또는 지정 당시 거주자이어야 한다.

이 경우 건축물의 연면적은 300㎡ 이하이어야 하며, 인접한 토지를 이용하여 200㎡ 이내의 주차장을 설치할 수 있되, 휴게음식점 또는 일반음식점을 다른 용도로 변경하는 경우에는 주차장 부지를 원래의 지목으로 환원하여야 한다.

▶ 이용원, 미용원 및 세탁소

▶ 의원, 치과의원, 한의원, 침술원, 접골원 및 조산소

▶ 탁구장, 체육도장, 기원, 당구장

▶ 금융업소, 사무소, 부동산중개업소

▶ 수리점, 제조업소

▶ 사진관, 표구점, 학원, 장의사, 동물병원

▶ 목공소, 방앗간, 독서실 등

축사 신축

▶ 개발제한구역 안에서 주택을 소유하면서 거주하는 1세대당 최대 500㎡까지 신축 가능하다.

▶ 허가 조건

1. 축사허가를 득한 후 불법으로 용도 변경을 하거나 매매를 하지 않았어야 한다.

2. 건축하는 주택으로부터 300m 이내의 토지에 신청하여야 한다.

3. 고속도로, 국도, 공동주택, 학교, 지방도, 시도 등으로부터 일정 거리 (300~100m) 떨어져 있어야 한다.

4. 신청지의 토지를 일정 기간(1~3년) 이상 소유 및 경작한 경우이어야 한다.

5. 위의 경우 이외에도 〈○○시 개발제한구역 내 농림수산업용 시설물 허가처리지침〉에 적합하여야 한다.

콩나물재배사 및 버섯재배사의 신축

▶ 축사의 허가 조건과 같으며 기존 면적 포함하여 콩나물재배사는 최대 300㎡, 버섯재배사는 최대 500㎡까지 건축 가능.

▶ 농업용 창고의 신축

※ 콩나물재배사, 버섯재배사 및 농업용 창고의 신축인 경우에도 〈○○시 개발제한구역 내 농림수산업용 시설물허가처리지침〉에 적합하여야 한다.

주 택

▶ 주택과 다음 근린생활시설을 상호 간의 용도 변경이 가능하다.

슈퍼마켓 및 일용품 소매점 휴게음식점 및 일반음식점 이용원, 미용원 및 세탁소, 의원, 치과의원, 한의원, 침술원, 접골원 및 조산소 탁구장, 체육도장, 기원, 당구장, 금융업소, 사무소, 부동산중개업소, 수리점, 사진관, 표구점, 학원, 장의사, 동물병원, 목공소, 방앗간, 독서실 등.

▶ 주택을 고아원, 양로원 또는 종교시설로 용도 변경이 가능하다.
▶ 주택을 다른 용도로 변경한 건축물을 다시 주택으로 용도 변경이 가능하다.

공 장

▶ 공장등 개발제한구역 내에서 신축이 금지된 건축물을 근린생활시설(개발제한구역 내에서 신축이 허용되는 시설에 한함), 보육시설, 양로원, 종교시설로 용도 변경이 가능하다.
▶ 공장을 연구소, 교육원, 연수원, 창고로 용도 변경하거나 도시형 공장으로 업종 변경을 하기 위한 용도 변경이 가능하다.

기타 건축물

▶ 폐교된 학교시설을 기존 시설의 연면적 범위 안에서 자연학습시설, 청소년수련시설(청소년수련관, 청소년수련원 및 청소년 야영장에 한한다.) 연구소, 교육원, 연수원, 도서관, 박물관, 미술관 또는 종교시설로 용도 변경.

▶ 개발제한구역 안에서 신축 또는 증축이 허용되는 범위 안에서 시설 상호 간에 용도 변경이 가능하다.

허가신청자 : 개발제한구역 지정 당시 거주자이어야 한다.

주유소 배치 계획

▶ 주유소 간 거리 : 당해 도로의 동일 방향별로 2㎞ 이상.

▶ 부지면적 : 1,500㎡ 이내.

▶ 건물 연면적 : 별도 규정은 없으나 필요 최소 규모로 설치. (판매시설등을 불허)

※ 주유소 안에 세차시설 가능.

허가신청자 : 개발제한구역 지정당시 거주자이어야 한다. (단, 도심 내 자동차용 액화석유가스 충전소를 이전하여 설치하는 경우에는 당해 사업자에 한하여 설치할 수 있다.)

주유소 배치 계획

▶ 주유소 간 거리 : 39번 국도, 42번 국도변 각 1개소

▶ 부지면적 : 3,300㎡ 이내

▶ 건물 연면적 : 별도 규정은 없으나 필요 최소 규모로 설치

주차장 설치 (도시계획시설로 설치하는 경우)

▶ 공공용 시설로서 국가 또는 지방자치단체가 설치하는 경우에 한하

여 가능하다.

▶ 관리계획 반영 : 면적에 관계 없이 관리계획에 반영하여야 한다.

▶ 주차장 설치에 따른 훼손부담금 부과 : 관련 법규에 의하여 훼손부담금이 부과된다.

노외 주차장 설치

• 토지의 지목이 대, 공장용지, 잡종지, 철도용지, 학교용지, 수도용지로서 건축물이나 공작물이 건축 또는 설치되어 있지 않은 토지에 가능하다.

※ 노외 주차장은 일반의 이용에 제공되는 것이어야 한다.

• 노외 주차장을 설치하는 경우 별도의 훼손부담금이 부과된다.

음식점에 설치하는 부설 주차장

개발제한구역 내에서 5년 이상 거주하였거나 지정 당시 거주자로서 일반음식점, 건물소유자는 일반음식점 부지에 인접하여 주차장을 200㎡ 이내로 설치할 수 있다. 그러나 음식점을 다른 용도로 변경하는 경우 주차장은 당초 지목대로 환원하여야 한다.

버스 차고지 및 그 부대시설

▶ 노선 여객자동차 운송사업용 버스 차고지 및 그 부대시설에 한하며 다만, 시외버스 운송사업용 버스차고지 및 그 부대시설은 개발제한구역 밖의 기존의 버스터미널 안이나 인근 지역에 이를 확보할 수 없는 경우에 한하여 설치할 수 있다.

▶ 또한 지방자치단체 외의 자가 설치할 경우에는 도시계획시설로 설치하여 지방자치단체에 기부체납하여야 한다.

논을 밭으로 변경하기 위한 토지의 형질 변경

▶ 허가신청기간 : 10.15 ~ 3.15 (4개월 간)

▶ 형질 변경 기간 : 11.1 ~ 3. 31 (4개월 간)

▶ 신청시 구비서류

- 형질 변경 허가신청서
- 위치도면
- 사업계획서
- 설계도 (면적, 토사반입량, 배수계획, 성토높이 등)
- 인근 피해 우려시 : 토지주 동의서 (인감증명서 첨부)

▶ 허가기준

- 토로의 침수방지를 위하여 기존도로면보다 30㎝ 낮게 성토.
- 인근 대지나 밭보다 높지 않게 성토.
- 농지정리 되어 있는 우량농지는 형질 변경 불허가.
- 우량농지와 인접되어 있고 관계용수시설이 양호한 농지 불허가.
- 인접 기허가된 토지나 공사 중인 토지와 합산한 면적이 5,000㎡ 이상이 될 경우 도시계획위원회 심의 후 결과에 따라 허가.
- 토사 반입량이 5,000㎡ 이상인 경우 토사반입계획서 첨부.
- 영농으로 지장이 없는 비영농 기간(11. 1 ~ 3. 31)을 공사기간으로 허가.

죽목의 벌채 및 대체 조림 허가

▶ 허가대상 : 벌채 면적이 500㎡ 이상 또는 벌채 수량이 5㎡ 이상일 때

▶ 신청시 구비서류

• 행위허가 신청서

• 위치도

• 수목재적조서 (산림조합에서 조사)

• 벌채구역도

▶ 벌채 면적이 300㎡ 이상, 500㎡ 미만 또는 벌채 수량 3㎥ 이상, 5㎥ 미만의 죽목의 벌채는 신고대상이다.

초지 조성 허가

▶ 대상지 : 임야의 경사도가 36도 이하인 토지.

▶ 허가조건 : 초지조성 대상 임야와 인접하여 축사 내에서 3년 이상 비육우 및 육우 30수 이상을 사육하고 있는 농가로서 본인 소유의 임야.

농지개간 허가

▶ 대상지 : 임야의 경사도가 21도 이하인 토지

▶ 허가조건 : 임목도가 50% 이상인 토지는 수종 갱신 이외 개간 허가는 제한한다.

양어장을 위한 토지 형질 변경

▶ 허가대상자 : 개발제한구역 안에서 농림업 또는 수산업에 종사하는 자.

▶ 대상 토지 : 유지, 하천, 저수지 등 농업 생산성이 극히 낮은 토지.

※ 개인은 양어장에서 낚시업을 할 수 없음.

• 양어장 관리용 건축물 : 양어장 안에 설치하는 경우 양어장 면적의 1,000분의 10 이하로서 기존 면적을 포함하여 66㎡ 이하로 가능하다.

낚시터 설치 허가

▶ 허가대상자 : 마을공동 및 지방자치단체가 설치, 운영하는 경우.

▶ 대상지 : 저수지 또는 유지.

▶ 관리용 건축물 : 50㎡ 이하의 관리실 설치.

물건의 적치 허가

▶ 허가 대상 토지 : 지목이 대지 및 잡종지로서 대지화 되어 있는 토지.

▶ 적치물건 : 모래, 자갈, 토석, 석재, 목재, 철재, 폴리비닐클로라이드, 컨테이너, 콘크리트제품, 드럼통, 병, 기타 폐기물이 아닌 것.

▶ 물건의 단순 관리를 위한 가설건축물 설치 : 연면적 20㎡ 이하.

▶ 단 폐기물이 아닌 물건을 대지나 잡종지에 12일 이상 1월 미만 적치 시는 신고대상이다.

개발제한구역 내 물건 적치

▶ 개발제한구역 내 물건 적치 허가대상 : 개발제한구역의 지정 및 관

리에 관한 특별조치법 제17조 제1항에서 규정하고 있는 모래, 자갈, 토석, 철재, 목재, 컨테이너, 콘크리트, 드럼통, 병과 기타 폐기물관리법 제22조 제1호의 규정에 의한 폐기물이 아니어야 하며, 개발제한구역 관리에 지장이 없는 물건이어야 함.

▶ 허가 대상지 : 나대지·잡종지 등으로 적법한 절차에 의거 대지화 되어 있는 토지이며, 적치 물건 관리를 위하여 20㎡ 이하의 임시적 가설물은 설치가 가능.

　▶ 구비서류
　　• 물건 적치 행위 허가신청서 1부
　　• 위치도 및 배치도 1부
　　• 사업계획서 1부
　　• 현황 사진 (원경, 근경) 1매
　　• 토지소유자가 아닌 경우 임대차계약서 사본, 토지사용승낙서 (인감증명서 첨부)

　▶ 가설건축물(관리실) 축조 시
　· 가설건축물 축조신고서 1부
　· 가설물 설계서(평면도, 측면도, 배면도) 1부

그린벨트 내 농막

농지에 10㎡ 이하의 농업용 원두막을 설치하는 행위는 허가 또는 신고 없이 할 수 있다. (개발제한구역의 지정 및 관리에 관한 특별조치법 시행규칙 별표 4)

그린벨트 내 농업용 비닐하우스

그린벨트 내에서 농림수산업을 하기 위하여 채소·연초(건조용을 포함한다)·버섯의 재배와 원예를 위하여 비닐하우스를 설치(가설 및 건축을 포함한다)하는 행위는 허가 또는 신고 없이 할 수 있다. 다만 이 경우 허용되는 비닐하우스의 구조 등은 다음의 요건을 모두 갖춘 것이어야 한다. (개발제한구역의 지정 및 관리에 관한 특별조치법 시행규칙 별표 4)

1. 구조상 골조 부분만 목제·철제·폴리염화비닐(PVC) 등의 재료를 사용하고, 그 밖의 부분은 비닐로 설치하여야 하며, 유리 또는 강화플라스틱(FRP)이 아니어야 한다. 다만, 출입문의 경우는 투명한 유리 또는 강화플라스틱(FRP) 등 이와 유사한 재료를 사용할 수 있다.

2. 화훼 직판장 등 판매전용시설은 제외하며, 비닐하우스를 설치하여도 녹지가 훼손되지 아니하는 농지에 설치하여야 한다.

3. 기초는 가로, 세로 및 높이가 각각 40cm 이하인 규모에 한하여 콘크리트 타설을 할 수 있으며, 바닥은 콘크리트 타설을 하지 아니한 비영구적인 임시가설물(보도블록이나 부직포 등 이와 유사한 것을 말한다)이어야 한다.

그린벨트 내 온실

수경재배·시설원예 등 작물 재배를 위한 경우로서 재료는 유리, 플라스틱, 그 밖에 이와 비슷한 것을 사용하여야 하며, 그 안에 온실의 가동에 직접 필요한 기계실 및 관리실을 66㎡ 이하로 설치할 수 있다.

그린벨트 내 관리용 건축물

1. 관리용 건축물을 설치하는 경우에는 생산에 직접 이용되는 토지 또는 양어장의 면적이 2,000㎡ 이상이어야 한다.

2. 농기구와 비료 등의 보관과 관리인의 숙식 등의 용도로 쓰기 위하여 조립식 가설건축물로 설치하여야 하며, 주된 용도가 주거용이 아니어야 한다.

3. 관리용 건축물은 주말농원의 경우를 제외하고는 건축허가 신청 대상 토지가 신청인이 소유하거나 거주하는 주택을 이용하여 관리가 가능한 곳인 경우에는 건축허가를 하지 아니하여야 한다.

4. 관리용 건축물의 부지는 당초의 지목을 변경할 수 없다.

5. 관리의 대상이 되는 시설이 폐지된 경우에는 1개월 이내에 관리용 건축물을 철거하고 원상복구하여야 한다.

6. 과수원, 초지, 유실수·원예·분재 재배지역에 설치하는 경우에는 생산에 직접 이용되는 토지 면적의 1,000분의 10 이하로서 기존 면적을 포함하여 66㎡ 이하로 설치하여야 한다.

7. 양어장에 설치하는 경우에는 양어장 부지면적의 1,000분의 10 이하로서 기존 면적을 포함하여 66㎡ 이하로 설치하여야 한다.

8. 농어촌정비법 제2조 제16호 다목에 따른 주말농원에 설치하는 경우에는 임대농지 면적의 1,000분의 10 이하로서 기존 면적을 포함하여 66㎡ 이하로 설치하여야 한다.

개발제한구역 내에서 신고로서 할 수 있는 일

개발제한구역 내에서 신고로서 할 수 있는 일 농수산업의 경우 50㎡ 이하의 축사, 우마사, 퇴비사, 잠실, 싸이로, 창고, 관리용 건축물, 담배건조실, 버섯재배사 등 건축물과 공작물 증·개축 및 대수선, 85㎡ 이하의 주택 또는 부속건축물의 개축, 대수선, 증축, 재축 연면적 200㎡ 이하 축사 및 100㎡ 미만의 축사.

개발제한구역 내에서 할 수 없는 일

▶ 주택, 공장, 호텔, 종교시설 등의 신축.
▶ 상업용 광고탑의 설치와 주택단지 조성사업, 토지구획정리사업, 일단의 공단조성사업.
▶ 기존 주택의 분할을 위한 분할과 60㎡ 이하의 토지분할, 개발제한구역 내 건축물 용도 변경.

개발제한구역 내 용도 변경 대상 건축물

▶ 도시계획법시행규칙 제7조 제1항 제6호의 규정에 의거 신축이 금지된, 주택등 건축물에 대하여 수퍼마켓, 음식점, 이용원, 약국, 사무실, 탁구장등 26개 종목을 허용.
▶ 허용 대상 중 휴게음식점 및 일반음식점으로 용도 변경할 수 있는 자는 구역 내 5년 이상 거주자 또는 구역 내에 당해 시설을 5년 이상 직접 경영한 자로 제한.
▶ 변경 신청 : 건축과에서 하며, 공원녹지과와 협의하여 처리함.
▶ 구비서류
▶ 변경하고자 하는 층의 변경 전·후 평면도 각 1부

▶ 용도 변경에 따라 변경되는 내화·방화·피난 또는 건축설비에 관한 사항을 표시한 도서 1부 용도 변경허가를 받아야 하는 경우에 한함.

▶ 구역 거주기간을 확인할 수 있는 증빙서류 1부 (휴게 또는 일반음식점으로 용도 변경 시)

질의응답 : 그린벨트 내 토지의 개발이용행위 사례

그린벨트 내 주택 신축

Q : 개발제한구역 안에 주택이 밀집된 지역에 있는 취락지구로 지정되면 몇 평 단위로 분할하여 주택의 건축이 가능한지?

A : 개발제한구역구역 안에서 주택의 신축은 구역 지정 당시부터 지목이 대인 토지(건축물을 이축한 후 남은 종전의 토지는 제외)에 가능하며, 다만, 토지가 취락지구로 지정되는 경우에는 주택 등의 이축을 위한 대지로 사용이 가능할 것이며, 구역 안에서의 토지의 분할은 분할된 후 각 필지의 면적이 200㎡ 이상으로, 대지의 조성을 위한 형질 변경은 기존 면적을 포함하여 330㎡ 이내로 하고 있으며, 이 경우에도 임야인 토지는 건축물의 설치를 위한 부지에서 가능한 한 제외하도록 하고 있음.

개발제한구역의 지정 및 관리에 관한 법률 [별표 2] 〈개정 2009.8.5〉

일반적 기준

허가의 세부기준 (제22조 관련)

가. 개발제한구역의 훼손을 최소화할 수 있도록 필요한 최소 규모로 설치하여야 한다.

나. 해당 지역과 그 주변 지역에 대기오염, 수질오염, 토질오염, 소음·진동·분진 등에 따른 환경오염, 생태계 파괴, 위해 발생 등이 예상되지 아니하여야 한다. 다만, 환경오염의 방지, 위해의 방지, 조경, 녹지의 조성, 완충지대의 설치 등의 조건을 붙이는 경우에는 그러 하지 아니하다.

다. 해당 지역과 그 주변 지역에 있는 역사적·문화적·향토적 가치가 있는 지역을 훼손하지 아니하여야 한다.

라. 토지의 형질을 변경하거나 죽목을 벌채하는 경우에는 표고, 경사도, 숲의 상태, 인근 도로의 높이와 배수 등을 고려하여야 한다.

마. 도시계획시설의 설치, 법 제11조 제1항 제5호에 따른 건축물의 건축 및 토지의 형질 변경에 대하여는 관리계획이 수립되지 아니하였거나 수립된 관리계획의 내용에 위반되는 경우에는 그 설치 등을 허가하여서는 아니 된다.

바. 임야 또는 경지정리된 농지는 건축물의 건축 또는 공작물의 설치를 위한 부지에서 가능하면 제외하여야 한다.

사. 건축물을 건축하기 위한 대지면적이 60㎡ 미만인 경우에는 건축물의 건축을 허가하지 아니하여야 한다. 다만, 기존의 건축물을 개축하거나 재축하는 경우에는 그러하지 아니하다.

건축물의 건축 또는 공작물의 설치

가. 건폐율 100분의 60 이하로 건축하되 높이 5층 이하, 용적률 300% 이하로 한다.

나. 가목에도 불구하고 주택 또는 근린생활시설을 건축하는 경우에는 다음의 어느 하나에 따른다.

1) 건폐율 100분의 60 이하로 건축하는 경우 : 높이 3층 이하, 용적률 300% 이하로서 기존 면적을 포함하여 연면적 200㎡ (5년 이상 거주자는 232㎡, 지정 당시 거주자는 300㎡) 이하. 이 경우 5년 이상 거주자 또는 지정 당시 거주자가 연면적 200㎡를 초과하여 연면적 232㎡ 또는 연면적 300㎡까지 건축할 수 있는 경우는 1회로 한정한다.

2) 건폐율 100분의 20 이하로 건축하는 경우 : 높이 3층 이하, 용적률 100% 이하.

다. 둘 이상의 필지에 같은 용도의 건축물이 각각 있는 경우 그 필지를 하나의 필지로 합칠 수 있다. 이 경우 주택 및 근린생활시설은 나목 2) (취락지구의 경우에는 제26조 제1항 제2호 나목)의 기준에 적합하여야 하며, 주택을 다세대주택으로 건축하는 경우에는 기존의 주택호수를 초과하지 아니하여야 한다.

라. 건축물 또는 공작물 중 기반시설로서 건축 연면적이 1,500㎡ 이상이거나 토지의 형질 변경 면적이 5,000㎡ 이상인 시설은 국토계획법 시행령 제35조에도 불구하고 도시계획시설로 설치하여야 한다.

마. 도로·상수도 및 하수도가 설치되지 아니한 지역에 대하여는 원칙적으로 건축물의 건축(건축물의 건축을 목적으로 하는 토지형질 변경을 포함한다)을 허가하여서는 아니 된다. 다만, 무질서한 개발을 초래하지 아니하는 경우 등 시장·군수·구청장이 인정하는 경우에는 그러하지 아니하다.

바. 법 또는 이 영에서 건축이 허용되는 건축물 또는 공작물에 대해서는 옥외광고물 등 관리법에 적합하게 간판 등을 설치할 수 있다.

토지의 형질 변경 및 물건의 적치

가. 토지의 형질 변경 면적은 건축물의 건축 면적 및 공작물의 바닥면적의 2배 이하로 한다. 다만, 다음의 어느 하나의 경우에는 그 해당 면적으로 한다.

1) 축사 및 미곡종합처리장은 바닥면적의 3배 이하.

2) 주택 또는 근린생활시설의 건축을 위하여 대지를 조성하는 경우에는 기존 면적을 포함하여 330㎡ 이하. [제2호 나목 2)의 경우에는 해당하지 아니한다.]

3) 별표 1의 건축물 및 공작물과 관련하여 이 영 및 다른 법령에서 토지의 형질 변경을 수반하는 시설을 설치할 것을 따로 규정한 경우에는 그 규정에서 허용하는 범위.

나. 가목에 따른 토지의 형질 변경을 할 때 해당 필지의 나머지 토지의 면적이 60㎡ 미만이 되는 경우에는 그 나머지 토지를 포함하여 토지의 형질 변경을 할 수 있다. 다만, 토지의 형질 변경 전에 미리 토지 분할을 한 경우로서 가목에 따른 토지의 형질 변경 면적에 적합하게 분할할 수 있었음에도 해당 면적을 초과하여 분할한 경우에는 그러하지 아니하다.

다. 법 제12조 제1항 제1호 각 목의 건축물(축사, 공사용 임시가설건축물 및 임시시설은 제외한다)의 건축 또는 공작물의 설치를 위한 토지의 형질 변경 면적이 200㎡를 초과하는 경우에는 토지의 형질 변경 면적의 100분의 5 이상에 해당하는 면적에 대하여 식수 등 조경을 하여야 한다.

라. 개발제한구역에서 시행되는 공공사업에 대지(건축물 또는 공작물이 있는 토지를 말한다.)의 일부가 편입된 경우에는 그 편입된 면적만큼 새로 대지를 조성하는 데 따르는 토지의 형질 변경을 할 수 있다. 이 경우 편입되지 아니한 대지와 연접하여 새로 조성한 면적만으로는 관

계 법령에 따른 시설의 최소 기준면적에 미달하는 경우에는 그 최소 기준 면적까지 대지를 확장할 수 있다.

마. 토지의 형질 변경의 대상인 토지가 연약한 지반인 경우에는 그 두 께·넓이·지하수위 등의 조사와 지반의 지지력·내려앉음·솟아오름에 대한 시험을 하여 환토·다지기·배수 등의 방법으로 그 토지를 개량 하여야 한다.

바. 토지의 형질 변경에 수반되는 성토 및 절토에 따른 비탈면 또는 절개면에 대하여는 옹벽 또는 석축의 설치 등 안전조치를 하여야 한다.

[이하 생략]

사. 토석의 채취는 다음의 기준에 따른다.

1) 주변의 상황·교통 및 자연경관 등을 종합적으로 고려하여야 한다.

2) 철도, 고속도로, 국도 및 시가지와 연결되는 간선도로의 가시권에서 는 재해에 따른 응급조치가 아니면 토석의 채취를 허가하여서는 아 니 된다. 이 경우 철도·고속도로의 가시권은 철도·고속도로로부터 2km 이내의 지역을, 국도·간선도로의 가시권은 국도·간선도로로부 터 1km 이내의 지역을 말한다.

아. 제17조에 따른 물건의 적치는 대지화 되어 있는 토지에만 할 수 있 으며, 물건의 적치장에는 물건의 단순 관리를 위한 가설건축물을 연 면적 20㎡ 이하의 범위에서 설치할 수 있다. [이하 생략]

질의응답 : 그린벨트에서 가능한 행위 관련 사례

그린벨트에 집을 짓기 위한 진입로 개설의 가능 여부

Q : 개인적으로 좀 급박하고, 너무 억울하여 아래 사항을 문의드립니다.

현 상황

2004년 12월에 개발제한구역에서 1종 주거지역으로 해제되어 2005년 7월에 주택신축을 위하여 지자체에 건축허가를 신청하였으나, 해당 지자체에서는 진입로(G/B 내에 위치)에 대한 토지 형질 변경이 불가하다는 입장. 상기 토지는 동일한 필지에 동일한 소유자임. 또한 진입로 개설 예정지는 현황이 농로(폭 4m 이상이며 이전에 버섯하우스 버섯 수송을 위하여 4톤 이상 트럭도 주행하였음) 1종 주거지와 접해 있음.

질의사항

1. 진입로를 위한 토지형질 변경이 법적으로 불가한지?

2. 형질 변경이 가능하다면 해당 지자체에 반박할 수 있는 법적 근거는 무엇인지요?

A : 문의하신 건은 확실치는 않으나 정리해보면 과거 그린벨트였던 본인 소유 땅의 일부가 헤제되었고, 그 해제된 땅에 주택을 지으려고 하는데, 아직 해제 안 된 본인 소유의 그린벨트 내 땅(현 농로)을 사도로 만들어 진출입로로 하여 건축허가를 받고자 함에 있어서, 그 도로변경을 위한 형질 변경허가를 내 주지 않는다는 것으로 이해됩니다. 즉 그린벨트 밖에 있

는 토지의 건축을 위해 그린벨트 안에 있는 내 땅의 사도개설을 위해 형질 변경할 수 있는가 히는 질문으로 요약해 볼 수 있을 것 같습니다.

　문의하신 내용이 이렇다면 일단 건물 신축 시 진입로로 쓸 사도개설을 위한 형질 변경은 현행법의 해석상 허가가 가능한 것으로 해석됩니다.

　이와 관련된 개발제한구역의 지정 및 관리에 관한 특별조치법 제11조(개발제한구역에서의 행위 제한)에서는 동 제1항 제4호에서 "건축물의 건축을 수반하지 아니한 토지의 형질 변경으로서 영농을 위한 경우 등 대통령령이 정하는 토지의 형질 변경은 시장·군수·구청장의 허가를 받아 행할 수 있다."고 규정하고 있습니다.

　이에 따른 동 시행령 제14조에서는 "주택 또는 근린생활시설 등의 진입로설치를 위한 토지의 형질 변경"은 허가를 받아 가능한 것으로 규정하고 있습니다. 따라서 주택을 위한 진입로 설치목적의 그린벨트 내 토지형질 변경은 일단 가능할 것으로 해석됩니다.

　필요하다면 국토교통부에 전자민원으로 질의하기 바랍니다.

개발제한구역 내 농로를 농가시설 진·출입로로 사용 가능한지

　Q : 먼저 장관님과 이하 직원 여러분의 노고에 감사드립니다.

　본인 소유의 임야는 5부 능선까지는 개발 제한구역이고 나머지는 농림지역으로 농림지역 내에는 전·답도 상당필지 있는 곳으로 이 전·답은 도로가 없어 영농시 많은 불편을 느끼던 중 몇 해 전 농로 진·출입 목적으로 개발제한구역에 행위허가를 득하여 원활한 진출입을 할 수 있었습니다.

　궁금한 것은 이 농로를 이용하여 농림지역 임야에 염소 사육장을(농가시설) 설치하고자 하는데 가능한지 알려주시면 감사하겠습니다.

A : 개발제한구역의 지정 및 관리에 관한 특별조치법 시행령 제14조 제8호의 규정에 의하여 주택 또는 근린생활시설 및 별표 1제5호의 규정에 의한 주민공동이용시설 중 마을공동목욕탕·마을공동작업장·마을공동회관·공동구판장·공판장 또는 일반목욕장의 진입로 설치를 위한 토지의 형질 변경은 가능하나, 질의의 경우는 이에 해당하지 않아 불가하오니 이해 있으시기 바랍니다.

개발제한구역 내에서 슈퍼마켓 건축이 가능한지

Q : 개발제한구역 내에서 20평 가량의 슈퍼마켓을 하고 싶은데 가능한지 해당 법규 및 방법을 알려주세요.

A : 개발제한구역 안에서의 슈퍼마켓은 개발제한구역의 지정 및 관리에 관한 특별조치법 시행령 별표 1 제4호 가목에 의거 건축이 가능합니다.

이 경우 신축은 개발제한구역 지정 당시부터 지목이 대인 토지(이축된 건축물이 있었던 토지의 경우에는 개발제한구역 지정 당시부터 당해 토지의 소유자와 건축물의 소유자가 다른 경우에 한함)와 개발제한구역 지정 당시부터 이미 있던 주택(개발제한구역 건축물관리대장에 등재된 주택)이 있는 토지에 한하도록 규정하고 있습니다.

이 경우 건축물의 건폐율은 60% 또는 20% 이내로 하고 있는 바 각 건폐율에 따라 용적률, 높이 등을 달리 정하고 있으며 슈퍼마켓(근린생활시설)의 건축을 위하여 대지를 조성하는 경우에는 기존 면적을 포함하여 330㎡ 이내에서 토지의 형질 변경이 가능함을 알려드립니다.

기타 자세한 사항은 허가권자인 해당시장·군수 또는 구청장에게 문의하여 주시기 바랍니다. (도시환경팀)

그린벨트 내 골프연습장 설치

Q : 개발제한구역 안에 주택이 밀집된 지역에 있는 임야가 취락지구로 지정되면 골프연습장의 설치가 가능한지?

A : 개발제한구역 안에서 골프연습장은 골프장 안에 설치하거나 도시 공원 안에서 시장·군수가 수립하는 공원조성계획에 따라 설치하는 경우에 한하여 가능합니다. (관리 58070-1780, '00.9.4.민원인)

개발제한구역 내 신규 분묘설치 가능 여부

Q : 개발제한구역 지정 전부터 지목이 묘지인 토지에 허가 또는 신고 없 이 신규 분묘를 설치할 수 있는지?

〈토지현황〉
• 면적 : 5,038㎡,
• 지목 : 묘지 (1968. 6),
• GB 지정일 : 1973.6. 27
• 토지 상태 : 시내 가시권역, 묘역이 조성되지 않은 농지 상태

[대전광역시 회신내용]
가. 개발제한구역 안에 분묘의 설치는 개발제한구역의 지정 및 관리에 관한 특별조치법 시행령 제14조 제6호의 규정에 의한 기존의 공동 묘지를 그 묘역의 범위 안에서 공설묘지로 정비하기 위한 토지의 형 질 변경은 허가권자의 허가에 의해 가능하고 동법 시행규칙 제7조

의 2 [별표 3의 2] 제4호 다목의 규정에 의한 기존의 묘역 내에 분묘를 설치하는 행위는 허가 또는 신고 없이 할 수 있는 행위로 규정하고 있습니다.

나. 따라서 허가 또는 신고 없이 할 수 있는 행위 중 '기존의 묘역'이라 함은 장사등에 관한 법률(구, 매장 및 묘지 등에 관한 법률)에 의거 적법하게 조성된 묘지구역으로 볼 수 있는 바, 질의의 경우 개발제한구역 안에서 적법하게 설치허가를 받아서 조성한 묘역이 아니라면 신규의 분묘를 설치하는 행위는 동 법령에 적합하지 않아 허용될 수 없을 것입니다. (도시환경팀)

개발제한구역 내 지목 변경

Q : 개발제한구역 지정 이전부터 임야를 배나무 과수원으로 사용하고 있는 토지에 대하여 농지원부, 을류 농지세납입영수증을 첨부하여 지목변경(임야→과수원)신청이 있을 때 이를 적용할 수 있는지?

A : 개발제한구역 안에서 건축물의 건축을 수반하지 않는 토지 형질변경 행위 중 농림수산업을 위한 개간 또는 초지 조성은 개발제한구역의 지정 및 관리에 관한 특별조치법 시행령 제14조 제1호의 규정에 의하여 허가권자의 허가에 의해서 가능할 것이나 질의의 지목변경이 가능한지 여부는 지적법 관장 부처인 행정자치부 판단사항일 것입니다. (도시환경팀-1153: '06. 311)

[참고] 개발제한구역 지정 및 관리에 관한 법률 시행규칙 별표

허가 또는 신고 없이 할 수 있는 행위 (제12조 관련)

1. 농림수산업을 하기 위한 다음 각 목의 어느 하나에 해당하는 행위.

가. 농사를 짓기 위하여 논·밭을 갈거나 50cm 이하로 파는 행위.

나. 홍수 등으로 논·밭에 쌓인 흙·모래를 제거하는 행위.

다. 경작 중인 논·밭의 지력을 높이기 위하여 환토·객토를 하는 행위. (영리 목적의 토사 채취는 제외한다.)

라. 밭을 논으로 변경하기 위한 토지의 형질 변경. (머목의 행위와 병행할 수 있다.)

마. 과수원을 논이나 밭으로 변경하기 위한 토지의 형질 변경.

[이하 생략]

개발제한구역 안에서 소매점을 부동산중개업소로 용도 변경이 가능한지

Q : 개발제한구역 안에서 소매점을 부동산중개업소로 용도 변경이 가능한지?

A : 개발제한구역 안의 건축물 용도 변경은 개발제한구역의 지정 및 관리에 관한 특별조치법 시행령 제18조의 규정에 의할 경우는 허가권자의 허가에 의해 가능할 것이고, 질의의 경우 현재 소매점이 개발제한구역 안에서 적법한 건축물이라면 동법 시행령 제19조 제3호에 의거 근린생활시설 상호간의 용도 변경은 허가권자에게 신고로서 가능할 것이나 자세한 사항은 허가권자인 해당시장·군수 또는 구청장에게 문의하여 주시기 바랍니다. (도시환경팀)

정미소를 주택으로 용도 변경

Q : 개발제한구역 지정 이전부터 있는 정미소를 주택으로 용도를 변경할 수 있는지?

A : 개발제한구역 지정 이전부터 있는 정미소를 주택으로 용도를 변경하는 것은 불가합니다.

축사를 타용도로 용도 변경

Q : 개발제한구역 지정 이전에 설치된 축사의 용도 변경이 가능한지?

A : 개발제한구역의 지정 및 관리에 관한 특별조치법 시행령 제18조 제1항 제7호, 제8호에 의하여 개발제한구역 안에서 오수·분뇨 및 축산폐수의 처리에 관한 법률 제34조에 의하여 가축의 사육이 제한된 지역에 있는 기존 축사는 기존 시설의 연면적의 범위 안에서 당해 지역에서 생산되는 농수산물 보관용 창고로 용도 변경이 가능하며, 구역 안에서 신축 또는 증축이 허용되는 범위 안에서 시설 상호간에 용도 변경이 가능하나 이 경우 기존 건축물의 규모·위치 등이 새로운 용도에 적합하여 기존시설의 확장이 필요하지 아니하여야 하며 새로운 용도의 신축기준에 적합하여야 함.

또한, 귀하의 토지가 구역 지정 이전부터 지적법상 지목이 대인 토지(건축물을 이축하고 남은 종전의 토지는 제외)라면 주택 및 근린 생활시설 등의 신축도 가능함.

개발제한구역 내에서의 물건 야적장 설치 가능성

Q : 시흥지역에 임야 2,000여 평을 가지고 있습니다. 팔지도, 이용하지도 못하고 있는데, 야적장으로 만들어 임대를 놓을 수는 없을까요? 마침 근처 건설공사장에서 가설물 보관 야적장으로 쓰겠다고 합니다. 좋은 방법을 알려 주시면 고맙겠습니다.

A : 개발제한구역 내 토지는 관련 특별법(개발제한구역의 지정 및 관리에 관한 특별조치법)에 의하여 엄격한 규제를 받습니다. 또한 수도권의 개발제한구역은 모두 토지거래허가구역으로 지정되어 있습니다.

잘 팔리지도 않고, 또 실제 개발 이용할 수도 없는 그런 그린벨트 내 임야를 형질 변경하여 가설재 야적장, 폐목재 적치장, 고물상, 고철 수집장, 폐기물 야적장 등으로 활용한다면 매우 좋겠지요. 그러나 그린벨트 내의 토지를 이용하여 1개월 이상의 영업용 야적장으로 사용하기 위해서는 다음의 몇 가지 요건을 갖추어야 합니다.

1. 지목은 대지, 잡종지, 공장용지 등에 한합니다.
2. 나무가 없고 평평하게 대지화한 상태이어야 합니다.
3. 폐기물 등 환경 유해물질의 야적이 아니어야 합니다.
4. 당해 지역 및 주변 지역에 소음 진동 공해 등의 영향이 없어야 합니다.
5. 토지소재지 시·군·구의 개발행위 허가를 받아야 합니다.

문의하신 임야는 우선 지목상 불가하고, 만일 지상에 나무가 있다면 더더욱 안 됩니다. 진입도로 문제도 해결해야 합니다. 도로개설도 쉬운 일이 아닙니다. 벌채 허가를 받기도 어렵고, 잡종지 등으로의 산지전용허가도 안 될 것으로 보입니다.

따라서 문의하신 그린벨트 내의 임야에는 합법적으로는 영업용 야적장을 만들기는 어렵습니다.

개발제한구역 안 철도 부지에 물건 적치 가능 여부

Q : 개발제한구역 안의 토지에 한국철도시설공단으로부터 철도 부지를 물건적치장으로 유상 사용수익 허가를 득하였으나 시청으로부터 도시계획으로 결정된 철도시설 부지에는 물건의 적치를 허가할 수 없다는 이유로 불허가처분된 바 이에 대한 시정을 요구.

A :

가. 개발제한구역 안에서의 물건 적치는 개발제한구역의 지정 및 관리에 관한 특별 조치법 시행령 제17조 제1항의 규정에 의하여 모래, 자갈, 토석, 석재, 목재, 철재, 폴리비닐클로라이드, 컨테이너, 콘크리트제품, 드럼통, 병과 기타 폐기물관리법 제2조 제1호의 규정에 의한 폐기물이 아닌 물건으로서, 물건의 중량이 50톤을 초과하거나 부피가 50㎥를 초과하는 것을 말하며, 1월 이상의 기간을 말하며, 동법 시행령 [별표 2] 제3호 아목의 규정에 의하여 대지화 되어 있는 토지(관계 법령에 의한 허가 등 적법한 절차에 의하여 조성된 토지의 지목이 대지·공장용지, 철도용지, 학교용지, 수도용지, 잡종지로서 건축물이나 공작물이 건축 또는 설치되어 있지 아니한 임목이 없는 토지)에 한하여 행위가 가능할 것입니다.

나. 다만, 개발제한구역 안에서의 행위허가 시는 개발제한구역의 지정 목적에 적합해야 함은 물론, 당해 지역 및 주변 지역에 대한 소음, 진동, 오염 등을 충분히 고려하여야 할 것이고, 국토계획법, 철도건설

사업법 등 타 법령 적합 여부를 종합적으로 검토하여 허가권자가 허가 여부를 결정하여야 할 것임을 알려드리니 나머지 허가와 관련된 사항은 허가권자와 협의하여 주시기 바랍니다.

개발제한구역 내 영업을 목적으로 물건 적치가 가능한지

Q : 개발제한구역 내 잡종지이고 23,019㎡ 부지에 영업을 목적으로 건설자재 야적 (물건의 적치)이 가능한지?

A :

가. 개발제한구역 안에서의 물건의 적치는 개발제한구역의 지정 및 관리에 관한 특별조치법 제11조 제1항 제7호 및 동법 시행령 제17조 제1항에 의한 경우 허가권자의 허가에 의해 가능하고, 동법 시행령 제17조 제1항의 규정에 의한 경우는 허가권자에게 신고로써 가능하도록 규정하고 있고, 동 규정에 의한 물건의 적치는 동법 시행령 제14조 제14호에 의한 대지화 되어 있는 토지(관계 법령에 의한 허가 등 적법한 절차에 의하여 조성된 토지의 지목이 대지, 공장용지, 철도용지, 학교용지, 수도용지, 잡종지로서 건축물이나 공작물이 건축 또는 설치되어 있지 아니한 임목이 없는 토지)에 가능합니다.

나. 질의의 경우 일시적인 물건의 보관이나 공사용 자재의 야적을 위한 적치라면 개발제한구역 지정 목적에 합치되어 가능할 것이나 (반)영구적인 영업을 위한 물건의 적치라면 구역 지정 목적에 위배되어 불가할 것이니 업무에 참고하시기 바랍니다

그린벨트의 도시농업(농지) 활용

토지(농지)를 경영하라 : 농업의 개념을 달리하라

농업은 작물재배업만이 아니다. 그동안은 농산물을 생산하는 것이 농업이라고 생각했는데 생산한 것을 가공하는 것도 농업이며 그것을 유통하는 것도 농업이다. 실패의 지름길인 농업생산에서 이제는 유통을 중요시 하는 농업에 주력해야 한다.

그린벨트 토지의 패러다임 변화

도시농업의 육성 및 지원에 관한 법률에 의해 도시 인근에 농지인 그린벨트의 활용이 가능해졌다. 민영도시농업농장의 등록기준인 1,500㎡ 이상의 텃밭 확보와 농장 내 부속시설인 쉼터, 화장실, 주차장, 농기구 보관창고, 실습교육장 등의 설치가 가능해진다. 또한 농업회사 법인의 경우에는 66㎡ 이하의 관리용 주택과 유리온실은 면적에 제한이 없이 건축이 가능하다.

온실의 용도도 소비자 중심의 새로운 소비패턴에 따라 농산물을 직접 확인하고 수확할 수 있다. 신뢰를 통해 고객들이 먹고 놀며 쉬는 새로운 형태의 소비 창출을 만들어 내는 농업 테마파크로의 활용이 가능하다.

그린벨트의 가치변화는 토지의 가치를 상승시키며 그동안 수익을 만들어 내지 못 하던 토지에서 매월 수익을 만들어 내는 수익형 토지로 가치가 급상승하게 된다.

수익형 부동산으로 패러다임의 변화

이제는 부동산이 소유하고만 있어도 오르는 보물에서 세금만 납부하는 골칫덩어리가 된 지 오래다. 소유 가치보다는 이용 가치가 있어서 매월 수익을 만들어 낼 수 있는 수익형 부동산으로의 패러다임이 변화되고 있다. 또한 내가 필요할 때 팔릴 수 있는 환금성을 만들어 내는 토지가 최고의 땅이며 좋은 땅 개념의 대변환이 이루어지고 있다.

왜 농업법인을 만들어야 하는가?

첫째, 그린벨트 토지에서 관리용 주택과 유리온실을 짓기 위해 필요하다.

둘째, 농어촌, 준농어촌에 대한 정책자금을 지원받기 위해 필요하다.

셋째, 조세의 감면을 받기 위함이다. 농업회사 법인에 대한 법인세 면제와 현물출자 시 양도소득세, 부가가치세, 취득세 등의 면제를 받기 위함이다.

먹거리와 함께 건강과 환경개선, 교육, 도시농업의 공동체 회복, 도시민의 삶의 질 향상 등의 순수 농업에서 산업으로 농업이 재조명되고 있다.

조지 소로스의 말처럼 게임에 룰이 바뀔 때 큰 기회가 온다. 지금 농업의 룰이 바뀌고 있다. 이 기회를 잡아라. 그러면 기회는 내 것이 될 것이다. 그린벨트 토지가 텃밭이나 주말농장 등 이용 가치가 다양해졌다. 즉 생산 위주의 농업이 도시를 만나면서 그 역할이 커질 것이다. 그동안 농업은 국민의 먹을거리를 생산하는 산업에서 이젠 먹을거리는 물론 건강과 환경개선 및 교육이나 공동체 회복 등 도시민들이 삶의 질 향상을 위해 꼭 필요한 산업으로 바뀌게 될 것이다.

참고 : 도시농업의 육성 및 지원에 관한 법률 시행규칙(안)

제정 이유

도시농업의 육성과 지원에 관한 사항을 마련함으로써 자연친화적인 도시환경을 조성하고 도시민의 농업에 대한 이해를 높여 도시와 농촌이 함께 발전을 도모하는 내용으로 도시농업의 육성 및 지원에 관함 법이 제정, 시행됨에 따라 도시농업의 유형의 세부 분류, 도시농업지원센터의 지정기준, 전문인력양성기관의 지정 기준, 도시농업공동체의 등록기준 등 법률에서 위임된 사항과 그 시행을 위하여 필요한 사항을 정하려는 것임.

주요 내용

가. 도시농업의 공간(텃밭)의 위치 및 운영형태에 따라 도시농업의 유형을 세부분류함으로써 텃밭확산의 기반 조성(안 제2조)

1) 주택활용형 도시농업 : 주택 내부 텃밭, 주택 외부 텃밭, 주택 인근 텃밭

2) 근린생활권 도시농업 : 농장형 주말 텃밭, 공공목적형 주말 텃밭

3) 도심형 도시농업 : 빌딩 내부 텃밭, 빌딩 외부 텃밭

4) 농장형·공원형 도시농업 : 공영도시농업 농장 텃밭, 민영도시농업 농장 텃밭, 도시농업 공원 텃밭

5) 학교교육형 도시농업 : 유치원 또는 유아원 텃밭, 초등학교 텃밭, 중학교 텃밭, 고등학교 텃밭, 기타 학습교육형 텃밭

나. 도시농업지원센터의 지정신청서류와 지정기준을 마련함(안 제3조)

1) 도시농업지원센터의 설치 및 운영계획, 도시농업실습 및 체험시설 보유 현황 등의 서류를 농림수산식품부장관, 시·도지사 또는 시장·군수·구청장에게 제출하여야 함.

2) 농림수산식품부장관, 시·도지사 또는 시장·군수·구청장은 도시농업 전문가 및 운영요원, 교육 및 실습시설, 교육과정 운영 등의 적합성을 검토하여 별표 1의 지정기준에 적합할 경우에 도시농업지원센터로 지정하도록 함.

다. 도시농업지원센터의 지정취소 사유가 발생하면 지정권자는 시정명 령을 하고, 이를 60일 이내에 이행하지 아니한 경우에 지정을 취소 할 수 있도록 함(안 제4조)

라. 전문인력양성기관의 지정신청서류와 지정기준을 마련함. (안 제5조)

1) 전문인력양성계획의 수립, 전문강사 요원의 보유, 교육시설과 장비 의 보유, 교육운영계획의 서류를 농림수산식품부장관, 시·도지사 또 는 시장·군수·구청장에게 제출하여야 함.

2) 농림수산식품부장관, 시·도지사 또는 시장·군수·구청장은 강사요원 의 보유, 교육시설과 장비의 보유, 교육운영계획 등의 적합성을 검 토하여 별표 2의 지정기준에 적합할 경우에 전문인력양성기관으로 지정하도록 함.

마. 도시농업지원센터의 지정취소 사유가 발생하면 지정권자는 시정명 령을 하고, 이를 60일 이내에 이행하지 아니한 경우에 지정을 취소 할 수 있도록 함. (안 제6조)

바. 도시농업공동체 등록신청서류와 등록기준을 마련함. 안 제7조)

1) 도시농업공동체의 구성현황, 공동운영 텃밭의 조성 현황, 텃밭 운영 및 관리계획의 서류를 시장·군수·구청장에게 제출하도록 함.

2) 10가구 이상의 도시가구가 참여하고, 100㎡ 이상의 공동운영 텃밭 을 확보하는 등 구성 요건과 텃밭 운영 및 관리계획의 수립 등 등록기 준에 적합한 경우에 등록하도록 함.

사. 공영도시 농업농장의 개설승인기준은 1,500㎡ 이상의 텃밭확보, 농장 내 부속시설 설치의 적절성, 업무규정의 작성, 농장운영계획의 수립으로 정하고, 이 기준에 적합한 경우에 농림수산식품부장관, 시·도지사가 개설을 승인할 수 있도록 함. (안 제8조)

아. 공영도시농업농장의 임대 요건, 기간과 절차 및 방법 등은 지방자치단체의 장이 정하도록 함. (안 제9조)

자. 민영도시농업농장의 등록기준은 1,500㎡ 이상의 텃밭 확보, 농장 내 부속시설 설치의 적절성, 업무규정의 작성, 농장운영계획의 수립으로 정하고, 이 등록기준에 적합한 경우에 시장·군수·구청장이 등록할 수 있도록 함. (안 제10조)

차. 농림수산식품부장관은 전문인력과 시설이 갖추어진 도시농업 관련 공공기관 또는 단체를 지정하여 도시농업정보시스템의 구축과 운영을 할 수 있도록 함. (안 제11조)

3. 참고사항

가. 관계 법령 : 생략

나. 예산 조치 : 별도조치 필요 없음

다. 합의 : OOOO부 등과 합의되었음

라. 기타 : 시행규칙 제정안 별첨

참고 : 도시농업의 육성 및 지원에 관한 법률 시행규칙

제1조(목적)

이 규칙은 도시농업의 육성 및 지원에 관한 법률 및 같은 법 시행령에서 위임된 사항과 그 시행에 필요한 사항을 규정함을 목적으로 한다.

제2조(도시농업의 유형별 세부 분류)

법 제8조 제1항에 따라 도시농업의 유형별 세부 분류는 도시농업을 하는 공간(이하 "텃밭"이라 한다.)의 위치, 운영 형태에 따라 다음 각 호와 같이 분류한다.

1. 주택활용형 도시농업 : 주택 내부 텃밭, 주택 외부 텃밭, 주택 인근 텃밭
2. 근린생활권 도시농업 : 농장형 주말 텃밭, 공공목적형 주말 텃밭
3. 도심형 도시농업 : 빌딩 내부 텃밭, 빌딩 외부 텃밭
4. 농장형·공원형 도시농업 : 공영도시농업 농장 텃밭, 민영도시농업 농장 텃밭, 도시농업 공원 텃밭
5. 학교교육형 도시농업 : 유치원 또는 유아원 텃밭, 초등학교 텃밭, 중학교 텃밭, 고등학교 텃밭, 기타 학습교육형 텃밭

제3조(도시농업지원센터의 지정)

① 법 제10조 제2항에 따라 도시농업지원센터를 지정받으려는 사람은 별지 제1호 서식의 도시농업지원센터 지정신청서에 다음 각 호의 서류를 첨부하여 농림수산식품부장관, 시·도지사 또는 시장·군수·구청장에게 제출하여야 한다.

1. 도시농업지원센터 설치 및 운영계획
2. 도시농업기술의 교육 및 보급계획
3. 도시농업실습 및 체험시설 보유 현황
4. 도시농업관련 정보제공계획

② 농림수산식품부장관, 시·도지사 또는 시장·군수·구청장은 제1항에 따른 지정신청서를 받았을 때에는 다음 각 호의 지정기준에 적합한지를 검토한 후 적합하다고 인정되는 경우에 도시농업지원센터로 지정할 수 있다.

1. 도시농업전문가 및 운영요원 보유

2. 교육 및 실습을 위한 시설 보유

3. 도시농업 보급을 위한 교육과정 운영

4. 도시농업 정보제공 프로그램 보유

5. 운영경비조달계획의 수립

③ 제2항에 따른 지정기준에 관한 세부적인 기준은 별표 1과 같다.

④ 농림수산식품부장관, 시·도지사 또는 시장·군수·구청장은 제2항에 따른 도시농업지원센터를 지정하면 별지 제2호 서식의 도시농업지원센터 지정서를 발급하여야 한다.

제4조(도시농업지원센터의 지정취소)

① 농림수산식품부장관, 시·도지사 또는 시장·군수·구청장은 법 제10조 제4항 제2호·3호 및 제4호의 어느 하나에 해당하여 시정명령을 받은 날로부터 60일 이내에 정당한 사유 없이 이를 이행하지 아니한 경우에는 지정을 취소하여야 한다.

② 법 제10조 제4항에 따라 지정취소처분을 받은 자는 처분을 받은 날부터 10일 이내에 발급받은 도시농업지원센터 지정서를 반납하여야 한다.

제5조(전문인력양성기관의 지정)

① 법 제11조 제1항에 따라 전문인력양성기관을 지정받으려는 사람은 별지 제3호 서식의 전문인력양성기관 지정신청서에 다음 각 호의 서류를 첨부하여 농림수산식품부장관, 시·도지사 또는 시장·군수·구청장에게 제출하여야 한다.

1. 전문인력양성계획의 수립

2. 전문강사요원의 보유

3. 교육시설과 장비의 보유

4. 교육과정 및 교육시간 운영계획

② 농림수산식품부장관, 시·도지사 또는 시장·군수·구청장은 제1항에 따른 지정신청서를 받았을 때에는 다음 각 호의 지정기준에 적합한지를 검토한 후 적합하다고 인정되는 경우에 전문인력양성기관으로 지정할 수 있다.

1. 강사요원의 보유

2. 교육시설 및 교육장비의 보유

3. 교육과정과 교육시간 등 교육운영계획 수립

4. 운영경비조달계획의 수립

③ 제2항에 따른 지정기준에 관한 세부적인 기준은 별표 2와 같다.

④ 농림수산식품부장관, 시·도지사 또는 시장·군수·구청장은 제2항에 따른 전문인력양성기관을 지정하면 별지 제4호 서식의 전문인력양성기관 지정서를 발급하여야 한다.

제6조(전문인력양성기관의 지정취소)

① 농림수산식품부장관, 시·도지사 또는 시장·군수·구청장은 법 제11조 제3항 제2호· 3호 및 4호의 어느 하나에 해당하여 시정명령을 받은 날로부터 60일 이내에 정당한 사유 없이 이를 이행하지 아니한 경우에는 지정을 취소하여야 한다.

② 법 제11조 제3항에 따라 지정취소처분을 받은 사람은 처분을 받은 날부터 10일 이내에 발급받은 전문인력양성기관 지정서를 반납하여야 한다.

제7조(도시농업공동체의 등록기준)

① 법 제13조 제3항에 따라 도시농업공동체는 별지 제5호 서식의 도시

농업공동체 등록신청서에 다음 각 호의 서류를 첨부하여 시장·군수·구청장에게 제출하여야 한다.

　1. 도시농업공동체의 구성 현황

　2. 공동운영 텃밭의 조성 현황

　3. 텃밭 운영 및 관리계획

　② 시장·군수·구청장은 제1항에 따른 등록신청서를 받았을 때에는 다음 각 호의 등록기준에 적합한지를 검토한 후 적합하다고 인정되는 경우에 도시농업공동체로 등록할 수 있다.

　1. 도시농업공동체 구성요건(10가구 이상의 도시가구 참여, 공동운영의 100㎡ 이상의 텃밭 확보, 대표자 선정)의 적정성

　2. 텃밭 운영 및 관리계획의 수립

　③ 시장·군수·구청장은 제2항에 따른 도시농업공동체를 등록하면 별지 제6호 서식의 도시농업공동체 등록서를 발급하여야 한다.

　④ 그 밖의 세부적인 절차와 방법 등은 해당 지방자치단체의 장이 정한다.

제8조(공영도시농업농장의 개설승인기준 등)

　① 법 14조 제3항에 따라 공영도시농업농장을 개설하려는 사람은 별지 제7호 서식의 공영도시농업농장 개설승인신청서를 농림수산식품부장관 또는 시·도지사에게 제출하여야 한다.

　② 법 제14조 제6항에 따라 공영도시농업농장의 개설승인기준은 다음 각 호와 같다.

　1. 1,500㎡ 이상의 텃밭 확보

　2. 농장 내 부속시설(쉼터, 화장실, 주차장, 관수용 물탱크, 농기구 보관 창고, 실습교육장, 퇴비장 등)설치의 적절성

　3. 업무규정의 작성

4. 농장운영 및 관리계획의 수립

③ 농림수산식품부장관 또는 시·도지사는 해당 농장이 개설승인기준에 적합하여 개설을 승인하면 별지 제8호 서식의 공영도시농업농장 등록서를 발급하여야 한다.

④ 그 밖의 세부적인 개설기준과 방법 등은 해당 지방자치단체의 장이 정한다.

⑤ 법 제14조 제4항의 단서에서 "농림수산식품부령으로 정하는 경미한 사항"은 업무규정의 본질적인 내용에 영향을 미치지 아니하는 사항을 변경하는 경우를 말한다.

제9조(공영도시농업농장의 임대)

법 제16조 제4항에 따라 공영도시농업농장의 토지를 임대하려는 시·도지사 또는 시장·군수·구청장은 임대 자격, 임대 기간, 임대료, 임대 절차와 임대 대상자 선정 방법 등을 정하여 해당 지역 주민에게 일정기간 동안 공고를 하여 임대신청을 받아야 한다.

제10조(민영도시농업농장의 등록기준 등) ① 법 제17조 제3항에 따라 민영도시농업농장을 개설하려는 사람은 별지 제9호 서식의 민영도시농업농장 개설등록신청서를 시장·군수·구청장에게 제출하여야 한다.

② 법 제17조 제4항에 따라 민영 도시농업농장의 등록기준을 다음 각 호와 같이 정한다.

1. 1,500㎡ 이상의 텃밭 확보
2. 농장 내 부속시설(쉼터, 화장실, 주차장, 관수용 물탱크, 농기구 보관창고, 실습교육장, 퇴비장 등) 설치의 적절성
3. 업무규정의 작성
4. 농장운영 및 관리계획의 수립

③ 시장·군수·구청장은 해당 민영도시농업농장이 등록기준에 적합하다고 인정되는 경우에 별지 제10호의 민영도시농업농장 등록서를 발급하여야 한다.

④ 그 밖의 세부적인 절차와 방법 등은 해당 지방자치단체의 장이 정한다.

제11조(도시농업정보시스템의 구축과 운영) 법 제20조 제2항에 따라 농림수산식품부장관은 전문인력과 시설이 갖추어진 도시농업 관련 공공기관 또는 단체를 지정하여 도시 농업종합정보시스템을 구축하고 운영할 수 있다.

부칙

이 규칙은 2012년 5월 23일부터 시행한다. 다만, 특별자치시와 특별자치시장에 관한 부분은 2012년 7월 1일부터 시행한다.

그린벨트법 시행령에서의 인허가 유형 기준의 규제 개요

주무관청의 허가를 받아야 하는 사항

다음 각 호의 어느 하나에 해당하는 행위를 하려는 자는 특별자치도지사·시장·군수 또는 구청장의 허가를 받아 그 행위를 할 수 있다.

1. 다음 각 목의 어느 하나에 해당하는 건축물이나 공작물로서 대통령령으로 정하는 건축물의 건축 또는 공작물의 설치와 이에 따르는 토지의

형질 변경.

    가. 공원, 녹지, 실외체육시설, 시장·군수·구청장이 설치하는 노인의 여가 활용을 위한 소규모 실내 생활체육시설 등 개발제한구역의 존치 및 보전관리에 도움이 될 수 있는 시설.

    나. 도로, 철도 등 개발제한구역을 통과하는 선형시설과 이에 필수적으로 수반되는 시설.

    다. 개발제한구역이 아닌 지역에 입지가 곤란하여 개발제한구역 내에 입지하여야만 그 기능과 목적이 달성되는 시설.

    라. 국방·군사에 관한 시설 및 교정시설.

    마. 개발제한구역 주민의 주거·생활편익·생업을 위한 시설.

2. 개발제한구역의 건축물로서 제15조에 따라 지정된 취락지구로의 이축.

3. 공익사업을 위한 토지 등의 취득 및 보상에 관한 법률 제4조에 따른 공익사업(개발제한구역에서 시행하는 공익사업만 해당한다. 이하 이 항에서 같다)의 시행에 따라 철거된 건축물을 이축하기 위한 이주단지의 조성.

3의2. 공익사업을 위한 토지 등의 취득 및 보상에 관한 법률 제4조에 따른 공익사업의 시행에 따라 철거되는 건축물 중 취락지구로 이축이 곤란한 건축물로서 개발제한구역 지정 당시부터 있던 주택, 공장 또는 종교시설을 취락지구가 아닌 지역으로 이축하는 행위.

4. 건축물의 건축을 수반하지 아니하는 토지의 형질변경으로서 영농을 위한 경우 등 대통령령으로 정하는 토지의 형질변경.

5. 벌채 면적 및 수량樹量, 그 밖에 대통령령으로 정하는 규모 이상의 죽목 벌채.

6. 대통령령으로 정하는 범위의 토지 분할.

7. 모래·자갈·토석 등 대통령령으로 정하는 물건을 대통령령으로 정하는 기간까지 쌓아놓는 행위.

8. 제1호 또는 제13조에 따른 건축물 중 대통령령으로 정하는 건축물을 근린생활시설 등 대통령령으로 정하는 용도로 용도를 변경하는 행위.

주무관청에 신고를 하고 할 수 있는 사항

그린벨트 내 주택과 근린생활의 대수선 등 대통령령으로 정하는 행위는 시장·군수·구청장에게 신고하고 할 수 있다. 신고의 대상은 다음 각 호와 같다. 〈개정 2012. 5. 14〉

개발제한구역 내 (□야영장, □실외체육시설)사업 신청서

개발제한구역의 지정 및 관리에 관한 특별조치법 시행령 제13조 제1항 관련[별표1] 5호 사목 나) 및 아목 마)의 규정에 의하여 개발제한구역에 설치할 수 있는 야영장 또는 실외체육시설 사업을 신청코자 합니다.

신청인	주소 :			
	성명 :		연락처	주민등록번호
	개발제한구역 거주기간 :		최초 전입일 :	
신청토지	구리시			번지(토지면적 : m²)
	사업신청면적 : m²	□본인소유 □타인소유		토지보유기간 :
기반시설 현황	□기존 도로(폭 : m)	□신규도로 개설)4m)		□신구도로 개설(6m)
토지현황	□ 대지화된 토지(대, 잡, 수도, 철도, 장, 학) □농지 □임야 (혼재된 도시는 면적이 넓은 토지 기준. 기타 지목은 농지를 기준으로 함)			
생태자연도	□3등급, □2등급, □1등급			
사업부지 입지여건	성토와 절토	□필요	□불필요	
	석축과 옹벽	□필요	□불필요	
	과거 수해여부	□있음	□없음	
제출서류	1. 1971년 7월 30일부터 신청일까지 계속하여 개발제한구역에 거주하였음을 확인할 수 있는 주민등록초본(영세18조재2항제3호 규정에 따라 개발제한구역 당시 개발제한구역에 거주하고 있던 자로서, 개발제한구역에서 주택이나 토지를 소유하고 생업을 위해 3년 이하 기간 동안 개발제한구역 밖에 거주한 자, 게대주 또는 직계비속 등의 취학을 위해 개발제한구역 밖에 거주한 자는 신청인이 그 증명서류 제출) 2. 생태자연도는 우리 시 주택과 녹지관리팀에서 확인한 후 기재 3. 사업계획서(사업계획, 사업비 산출내역, 사업비 충당계획 등 제출)			

1. 신청시 유의사항
• 신청서류 허위 작성, 부정한 방법 등에 의해 선정된 경우 사업자 선정을 취소하며, 개발제한구역의 지정 및 관리에 관한 특별조치법 제30조 규정에 위반되는 경우 그 허가를 취소하고 같은 법 제31조(벌칙) 내지 제32조(벌칙)에 의하여 처벌받을 수 있다.
• 지정 당시 거주자가 아닌 자가 제출한 신청서류는 사업자 선정 평가 없이 반송됩니다.
• 토지현황 평가 중 기타 토지의 지목은 농사를 기준으로 평가합니다.

1. 주택 및 근린생활시설로서 다음 각 목의 어느 하나에 해당하는 증축·개축 및 대수선.

가. 기존 면적을 포함한 연면적의 합계가 100㎡ 이하인 경우.

나. 증축·개축 및 대수선되는 연면적의 합계가 85㎡ 이하인 경우.

2. 농림수산업용 건축물(관리용 건축물은 제외한다) 또는 공작물로서 다음 각 목의 어느 하나에 해당하는 경우의 증축·개축 및 대수선.

가. 증축·개축 및 대수선되는 건축 면적 또는 바닥면적의 합계가 50㎡ 이하인 경우.

나. 축사, 동물 사육장, 콩나물재배사, 버섯재배사, 퇴비사(발효퇴비장을 포함한다) 및 온실의 기존 면적을 포함한 연면적의 합계가 200㎡ 미만인 경우.

다. 창고의 기존 면적을 포함한 연면적의 합계가 100㎡ 미만인 경우.

2의2. 농어촌정비법 제2조 제16호 다목에 따른 주말농원사업 중 주말영농을 위하여 토지를 임대하는 이용객이 50명 이상인 주말농원사업에 이용되는 10㎡ 초과, 20㎡ 이하의 농업용 원두막(벽이 없고 지붕과 기둥으로 설치한 것을 말한다)을 설치하는 행위. 다만, 주말농원을 운영하지 아니하는 경우에는 지체없이 철거하고 원상복구하여야 한다.

3. 근린생활시설 상호 간의 용도 변경. 다만, 휴게음식점·제과점 또는 일반음식점으로 용도 변경하는 경우는 제외한다.

4. 벌채 면적이 500㎡ 미만이거나 벌채 수량이 5㎥ 미만인 죽목의 벌채.

5. 다음 각 목의 어느 하나에 해당하는 물건을 쌓아두는 행위.

가. 제17조 제1항에 따른 물건을 1개월 미만 동안 쌓아두는 행위.

나. 중량이 50톤 이하이거나 부피가 50㎥ 이하로서 제17조 제1항에 따른 물건을 15일 이상 쌓아두는 행위.

6. 매장문화재 보호 및 조사에 관한 법률에 따른 문화재의 조사·발굴을 위한 토지의 형질 변경.

7. 생산품의 보관을 위한 임시 가설 천막의 설치. (기존의 공장 및 제조업소의 부지에 설치하는 경우만 해당한다.)

8. 지반의 붕괴 또는 그 밖의 재해를 예방하거나 복구하기 위한 축대·옹벽·사방시설 등의 설치.

9. 영농을 위한 지하수의 개발·이용시설의 설치.

10. 논을 밭으로 변경하기 위한 토지의 형질 변경.

11. 논이나 밭을 과수원으로 변경하기 위한 토지의 형질 변경.

12. 대지화 되어 있는 토지를 논·밭·과수원 또는 초지로 변경하기 위한 토지의 형질 변경.

13. 허가 또는 신고 없이 할 수 있는 행위.

국토교통부령(개발제한구역의 지정 및 관리에 관한 특별조치법 시행규칙)으로 정하는 다음의 경미한 행위는 허가를 받지 아니하거나 신고를 하지 아니

하고 할 수 있다. 시행규칙 [별표 4] 〈개정 2009.8.7〉

허가 또는 신고 없이 할 수 있는 행위 (제12조 관련)

1. 농림수산업을 하기 위한 다음 각 목의 어느 하나에 해당하는 행위

가. 농사를 짓기 위하여 논·밭을 갈거나 50센티미터 이하로 파는 행위.

나. 홍수 등으로 논·밭에 쌓인 흙·모래를 제거하는 행위.

다. 경작 중인 논·밭의 지력(地力)을 높이기 위하여 환토(換土)·객토(客土)를 하는 행위. (영리 목적의 토사 채취는 제외한다.)

라. 밭을 논으로 변경하기 위한 토지의 형질 변경. (머목의 행위와 병행할 수 있다.)

마. 과수원을 논이나 밭으로 변경하기 위한 토지의 형질 변경.

바. 농경지를 농업생산성 증대를 목적으로 정지, 수로 등을 정비하는 행위. (휴경지의 죽목을 벌채하는 경우에는 영 제15조 및 제19조 제4호의 규정에 따른다.)

사. 채소·연초(건조용을 포함한다.)·버섯의 재배와 원예를 위하여 비닐하우스를 설치(가설 및 건축을 포함한다. 이하 이 표에서 같다)하는 행위. 이 경우 허용되는 비닐하우스(이하 "농업용 비닐하우스"라 한다)의 구조 등은 다음의 요건을 모두 갖춘 것이어야 한다.

1) 구조상 골조 부분만 목제·철제·폴리염화비닐(PVC) 등의 재료를 사용하고, 그 밖의 부분은 비닐로 설치하여야 하며, 유리 또는 강화플라스틱(FRP)이 아니어야 한다. 다만, 출입문의 경우는 투명한 유리 또는 강화플라스틱(FRP) 등 이와 유사한 재료를 사용할 수 있다.

2) 화훼직판장 등 판매전용시설은 제외하며, 비닐하우스를 설치하여도 녹지가 훼손되지 아니하는 농지에 설치하여야 한다.

3) 기초 및 바닥은 콘크리트 타설을 하지 아니한 비영구적인 임시가설

물(보도블록이나 부직포 등 이와 유사한 것을 말한다)이어야 한다.

아. 농업용 분뇨장(탱크 설치를 포함한다)을 설치하는 행위.

자. 과수원이나 경제작물을 보호하기 위하여 철조망(녹색이나 연두색 등의 펜스를 포함한다)을 설치하는 행위.

차. 10제곱미터 이하의 농업용 원두막을 설치하는 행위.

카. 밭 안에 야채 등을 저장하기 위하여 토굴 등을 파는 행위.

타. 나무를 베지 아니하고 나무를 심는 행위.

파. 축사에 사료를 배합하기 위한 기계시설을 설치하는 행위. (일반인에게 배합사료를 판매하기 위한 경우는 제외한다.)

하. 기존의 대지(담장으로 둘러싸인 내부를 말한다)에 15제곱미터 이하의 간이축사를 설치하는 행위.

거. 가축의 분뇨를 이용한 분뇨장에 취사·난방용 메탄가스 발생시설을 설치하는 행위.

너. 농업용 비닐하우스 및 온실에서 생산되는 화훼 등을 판매하기 위하여 벽체(壁體) 없이 33㎡ 이하의 화분 진열시설을 설치하는 행위.

더. 농업용 비닐하우스에 탈의실 또는 농기구보관실, 난방용 기계실, 농작물의 신선도 유지를 위한 냉장시설 등의 용도로 30제곱미터 이하의 임시시설을 설치하는 행위.

러. 토지의 형질변경이나 대지 등으로의 지목변경을 하지 아니하는 범위에서 축사에 딸린 가축방목장을 설치하는 행위.

머. 영농을 위하여 높이 50센티미터 미만(최근 1년간 성토한 높이를 합산한 것을 말한다)으로 성토하는 행위.

버. 생산지에서 50제곱미터 이하의 곡식건조기 또는 비가림시설을 설치하는 행위.

서. 축사 운동장에 개방형 비닐하우스(축산분뇨용 또는 톱밥발효용을 말한다)를 설치하는 행위. (축사용도로 사용하는 것을 제외한다.)

어. 토지의 형질변경 없이 논에 참게·우렁이·지렁이 등을 사육하거나 사육을 위한 울타리 및 비닐하우스를 설치하는 행위.

저. 농산물수확기에 농지에 설치하는 30제곱미터 이하의 판매용 야외 좌판(그늘막 등을 포함한다)을 설치하는 행위.

처. 화훼재배와 병행하여 화분·원예용 비료 등을 판매(화분만을 판매하는 경우는 제외한다)하는 원예용 비닐하우스를 설치하는 행위.

커. 저수지를 관리하기 위한 단순한 준설 행위. (골재를 채취하기 위한 경우는 제외한다.)

2. 주택을 관리하는 다음 각 목의 어느 하나에 해당하는 행위

가. 사용 중인 방을 나누거나 합치거나 부엌이나 목욕탕으로 바꾸는 경우 등 가옥 내부를 개조하거나 수리하는 행위.

나. 지붕을 개량하거나 기둥벽을 수선하는 행위.

다. 외장을 변경하거나 칠하거나 꾸미는 행위.

라. 내벽 또는 외벽에 창문을 설치하는 행위.

마. 외벽 기둥에 차양을 달거나 수리하는 행위.

바. 외벽과 담장 사이에 차양을 달아 헛간으로 사용하는 행위.

사. 높이 2미터 미만의 담장·축대(옹벽을 포함한다)를 설치하는 행위. (택지 조성을 위한 경우는 제외한다.)

아. 우물을 파거나 장독대(광을 함께 설치하는 경우는 제외한다)를 설치하는 행위.

자. 재래식 변소를 수세식 변소로 개량하는 행위.

3. 마을공동사업인 다음 각 목의 어느 하나에 해당하는 행위

가. 공동우물(지하수법에 따른 음용수용 지하수를 포함한다)을 파거나 빨래터를 설치하는 행위.

나. 마을도로(진입로를 포함한다) 및 구거를 정비하거나 석축을 개수·보수하는 행위.

다. 농로를 개수·보수하는 행위.

라. 나지(裸地)에 녹화사업을 하는 행위.

마. 토관을 매설하는 행위.

4. 비주택용 건축물에 관련된 다음 각 목의 어느 하나에 해당하는 행위

가. 주택의 경우와 같이 지붕 개량, 벽 수선, 미화작업 또는 창문 설치를 하는 행위.

나. 기존의 종교시설 경내(공지)에 종각·불상 또는 석탑을 설치하는 행위.

다. 기존의 묘역에 분묘를 설치하는 행위.

라. 종교시설의 경내에 일주문(一柱門)을 설치하는 행위.

마. 임업시험장에 육림연구·시험을 위하여 임목을 심거나 벌채하는 행위.

5. 건축물의 용도변경으로서 다음 각 목의 어느 하나에 해당하는 경우

가. 축사·잠실(蠶室) 등의 기존 건축물을 일상 생업에 필요한 물품·생산물의 저장소나, 새끼·가마니를 짜는 등의 농가부업용 작업장으로 일시적으로 사용하는 경우

나. 주택의 일부를 이용하여 부업의 범위에서 상점 등으로 사용하는 경우. (관계 법령에 따른 허가 또는 신고 대상이 아닌 것만 해당한다.)

다. 주택의 일부(종전의 부속건축물을 말한다)를 다용도시설 및 농산물건조실(건조를 위한 공작물의 설치를 포함한다)로 사용하는 경우.

라. 새마을회관의 일부를 경로당으로 사용하는 경우.

6. 기존 골프장을 통상적으로 운영·관리할 목적으로 골프장을 유지·보

수하는 다음 각 목의 어느 하나에 해당하는 행위

  가. 차량 정비고나 부품 보관창고 부지의 바닥 포장.

  나. 잔디의 배토(培土)작업에 소요되는 부엽토 및 토사를 일시적으로 쌓아 놓는 행위.

  다. 골프장 배수로 정비.

  라. 잔디를 심고 가꾸는 행위.

  마. 티 그라운드의 모양 및 크기를 변경하는 행위.

  바. 벙커의 위치·모양 및 크기를 변경하는 행위.

  사. 코스 내 배수 향상을 위하여 부분적으로 절토·성토하는 행위.

  아. 염해(鹽害)를 입은 잔디의 생육이 가능하도록 하기 위한 통상적인 성토.

  자. 작업도로 변경 및 포장.

개발제한구역 개발행위 용도제한 분석(표)

개발제한구역 건축행위 분석
코랜드연구소

	주택 및 근생시설부지의 조건	
공통조건	○ 개발제한구역 지정 당시부터 지목이 대인 토지(이축된 건축물이 있었던 토지의 경우에는 개발제한구역 지정 당시부터 그 토지의 소유자와 건축물의 소유자가 다른 경우만 해당한다)	
	○ 개발제한구역 지정 당시부터 있던 기존의 주택의 토지(개발제한구역 건축물관리대장에 등재된 주택)	
단독주택조건	영농이축권	○ 농업인으로서 개발제한구역에 기존 주택을 소유 ○ 자기 소유의 기존 주택을 철거하고 자기 소유의 농장 또는 과수원에 주택을 신축 ○ 생산에 직접 이용되는 토지의 면적이 3만제곱미터 이상 ○ 진입로를 설치하기 위한 토지의 형질변경이 필요하면 불가 ○ 건축 후 농림수산업을 위한 시설 외로는 용도변경을 할 수 없음.
	공익사업 이축권	○ 공익사업으로 철거되는 주택의 소유자가 자기 소유의 토지(철거일 당시 소유권을 확보한 토지를 말한다)에 신축하는 경우 (입지기준에 적합한 곳) 이주대책이 수립되지 않은 경우만 해당
	재해이축권	○ 기존 주택이 재해로 인하여 더 이상 거주할 수 없게 된 경우로서 그 기존 주택의 소유자가 자기 소유의 토지(재해를 입은 날부터 8개월 이내에 소유권을 확보한 토지)에 신축하는 경우
	타인토지주택 이축권	○ 구역 지정 이전부터 다른 사람 소유의 토지에 건축되어 있는 주택으로서 토지소유자의 동의를 받지 못하여 증축 또는 개축할 수 없는 주택을 취락지구내 자기소유토지에 신축하는 경우
	이축입지기준	○ 기존의 주택으로부터 2킬로미터 이내의 지역일 것 ○ 우량농지(경지정리·수리시설 등 농업생산기반이 정비되어 있는 농지를 말한다)가 아닐 것 ○ 국가하천의 경계로부터 5백미터 이상 떨어져 있을 것(하수종말처리시설 지역은 가능) ○ 새로운 진입로를 설치할 필요가 없을 것 ○ 전기·수도·가스 등 새로운 간선공급설비를 설치할 필요가 없을 것
근생시설조건	○ 신축 : 공통조건 동일 ○ 증축 : 주택을 용도변경한 근린생활시설 또는 1999년 6월 24일 이후에 신축된 근린생활시설만 증축	
	○ 상수원의 상류 하천의 양안 중 그 하천의 경계로부터 직선거리 1킬로미터 이내의 지역 신축금지(하수처리구역은 가능) 수도법	
건축규모	○ 건폐율 100분의 60 이하로 건축하는 경우 : 높이 3층 이하, 용적률 300% 이하로서 기존 면적을 포함하여 연면적 200㎡ 이하.(5년 이상 거주자는 232㎡ , 지정 당시 거주자는 300㎡까지 1회한 건축가능) ○ 건폐율 100분의 20 이하로 건축하는 경우 : 높이 3층 이하, 용적률 100퍼센트 이하	

	허가 후 건축할 수 있는 건축물 종류						
단독주택	다중주택 불가, 다가구 불가						
근린생활시설	슈퍼마켓	일용품소매점	체육도장	탁구장	금융업소	사무소	부동산중개업소
	외원	치과	한의원	침술원	접골원	조산소	수리점
	기원	사진관	표구점	학원	장의사	동물병원	목공소
	이용원	이용원	방앗간	독서실	세탁소(공장부설된 것 제외)		
	휴게음식점/제과점/일반음식점			○ 자격 : 5년이상거주자 or 지정당시거주자 ○ 연면적 : 300㎡이하 (인접토지 300㎡이하 주차장가능)			

개발제한구역에서 허가를 받아 할 수 있는 행위		
행위유형	할 수 있는 행위	허가조건
골프장		숙박시설제외
자연휴양림	자연휴양림,산림욕장 수목원	최소시설
청소년수련시설	청소년수련관, 청소년수련원 및 청소년야영장과 부대시설	
수목장림	관리·운용에 필요한 사무실, 유족편의시설, 공동분향단, 주차장 등 최소한의 규모로 설치할 것	
서바이벌게임시설	관리사무실, 장비보관실, 탈의실, 세면장 및 화장실 등을 합하여 건축 연면적 300제곱미터 이하	
택배화물관련 시설	고가도로의 노면 밑의 부지를 활용(토지 형질변경가능)하는 경우만 해당 : 100㎡이하	
농림수산시설	축사, 사육장, 콩나물 재배사, 버섯 재배사	50㎡~1000㎡ 면적제한(지목불문) 가구당 1개
	창고(150㎡), 관리용건축물(66㎡이하)	농업인에 한함.

개발제한구역 垈地 법률분석

코랜드연구소

분석 대상 부동산	건폐율분석	용적율분석

개발제한구역 기존 대지 용도분석 프로그램

건축물용도분류	허용용도	면적제한 및 업종규제	건축물용도분류	허용용도	면적제한 및 업종규제
단독주택	다중주택/다가구제외		2종 근린생활시설	독서실	
1종 근린생활시설	병원(의원)		2종 근린생활시설	동물병원	
1종 근린생활시설	세탁소		2종 근린생활시설	목공소	
1종 근린생활시설	슈퍼마켓	1000㎡이하, 일용품점 허용	2종 근린생활시설	방앗간	
1종 근린생활시설	약국		2종 근린생활시설	부동산중개소	
1종 근린생활시설	이(미)용원		2종 근린생활시설	사무소	
1종 근린생활시설	일반목욕탕	주된이용자가 지역주민이어야	2종 근린생활시설	사진관	
1종 근린생활시설	정육점		2종 근린생활시설	장의사	
1종 근린생활시설	체육도장		2종 근린생활시설	제조/수리/경정비	
1종 근린생활시설	침술원/접골원		2종 근린생활시설	취사용가스판매점	
1종 근린생활시설	탁구장		2종 근린생활시설	표구점	
2종 근린생활시설	금융업소		2종 근린생활시설	학 원	
2종 근린생활시설	기 원		2종 근린생활시설	휴게(일반)음식점	연면적300㎡/주차장200㎡이하
2종 근린생활시설	당구장				

대상토지 99.6.24조치대지	□ 개발제한구역 지정당시 지적법상 지목이 垈인 토지중 나대지 □ 개발제한구역 지정당시 이미 있던 주택(재산세과세대장에 등재된 주택)이 있는 토지 □ 개발제한구역 지정당시 주택지조성을 목적으로 허가받아 조성되었거나 조성중이던 토지
건축규모	자연녹지지역외 건축기준인 건폐율 20%, 용적율100%이내에서 3층이하로 허용한다. 다만, 대지면적이 작을 경우 기존 허용 규모보다도 건축규모가 작으면 주택의 경우는 과거 증/개축기준(건폐율60%, 면적최대90평 이하)과 비교하여 주민이 유리한 쪽으로 선택할 수 있다.
대지면적	전/답 등 대지가 아닌 토지에 개발제한구역 지정당시부터 주택이 있는 경우 그 주택의 허가유무에 불구하고 〈재산세과세대장〉에 등재되어 있을 경우에는 건축면적의 2배(건축면적이 100㎡이안인 경우에는 200㎡)의 범위안에서 전/답등을 대지로 인정받을수 있다.
분할제한	대규모대지는 330㎡이하로 분할할 수 없고, 주택 및 근린생활시설의 건축을 위하여 필요한 경우에는 진입로를 설치할 수 있다.

- 한강수계중 잠실수중보 상류 하천양안 1km이내의 지역은 근린생활시설중 일반목욕장과 한강상수원수질보호 및 주민지원등에 관한법률 제5조에 의거 허용되는 시설에 한함.
- 음식점은 구역내 5년이상 거주자, 영업자, 지정당시거주자로서 건축연면적 300㎡이내로 허용

개발제한구역 행위 허가사항

코랜드연구소

분석 대상 부동산	건폐율분석	용적율분석

개발제한구역에서 허가를 받아 할 수 있는 행위

행위유형	할 수 있는 행위	허가조건
지정당시 지적법상 나대지	단독주택/26종 근생시설 신축	
지정당시 주택이 있던 토지	단독주택/26종 근생시설 신축	재산세과세대장 등재 주택부지
지정당시 허가받은 주택부지	단독주택/26종 근생시설 신축	건축허가서나 관련서류 있어야 함
농림수산시설	축사/창고/우마사/관리사 설치	50㎡~1000㎡ 면적제한(지목불문)
토지형질변경	전답의 개간/신규대지 조성 등	지정목적에 위배되지 않는 경우만
골프연습장 등 실외체육시설	골프장,배구장,테니스장,야외수영장, 잔디축구장 등(건축 이수반 원칙)	
5년이상 거주자 음식점 신축	휴게/일반음식점(대지에만 허용)	연면적 300㎡ 이하
휴게/일반음식점 부속주차장	200㎡ 이하 조성 허용	인접 토지에만 인정
용도변경	주택→근생상호간(26종 그린벤트에서 허용되는 근생만)	
	주택→고아원,양로원,종교시설	
	주택→다른시설 →주택	
	공장 등 금지시설 →26종 근생,보육시설,양로원,종교시설로 변경 행위	
이축권	공익사업이축권	이축은 원칙적으로 취락지구 내로 공익이축권/재해이축권은 철거일 또는 재해를 입게 된날 당시의 자기소유 토지로 이축
	재해이축권	
	지정당시 타인토지 주택이축권	
	영농이축권	
학교의 용도변경	청소년수련시설,연수원,미술관 등	기존시설 연면적 범위내에서 허용
도로변 휴게소/주유소	시장/군수의 배치계획에 의한 건축	지정당시 거주자에게만 허용

타인토지 이축권 특례 : 이축된 건축물이 있었던 개발제한구역안의 토지에는 주택의 신축을 금지하였으나. 2001년 9월 6일부터 개발제한구역 지정 당시부터 토지소유자와 건축물소유자가 다르고 지목이 대인 경우에는 토지소유자에게도 주택을 신축할 수 있도록 함

개발제한구역 행위 허가사항

코랜드연구소

분석 대상 부동산	건폐율분석	용적율분석

개발제한구역에서 신고하고 할 수 있는 행위

행위유형	할 수 있는 행위	허가조건
주택/26종 근생	증축/개축/대수선	기존연면적 합계 100㎡이하 증/개/수선면적 85㎡ 이하
농림축산시설	증축/개축/대수선	바닥면적 합계 50㎡ 이하
축사/버섯재배사/온실 및 콩나물재배사	증축/개축/대수선	연면적 합계 200㎡ 미만 창고 면적 포함 100㎡ 미만
죽목의 벌목	벌목 행위	벌목면적 300㎡ 이상 500㎡미만
공장부지 내 임시 가설천 막	가설설치	생산품보관을 위한 기존 공장부지내
근생상호간의 용도변경	아래표 26종 근생만 허용	휴게/일반음식점,제조업소로 용도변경하는 경우 제외

개발제한구역 내에서 허용되는 근생시설

1.슈퍼마켓 2.일용품소매점(약국/정육점/취사용가스판매장 등 포함)

3.유게음식점 및 일반음식점 4.이용원 5. 미장원 6.세탁소 7.일반목욕탕

8.사진관 9.목공소 10.치과병원/의원/치과의원/한의원/조산소

11.침술원/접골원 12.동물병원 13.2종근생시설인 제조업/수리업(자중차경정비업소 포함)

14.취사용가스판매장 15.장의사 16.방앗간 17.독서실 18.기원 19.탁구장 20.당구장

21.체육도장 22.표구점 23.근생사무소 24.부동산중개업 25.근생금융업소 26.학원(2종 근생)

제3장

투자 리스크 관리와
그린벨트 경매

반드시 챙겨야 할 투자 리스크

로우 리스크 하이 리턴?

아직도 그린벨트가 해제될 예정이라며 신문에 전면 광고를 내면서까지 투자자들을 유혹하는 기획부동산들의 행태가 횡행하고 있다.

그린벨트는 해제 자체도 문제지만 해제가 되어 개발을 하게 될 때 공공 기관에서 수용해서 개발을 한다는 데 더 초점을 둬야 한다. 지금까지 그린 벨트를 풀어서 개발한 곳을 살펴보면 해답은 금방 나온다.

하남시 초이동 그린벨트

판교신도시도 그린벨트를 해제해서 수용개발이 되었고, 판교역은 판교신도시가 만들어지면서 그냥 역을 이용하도록 놓아준 것에 불과할 뿐 따로 판교역세권 개발이 필요 없었을 뿐이다. 이미 개발을 시행한 보금자리 아파트 역시 전부 수도권 인근의 그린벨트를 해제한 뒤 공공기관인 토지주택공사가 수용하여 개발했다.

그곳에 만들어진 전철역들 역시 역세권을 따로 개발할 필요는 없었다. 그런 역 중 하나가 신분당선의 청계산입구역인데, 청계지구 보금자리 아파트지구 내에 역이 만들어졌기에 역세권개발이 필요 없었던 것이다.

남양주시의 양정역세권은 그린벨트에 양정역이 먼저 만들어졌고 양정역세권을 개발하기 위해 그린벨트를 해제를 두고 논란이 많다가 결국 그린벨트를 해제해 주기로 하였다.

양정역세권 개발의 고시문을 보면 개발 방식이 도시개발의 수용 및 사용 방식으로 확정이 나와 이 역시 그린벨트를 해제해서 개발을 할 때 택지개발법이 폐지된 관계로 도시개발사업으로 개발하기는 하지만 도시개발 방식은 수용 및 사용 방식, 환지 방식, 혼용 방식으로 나뉘어 지기 때문에 이중 수용 및 사용 방식으로 한다고 결정이 난 것이다.

의왕시에 4차선, 6차선 도로에 접해진 낮은 구릉지라 그린벨트가 해제되어 개발된다는 내용의 광고성 기사가 실리기도 했고, 서해선 복선 전철의 송산역이 송산그린시티 내에 들어서지만 우측 개인 부지의 그린벨트를 해제해서 도시개발사업으로 개발되어 주거 상업지가 된다고 가짜 뉴스를 유포하는 각종 블로그나 카페의 글 같은 것들도 넘쳐났다.

공통점은 그린벨트가 해제되면 공공기관에서 수용개발하고 있는 현 실상을 그럴 듯한 가짜 뉴스로 포장하여 잘못된 정보를 유포함으로써 투자자들에게 커다란 손실을 떠안기는 상황으로 내몰고 있다.

이는 노후를 준비하기 위해 있는 돈, 없는 돈 다 끌어모아 재테크를 한 번 해보려고 하는 서민들이 보이스 피싱처럼 사기꾼에게 농락당하고 있는 현실로 사회적으로도 큰 문제가 아닐 수 없다.

그린벨트 투자, 신중하고 또 신중하라

서울에 거주하는 장 씨는 최근 경기도 하남시 개발제한구역 토지를 분양받으려고 하다가 포기했다. 땅값이 싸다는 생각에 관심을 가졌지만 그린벨트 해제 가능성이 크다는 분양업체의 말에 신빙성이 없어 보였기 때문이다. 그는 "우선 그린벨트가 해제돼야 하는데 해제 가능성도 크지 않고, 해제된다고 해서 땅값이 크게 오를 것 같지도 않았다."고 말했다.

투자들을 울리는 기획부동산들의 수법은 그린벨트 내 토지를 분할하여 그럴 듯한 정보를 유포해 투자자들을 현혹한 뒤 폭리를 취하고 팔아치우는 것이다. 주로 토지거래허가구역에서 풀린 그린벨트 내 임야를 쪼개 파는데, 토지소유자가 직접 분할 판매하거나 분양업체가 임야를 사들인 뒤 쪼개 되파는 방법을 쓴다.

그린벨트라고 해도 토지거래허가구역만 아니면 매매에는 제약이 없고, 정부가 그린벨트를 해제하고 있는 추세여서 투자자도 늘고 있다. 하지만 그린벨트 해제 여부를 장담할 수 없는 만큼 투자엔 신중해야 한다.

그린벨트 토지 분할은 그린벨트가 전체 면적의 70% 이상을 차지하고 있는 경기도 과천·하남·의왕·고양·남양주시는 물론 시흥시·당진시 등지에서 성행하고 있다. 분할 토지의 크기는 330~3300㎡까지 다양하다.

그린벨트 토지를 분할해 매각하는 일이 늘고 있는 건 정부정책 흐름상 그린벨트 해제 기대감이 높아졌기 때문이다. 지난 정부에 의해 국토교통부의 중앙도시계획위원회 심의를 거쳐야 해제할 수 있었던 30만 ㎡ 이하 그린벨트의 해제 권한을 시·도지사에게 이양했는데, 이것은 그린벨트 해제까지 걸리는 기간이 2년에서 1년으로 확 줄어드는 것을 의미한다.

그렇다고는 해도 그린벨트 해제는 확언할 수 없는 문제이므로 투자를 할 때는 주의해야 한다. 분양업체들은 이런 정부의 규제 완화 추세를 곧바로 그린벨트가 해제되는 것처럼 포장해 현혹하기도 하므로 조심해야 한다. 즉 그린벨트가 해제되는 것으로 오해하는 사람들이 많은데, 실상은 전혀 다르다. 이것은 복잡한 해제 절차를 간소화하는 것에 불과할 뿐이고, 그린벨트 해제 여부는 여전히 알 수가 없는 것이다.

업체들은 그린벨트가 해제되는 것만으로 땅값이 2~3배 뛰어 시세차익을 얻을 수 있다고 투자자들을 현혹하기도 한다. 이 역시 사실과 다르다. 공장이든 집이든 개발이 가능한 땅일 때 비로소 그린벨트가 해제된다고 해도 시세차익을 얻을 수 있다.

그린벨트에서 풀린다고 해서 곧바로 개발할 수 있는 것도 아니다. 그린벨트 해제와 개발은 전혀 다른 문제이기 때문이다.

개발 가능성이 큰 땅은 그린벨트 해제 이후 토지거래허가구역으로 묶일 수 있다는 점도 고려해야 한다. 이렇게 되면 되파는 것도 쉽지 않아 장기간 투자금이 묶일 수 있다. 또 기본적으로 매입 토지의 모양, 경계, 도로와의 접합 여부 등도 꼼꼼히 확인해야 한다. 공유지분 여부도 반드시 챙겨야 하는데, 공유지분이 있는 토지는 재산권 행사와 개발이 어려운 만큼 피하는 게 좋다.

그린벨트 투자 경험 수칙 10

그린벨트 해제 투자유망지 조건을 간단하게 정리한다면 다음과 같이 정리할 수 있다.

- 서울 접근성 20분 이내.
- 1종 일반주거지역 이상의 용도지역.
- 2,000평 이상 1만 평 이내인 면적.
- 근처에 새로운 역세권이나 신설 자동차전용도로 이상의 고속도로 나들목이 생기는 지역.
- 종합대학교 등 대규모 인프라가 구축되어 많은 인구가 집중될 지역.
- 지가가 많이 오르지 않은 지역.

아마도 서울 접경 수도권 지역에서 가능한 곳은 하남, 광주시 일부, 용인시 일부, 김포시 일부, 일산 일부 정도가 되지 않을까 싶다.

1. 대규모 취락지를 찾아라.

가장 안전한 투자처는 대규모 취락지다. 정부가 1,000명 이상 거주지역을 우선해제 권역으로 발표했기 때문이다.

2. 현장답사는 필수

현장에 가서 직접 확인을 하지 않은 채 부동산업자의 말만 듣고 투자하는 경우가 많다. 사전정보를 충분히 섭렵한 후 직접 현장을 들러 해제 대상 지역으로 선정될 것인지를 직접 확인해야 한다.

3. 해제 프리미엄이 반영된 곳은 피하라.

그린벨트가 풀린다는 얘기는 어제 오늘 일이 아닌 만큼 이미 해제 프리미엄이 반영돼 값이 오를 대로 오른 지역이 많다. 이 지역은 시세차익을 기대하기 어려울 뿐더러 공영개발이 들어가는 경우 오히려 손해를 보는 수도 있다.

4. 환경 좋은 곳을 노려라.

그린벨트가 풀려도 당장 아파트를 지을 만큼 규제가 완화되는 것은 아니므로 일단 전원형 주택단지를 염두에 두어야 한다. 따라서 주변 환경이 좋은 곳을 골라야 한다.

또 완전 해제가 안 되더라도 건축규제 완화 등 혜택이 뒤따를 경우 괜찮은 전원주택 부지로 탈바꿈할 수 있음을 고려해야 한다.

5. 이왕이면 역세권, 교통이 좋아야 한다.

역세권이라면 금상첨화다. 서울 지역에서는 지하철이 닿는 역세권 그린벨트를 찾을 수 있다.

6. 전답보다는 주택이 유리하다.

개발이 가능하다고 해서 무조건 전답을 사는 것은 금물이다. 농지는 구입이 어려울 뿐 아니라 도로에 접하지 않는 곳은 개발 기간이 장기화 될 수 있다. 따라서 기존 주택이나 지목이 대지인 곳을 고르는 것이 안전하다. 처분도 쉽고 직접 사용하기도 편리하다.

7. 활용 가능성을 살펴라.

자본이 부족해 개발 가능한 땅을 사기 어렵다면 투자 2순위로서 활용 가능성이 높은 임야를 골라라. 나무를 심거나 가족 휴양지로 꾸며 입구에 음식점이나 휴게소를 열 수 있다. 특용작물 재배지로도 활용이 가능하다.

8. 브로커를 조심하라.

일부 지역에서는 그린벨트만을 노리는 브로커가 등장해 음성적인 거래를 부추기는 것으로 알려졌다. 이들은 대게 확정되지 않은 사실을 호도해 땅을 매입하도록 권유한다.

해당 지자체를 직접 방문해 개발 가능성을 살펴야 한다.

9. 매입 시기를 조절하라.

정부가 강력한 투기단속 대책을 발표한 만큼 실수요자라도 괜한 오해를 살 수 있다.

전답이나 임야 를 무리하게 구입했다가는 세무조사를 받기 십상이다. 가격도 과다하게 지급할 수 있다. 미리 땅 을 확보해 두기보다는 한 박자 늦춰 필요한 만큼만 떳떳하게 구입하는 것도 지혜다.

10. 지자체의 개발계획을 숙지하라.

지자체별로 그린벨트 해제 이후의 개발계획을 세워놓고 있다. 해당 지자체를 방문해 어떻게 개발할 것인지를 확인하고 공영개발지역과 민영개발지역, 용도별 구역지정 등을 개략적으로 확인해야 한다

성공 투자를 부르는 그린벨트 경매

그린벨트 땅 경매로 공략하기

서울과 수도권 그린벨트 내 땅값은 지가가 이미 상당히 올라서 투자자들로서는 매입에 나서기가 부담스럽다. 이럴 때는 경매를 통해 그린벨트 내에 있는 땅을 구입하는 것도 좋은 방법이다. 경매로 그린벨트 내 토지를 낙찰 받으면 면적에 관계 없이 별도의 거래허가를 받지 않아도 되며 시세보다 최소 10%에서 최대 30% 가량 저렴하게 살 수 있다.

하지만 그린벨트 내 토지 투자는 도시지역으로 편입되어 개발제한의 해제 가능성이 높은 곳을 골라야 수익성을 올릴 수 있다는 점에 유의해야 한다.

규모는 660㎡~9,920㎡의 토지와 주택이 많고 감정가도 1억~5억 원대 정도로 중소규모 투자자들이 투자에 나서는 데 적합한 편이다. 경쟁률 또한 다른 토지들에 비해 다소 낮아 응찰자는 5~6명 선이다. 1~2회 유찰된 물건은 5~10 대 1 정도의 경쟁률을 보이며 낙찰가율(감정가대비 낙찰금액 비율)은 70~80% 정도이다.

그린벨트 해제가 유망한 지역에 있는 토지라 하더라도 너무 외진 곳에 위치해 있거나 개발이 불가능한 습지와 맹지는 피하도록 한다. 가장 안전한 토지 투자는 택지개발지구에 인접한 지역의 그린벨트를 매입하는 방법이다.

또 취득 목적에 맞게 개발할 수 있는지 여부를 확인해야 하는데 전원주택은 건축법상 4m 도로에 접해 있어야 건축허가가 난다는 것을 반드시 명심해야 한다.

경매로 토지를 취득할 때는 반드시 주변 시세를 확인한 뒤 응찰가를 정해야 한다. 1~2회 유찰돼 거품이 빠진 토지를 고르는 것이 바람직하다.

하지만 입지가 뛰어난 서울 및 수도권 지역은 감정가가 시세보다 저렴한 경우 첫 입찰(신건)일지라도 과감하게 응찰할 필요가 있다.

유의할 점으로는 경매물건이라도 1,000㎡ 이상의 농지를 구입할 때는 농지취득자격증명을 받아야 한다는 것이다. 법원 매각공고와 특별매각조건에 '농지취득자격증명 필요함'이라고 적혀 있는 농지들이 그 대상이다.

다만 지목과 실제 현황이 다르고 건물이 가옥대장에 등재되거나 도시계획시설이 결정된 농지는 농지매매증명이 없어도 된다. 또 매입 후 토지의 이용제한이 많은 상수원보호구역, 공원구역, 문화재보호구역, 군사시설보호구역인지 반드시 확인해야 손해를 보지 않는다.

경매 사례로 보는 성공과 실패의 갈림길

성공 사례 : 그린벨트 경매 낙찰로 전원주택 매입

답답한 서울에 살다 보면 수도권의 그림 같은 전원주택에 살고 싶은 때가 있다. 2년 전 퇴직한 주 씨도 그랬다. 주 씨는 노후를 전원에서 보내고

자 그린벨트 내 주택을 경매로 사들였다.

처음에는 서울 외곽인 세곡·자곡동의 택지를 찾아다녔다. 그러나 땅값이 평당 300~400만 원이나 돼 엄두가 나지 않았다. 고민하던 차에 싼값에 부동산을 구입할 수 있는 경매에 도전해보기로 했다.

경매 초보자였던 주 씨는 컨설팅업체의 자문을 얻어 투자 범위를 잡았다. 서울에서 차로 한 시간 안팎의 거리에, 규모는 150~200평, 투자 예상 금액은 1억 원.

마침 경기도 광주시 중부면 상번천리 그린벨트 내 주택이 입찰에 부쳐졌다. 대지 218평, 건평 25평짜리로 감정가는 2억 1,260만 원이었다. 4회 유찰해 최저입찰가는 8,720만 원까지 떨어진 반면 공시지가는 1억 2,300만 원이었다. 공시지가보다 싼값이니 물건에 하자만 없다면 투자수익도 보장될 것으로 판단했다.

문제는 그린벨트 내 대지라는 점. 그린벨트에서 151평 이상의 대지를 살 때는 토지거래허가를 받아야 한다.

그러나 일반 매매는 허가를 받아야 하지만 경매로 구입하면 경락을 통해 허가를 받은 것으로 봐 문제가 없다는 것을 알게 됐다.

현장 조사에 나섰다. 지은 지 13년 된 낡은 집이었지만 조금만 손질하면 전원주택으로 쓰기에는 손색이 없었다. 교통 여건도 무난했다. 경안인터체인지를 이용하면 서울 잠실의 집까지 차로 30분이면 닿을 수 있는 거리였다. 서울에서 15분마다 오가는 시내버스가 있는 것도 마음에 들었다.

주거 환경은 나무랄 데 없었다. 그린벨트인데다 상수원보호구역으로 지정돼 있어 '청정구역'으로 부를 만했다.개발이 제한돼 있다는 것은 쾌적한 주거지를 찾던 주 씨에 게는 되레 흡족한 조건이었다.

현지 중개업소를 통해 시세를 알아보니 평당 100만 원대였다. 외환위기 이전에는 평당 130만 원을 웃돌던 땅이었다. 주 씨는 최저 입찰가인 8,700만 원보다 2,300만 원이 많은 1억 1,000만 원을 써 내 이 물건을 거머쥐었다. 주 씨와 비슷한 생각을 가진 경쟁자가 6명이나 됐다. 그린벨트 주택에 이만한 응찰자가 몰리는 것은 예상 밖이었다.

주 씨가 더 놀란 것은 차순위 응찰자가 71만 원의 차로 바짝 따라왔다는 것이다. 그만큼 투자성이 있는 주택이었음이 입증됐다. 전체 비용은 낙찰가와 세금 등을 합쳐 1억 2,500만 원. 곧장 급매물로 판다고 해도 2억 원은 받을 수 있다고 하니 7,000여 만 원의 수익을 올린 셈이다.

성공 사례 : 개발 재료만 믿지 말라

개발 재료만 믿고 사전 현장조사를 소홀히 하는 '묻지마 경매'가 다시 고개를 내밀어 피해 사례가 늘고 있다. 경매는 잘만 고르면 시세보다 싸게 살 수 있는 장점이 있지만 주의해야 할 점도 많다.

아래의 사례에서 정 씨의 경우에는 경매에서 주의해야 할 점을 모두 지켰다. 사전에 철저하게 서류 조사와 현장 조사를 철저하게 거쳤다. 주변 시세와 비교해 수익률도 미리 뽑아났다. 결과적으로 개발호재가 더해져 수익률이 높아지기도 했지만 그게 아니었어도 철저한 수익률 분석 덕분에 정 씨는 어느 정도 이익을 볼 수 있었다.

서울 양재동에 사는 정 씨는 평소 경매를 통한 부동산 투자에 여러 가지 장점이 있다는 판단 아래 이에 대한 공부를 해 왔다. 경매를 통해 토지를 매입하려고 마음을 먹은 정 씨는 법원 경매사이트 등을 통해 물건을 검색하던 중 2002년 10월 서울 우면동 화훼단지 내 '밭' 1,000평이 입찰될 예정이라는 사실을 찾아냈다.

정 씨는 우선 감정평가서를 비롯해 법원이 제공하는 서류를 살펴본 후 권리분석을 했다. 이후 현장 조사를 벌인 결과 정 씨가 목표로 하는 땅은 그린벨트로 묶여 있었으며 당시 시세는 7억 5,000만 원 수준이었다.

수익성 분석을 한 결과 7억 원 아래에서 낙찰받으면 큰 위험 없이 수 천만 원 정도 이익은 낼 수 있을 것으로 판단됐다. 또 인근 지역이 그린벨트에서 이미 해제됐기 때문에 3~5년 후면 그린벨트에서 풀릴 가능성이 있어 보였다.

결국 정 씨는 이 물건에 투자하기로 결심하고 6억 8000만 원의 입찰가를 써 낙찰을 받았다. 각종 부대비용까지 합쳐 땅을 인수하는 데 정 씨가 들인 총비용은 총 7억 1,000만 원. 단기간에 팔아도 몇 천만 원 이익은 낼 수 있었지만 개발 가능성을 보고 좀 더 보유하기로 했다.

경매를 통해 낙찰받은 땅이 정 씨의 예상보다 빨리 그린벨트에서 해제됐다. 그린벨트에서 풀리면서 땅값은 수직상승을 시작했고 지금은 20억 원에 팔라는 수요자까지 나타났다. 그러나 정 씨는 이 지역의 개발 가능성이 높은 것으로 보고 계속 보유하기로 결정했다.

실패 사례 : 서류·현장 조사 미비로 낭패

반면 서울 신림동에 거주하는 이 씨는 경매의 장점에 대해서만 생각을 했을 뿐 지켜야 할 사항을 간과했다. 기본적인 서류조사는 물론이고 현장 조사도 게을리 했다가 입찰보증금만 날렸다.

이 씨는 지난해 말 평택에 여러 가지 개발호재가 있다는 말만 믿고 '논'

1,200평을 덜컥 낙찰받았다. 여러 경로를 통해 미군기지 이전과 평택항 개발 등으로 이 지역 토지시장이 뜨고 있다는 소문에 혹했던 것이다.

평택은 이미 토지거래허가구역으로 묶여 일반거래가 쉽지 않다는 사실을 알게 된 이 씨는 경매를 통한 투자를 결정했다. 경매를 통하면 토지거래허가구역에서 거래 절차를 다소 간소화할 수 있기 때문이다.

물건을 찾던 이 씨 눈에 평택 팽성읍 토지물건이 눈에 띄었다. 이 씨는 응찰을 결정했다. 그러나 경매에 대해 많은 지식이 없던 이 씨는 서류 조사와 현장 조사, 권리 분석을 게을리하는 실수를 범하고 말았다.

경매장이나 법원 경매 사이트를 통해 매각 물건 명세서나 감정평가서 등을 확인한 후 해당 물건에 대한 상세한 정보를 얻어야 했지만 이를 등한히 했던 것이다.

또 '법원 경매에 나온 물건이니 별 문제가 없을 거야.'라는 안일한 생각에서 현장 조사도 하지 않았다.

이 씨는 해당 물건을 감정가의 131.5%인 1억 5,000만 원에 낙찰받았다.

물건을 낙찰받은 후에야 현장 조사를 나간 이 씨는 아연실색했다. 이 씨가 낙찰받은 땅은 농업진흥구역으로 묶여 있어 개발이 쉽지 않았으며 시세도 1억 원 선에 그친다는 걸 알게 된 것이다.

더구나 용지 중간에 지역 주민이 지어놓은 무허가건물이 있어 건물 주인과 합의 없이는 개발도 어려웠다.

결국 이씨는 낙찰을 받았지만 잔금을 치르지 않고 인수를 포기했다. 덕분에 입찰을 하면서 냈던 보증금 900만 원은 고스란히 날렸다.

그린벨트 농지 경매 사례

2013타경 26213(1)					
수원지방법원 안산지원 8계 (031-481-1263) 매각기일 2014.09. 30.(10:30)					
소재지	경기도 광명시 일직동 6				
물건 종별	농지	사건 접수	2013. 11. 15 (신법적용)	입찰 방법	기일입찰
토지 면적	1234㎡	소유자	김○○	감정가	604,660,000
건물 면적		채무자	박○○	최저가	(70%) 423,262,000
매각 물건	토지만 매각	채권자		보증금	(10%) 42,330,000

입찰 진행 내용

구분	입찰기일	최저 매각가격	결과
1차	2014. 08. 26	604,660,000원	유찰
2차	2014. 09. 30	423,262,000원	

토지이용계획

지역지구 등 지정여부	국토의 계획 및 이용에 관한 법률에 따른 지역·지구 등	자연녹지지역
	다른 법령 등에 따른 지역·지구 등	개발제한구역(2015.11.03) 〈개발제한구역의 지정 및 관리에 관한 특별조치법〉, 과밀억제권역 〈수도권정비계획법〉
	시행령 부칙 제3조에 따른 제9조 제4항 각호에 해당되는 사항	(한강)폐기물매립시설 설치제한지역 〈한강수계 상수원수질개선 및 주민지원 등에 관한 법률〉 농지법 제8조의 규정에 적용되는 농지
토지이용규제기본법 시행령 제9조 제4항 각호에 해당되는 사항		

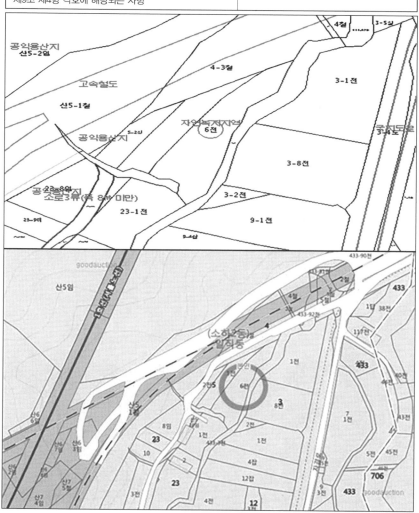

그린벨트 대지 경매 사례 1

2014타경 15103					
수원지방법원 성남지원 2계 매각기일 2015. 5. 18					
소재지	경기도 하남시 미사동 42-3				
물건종별	대지	사건 접수	2014. 07. 09	입찰 방법	기일입찰
토지면적	922㎡(278.9평)	소유자	김○○	감정가	921,952,800
건물면적		채무자	박○○	최저가	737,562,000(80%0
매각물건	토지 입찰 외	채권자	(주) 파인스	보증금	(10%) 73,756,200

입찰진행 내용

구분	최저 매각 가격	결과	입찰기일
1차	921,952,000	유찰	2014. 10. 20
2차	737,562,000	변경	2014. 11. 24
2차	737,562,000	변경	2015. 02. 02
2차	737,562,000	낙찰	2015. 05. 18
		낙찰가	830,100,000

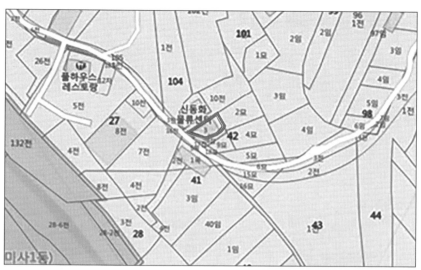

용도지역지구명	법률명
도시지역	국토의 계획 및 이용에 관한 법률
자연녹지지역	국토의 계획 및 이용에 관한 법률
과밀억제권역	수도권정비계획법
개발제한구역	개발제한구역의 지정 및 관리에 고나한 특별조치법
상수원보호기타(상수원 상류 공장 설치)	수도법
배출시설 설치제한지역	수질 및 수생태계 보전에 관한 법률

그린벨트 대지 경매 사례 2

2015타경 13029				
수원지방법원 성남지원 1계 매각기일 2015. 11. 30				
소재지	경기 하남시 미사동 395-13			
물건종별	대지	사건접수	15.08.11	입찰방법	기일입찰
토지면적	지분 107㎡ (32.37평)	소유자	박○○	감정가	285,690,000
건물면적		채무자	박○○	최저가	281,410,000(90%)
매각물건	토지 입찰 외	채권자	안○○	보증금	(10%) (28,141,000)

입찰진행내용

구분	최저매각가격	결과	입찰기일	낙찰가
1차	281,410,000	낙찰	2015.11.30	330,000,000

지가 상승 1위 지역 하남 그린벨트 경매 공략기

>>> 하남 그린벨트 해제 관련 기사

"박근혜 대통령 주재로 3차 규제개혁 장관회의를 열고 올해부터 30만 ㎡(약 9만 평) 이하 그린벨트의 경우 시·도지사가 해제할 수 있도록 권한을 이임하기로 했다.

이에 따라 2009년에 수립된 광역도시계획을 바탕으로 2020년까지 국토면적의 3.9%(3862㎢)에 달하는 그린벨트 중 여의도 면적(2.8㎢)의 83배에 이르는 233㎢의 그린벨트가 해제될 예정이다. 특히 경기도는 여의도의 약 17배에 달하는 그린벨트 지역이 해제돼 개발이 시작될 것으로 보인다. 특히 행정 면적의 80% 이상이 그린벨트인 하남시는 서울과 인접해 있는 데다 적극적인 개발수요가 있음에도 과도한 그린벨트 지정으로 개발에 엄두를 못 냈던 만큼 직접적인 수혜를 볼 수 있을 것이란 예상이다.

하남시는 지난해 11월 12일자로 개발제한구역이 관통하는 51개 취락, 787개 필지, 20만 6,004㎡ 면적의 토지에 대해 개발을 완화한다는 내용의 도시관리계획 재정비 결정을 고시했다.

이번 고시에 따라 섬말, 샘골, 법화골 3개 취락지역은 자연녹지지역에서 제1종 전용주거지역으로, 그외 48개 취락은 자연녹지지역에서 제1종 일반주거지역으로 건축물의 신축 같은 개발행위가 가능해졌다.

강남과 가까운 하남지역은 그린벨트를 풀어 미사, 위례, 감일지구를 개발하고 있으며, 보금자리 지구에서 해제된 감북동과 초이동은 '하남시 2020 도시기본 구상도'의 개발제한구역 활용 구상 안에 따라 지식기반산업과 저밀도 친환경 주거지역으로 개발이 계획 중이다.

그린벨트 해제라는 호재로 주목 받았던 하남시의 경매물건에 대해 알아보자. 다음은 해제 후 1년간 경매를 통해 새 주인을 찾았던 각종 토지에 대한 낙찰 통계이다.

하남시 토지 경매 낙찰 통계

기간	진향건수	낙찰건수	낙찰률	낙찰가율	평균응찰자
2009년 1월	15	5	33.33%	57.04%	2
2009년 2월	29	7	24.14%	97.97%	1.29
2009년 3월	30	10	33.33%	75.88%	3.9
2009년 4월	23	14	60.87%	84.17%	1.21
2009년 5월	16	5	31.25%	67.94%	3
2009년 6월	12	5	41.67%	91.47%	4.8
2009년 7월	10	5	50.00%	86.48%	3.4
2009년 8월	7	0	14.29%	82.37%	6
2009년 9월	13	9	69.23%	83.17%	1.89
2009년 10월	5	4	80.00%	63.96%	2.25
2009년 11월	7	4	57.14%	101.57%	4.75
2009년 12월	14	11	78.57%	106.69%	1.64
2010년 1월	5	1	20.00%	268.16%	65
2010년 2월	7	3	42.86%	107.76%	16.67
2010년 4월	6	4	66.67%	179.46%	4
2010년 4월 (1일~9일)	3	2	66.70%	118.806%	2

대상 : 토지(대제, 임야, 전, 답, 과수원)   자료 : 지지옥션

하남시 그린벨트 낙찰가율 통계

지역 / 법원	◉지역 ○법원 경기도 ▾ 하남시 ▾ 읍/면/동 ▾		
용 도	▓토지 ▾		
최초감정가	___ ~ ___ 만원	유 찰 횟 수	-- ▾ 회 ~ -- ▾ 회
건 물 면 적	최소 ~ 최대 ㎡	토 지 면 적	최소 ~ 최대 ㎡
입 찰 일 자	1개월 3개월 6개월 1년 2015 ▾년 3 ▾월 16 ▾일 ~ 2016 ▾년 3 ▾월 15 ▾일		

낙찰통계요약

검색기간	2015.03.16 ~ 2016.03.15	낙찰건수	50건
입찰자수	132명	입찰경쟁률	2.6 대 1
감정가총액	30,044,694,182원	낙찰가총액	21,845,294,958원
총낙찰가율	72.71%	월평균변화율	+13.46%
평균낙찰가율	85.37%	월평균변화율	-16.73%
표준편차	±48.79%	사분위수(±25%)	최대 : 111.00% 최소 : 35.84%

하지만 무작정 그린벨트의 해제를 섣불리 예단한 채 심도 있는 사전 조사 없이 높은 가격에 낙찰을 받는다면 여러 가지로 위험할 수 있다. 먼저 다음과 같은 사항에 유의하도록 한다.

첫째, 그린벨트에 속하는 물건에 대한 담보대출은 여타 지역에 비해 낮게 책정되어 있기 때문에 금액이 대출되지 않을 가능성이 크다.

둘째, 그린벨트 해제 후 지목이 '대지'인 경우가 아니면 건축허가를 받기가 쉽지 않다. 그러므로 사전에 해당 지자체에 형질 변경 가능 여부를 문의해야 한다.

셋째, 건축물대장에 등재된 내용 이외에 불법 건축물은 없는지 확인하고 법원 서류 열람을 통해 내부구조도 확인해야 한다.

그린벨트 토지의 경매에서도 투자 물건 선정에서부터 입찰에 이르는 과정까지 해당 물건의 분석이 중요하다.

투자 물건에 대해 정보검색, 정보교류, 정부의 정책 방향 등을 확인하고, 현장에 들러 주변을 살펴보고, 관할 지자체에서 개발계획을 확인해야 한다.

그린벨트에서 해제가 되지 않을 수도 있고, 해제가 되더라도 공원이나 녹지보존으로 묶일 수 있다. 다라서 부지런하게 움직여 그 지역에 대해 정확히 파악하는 게 무엇보다 중요하다.

그린벨트 관련 법규
및 지침 해설

개발제한구역 규제개선 방안

실생활 불편 해소를 위해 그린벨트 정책 전환

제3차 규제개혁 장관회의
"개발제한구역 규제개선 방안" (2015. 5. 6)

1. 30만 ㎡ 이하 해제 권한을 지자체에 부여 등 해제 절차 간소화.
2. 훼손지를 녹지로 복원하고 정비하는 "공공기여형 훼손지 정비제도" 도입.
3. 그린벨트 내 지역특산물 판매, 체험시설허용 등 입지규제 완화.
4. 그린벨트 토지매수 및 주민지원사업 지원 강화.

▶ 지난 정부까지는 개발제한구역 내 주민들에 대한 규제는 유지하면서 임대주택 보급 등 국책사업과 지자체의 지역현안 사업 추진을 위해 주로 해제(해제총량 확대 등)에 중점을 두고 개발제한구역을 활용·관리하였으나,

- 이번 방안은 특히 그간 어려움을 겪고 있는 개발제한구역 주민들의 실생활 불편 해소에 중점을 두면서도,
- 해제 총량의 추가 확대 없이 보전 가치가 높은 지역은 엄격히 보전하

면서 훼손된 지역은 녹지로 복원하되, 보전 가치가 낮은 지역은 현행 해제 총량(233㎢) 범위 내에서 해제 절차 간소화 등을 통해 신속한 사업추진이 가능하도록 한데 의의가 있다.

▶ 규제개혁장관회의에서 발표한 주요 내용은 다음과 같다.

그린벨트 해제 관련 규제 완화

해제 절차 간소화
- 그동안 그린벨트는 국토부의 중앙도시계획위원회 심의를 거쳐 해제하여 왔으나(2년 이상 소요), 지자체가 중·소규모(예: 30만㎡ 이하)로 해제하여 추진하는 사업의 경우 시·도지사가 해제할 수 있도록 권한을 부여하여 해제와 개발 절차를 일원화함으로써 개발사업에 걸리는 기간을 1년 이상 단축한다.

※2008~2014년까지 해제된 46개소 중 30만 ㎡ 이하가 26건(57%)
  - 다만 무분별한 해제 방지를 위해 현 해제총량 범위 내 허용, 관계부처사전협의, 2년 내 미착공 시 그린벨트 환원규정 신설, 환경등급 높은 지역은 제외, 충분한 공익용지 확보 등 안전장치도 마련하였다.

경계지역 그린벨트 해제 요건 완화
- 해제 집단취락에 의해 단절된 1만 ㎡ 미만의 개발제한구역도 해제할 수 있도록 규제를 완화하고, 개발제한구역 경계선이 관통하는 1,000 ㎡ 이하의 토지를 해제하면서 섬처럼 남게 되는 소규모 개발제한구역도 함께 해제하여 주민의 불편을 해소하고 토지 활용도도 높인다.

경계지역 그린벨트 해제기준 완화 사례

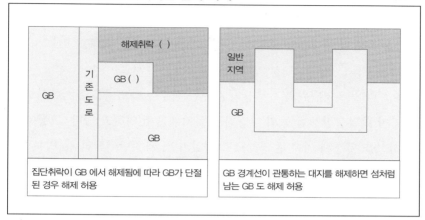

축사 등 훼손지 복구 촉진

▶ 그린벨트 내 축사 등 건축물이 밀집하거나 무단 용도 변경으로 훼손된 지역들을 해소하기 위해 "공공기여형 훼손지정비제도"를 도입한다.

• 2017년까지 이행강제금 징수를 유예하기로 결정하면서 이에 따른 후속 대책으로 주민들이 직접 훼손지를 공원녹지로 조성(30% 이상)하여 기부채납하는 경우 개발(창고 설치)을 허용하는 것으로서, 2017년까지 한시적으로 시행한다.

• 2018년 이후에는 이행강제금 상한(현재 연 1억 원)이 폐지되고, 향후 벌금 상향도 검토할 계획으로 훼손지에 대한 관리가 강화된다.

• 이번 조치로 70만 ㎡ 이상의 훼손지가 정비되고, 이 중 20만 ㎡가 공원녹지로 조성(소공원 100개 조성 효과)되어 개발제한구역의 기능 회복에 기여할 것이라고 국토부는 밝혔다.

개발제한구역 입지규제 완화

다음의 민원 사례들은 모두 해소될 것으로 기대하고 있다.

▶ A 마을 운영위원회 사무장인 K 씨는 산수유 특화마을로 시에서 지정을 받아 주말농장체험 등의 다양한 프로그램을 운영하고 있다. 그동안 기존 시설을 활용해 겨우 운영해오고 있었지만, 가족단위체험 등 방문객이 증가하고 있어, 체험시설을 제대로 갖추고 일부 판매시설도 설치하고 싶다. 하지만, 그린벨트에는 체험, 판매 등의 시설 설치가 어렵다고 하여, 포기.

▶ 2년 전 가족과 함께 그린벨트로 이주한 P 씨는 다니던 직장을 그만두고 그린벨트 내 음식점을 인수하여 사업을 하려고 한다.
처음으로 운영하는 식당이라 증축도 하고 주차장도 제대로 갖추고 싶었다. 하지만 5년 이상 거주해야 음식점을 증축할 수 있고, 주차장도 설치 할 수 있다고 하여 포기.

▶ 3년 전 그린벨트에서 주유소를 인수하여 운영하고 있는 L 씨는 지역주민들이 세차장도 없냐고 핀잔줄 때마다 스트레스이다. 큰마음 먹고 세차장을 설치하는 김에 편의점 등도 추가로 설치하려고 지자체에 문의했지만, 그린벨트 내 주유소에는 지정 당시 거주자만 세차장 설치가 가능하고, 편의점 등의 설치는 불가하다고 하여 포기.

주민 소득증대를 위한 규제 개선
- 지역특산물의 소규모 가공시설 정도만 허용했으나, 앞으로는 판매, 체험 등을 위한 시설 설치가 허용된다. 규모를 확대하고(200→300㎡), 마을공동으로 설치하는 경우에는 1,000㎡까지 설치가 가능하다.

구 분	현행 (지역특산물가공작업장)	개선 (지역특산물가공판매장)
설치 주체	지정 당시 · 5년 이상 생산자	기존 + 마을공동
용도	가공	가공, 판매, 교육 등
규모	200㎡	300m2, 마을공동은 1,000㎡

- 마을 공동으로 농어촌체험·휴양마을사업을 추진하는 경우에는 숙박, 음식, 체험 등 부대시설(2,000㎡) 설치가 가능해진다.
- 이 외에도 콩나물 등 품종별로 허용했던 농작물 재배시설을 친환경농업을 위한 작물 재배가 가능토록 "작물재배사"로 통합할 계획이다.

※ (현행) 콩나물재배사 300㎡, 버섯 재배사 500㎡ 등 → (개선) 작물재배사 500㎡

시설 허용기준 완화

- 5년 거주기준을 폐지하여 거주기간에 따른 주택 등 시설증축 차등이 완화되고, 취락지구 내 음식점도 형평성을 감안하여 건축규제(건폐율 40%까지 건축 가능)가 완화된다.

거주기간에 따른 설치기준 차등화 완화

구 분	주택 · 근생	부설주차장
GB 전 거주자	300㎡	가능
5년이상	232㎡	가능
일반	200㎡	불가

구 분	주택 · 근생	부설주차장
GB 전 거주자	300㎡	가능
일반	232㎡	가능

- 주유소에 세차장이나 편의점과 같은 부대시설 설치가 가능해지고 인수한 자도 이를 설치할 수 있도록 개선된다.

지정 당시 기존 공장 증축규제 완화

• 공장의 경우 그린벨트 지정 당시 연면적 만큼만 추가로 증축을 허용하고 있어, 당초 연면적이 너무 작은 공장의 경우 증축이 곤란하였는데, 앞으로는 기존 부지 내에서 건폐율 20%(보전녹지지역과 동일)까지 증축이 허용된다.

※ GB 내 공장 총 112개 중 그린벨트 지정 당시 건폐율 10% 이하는 13개.

토지매수 및 주민지원사업 지원 강화

▶ 그 간 재산권 보장, 녹지 축 유지를 위해 국가에서 토지를 매수하여 관리 중이고, 주민불편 해소를 위해 주민지원사업을 시행하고 있다.

※ 토지매수는 2004~2014년까지 총 4,975억 원 투입, 22.3㎢를 매입하여 관리 중, 주민지원사업 등은 2001~2014년까지 총 9,110억 원 투입, 생활편익(도로 등), 복지(마을회관 등), 소득(공동작업장 등) 등 다양한 분야를 지원 중.

▶ 앞으로는 그린벨트 개발시 부과하는 보전부담금을 투입하여 토지매수 및 주민지원을 강화할 계획이다. 작년의 경우 1,500억 원 정도의 부담금이 징수된 바 있어 향후 5년간 7,500억 원이 그린벨트 관리에 투입될 경우 토지매수 확대로 녹지대 조성 등 그린벨트로서의 기능 회복과 주민지원사업 확대로 생활환경 개선에 기여할 것으로 기대된다.

의의 및 기대 효과
▶국토부는 이번 개발제한구역 정책 패러다임 전환을 통해

① 입지규제 완화로 시설 증축 등 1,300억 원 투자 유발.

② 해제 소요기간 1년 단축으로 인한 개발사업의 금융비용 연간 224억 원 절감.

③ 시설입지와 경계지역 관련 민원 65% 해소로 주민불편 완화.

④ 70만 ㎡ 훼손지 정비(소공원 100개소 조성 효과) 등의 효과 기대.

개발제한구역의 지정 및 관리에 관한 특별조치법 시행령

개발제한구역의 지정 및 관리에 관한 특별조치법 시행령 전부 개정령

개발제한구역의 지정 및 관리에 관한 특별조치법 시행령 전부를 다음과 같이 개정한다.

제1조(목적) 이 영은 개발제한구역의 지정 및 관리에 관한 특별조치법에서 위임된 사항과 그 시행에 필요한 사항을 규정함을 목적으로 한다.

제2조(개발제한구역의 지정 및 해제의 기준)

① 국토교통부장관이 개발제한구역의 지정 및 관리에 관한 특별조치법(이하 "법"이라 한다) 제3조 제1항에 따라 개발제한구역을 지정할 때에는 다음 각 호의 어느 하나에 해당하는 지역을 대상으로 한다.

1. 도시가 무질서하게 확산되는 것 또는 서로 인접한 도시가 시가지로 연결되는 것을 방지하기 위하여 개발을 제한할 필요가 있는 지역.
2. 도시 주변의 자연환경 및 생태계를 보전하고 도시민의 건전한 생활환경을 확보하기 위하여 개발을 제한할 필요가 있는 지역.

3. 국가보안상 개발을 제한할 필요가 있는 지역.

4. 도시의 정체성 확보 및 적정한 성장 관리를 위하여 개발을 제한할 필요가 있는 지역.

② 개발제한구역은 법 제3조 제1항에 따른 지정 목적을 달성하기 위하여 공간적으로 연속성을 갖도록 지정하되, 도시의 자족성 확보, 합리적인 토지이용 및 적정한 성장 관리 등을 고려하여야 한다.

③ 법 제3조 제2항에 따라 개발제한구역이 다음 각 호의 어느 하나에 해당하는 경우에는 국토교통부장관이 정하는 바에 따라 개발제한구역을 조정하거나 해제할 수 있다.

1. 개발제한구역에 대한 환경평가결과 보존 가치가 낮게 나타나는 곳으로서 도시용지의 적절한 공급을 위하여 필요한 지역.

2. 주민이 집단적으로 거주하는 취락으로서 주거환경 개선 및 취락 정비가 필요한 지역.

3. 도시의 균형적 성장을 위하여 기반시설의 설치 및 시가화(市街化) 면적의 조정 등 토지이용의 합리화를 위하여 필요한 지역.

4. 지정 목적이 달성되어 개발제한구역으로 유지할 필요가 없게 된 지역.

5. 도로(국토교통부장관이 정하는 규모의 도로만 해당한다)·철도 또는 하천 개수로(開水路) 등 공공시설을 설치함에 따라 생기는 3천 제곱미터 미만의 소규모 단절토지.

제3조(도시관리계획의 수립을 위한 기초조사)

① 법 제6조 제1항에서 "그 밖에 대통령령으로 정하는 사항"이란 다음 각 호의 사항을 말한다.

1. 기후·지형·자원 및 생태 등 자연적 여건.

2. 국토의 계획 및 이용에 관한 법률 제2조 제6호에 따른 기반시설(이하

"기반시설"이라 한다) 및 주거 수준의 현황과 전망.

　3. 풍·수해, 지진, 그 밖의 재해의 발생 현황 및 추이.

　4. 도시관리계획과 관련된 다른 계획 및 사업의 내용.

　5. 그 밖에 도시관리계획의 수립에 필요한 사항.

　② 법 제6조 제1항에 따른 기초조사를 할 때 조사할 사항에 관하여 다른 법령에 따라 조사·측량한 자료가 있는 경우에는 그 자료를 활용할 수 있다.

제4조(도시관리계획의 입안 시 주민의 의견청취)

　① 국토교·부장관·특별시장·광역시장·특별자치도지사·시장 또는 군수는 법 제7조 제1항 본문에 따라 도시관리계획의 입안에 관하여 주민의 의견을 들으려는 경우에는 도시관리계획안의 주요 내용을 해당 특별시·광역시·특별자치도·시 또는 군의 지역을 주된 보급지역으로 하는 둘 이상의 일간신문에 공고하고 도시관리계획안을 14일 이상 일반인이 공람할 수 있게 하여야 한다.

　② 제1항에 따라 공고·공람된 도시관리계획안의 내용에 대하여 의견이 있는 자는 공람 기간에 특별시장·광역시장·특별자치 도지사·시장 또는 군수에게 의견서를 제출할 수 있다.

　③ 국토교통부장관·특별시장·광역시장·특별자치도지사·시장 또는 군수는 공람 기일이 끝난 날부터 60일 이내에 제2항에 따라 제출된 의견을 도시관리계획안에 반영할 것인지 검토하여 그 결과를 그 의견을 제출한 자에게 알려야 한다.

　④ 국토교통부장관·특별시장·광역시장·특별자치 도지사·시장 또는 군수는 제2항에 따라 제출된 의견을 도시관리계획안에 반영할 때 그 내용이 해당 지방자치단체의 도시관리계획에 관한 조례로 정하는 중요한 사항인 경우에는 그 내용을 다시 공고·공람하여 주민의 의견을 들어야 한다.

⑤ 제4항에 따른 재공고·공람에 관하여는 제1항부터 제3항까지를 준용한다.

⑥ 법 제7조 제1항 단서에서 "대통령령으로 정하는 경미한 사항"이란 도시관리계획 결정의 내용 중 잘못 산정한 면적을 정정하기 위한 변경 결정을 말한다.

제5조(도시관리계획의 수립을 위한 지방의회의 의견청취) 법 제7조 제5항에서 "대통령령으로 정하는 사항"이란 개발제한구역의 지정 및 해제에 관한 사항을 말한다. 다만, 제4조 제6항에 따른 경미한 사항은 제외한다.

제6조(경미한 도시관리계획의 변경 결정) 법 제8조 제5항 단서에서 "대통령령으로 정하는 경미한 사항"이란 도시관리계획 결정의 내용 중 잘못 산정한 면적을 정정하기 위한 변경 결정을 말한다.

제7조 (도시관리계획 결정의 고시) 법 제8조 제6항 전단에 따른 도시관리계획 결정의 고시는 다음 각 호의 사항을 관보에 게재하는 방법으로 한다.

1. 개발제한구역의 지정 또는 해제
2. 위치
3. 면적 또는 규모
4. 그 밖에 국토교통부령으로 정하는 사항

제8조(지형도면의 작성·고시 방법)

① 법 제9조 제1항에 따른 지형도면은 축척 500분의 1부터 1,500분의 1까지의 지형도(임야인 경우에는 축척 3천분의 1부터 6천분의 1까지의 지형도로 할 수 있다)로 작성하여야 한다. 다만, 고시하려는 토지의 경계가 행정구역의

경계와 일치하는 경우에는 지적도의 사본으로 지형도를 갈음할 수 있다.

② 제1항에 따른 지형도면을 작성할 때 지형도가 없는 경우에는 해도(海圖)·해저지형도 등의 도면으로 지형도를 갈음할 수 있다.

③ 제1항 및 제2항에 따른 도면이 2장 이상인 경우에는 축척 3천분의 1부터 2만 5천분의 1까지의 총괄도를 따로 첨부할 수 있다.

④ 법 제9조 제2항 후단에서 "대통령령으로 정하는 기간"이란 30일 이내를 말한다.

⑤ 도지사는 법 제9조 제2 항에 따라 지형도면을 승인한 경우에는 지체 없이 국토교통부장관에게 그 사실을 보고하여야 한다.

⑥ 법 제9조 제4항에 따른 지형도면의 고시는 관보에 게재하는 방법으로 한다.

⑦ 법 제9조 제5항 전단에서 "대통령령으로 정하는 축척"이란 축척 500분의 1부터 1천 500분의 1까지(임야인 경우에는 축척 3천분의 1부터 6천분의 1까지로 할 수 있다)를 말한다.

제9조(실효 고시의 방법) 법 제10조 제2항에 따른 도시관리계획 결정의 실효 고시는 실효 일자 및 실효 사유와 실효된 도시관리계획의 내용을 관보에 게재하는 방법으로 한다.

제10조(개발제한구역관리계획의 내용 등)

① 법 제11조 제1항 제5호에서 "대통령령으로 정하는 규모 이상인 건축물의 건축 또는 토지의 형질 변경"이란 다음 각 호의 건축물의 건축 또는 토지의 형질 변경(토석의 채취를 포함한다. 이하 같다)을 말한다.

1. 연면적 3천 제곱미터 이상(같은 목적으로 여러 번에 걸쳐 부분적으로 건축하거나 연접하여 건축하는 경우에는 그 전체 면적을 말한다)인 건축물의 건축.

2. 1만 제곱미터 이상(같은 목적으로 여러 번에 걸쳐 부분적으로 형질 변경을 하

거나 연접하여 형질 변경을 하는 경우에는 그 전체 면적을 말한다)의 토지의 형질 변경.

② 법 제11조 제1항 제9호에서 "대통령령으로 정하는 사항"이란 다음 각 호의 사항을 말한다.

1. 국토의 계획 및 이용에 관한 법률에 따른 도시기본계획 또는 광역도시계획에 따라 개발제한구역 해제 대상으로 설정된 지역의 관리.

2. 방치된 폐기물의 수거, 훼손된 환경의 복구 등 환경 정비.

3. 개발제한구역 관리의 전산화.

4. 개발제한구역의 경계선을 표시하기 위하여 국토교통부령으로 정하는 표석(標石)의 설치 및 관리.

5. 그 밖에 개발제한구역을 합리적으로 관리하기 위하여 국토교통부장관이 정하는 사항.

③ 법 제11조에 따른 개발제한구역관리계획(이하 "관리계획"이라 한다)을 수립할 때 관리계획에 포함되어야 할 사항에 관하여 다른 법령의 규정에 관련 내용이 있는 경우에는 그 관련 내용을 활용할 수 있다.

④ 법 제11조 제2항 단서에서 "대통령령으로 정하는 경미한 사항"이란 다음 각 호의 사항을 말한다.

1. 개발제한구역의 현황 및 실태에 관한 조사계획의 변경.

2. 법 제11조 제1항제4호에 따른 도시계획시설(이하 "도시계획시설"이라 한다) 또는 같은 항 제5호에 따른 사항 중 다음 각 목의 어느 하나에 해당하는 경우. (나목 또는 다목에 해당하는 경우에는 건축 연면적이 3천 제곱미터를 초과하는 경우와 토지의 형질 변경 면적이 1만 제곱미터를 초과하는 경우는 제외한다)

가. 건축물의 건축 연면적 또는 토지의 형질 변경 면적의 감소.

나. 건축물의 건축 연면적 또는 토지의 형질 변경 면적의 10분의 1이하의 증가.

다. 토지의 형질 변경 대상으로 이미 승인받은 부지에서 건축 연면적의

증가. (4층 이하 건축물만 해당한다)

3. 도시계획시설 중 도로·철도·궤도·공동구(共同溝)·급배수관로(給排水管路)·송전선로·가스관로 등 선형(線形) 시설의 경과지 및 폭의 변경.

4. 같은 읍·면·동 안에서의 도시계획시설, 건축물 또는 토지의 형질 변경 대상 토지의 위치 변경.

5. 그 밖에 제1호부터 제4호까지의 사항과 비슷한 것으로서 국토교통부장관이 정하는 사항.

⑤ 특별시장·광역시장·도지사 또는 특별자치도지사(이하 "시·도지사"라 한다)는 제4항에 따른 관리계획의 경미한 사항의 변경이 있는 경우에는 지체 없이 국토교통부장관에게 그 사실을 알려야 한다.

제11조(관리계획 수립 시 주민의 의견 청취)

① 특별자치도지사·시장·군수 또는 구청장(자치구의 구청장을 말한다. 이하 같다)은 법 제11조 제5항 본문에 따라 관리계획의 수립에 관하여 주민의 의견을 들으려면 관리계획안의 주요 내용을 해당 특별자치도·시·군 또는 구(자치구를 말한다. 이하 같다)의 지역을 주된 보급지역으로 하는 둘 이상의 일간신문에 공고하고 관리계획안을 14일 이상 일반인이 공람할 수 있게 하여야 한다.

② 제1항에 따라 공고·공람된 관리계획안의 내용에 대하여 의견이 있는 자는 공람 기간에 특별자치도지사·시장·군수 또는 구청장에게 의견서를 제출할 수 있다.

③ 시장·군수 또는 구청장이 관리계획안에 대한 주민의 의견을 시·도지사에게 제출할 때에는 그 의견의 요지를 함께 제출하여야 한다.

제12조(관리계획의 공고 등)

① 시·도지사는 법 제11조 제7항에 따라 관리계획 승인을 공고할 때에

는 다음 각 호의 사항을 해당 지방자치단체의 공보에 게재하고, 관할 특별자치도·시·군 또는 구와 읍·면·동의 게시판에 게시하여야 한다.

　1. 승인 일자

　2. 관리계획의 주요 내용

　3. 열람 장소

　4. 열람 기간

　② 시·도지사는 관리계획 승인서류 사본과 관리계획 도서 및 도면을 일반인이 열람할 수 있도록 시·군 또는 구에 보내야 한다.

　③ 시장·군수 또는 구청장은 제2항에 따라 송부된 서류 등을 받았으면 14일 이상 일반인이 열람할 수 있게 하여야 한다.

제13조(허가 대상 건축물 또는 공작물의 종류 등)

　① 법 제12조 제1항 제1호에 따른 건축물 또는 공작물의 종류, 건축 또는 설치의 범위는 별표 1과 같다.

　② 개발제한구역의 토지가 다음 각 호의 어느 하나에 해당하는 경우에는 인접한 용도지역에서 허용되는 건축물 또는 공작물을 건축하거나 설치할 수 있다.

　1. 개발제한구역 지정 당시부터 개발제한구역의 경계선이 건축물 또는 공작물(법 제12조 제6항에 따라 개발제한구역 지정 당시 이미 관계 법령에 따라 허가 등을 받아 공사 또는 사업에 착수한 건축물 또는 공작물을 포함한다)을 관통하는 경우 그 건축물 또는 공작물의 부지. (개발제한구역 지정 당시부터 담장 등으로 구획되어 있어 기능상 일체가 되는 토지를 말한다)

　2. 개발제한구역 지정 당시부터 해당 필지의 2분의 1 미만이 개발제한구역에 편입된 토지로서 지목(地目)이 대(垈)인 토지.

제14조(건축물의 건축을 수반하지 아니하는 토지의 형질 변경의 범위) 법

제12조 제1항 제4호에서 "영농을 위한 경우 등 대통령령으로 정하는 토지의 형질 변경"이란 다음 각 호를 말한다.

1. 농림수산업을 위한 개간 또는 초지 조성. 이 경우 개간 예정지는 경사도가 21도 이하, 초지 조성 예정지는 경사도가 36도 이하이어야 한다.

2. 경작 중인 논·밭을 환토(換土)하거나 객토(客土)하기 위한 토석의 채취, 논·밭의 환토·개답(開沓)·개간(개간의 경우에는 경사도가 5도 이하로서 나무가 없는 토지만 해당한다)에 수반되는 골재의 채취.

3. 농로(農路)나 임도(林道)를 설치하기 위한 토지의 형질 변경.

4. 논을 밭으로 변경하기 위한 토지의 형질 변경.

5. 공익사업을 위한 토지 등의 취득 및 보상에 관한 법률 제2조 제2호에 따른 공익사업의 시행이나 재해로 인하여 인접지보다 지면이 낮아진 논밭의 영농을 위하여 50센티미터 이상 성토(盛土)하는 행위.

6. 개발제한구역에서 공익사업을 위한 토지등의 취득 및 보상에 관한 법률 제2조 제2호에 따른 공익사업의 시행으로 철거된 분묘를 이장하기 위한 토지의 형질 변경. (공설묘지를 설치하는 경우를 포함한다)

7. 기존의 공동묘지를 그 묘역의 범위에서 공설묘지로 정비하기 위한 토지의 형질 변경.

8. 농업용 늪지와 농업용수 공급시설을 설치하기 위한 토지의 형질 변경.

9. 주택 또는 근린생활시설 및 별표 1제5호에 따른 주민 공동이용시설 중 마을공동목욕탕·마을공동작업장·마을공동회관·공동구판장·공판장 또는 목욕장의 진입로 설치를 위한 토지의 형질 변경.

10. 개발제한구역의 지정 이전부터 방치된 광업 폐기물·폐석(廢石) 및 광물 찌꺼기를 제거하기 위한 토지의 형질 변경.

11. 법 제15조 제1항에 따라 지정된 취락지구를 정비하기 위한 사업의 시행에 필요한 토지의 형질 변경.

12. 건축물이 철거된 토지 및 그 인접 토지를 녹지 등으로 조성하기 위

한 토지의 형질 변경.

13. 공익사업을 위한 토지 등의 취득 및 보상에 관한 법률 제4조 제1호 및 제2호에 따른 공익사업을 시행하기 위한 토석의 채취.

14. 하천구역에서의 토석 및 모래·자갈의 채취와 저수지 및 수원지의 준설(浚渫)에 따른 골재의 채취.

15. 국토교통부령으로 정하는 지하자원의 조사 및 개발. (이를 위한 공작물의 설치를 포함한다.)

16. 대지화되어 있는 토지(관계 법령에 따른 허가 등 적법한 절차에 따라 조성된 토지의 지목이 대·공장용지·철도용지·학교용지·수도용지·잡종지로서 건축물이나 공작물이 건축 또는 설치되어 있지 아니한 나무가 없는 토지를 말한다. 이하 같다)에 노외주차장을 설치하기 위한 토지의 형질 변경.

17. 주차장법에 따른 건축물 부설 주차장을 설치하기 위한 토지의 형질 변경. (기존의 대지에 설치할 수 없는 경우만 해당한다)

제15조(죽목의 벌채 면적 및 수량) 법 제12조 제1항 제5호에서 "대통령령으로 정하는 규모"란 벌채 면적 500제곱미터 또는 벌채 수량 5세제곱미터를 말한다.

제16조(토지의 분할) 법 제12조 제1항 제6호에서 "대통령령으로 정하는 범위"란 분할된 후 각 필지의 면적이 200제곱미터 이상(지목이 대인 토지를 주택 또는 근린생활시설을 건축하기 위하여 분할하는 경우에는 330제곱미터 이상)인 경우를 말한다. 다만, 다음 각 호의 어느 하나에 해당하는 경우에는 그 미만으로도 분할할 수 있다.

1. 공익사업을 위한 토지 등의 취득 및 보상에 관한 법률 제4조 제1호 및 제2호에 따른 공익사업을 시행하기 위한 경우.

2. 인접 토지와 합병하기 위한 경우.

3. 사도법에 따른 사도(私道), 농로, 임도, 그 밖에 건축물 부지의 진입로를 설치하기 위한 경우.

4. 별표 2 제3호 가목에 따른 토지의 형질 변경을 위한 경우. 다만, 분할 후 형질 변경을 하지 아니하는 다른 필지의 면적이 60제곱미터 미만인 경우는 제외한다.

제17조(물건의 적치)

① 법 제12조 제1항 제7호에서 "대통령령으로 정하는 물건"이란 모래, 자갈, 토석, 석재, 목재, 철재, 폴리비닐클로라이드(PVC), 컨테이너, 콘크리트제품, 드럼통, 병, 그 밖에 폐기물관리법 제2조 제1호에 따른 폐기물이 아닌 물건으로서 물건의 중량이 50톤을 초과하거나 부피가 50세제곱미터를 초과하는 것을 말한다.

② 법 제12조 제1항 제7호에서 "대통령령으로 정하는 기간"이란 1개월 이상을 말한다.

제18조(용도 변경)

① 법 제12조 제1항 제8호에서 "대통령령으로 정하는 건축물을 근린생활시설 등 대통령령으로 정하는 용도로 용도 변경하는 행위"란 다음 각 호의 행위를 말한다.

1. 주택과 별표 1제4호(같은 호 자목의 제조업소는 제외한다)에 따른 근린생활시설(주택에서 용도 변경되었거나 1999년 6월 24일 이후에 신축된 경우만 해당한다) 간에 용도 변경을 하는 행위. 다만, 수도법 제3조 제2호에 따른 상수원의 상류 하천(하천법에 따른 국가하천 및 지방하천을 말한다)의 양안(兩岸) 중 그 하천의 경계로부터 직선거리 1킬로미터 이내의 지역(하수도법 제2조 제15호에 따른 하수처리구역은 제외한다)에서 1999 년 6 월 24일 이후에 신축된 주택

을 근린생활시설로 용도 변경하는 경우에는 한강수계 상수원 수질개선 및 주민지원 등에 관한 법률 제5조에 따라 설치할 수 없는 시설을 제외한 근린생활시설만 해당한다.

2. 주택을 고아원, 양로시설 또는 종교시설로 용도 변경하는 행위.

3. 주택을 다른 용도로 변경한 건축물을 다시 주택으로 용도 변경하는 행위.

4. 개발제한구역에서 공장 등 신축이 금지된 건축물을 별표 1 제4호에 따른 근린생활시설, 보육시설, 양로원 또는 종교시설로 용도 변경하는 행위. (용도 변경된 건축물을 다시 별표 1 제4호에 따른 근린생활시설, 보육시설, 양로원 또는 종교시설로 용도 변경하는 경우를 포함한다.)

5. 공장을 연구소, 교육원, 연수원, 물류시설의 개발 및 운영에 관한 법률 제2조 제7호에 따른 창고(고압가스 안전관리법에 따른 고압가스, 위험물안전관리법에 따른 위험물 및 유해화학물질 관리법에 따른 유독물이 아닌 물품을 저장하는 창고를 말한다)로 용도 변경하거나 산업집적활성화 및 공장설립에 관한 법률 시행령 제34조 제1호에 따른 도시형 공장으로 업종을 변경하기 위하여 용도 변경을 하는 행위.

6. 폐교된 학교시설을 기존 시설의 연면적의 범위에서 자연학습시설, 청소년수련시설(청소년수련관·청소년수련원 및 청소년 야영장만 해당한다), 연구소, 교육원, 연수원, 도서관, 박물관, 미술관 또는 종교시설로 용도 변경하는 행위.

7. 가축분뇨의 관리 및 이용에 관한 법률 제8조에 따라 가축의 사육이 제한된 지역에 있는 기존 축사를 기존 시설의 연면적의 범위에서 그 지역에서 생산되는 농수산물 보관용 창고로 용도 변경하는 행위.

8. 기존 공항의 여유 시설을 활용하기 위하여 「항공법」 제95조 제1항에 따른 공항개발사업 실시계획에 따라 기존 건축물을 연면적의 범위에서 용도 변경하는 행위

9. 별표 1 제9호 러목에 따른 국제행사 관련 체육시설 중 국토교통부령으로 정하는 시설을 기존 시설의 연면적의 범위에서 경륜·경정법에 따른 경륜장으로 용도 변경하는 행위.

10. 별표 1에 따른 건축 또는 설치의 범위에서 시설 상호 간에 용도 변경을 하는 행위. 이 경우 기존 건축물의 규모·위치 등이 새로운 용도에 적합하여 기존 시설의 확장이 필요하지 아니하여야 하며, 주택이나 근린생활시설로 용도 변경하는 것은 개발제한구역 지정 당시부터 지목이 대인 토지에 개발제한구역 지정 이후에 건축물이 건축되거나 공작물이 설치된 경우만 해당한다.

② 제1항 제1호 및 제4호에 따라 휴게음식점, 제과점 또는 일반음식점으로 용도 변경을 할 수 있는 자는 다음 각 호의 어느 하나에 해당하는 자이어야 하며, 용도 변경하려는 건축물의 연면적은 300제곱미터 이하이어야 한다.

1. 허가신청일 현재 해당 개발제한구역에서 5년 이상 계속 거주하고 있는 자. (이하 "5년 이상 거주자"라 한다)

2. 허가신청일 현재 해당 개발제한구역에서 해당 시설을 5년 이상 계속 직접 소유하면서 경영하고 있는 자.

3. 개발제한구역 지정 당시부터 해당 개발제한구역에 거주하고 있는 자. (개발제한구역 지정 당시 해당 개발제한구역에 거주하고 있던 자로서 개발제한구역에 주택이나 토지를 소유하고, 생업을 위하여 3년 이하의 기간 동안 개발제한구역 밖에 거주하였던 자를 포함하되, 세대주 또는 직계비속 등의 취학을 위하여 개발제한구역 밖에 거주한 기간은 개발제한구역에 거주한 기간으로 본다. 이하 "지정 당시 거주자"라 한다.)

③ 제2항에 따라 용도 변경을 하는 휴게음식점, 제과점 또는 일반음식점에는 인접한 토지를 이용하여 200제곱미터 이내의 주차장을 설치할 수 있으며, 주차장을 다른 용도로 변경하는 경우에는 주차장 부지를 원래의 지목으로 되돌려야 한다.

제19조(신고의 대상 및 기준) 법 제12조 제2항 및 제7항에 따른 신고의 대상 및 세부 기준은 다음 각 호와 같다.

1. 주택 및 근린생활시설로서 다음 각 목의 어느 하나에 해당하는 증축·개축 및 대수선(大修繕) .

가. 기존 면적을 포함한 연면적의 합계가 100제곱미터 이하인 경우.

나. 증축·개축 및 대수선되는 연면적의 합계가 85제곱미터 이하인 경우.

2. 농림수산업용 건축물(관리용 건축물은 제외한다) 또는 공작물로서 다음 각 목의 어느 하나에 해당하는 경우의 증축·개축 및 대수선.

가. 증축·개축 및 대수선되는 건축면적 또는 바닥면적의 합계가 50제곱미터 이하인 경우.

나. 축사, 동물 사육장, 콩나물 재배사(栽培舍), 버섯 재배사, 퇴비사(발효퇴비장을 포함한다) 및 온실의 기존 면적을 포함한 연면적의 합계가 200제곱미터 미만인 경우.

다. 창고의 기존 면적을 포함한 연면적의 합계가 100제곱미터 미만인 경우.

3. 근린생활시설 상호 간의 용도 변경. 다만, 휴게음식점·제과점·일반음식점 또는 제조업소로 용도 변경하는 경우는 제외한다.

4. 벌채 면적이 300제곱미터 이상 500제곱미터 미만이거나 벌채 수량이 3세제곱미터 이상 5세제곱미터 미만인 죽목의 벌채.

5. 다음 각 목의 어느 하나에 해당하는 물건을 쌓아두는 행위.

가. 제17조 제1항에 따른 물건을 15일 이상 1개월 미만 동안 쌓아두는 행위.

나. 중량이 20톤 이상 50톤 이하이거나 부피가 20세제곱미터 이상 50세제곱미터 이하로서 제17조 제1항에 따른 물건을 15일 이상 쌓아두는 행위.

6. 문화재의 조사·발굴을 위한 토지의 형질 변경.

7. 생산품의 보관을 위한 임시 가설 천막의 설치. (기존의 공장 및 제조업소의 부지에 설치하는 경우만 해당한다.)

8. 지반의 붕괴 또는 그 밖의 재해를 예방하거나 복구하기 위한 축대·옹벽·사방시설 등의 설치.

9. 영농을 위한 지하수의 개발·이용시설의 설치.

제20조(주민의 의견청취 등의 대상 및 절차)

① 법 제12 조 제4 항 본문에서 "대통령령으로 정하는 규모 이상으로 건축물을 건축하거나 토지의 형질을 변경하는 행위"란 다음 각 호의 건축 또는 형질 변경을 말한다. 다만, 법 제11조 제1항 제5호에 따른 건축물의 건축 또는 토지의 형질 변경은 제외한다.

1. 연면적이 1천 500제곱미터 이상인 건축물의 건축.

2. 5천 제곱미터 이상인 토지의 형질 변경.

② 특별자치도지사·시장·군수 또는 구청장(이하 "시장·군수·구청장"이라 한다)이 법 제12조 제4항 본문에 따라 주민의 의견을 들으려면 다음 각 호의 사항을 특별자치도·시·군 또는 구(이하 "시·군·구"라 한다)와 읍·면·동의 게시판에 14일 이상 게시하고, 일반인이 열람할 수 있게 하여야 한다.

1. 사업 목적

2. 사업규모 (건축물의 높이, 건축 면적, 건축 연면적 및 토지의 형질 변경 면적)

3. 사업시행자

4. 열람 장소

5. 그 밖에 주민이 알아야 할 사항으로서 시장·군수·구청장이 필요하다고 인정하는 사항.

③ 제2항에 따라 게시된 내용에 관하여 의견이 있는 자는 제2항에 따른 열람 기간에 시장·군수·구청장에게 의견서를 제출할 수 있다.

④ 시장·군수·구청장은 제3항에 따라 제출된 의견이 타당하다고 인정되

는 경우에는 그 의견을 반영하여야 한다.

제21조(시행중인 공사에 관한 특례)

① 법 제12조 제6항에 따라 공사 또는 사업을 계속 시행하려는 자는 그 공사 또는 사업의 설계 내용을 관할 시장·군수·구청장에게 제출하여야 한다.

② 제1항에 따라 받은 내용이 토지의 형질 변경으로서 건축물의 건축을 목적으로 하는 경우에는 해당 공사에 대한 준공검사가 끝난 후 건축허가를 신청하여야 한다.

③ 시장·군수·구청장은 제1항에 따라 설계 내용을 받거나 제2항에 따라 허가신청을 받은 경우로서 공사의 추진 상황, 주변 토지의 이용 상황, 환경, 그 밖의 사정을 종합적으로 고려하여 개발제한구역의 지정 목적 달성에 필요하다고 인정하는 경우에는 사업규모의 축소 및 사업계획의 변경(해당 공사 또는 사업과 직접 관련된 기반시설의 설치 등을 포함한다.) 등의 조정을 할 수 있다.

제22조(허가의 기준) 법 제12조 제7항에 따른 허가의 세부 기준은 별표 2와 같다.

제23조(존속 중인 건축물 등에 관한 특례)

① 법 제13조에서 "그 밖에 대통령령으로 정하는 사유"란 다음 각 호의 어느 하나에 해당하는 경우를 말한다.

1. 도시관리계획을 결정 또는 변경하거나 행정구역을 변경하는 경우.

2. 도시계획시설을 설치하거나 도시개발법에 따른 도시개발사업을 시행하는 경우.

3. 특정건축물 정리에 관한 특별조치법(법률 제3719호 및 법률 제6253호를

말한다)에 따라 준공검사필증을 받았거나 사용승인서를 받은 경우.

4. 도시저소득주민의 주거환경개선을 위한 임시조치법 (법률 제4115호로 제정되어 2004년 12월 31일까지 시행되던 것을 말한다)에 따라 준공검사필증·사용검사필증 또는 사용승인서를 발급받은 경우.

5. 종전의 공유토지분할에 관한 특례법(법률 제3811호로 제정되어 1991년 12월 31일까지 시행되던 것, 법률 제4875호로 제정되어 2000년 12월 31일까지 시행되던 것 및 법률 제7037호로 제정되어 2006년 12월 31일까지 시행되던 것을 말한다)에 따라 대지가 분할된 경우.

② 시장·군수·구청장은 존속 중인 대지·건축물 또는 공작물이 법령의 제정·개정이나 제1항 각 호의 사유로 법 또는 이 영의 규정에 부적합하더라도 법 제13조에 따라 다음 각 호의 어느 하나에 해당하는 건축을 허가할 수 있다.

1. 건축물의 재축·개축 또는 대수선.

2. 증축하려는 부분이 건폐율·용적률 등 법 또는 이 영의 규정에 적합한 경우의 증축. 이 경우 토지의 형질 변경을 수반하는 증축은 별표 3에 따른 시설만 해당한다.

제24조(개발제한구역 건축물관리대장)

① 시장·군수·구청장은 개발제한구역의 건축물의 소유 및 이용상태를 확인하거나 건축허가 등 개발제한구역 관리를 위한 기초자료로 활용하기 위하여 개발제한구역 건축물관리대장에 건축물 및 그 대지에 관한 현황을 기록하고 유지·관리하여야 한다.

② 제1항에 따른 개발제한구역 건축물관리대장의 서식, 기재 내용, 기재 절차, 그 밖에 필요한 사항은 국토교통부령으로 정한다.

③ 제1항에 따른 개발제한구역 건축물관리대장은 전자적 처리가 불가능한 특별한 사유가 없으면 전자적 처리가 가능한 방법으로 기록하고 유

지·관리하여야 한다.

제25조(취락지구의 지정기준 및 정비)

① 법 제15조 제2항에 따른 취락지구(이하 "취락지구"라 한다)의 지정기준은 다음 각 호와 같다.

1. 취락을 구성하는 주택의 수가 10호 이상일 것.

2. 취락지구 1만 제곱미터당 주택의 수(이하 "호수밀도"라 한다)가 10호 이상일 것. 다만, 시·도지사는 해당 지역이 상수원보호구역에 해당하거나 이축(移築) 수요를 수용할 필요가 있는 등 지역의 특성상 필요한 경우에는 취락지구의 지정 면적, 취락지구의 경계선 설정 및 제4항에 따른 취락지구 정비계획의 내용에 대하여 국토교통부장관과 협의한 후, 해당 특별시·광역시·도 또는 특별자치도(이하 "시·도"라 한다)의 도시계획에 관한 조례로 정하는 바에 따라 호수밀도를 5호 이상으로 할 수 있다.

3. 취락지구의 경계 설정은 도시관리계획 경계선, 다른 법률에 따른 지역·지구 및 구역의 경계선, 도로, 하천, 임야, 지적 경계선, 그 밖의 자연적 또는 인공적 지형지물을 이용하여 설정하되, 지목이 대인 경우에는 가능한 한 필지가 분할되지 아니하도록 할 것.

② 제1항에 따른 주택의 수는 국토교통부령으로 정하는 기준에 따라 산정한다.

③ 시·도지사, 시장·군수 또는 구청장은 취락지구에서 주거환경을 개선하고 기반시설을 정비하기 위한 사업(이하 "취락지구정비사업"이라 한다)을 시행할 수 있다.

④ 제3항에 따라 취락지구정비사업을 시행할 때에는 국토의 계획 및 이용에 관한 법률 제51조에 따라 취락지구를 제1종 지구단위계획구역으로 지정하고 취락지구의 정비를 위한 제1종 지구단위계획(이하 "취락지구정비계획"이라 한다)을 수립하여야 한다.

⑤ 취락지구의 지정, 취락지구정비사업의 시행 및 취락지구정비계획의 수립에 필요한 세부사항은 국토교통부령으로 정한다.

제26조(취락지구 건축물의 용도 및 규모 등에 관한 특례)

① 취락지구 건축물의 용도·높이·연면적 및 건폐율은 다음 각 호의 경우를 제외하고는 취락지구 밖의 개발제한구역에 적용되는 기준에 따른다.

1. 주택 또는 공장 등 신축이 금지된 건축물을 건축법 시행령 별표 1의 제1종 및 제2종 근린생활시설(단란주점, 안마시술소 및 안마원은 제외한다), 액화가스 판매소, 세차장, 병원, 치과병원 또는 한방병원으로 용도 변경하는 경우.

2. 별표 1제3호에 따른 주택 또는 같은 표 제4호에 따른 근린생활시설을 다음 각 목의 기준에 따라 건축하는 경우.

가. 건폐율 100분의 60이내로 건축하는 경우: 높이 3층 이하, 용적률 300 퍼센트 이하로서 기존 면적을 포함하여 연면적 300제곱미터 이하.

나. 건폐율 100분의 40이내로 건축하는 경우: 높이 3층 이하, 용적률 100퍼센트 이하.

② 취락지구정비사업을 시행하는 경우에는 제1항에 따른 범위에서 국토교통부령으로 정하는 바에 따라 주거 및 생활편익시설 등을 설치할 수 있다.

제27조(주민지원사업)

① 법 제16조에 따른 주민지원사업의 세부 내용은 다음 각 호와 같다.

1. 생활편익사업: 도로, 주차장, 공원, 상·하수도, 소하천·구거(溝渠: 도랑), 오수처리시설, 초고속정보통신망 등 기반시설의 설치·정비와 이와 관련된 부대사업.

2. 복지증진사업: 마을회관, 어린이놀이터 등의 설치·정비와 이와 관련

된 부대사업.

3. 소득증대사업: 공동작업장, 공동창고, 자연생태 및 화훼마을, 주말농장 등 소득증대시설의 설치·정비와 이와 관련된 부대사업.

4. 연구·조사사업: 개발제한구역에서 해제되는 지역의 계획적 개발을 유도하기 위한 지구단위계획 수립 사업.

② 시장·군수·구청장이 법 제16조 제2항에 따라 국가균형발전 특별법에 따른 국가균형발전특별회계(이하 "국가균형발전특별회계"라 한다)의 지원이 필요한 주민지원사업을 시행하려면 다음 각 호의 사항이 포함된 주민지원사업계획을 수립하여 시·도지사를 거쳐(특별자치도지사의 경우는 제외한다) 해당 사업을 시행하려는 연도의 직전 연도 3월 말일까지 국토교통부장관에게 제출하여야 한다.

1. 사업 목적

2. 사업 개요

3. 지원 대상지역 및 그 주변지역의 일반현황과 특성

4. 사업별 추진계획 및 필요성

5. 재원 조달 및 투자계획

6. 그 밖에 사업의 추진에 필요한 사항

③ 국토교통부장관은 제2항에 따른 주민지원사업계획을 받으면 그 사업계획의 내용과 국고보조금 등에 관하여 관계 중앙행정기관의 장과 협의한 후 그 결과를 시장·군수·구청장에게 알려야 한다.

④ 국토교통부장관은 주민지원사업에 필요한 비용의 100분의 70의 범위에서 지원할 수 있다.

⑤ 제1항부터 제4항까지에서 규정한 사항 외에 주민지원사업계획의 수립 및 집행에 필요한 사항은 국토교통부장관이 정한다.

제28조(매수대상토지의 판정기준) 법 제17조 제3항에 따른 매수대상토

지(이하 "매수대상토지"라 한다)의 판정기준은 다음 각 호와 같다. 이 경우 토지의 효용 감소, 사용·수익의 불가능 등에 대하여 본인의 귀책사유가 없어야 한다.

1. 종래의 용도대로 사용할 수 없어 그 효용이 현저히 감소된 토지 : 매수를 청구할 당시 매수대상토지를 개발제한구역 지정 이전의 지목(매수청구인이 개발제한구역 지정 이전에 적법하게 지적공부상의 지목과 다르게 이용하고 있었음을 공적자료로서 증명하는 경우에는 개발제한구역 지정 이전의 실제 용도를 지목으로 본다.)대로 사용할 수 없어 매수청구일 현재 해당 토지의 개별공시지가(부동산 가격공시 및 감정평가에 관한 법률 제11조에 따른 개별공시지가를 말한다. 이하 같다.)가 그 토지가 있는 읍·면·동에 지정된 개발제한구역의 같은 지목의 개별공시지가 평균치의 50퍼센트 미만일 것.

2. 사용 또는 수익이 사실상 불가능한 토지 : 법 제12조 및 제13조에 따른 행위제한으로 해당 토지의 사용 또는 수익이 불가능할 것.

제29조(매수 기한) 법 제18조 제2항에서 "대통령령으로 정하는 기간"이란 매수청구인에게 매수대상토지로 알린 날부터 3년 이내를 말한다.

제30조(매수가격의 산정시기·방법)

① 법 제18조 제3항 전단에 따른 매수가격은 매수청구 당시의 표준지공시지가(부동산 가격공시 및 감정평가에 관한 법률 제2조 제5호에 따른 표준지공시지가를 말한다. 이하 이 조에서 같다)를 기준으로 그 공시기준일부터 매수청구인에게 매수금액을 지급하려는 날까지의 기간 동안 다음 각 호의 변동사항을 고려하여 산정한 가격으로 한다.

1. 해당 토지의 위치·형상·환경 및 이용 상황.

2. 국토의 계획 및 이용에 관한 법률 시행령 제125조 제1항에 따라 국토교통부장관이 조사한 지가 변동률과 생산자 물가상승률.

② 제1항에 따른 매수가격은 표준지공시지가를 기준으로 부동산 가격 공시 및 감정평가에 관한 법률 제2조 제9호에 따른 감정평가업자 (이하 "감정평가업자"라 한다.) 2명 이상이 평가한 금액의 산술평균치로 한다.

제31조(매수절차)

① 토지의 매수를 청구하려는 자는 법 제18조 제5항에 따라 다음 각 호의 사항을 적은 토지매수청구서 등 국토교통부령으로 정하는 서류를 국토교통부장관에게 제출하여야 한다.

1. 토지소유자의 성명(법인의 경우에는 그 명칭과 대표자의 성명)과 주소.

2. 토지의 지번(地番), 지목 및 이용 현황.

3. 해당 토지에 소유권 외의 권리가 설정된 경우에는 그 종류 및 내용과 권리자의 성명(법인인 경우에는 그 명칭과 대표자의 성명) 및 주소.

4. 매수청구 사유.

② 국토교통부장관은 제1항에 따라 매수청구를 받은 경우에는 매수대상토지가 제28조에 따른 기준에 해당되는지 판단하여 매수대상 여부와 매수예상가격을 매수청구인에게 알려야 한다.

③ 제2항의 매수예상가격은 매수청구 당시의 개별공시지가로 한다.

④ 국토교통부장관은 제2항에 따라 매수예상가격을 통보하였으면 감정평가업자에게 대상 토지에 대한 감정평가를 의뢰하여 매수가격을 결정하고, 이를 매수청구인에게 알려야 한다. 이 경우 국토교통부장관은 감정평가를 의뢰하기 1개월 전까지 매수청구인에게 감정평가 의뢰 사실을 알려야 한다.

제32조(감정평가 비용의 납부고지 등)

① 국토교통부장관은 제31조 제4항에 따른 감정평가 의뢰 후 매수청구인이 법 제19조 제2항 각 호의 어느 하나에 해당하는 사유 없이 매수청구

의 철회를 통보하는 경우에는 해당 토지에 대한 감정평가 비용의 전부를 매수청구인이 부담하게 하여야 한다.

② 국토교통부장관은 제1항에 따른 매수청구의 철회를 통보받은 날부터 7일 이내에 다음 각 호의 사항이 포함된 감정평가비용의 납부고지서를 매수청구인에게 발급하여야 한다.

1. 토지소유자의 성명(법인인 경우에는 그 명칭 및 대표자의 성명) 및 주소
2. 매수대상토지의 필지 수 및 면적
3. 납부통지 금액
4. 납부기한
5. 감정평가비용의 산출명세서

③ 제2항에 따라 감정평가비용의 납부 고지를 받은 매수청구인은 그 고지를 받은 날부터 1개월 이내에 고지된 감정평가비용을 국토교통부장관에게 내야 한다.

제33조(철회의 정당한 사유)

① 법 제19조 제2항 제1호에서 "대통령령으로 정하는 비율"이란 매수 예상가격의 30퍼센트를 말한다.

② 법 제19조 제2항 제2호에서 "법령의 개정·폐지나 오염원의 소멸 등 대통령령으로 정하는 원인"이란 법령의 개정·폐지, 오염원의 소멸, 농업용수로 또는 통행로의 신설, 그 밖에 이와 비슷한 것으로서 시장·군수·구청장이 인정하는 것을 말한다.

제34조(개발제한구역 훼손 부담금의 감면)

국토교통부장관은 다음 각 호의 구분에 따라 법 제21조 제1항에 따른 개발제한구역 훼손 부담금(이하 "부담금"이라 한다)을 감면할 수 있다. 다만, 제2호 및 제3호에 따라 감면받을 수 있는 시설은 국가 또는 지방자치단체가 사업 시행자가 되어 직접 설

치하는 것으로서 국가 또는 지방자치단체에 귀속되는 경우만 해당한다.

1. 전액 감면

가. 법 제12조 제1항 제3호에 따른 이주단지를 조성하기 위한 토지의 형질 변경.

나. 제14조 제1호부터 제12호까지의 규정에 해당하는 토지의 형질 변경.

다. 제27조에 따른 주민지원사업을 시행하기 위한 토지의 형질 변경.

라. 별표 1 제2호부터 제5호까지의 시설을 설치하기 위한 토지의 형질 변경. 다만, 별표 1 제5호 파목의 자동차용 액화석유가스 충전소를 설치하기 위한 토지의 형질 변경은 시장·군수·구청장 또는 지정 당시 거주자가 설치하는 경우만 해당한다.

2. 100분의 50 감면

가. 별표 1 제1호, 제8호, 제9호 가목·카목 및 저목의 시설을 설치하기 위한 토지의 형질 변경.

나. 도시공원 및 녹지 등에 관한 법률에 따른 도시공원을 조성하기 위한 토지의 형질 변경.

3. 100분의 30 감면

가. 별표 1 제9호의 시설(가목·카목·머목 및 저목의 시설은 제외한다)을 설치하기 위한 토지의 형질 변경.

나. 별표 3 제1호부터 제11호까지의 시설을 설치하기 위한 토지의 형질 변경.

제35조(부담금의 부과율)

① 법 제24조 제1항에서 "대통령령으로 정하는 비율"(이하 "부과율"이라 한다)이란 다음 각 호에서 정한 비율을 말한다.

1. 다음 각 목의 시설을 설치하기 위한 토지의 형질 변경: 100분의 10

가. 별표 1 제1호의 공공용시설. (사업시행자가 사회기반시설에 대한 민간투자법 제2조 제7호에 따른 사업시행자, 공공기관의 운영에 관한 법률에 따른 공공기관 및 지방공기업법에 따른 지방공기업인 경우만 해당한다)

나. 별표 1 제6호의 실외 체육시설. (같은 호 다목의 회원제 골프장은 제외한다.)

다. 별표 1 제7호의 도시민의 여가활용시설

라. 별표 1 제9호 머목의 버스차고지 및 그 부대시설. (자동차 천연가스 공급시설을 설치하는 경우만 해당한다)

마. 별표 3 제14호에 따른 물류터미널 및 그 부대시설.

2. 다음 각 목의 시설을 설치하기 위한 토지의 형질 변경: 100분의 20

가. 별표 1 제1호의 공공용시설. (같은 호 가목의 시설은 제외한다)

나. 별표 1 제8호의 국방·군사에 관한 시설.

다. 별표 1 제9호 마목·사목·아목·카목·서목 및 저목의 시설.

3. 별표 1 제9호 가목의 학교(사회기반시설에 대한 민간투자법 제2조 제7호에 따른 사업시행자가 같은 법 제4조 제2호에 따른 민간투자사업의 추진 방식으로 신축하거나 증축하는 초등학교·중학교 및 고등학교만 해당한다.)의 신축 또는 증축을 위한 토지의 형질 변경 : 100분의 50

4. 제1호부터 제3호까지의 규정에 해당하는 것 외의 시설을 설치하기 위한 토지의 형질 변경 : 100분의 100

② 제1항 각 호의 시설(같은 항 제2호 나목의 시설은 제외한다)을 설치할 때 건축물의 건축이 수반되는 경우 건축물 바닥 면적의 2배의 토지면적(토지의 형질 변경 면적이 건축물 바닥면적의 2배 이내일 경우에는 그 면적으로 한다)에 대하여는 부과율을 100분의 100으로 한다. 이 경우 단계별 사업계획에 따라 추가로 건축물을 건축할 때에는 부담금의 차액분을 추가로 건축물의 건축을 허가하는 시점을 기준으로 산정하여 해당 건축허가 시에 부과한다.

제36조(부담금의 산정기준) 법 제24조 제3항에 따른 부담금 산정에 관한

세부 기준은 다음 각 호와 같다.

1. 법 제24조 제1항에 따른 허가대상 토지의 면적은 토지의 형질 변경 면적으로 할 것. 다만, 다음 각 목의 토지의 면적은 토지의 형질 변경 면적에서 제외한다.

가. 터널 굴착 시 터널출입구를 제외한 터널 내부의 부지.

나. 이미 형질 변경된 사업부지에서 해당 사업을 위하여 추가로 형질 변경하는 토지.

다. 별표 1 제9호 저목에 따른 공사용 임시 가설건축물과 임시시설의 부지로서 그 공사의 사업부지에 있는 토지.

2. 부담금 산정 시 개별공시지가가 없는 경우에는 부동산가격공시 및 감정평가에 관한 법률 제9조에 따른 토지 가격비준표를 사용하여 지가를 산정할 것.

3. 부담금 산정 시 해당 시·군·구에 개발제한구역 외에는 같은 지목이 존재하지 아니하여 비교 기준이 되는 개별공시지가의 평균치를 산정할 수 없는 경우에는 해당 시·도의 개발제한구역 외의 같은 지목에 대한 개별공시지가의 평균치로 시·군·구의 같은 지목에 대한 개별공시지가의 평균치를 갈음할 것.

4. 개발제한구역을 관할하는 시장·군수·구청장은 부동산가격공시 및 감정평가에 관한 법률 제11조에 따라 매년 개별공시지가를 결정·공시하였으면 공시한 날부터 60일 이내에 개발제한구역을 제외한 관할 구역의 개별공시지가의 지목별 평균치를 고시할 것.

5. 제1호부터 제4호까지에서 규정한 사항 외에 부담금의 산정에 관하여는 국토교통부령으로 정하는 기준에 따를 것.

제37조(부담금의 부과 · 징수 등)

① 국토교통부장관은 시장·군수·구청장으로부터 법 제22조에 따른 통

보를 받았으면 부담금을 내야 하는 자(이하 "납부의무자"라 한다)에게 부담금의 납부를 알려야 한다.

② 국토교통부장관이 제1항에 따라 부담금의 납부를 알릴 때에는 납부금액, 산출 근거, 납부기한 및 납부 장소를 명시하여야 한다.

③ 국토교통부장관은 제1항에 따라 부담금의 납부를 알린 후 그 통지 내용에 누락이나 흠이 있는 것을 발견한 경우에는 지체 없이 부담금의 납부를 다시 알려야 한다.

제38조(부담금의 물납)

① 법 제25조 제3항 단서에 따른 물납(物納)을 신청하려는 자는 국토교통부령으로 정하는 물납신청서를 부담금납부통지서를 받은 날부터 15일 이내에 국토교통부장관에게 제출(전자문서로 제출하는 것을 포함한다)하여야 한다.

② 국토교통부장관은 제1항에 따른 물납신청서를 받은 날부터 10일 이내에 신청인에게 물납의 허가 여부를 서면(신청인이 원하거나 전자문서로 물납신청서를 제출한 경우에는 전자문서를 포함한다)으로 알려야 한다.

③ 물납을 청구할 수 있는 토지의 가액은 해당 부담금 부과액을 초과할 수 없으며, 납부의무자는 부과된 부담금과 물납토지의 가액과의 차액을 현금으로 내야 한다.

④ 물납에 충당할 토지의 가액은 물납 신청 당시의 개별공시지가로 한다.

제39조(부담금의 환급)

① 국토교통부장관은 납부의무자가 부담금으로 낸 금액 중 과오납부한 금액이 있거나 법 제25조 제7항에 따라 환급하여야 할 금액이 있으면 지체 없이 그 과오납 금액 또는 환급하여야 할 금액을 부담금환급금으로 결정하고 부담금납부자에게 알려야 한다.

② 국토교통부장관은 제1항에 따라 부담금환급금을 알릴 때에는 부담금환급금에 다음 각 호의 어느 하나에 해당하는 날의 다음 날부터 환급 결정을 하는 날까지의 기간에 대하여 국토교통부령으로 정하는 이율에 따라 계산한 금액을 환급가산금으로 결정하고 이를 부담금환급금과 함께 알려야 한다.

1. 착오 납부, 이중 납부 또는 납부 후 그 부과를 취소 또는 정정한 경우: 착오 등 납부일.

2. 납부자에게 책임이 있는 사유로 부담금을 발생시킨 허가가 취소된 경우: 허가 취소일.

3. 납부자가 사업계획을 변경하거나 그 밖에 이와 비슷한 사유로 인한 경우: 사업계획 변경허가 또는 그 밖에 이와 비슷한 행정처분의 결정일.

③ 제1항에 따른 부담금환급금과 제2항에 따른 환급가산금은 국가균형발전특별회계에서 지급한다. 다만, 국토교통부장관은 허가의 취소, 사업면적의 축소 등으로 사업시행자에게 원상회복의 책임이 있는 경우에는 원상회복이 끝날 때까지 원상회복에 드는 비용에 해당하는 금액의 지급을 미룰 수 있다.

제40조(권한의 위임)

① 국토교통부장관은 개발제한구역을 해제하려는 지역이 제2조 제3항 제2호에 따른 취락 또는 같은 항 제5호에 따른 소규모 단절 토지에 해당하는 경우에는 법 제29조 제1항에 따라 다음 각 호의 권한을 시·도지사에게 위임한다.

1. 법 제8조에 따른 도시관리계획의 결정.

2. 법 제10조 제2항에 따른 도시관리계획 결정의 실효 고시.

② 시·도지사가 제1항제1호에 따라 도시관리계획 결정을 할 때 중앙도시계획위원회의 심의에 관하여는 국토의 계획 및 이용에 관한 법률 제113

조 제1항 제2호를 적용한다.

③ 국토교통부장관은 법 제29조 제1항에 따라 다음 각 호의 권한을 시장·군수·구청장에게 위임한다.

1. 법 제21조 제1항 및 제25조에 따른 부담금의 부과·징수

2. 법 제23조에 따른 부담금의 감면

3. 법 제25조 제6항에 따른 허가의 취소 또는 부담금과 가산금의 징수

4. 법 제25조 제7항에 따른 부담금의 환급

④ 시장·군수·구청장은 제3항에 따라 징수한 부담금을 한국은행(국고대리점을 포함한다. 이하 같다) 또는 체신관서에 지체 없이 납입하여야 한다.

⑤ 시장·군수·구청장은 제38조에 따른 물납을 받았으면 지체 없이 해당 토지를 국가균형발전특별회계 소속 국유재산으로 하기 위한 등기이전과 그 밖에 필요한 조치를 하여야 한다.

⑥ 시장·군수·구청장은 제3항에 따라 징수한 월별 부담금의 부과·징수 실적 및 납입·물납 실적을 다음 달 10일까지 국토교통부장관에게 제출하여야 한다.

⑦ 국토교통부장관은 제6항에 따라 제출된 부담금의 부과·징수 실적과 납입·물납 실적을 근거로 하여 납입금액(시장·군수·구청장이 제4항에 따라 한국은행 또는 체신관서에 납입한 금액과 물납받은 토지의 가액을 말한다)의 100분의 5를 시장·군수·구청장에게 분기별로 분기 종료 다음 달 15일까지 위임수수료로 지급하여야 한다.

제41조(위탁)

① 국토교통부장관은 법 제29조 제2항에 따라 다음 각 호의 업무를 한국토지공사에 위탁한다.

1. 법 제17조 제2항 및 제20조 제1항에 따른 토지와 그 토지의 정착물의 매수.

2. 법 제18조 제1항에 따른 매수대상 여부와 매수예상가격 등의 통보.

3. 법 제19조 제2항에 따른 매수청구인에 대한 감정평가비용의 부과.

4. 제31조 제1항에 따른 토지매수청구서의 접수.

5. 제31조 제4항에 따른 감정평가 의뢰 및 매수가격의 통보.

② 한국토지공사의 사장은 제1항에 따라 위탁받은 업무를 처리하였으면 분기별로 분기 종료 다음 달 10일까지 그 실적을 국토교통부장관에게 보고하여야 한다.

③ 국토교통부장관은 제1항에 따라 한국토지공사에 업무를 위탁한 경우에는 매입대금의 1천분의 5와 감정수수료·등기수수료 등 토지를 매입하기 위하여 지출되는 비용을 위탁수수료로 지급하여야 한다.

제42조(과태료) 법 제34조 제1항에서 "대통령령으로 정하는 경미한 행위"란 제19조 각 호의 신고사항을 말한다.

부 칙

제1조(시행일)

이 영은 공포한 날부터 시행한다.

제2조(토석의 채취에 관한 경과조치)

「산업입지 및 개발에 관한 법률」 제39조에 따라 경기도 시흥시·안산시 및 화성군 일원에서 시행하는 반월특수지역개발사업에 필요한 토석의 채취는 제14조 제13 호에도 불구하고 종전의 규정에 따른다.

제3조(취락지구로의 이축에 관한 경과조치) 시장·군수 또는 구청장은 법

제12조 제1항 제2호에 따라 취락지구로 이축하는 건축물 중 다음 각 호의 어느 하나에 해당하는 건축물에 대하여는 취락지구가 지정될 때까지 취락지구의 지정기준에 해당하는 취락이나 그 취락에 접한 토지로의 이축을 허가할 수 있다.

  1. 공익사업의 시행으로 철거되는 건축물.

  2. 재해로 이축이 불가피한 건축물.

  3. 개발제한구역 지정 이전부터 다른 사람 소유의 토지에 건축되어 있는 주택으로서 토지소유자의 동의를 받지 못하여 증축 또는 개축할 수 없는 주택.

제4조(분할된 토지의 형질 변경에 관한 경과조치) 대통령령 제17353호 개발제한구역의지정 및 관리에 관한 특별조치법 시행령중 개정령의 시행일인 2001년 9월 6일 전에 이미 분할되어 있는 토지에 대하여는 별표 2 제3호 나목 단서에도 불구하고 종전의 규정(대통령령 제17353호로 개정되기 전의 것을 말한다)에 따른다.

제5조(개발제한구역 훼손부담금의 부과율에 관한 경과조치) 대통령령 제19532호 개발제한구역의 지정 및 관리에 관한 특별조치법 시행령 일부개정령의 시행일인 2006년 6월 15일 전에 법 제12조 제1항 단서 또는 법 제13조에 따라 허가를 받은 경우에는 제35조 제1항 제3호에도 불구하고 종전의 규정(대통령령 제19532호로 개정되기 전의 것을 말한다)에 따른다.

제6조(다른 법령과의 관계) 이 영 시행 당시 다른 법령에서 종전의 개발제한구역의 지정 및 관리에 관한 특별조치법 시행령 또는 그 규정을 인용한 경우 이 영 가운데 그에 해당하는 규정이 있으면 종전의 규정을 갈음하여 이 영 또는 이 영의 해당 규정을 인용한 것으로 본다.

건축물 또는 공작물의 종류, 건축 또는 설치의 범위(제13조 제1항 관련)

시설의 종류	건축 또는 설치의 범위
1. 공공용시설 　가. 철도	도시계획시설인 경우만 해당한다. 다만, 바목 · 사목 및 거목의 경우에는 그러하지 아니하다.
나. 궤도 및 삭도 　다. 도로 및 광장 　라. 하천 및 운하 　마. 주차장	국가 또는 지방자치단체가 설치하는 경우만 해당한다. 고속국도에 설치하는 휴게소를 포함한다.
바. 방재시설 　사. 관개 및 발전용수로	방풍설비 · 방수설비 · 방화설비 · 사방(砂防)설비 및 방조설비를 말한다.
아. 저수지 및 유수지 　자. 항만 　차. 수도 및 하수도 　카. 공공공지 및 녹지	국가 또는 지방자치단체가 설치하는 경우만 해당한다. 항로표지시설을 포함한다.
타. 공항 　파. 공동구	항공표지시설을 포함한다.
하. 공동묘지 및 화장장 　거. 공중화실	국가 또는 지방자치단체가 설치하는 경우만 해당하며, 납골시설 및 장례식장을 포함한다.
2. 농림수산업용 시설	가) 개발제한구역에서 농림업 또는 수산업에 종사하는 자가 설치하는 경우만 해당한다. 나) 이 영에서 정하는 사항 외에 축사, 콩나물 재배사, 버섯 재배사의 구조와 입지기준에 대하여는 시 · 군 · 구의 조례로 정할 수 있다. 다) 축사, 동물사육장, 콩나물 재배사, 버섯 재배사는 1가구[개발 제한구역(제2조 제3항에 따라 개발제한구역에서 해제되는 지역을 포함한다)에서 주택을 소유하면서 거주하는 1세대를 말한다. 이하 같다]당 1개 시설만 건축할 수 있다. 다만, 개발제한구역에서 2년 이상 계속 농업에 종사하고 있는 자가 이미 허가를 받아 설치한 축사, 동물사육장, 콩나물재배사, 버섯재배사를 허가받은 용도대로 사용하고 있는 경우에는 그러하지 아니하다.
가. 동물 관련 시설 　　1) 축사	가) 축사는 1가구당 기존 면적을 포함하여 1천㎡ 이하로 설치하여야 한다. 이 경우 축사에는 33㎡ 이하의 관리실을 설치할 수 있고, 축사를 다른 시설로 용도 변경하는 경우에는 관리실을 철거하여야 한다. 다만, 수도권과 부산권의 개발제한구역에 설치하는 축사의 규모는 상수원, 환경 등의 보호를 위하여 1천 ㎡ 이하의 범위에서 국토교통부장관이 농림수산식품부장관 및 환경부장관과 협의하여 국토교통부령으로 정하는 바에 따른다. 나) 과수원 및 초지의 축사는 1가구당 100제곱미터 이하로 설치하여야 한다. 다) 초지와 사료작물재배지에 설치하는 우마사(牛馬舍)는 초지 조성면적 또는 사료작물 재배면적의 1천분의 5 이하로 설치하여야 한다.
2) 잠실 　　3) 저장창고 　　4) 양어장 　　5) 동물 사육장	뽕나무밭 조성면적 2천 ㎡당 또는 뽕나무 1,800 주당 50㎡ 이하로 설치하여야 한다. 소 · 말 등의 사육과 낙농을 위하여 설치하는 경우만 해당한다. 유지(溜池) · 하천 · 저습지 등 농업생산성이 극히 낮은 토지에 설치하여야 한다 꿩, 우렁이, 달팽이, 지렁이, 그 밖에 이와 비슷한 동물의 사육을 위하여 임야 외의 토지에 설치하는 경우로서 1 가구당 기존 면적을 포함하여 300㎡ 이하로 설치하여야 한다.

나. 식물 관련 시설 1) 콩나물 재배사	가) 1가구당 기존 면적을 포함하여 300제곱미터 이하로 설치하여야 한다. 나) 콩나물재배사에는 10㎡ 이하의 관리실을 설치할 수 있으며, 콩나물재배사를 다른 시설로 용도 변경하는 경우에는 관리실을 철거하여야 한다.
2) 버섯 재배사	1가구당 기존 면적을 포함하여 500제곱미터 이하로 설치하여야 한다.
3) 퇴비사 및 발효퇴비장	기존 면적을 포함하여 300㎡(퇴비사 및 발효퇴비장의 합산면적을 말한다) 이하로 설치하되, 발효퇴비장은 유기농업을 위한 경우에만 설치할 수 있다.
4) 종묘배양장	
5) 온실	수경재배·시설원예 등 작물재배를 위한 경우로서 재료는 유리, 플라스틱, 그 밖에 이와 비슷한 것을 사용하여야 하며, 그 안에 온실의 가동에 직접 필요한 기계실 및 관리실을 66㎡ 이하로 설치할 수 있다.
다. 농수산물 보관 및 가공 관련시설 1) 창고	가) 개발제한구역의 토지 또는 그 토지와 일체가 되는 토지에서 생산되는 생산물 또는 수산물을 저장하기 위한 경우에는 기존 면적을 포함하여 150제곱미터 이하로 설치하여야 한다. 이 경우 해당 토지면적이 1만 제곱미터를 초과하는 경우에는 그 초과하는 면적의 10/1000에 해당하는 면적만큼 창고를 추가로 설치할 수 있다. 나) 농업·농촌 및 식품산업기본법 제28조제1항에 따른 영농조합법인 또는 같은 법 제29조제1항에 따른 농업회사법인이 개발제한구역의 농작업의 대행을 위하여 사용하는 농기계를 보관하기 위한 경우에는 기존 면적을 포함하여 200㎡ 이하로 설치하여야 한다.
2) 담배건조실	잎담배 재배면적의 1천분의 5이하로 설치하여야 한다.
3) 임시 가설건축물	농림수산업용 기자재의 보관이나 농림수산물의 단순가공 또는 건조처리를 위한 경우로서 1가구당 기존 면적을 포함하여 100㎡ 이하로 설치하여야 한다. 다만, 해태건조처리장 용도의 경우에는 200㎡ 이하로 설치하여야 한다.
4) 지역특산물가공작업장	수질 및 수생태계 보전에 관한 법률, 대기환경보전법 및 소음·진동규제법에 따라 배출시설의 설치허가를 받거나 신고를 하여야 하는 것이 아닌 경우로서 지역특산물(해당 지역에서 지속적으로 생산되는 농산물·수산물·축산물·임산물로서 시장·군수가 인정하여 공고한 것을 말한다)을 가공하기 위하여 1가구당 기존 면적을 포함하여 100㎡ 이하로 설치하여야 한다. 이 경우 지역특산물가공작업장을 설치할 수 있는 자는 다음과 같다. 가) 지정 당시 거주자 나) 5년 이상거주자로서 해당 지역에서 5년 이상 지역 특산물을 생산하는 자
라. 관리용 건축물	가) 관리용 건축물을 설치할 수 있는 경우와 그 규모는 다음과 같다. 다만, ①·②·④에 따라 관리용 건축물을 설치하는 경우에는 생산에 직접 이용되는 토지 또는 양어장의 면적이 2천㎡ 이상이어야 한다. ① 과수원, 초지, 유실수·원예·분재 재배지역에 설치하는 경우에는 생산에 직접 이용되는 토지면적의 10/1000 이하로서 기존 면적을 포함하여 66㎡ 이하로 설치하여야 한다. ② 양어장에 설치하는 경우에는 양어장 부지면적의 10/1000 이하로서 기존 면적을 포함하여 66제곱미터 이하로 설치하여야 한다. ③ 농어촌정비법 제2조제9호다목에 따른 주말농원에 설치하는 경우에는 임대농지면적의 10/1000 이하로서 기존 면적을 포함하여 66㎡ 이하로 설치하여야 한다. ④ 농업·농촌 및 식품산업기본법 제28조 제1항에 따른 영농조합법인 또는 같은 법 제29조 제1항에 따른 농업회사법인이 개발제한구역의 농작업의 대행을 위하여 설치하는 경우에는 기존 면적을 포함하여 66㎡ 이하로 설치하여야 한다. ⑤ 어업을 위한 경우에는 정치망어업면허 또는 기선선인망어업허가를 받은 1가구당 기존 면적을 포함하여 66㎡ 이하로 설치하여야 한다.

	나) 농기구와 비료 등의 보관과 관리인의 숙식 등의 용도로 쓰기 위하여 조립식 가설건축물로 설치하여야 하며, 주된 용도가 주거용이 아니어야 한다. 다) 관리용 건축물의 건축허가 신청 대상 토지가 신청인이 소유하거나 거주하는 주택을 이용하여 관리가 가능한 곳인 경우에는 건축허가를 하지 아니하여야 한다. 다만, 가)의 ③ · ④의 경우에는 그렇지 않다. 라) 관리의 대상이 되는 시설이 폐지된 경우에는 1개월 이내에 관리용 건축물을 철거하고 원상복구하여야 한다. 마) 관리용 건축물의 부지는 당초의 지목을 변경할 수 없다.
3. 주택(건축법 시행령 별표1 제1호 가목에 따른 단독주택을 말한다. 이하 이 호에서 같다)	신축할 수 있는 경우는 다음과 같다. 가) 개발제한구역 지정 당시부터 지목이 대인 토지(이축된 건축물이 있었던 토지의 경우에는 개발제한구역 지정 당시부터 그 토지의 소유자와 건축물의 소유자가 다른 경우만 해당한다)와 개발제한구역 지정 당시부터 있던 기존의 주택(제24조에 따른 개발제한구역 건축물관리대장에 등재된 주택을 말한다. 이하 나) 및 다)에서 같다)이 있는 토지에만 주택을 신축할 수 있다. 나) 가)에도 불구하고 농업 · 농촌 및 식품산업기본법 제3조 제2호에 따른 농업인에 해당하는 자로서 개발제한구역에 기존 주택을 소유하고 거주하는 자는 영농의 편의를 위하여 자기 소유의 기존 주택을 철거하고 자기 소유의 농장 또는 과수원에 주택을 신축할 수 있다. 이 경우 생산에 직접 이용되는 토지의 면적이 1만㎡ 이상으로서 진입로를 설치하기 위한 토지의 형질변경이 수반되지 아니하는 지역에만 주택을 신축할 수 있으며, 건축 후 농림수산업을 위한 시설 외로는 용도변경을 할 수 없다. 다) 가)에도 불구하고 기존 주택이 공익사업의 시행으로 철거되거나 재해로 거주할 수 없게 된 경우에는 그 기존 주택의 소유자는 철거일 또는 재해를 입게 된 날 당시의 자기 소유 토지로서 국토해양부령으로 정하는 입지기준에 적합한 곳에 주택을 신축할 수 있다.
4. 근린생활시설	증축 및 신축할 수 있는 시설은 다음과 같다. 가) 주택을 용도 변경한 근린생활시설 또는 1999년 6월 24일 이후에 신축된 근린생활시설만 증축할 수 있다. 나) 개발제한구역 지정 당시부터 지목이 대인 토지(이축된 건축물이 있었던 토지의 경우에는 개발제한구역 지정 당시부터 그 토지의 소유자와 건축물의 소유자가 다른 경우만 해당한다)와 개발제한구역 지정 당시부터 있던 기존의 주택(제24조에 따른 개발제한구역 건축물관리대장에 등재된 주택을 말한다. 이하 나) 및 다)에서 같다)이 있는 토지에만 근린생활시설을 신축할 수 있다. 다만, 수도법 제3조 제2호에 따른 상수원의 상류 하천(하천법에 따른 국가하천 및 지방하천을 말한다)의 양안 중 그 하천의 경계로부터 직선거리 1킬로미터 이내의 지역(하수도법 제2조 제15호에 따른 하수처리구역은 제외한다)에서는 한강수계 상수원 수질개선 및 주민지원 등에 관한 법률 제5조에 따라 설치할 수 없는 시설을 신축할 수 없다.
가. 슈퍼마켓 및 일용품 소매점 나. 휴게음식점 및 일반 음식점	휴게음식점 또는 일반음식점을 건축할 수 있는 자는 5년 이상 거주자 또는 지정 당시 거주자이어야 한다. 이 경우 건축물의 연면적은 300㎡ 이하이어야 하며, 인접한 토지를 이용하여 200㎡ 이하의 주차장을 설치할 수 있되, 휴게음식점 또는 일반음식점을 다른 용도로 변경하는 경우에는 주차장 부지를 원래의 지목으로 환원하여야 한다.
다. 이용원 · 미용원 및 세탁소	세탁소는 공장이 부설된 것은 제외한다.
라. 의원 · 치과의원 · 한의원 · 침술원 · 접골원 및 조산소	

마. 탁구장 및 체육도장 바. 기원 바. 기원 사. 당구장 아. 금융업소 · 사무소 및 　부동산 　중개업소 자. 제조업소 및 수리점 차사진 관·표구점·학원·장 　의사 및 동물병원 카. 목공소 · 방앗간 및 독 　서실	수리점에는 자동차 부분 정비업소, 자동차경정비업소(자동차부품의 판매 또는 간이수리를 위한 시설로서 자동차관리법 시행령 제12조 제1항에 따른 자동차정비시설의 종류에 해당되지 아니하는 시설을 말한다)를 포함한다.
5. 주민 공동이용시설 가. 마을 진입로, 농로, 제 　방, 저수지 나.마을 공동목욕탕, 　마을 공동주차장,마을 　공동작업장, 경로당, 노 　인복지회관, 마을 공동 　회관 및 읍·면·동 복지 　회관	마을 공동으로 축조(築造)하는 경우만 해당한다. 가) 지방자치단체가 설치하거나 마을 공동으로 설치하는 경우만 해당한다. 나) 읍·면·동 복지회관은 예식장 등 집회장, 독서실, 상담실, 그 밖에 　읍·면·동 또는 마을단위 회의장 등으로 사용하는 다용도시설을 말한다.
다. 공동구판장, 하치장, 　창고, 농기계보관창고, 　농기계수리소, 농기계 　용유류판매소, 선착장 　및 물양장	가) 지방자치단체 또는 농업협동조합법에 따른 조합, 산림조합법에 따른 조합, 　수산업협동조합법에 따른 수산업협동조합(어촌계를 포함한다)이 설치하거나 　마을 공동으로 설치하는 경우만 해당한다. 나) 농기계수리소는 가설건축물 구조로서 수리용 작업장 외의 관리실 · 대기실과 　화장실은 건축 연면적 30 제곱미터 이하로 설치할 수 있다. 다) 공동구판장은 지역생산물의 저장 · 처리 · 단순가공 · 포장과 직접 판매를 　위한 경우로서 건축 연면적 1천 제곱미터 이하로 설치하여야 한다.
라. 공판장, 화훼전시판매 　시설	가) 공판장은 해당 지역에서 생산되는 농산물의 판매를 위하여 농업협동 　조합에 따른 지역조합(수도권 과 광역시의 행정구역이 아닌 지역의 경우만 　해당한다)이 설치하는 경우만 해당한다. 나) 화훼전시판매시설은 시장·군수·구청장이 화훼의 저장·전시·판매를 위하여 　설치하는 것으로서 해당 지방자치단체의 개발제한구역이 행정구역 면적의 　3분의 2이상인 경우만 해당한다.
마. 상여보관소, 간이휴게 　소, 간이쓰레기소각장, 　어린이 놀이터 및 　유아원	
바. 간이 급수용 양수장	마을 공동으로 설치하는 경우로서 17제곱미터 이하로 한다.
사. 육묘장 및 종묘배양장	농업협동조합법에따른 조합이나산림조합법에 따른 조합이 설치하거나 마을 공동으로 설치하는 경우만 해당한다.
아. 해녀 이용 탈의장	마을 공동(어촌계를 포함한다)으로 설치하는 경우로서 200제곱미터 이하로 설치하여야 한다.
자. 퇴비장	유기농업을 위하여 마을 공동으로 설치하는 경우로서 공장이 아닌 것만 해당한다.
차. 낚시터시설 및 그 　관리용 건축물	기존의 저수지 또는 유지를 이용하여 지방자치단체 또는 마을 공동 으로 설치·운영하거나 기존의 양어장을 이용하여 5년 이상 거주자가 설치하는 경우만 해당한다. 이 경우 50제곱미터 이하의 관리실을 설치할 수 있다.

카. 미곡종합처리장	농업협동조합법에 따른 지역농업협동조합이 개발제한구역에 1천 헥타르 이상의 미작 생산에 제공되는 농지가 있는 시·군·구에 설치(시·군·구당 1개소로 한정한다)하는 경우로서 건축 연면적은 부대시설 면적을 포함하여 2천 제곱미터 이하로 설치하여야 한다.
타. 목욕장	개발제한구역의 거주자를 주된 이용자로 하는 경우만 해당한다.
파. 휴게소(고속국도에설치 하는 휴게소는 제외 한다), 주유소 및 자동차 용 액화 석유가스 충전소	가) 시장·군수·구청장이 수립하는 배치계획에 따라 시장·군수·구청장 또는 지정당시거주자가 국도·지방도 등 간선도로변에 설치하는 경우만 해당한다. 다만, 도심의 자동차용액화석유가스 충전소(자동차용 액화석유가스 충전소 외의 액화석유가스 충전소를 겸업하는 경우를 포함한다. 이하 같다)를 이전하여 설치하는 경우에는 해당 사업자만 설치할 수 있다. 나) 휴게소 및 자동차용 액화석유가스 충전소의 부지면적은 3300㎡ 이하로, 주유소의 부지면적은 1500㎡ 이하로 한다. 이 경우 주유소 및 자동차용 액화석유가스 충전소에는 세차시설을 설치할 수 있다. 다) 휴게소는 개발제한구역의 해당 도로노선 연장이 10킬로미터 이내인 경우에는 설치되지 아니하도록 하여야 하며, 주유소 및 자동차용 액화석유가스 충전소의 시설 간 간격 등 배치계획의 수립기준은 국토교통부령으로 정한다.
하. 버스 간이승강장	도로변에 설치하는 경우만 해당한다.
거. 효열비, 유래비, 사당, 동상, 그 밖에 이와 비 슷한 시설	
6. 실외 체육시설 가. 산로,산책로,어린이놀이 터,간이휴게소 및 철봉, 평행봉, 그 밖에 이와 비슷한 체력 단련시설	가) 국가·지방자치단체 또는 서울올림픽기념국 민체육진흥공단이설치하는 경우만 해당한다. 나) 간이휴게소는 33제곱미터 이하로 설치하여야 한다.
나. 배구장, 테니스장, 배드 민 턴장, 게이트볼장, 롤러스 케이트장, 잔디축구장, 야외수영장, 그 밖에 이와 비슷한 것으로서 건축물의 건축이 수반되지 아니하는 운동시설(골프연습장은 제외한다) 및 그 부대 시설	가) 국가·지방자치단체 또는 서울올림픽기념국민체육진흥공단 외의 자가 설치하는 경우에는 도시계획시설로 설치하여야 한다. 다만, 대지화되어 있는 토지 또는 기존 시설의 부지 (공용청사·학교·공장 등 시설의 다듬어진 부지를 말한다)에 설치하는 경우에는 그러하지 아니하다. 나) 부대시설은 임시 가설건축물로서 탈의실, 세면장, 화장실, 운동기구 보관창고와 간이휴게소를 말하며, 국가·지방자치단체 또는 서울올림픽기념국민체육진흥공단 외의 자가 설치하는 경우에는 건축 연면적은 100제곱미터 이하로 하되, 시설 부지면적이 2천 제곱미터 이상인 경우에는 그 초과하는 면적의 1천분의 10에 해당하는 면적만큼 추가로 부대시설을 설치할 수 있다.
다. 골프장	가) 체육시설의 설치·이용에 관한 법률 시행령 별표 1의 골프장과 그 골프장에 설치하는 골프연습장을 포함한다. 나) 회원제골프장을 설치하는 경우에는 대중골프장 또는 간이골프장을 함께 설치하여야 한다. 다) 숙박시설은 설치할 수 없다. 라) 훼손된 지역을 활용하는 등 자연환경을 보전할 수 있도록 국토교통부령으로 정하는 입지기준에 적합하게 설치하여야 한다.
7. 도시민의 여가활용시설	기반시설에 해당하는 경우로서 건축물의 연면적이 1천 500 제곱미터 이상, 토지의 형질 변경 면적이 5천 제곱미터 이상인 경우에는 도시계획시설로 설치하여야 한다.
가. 휴양림 및 수목원	산림문화·휴양에 관한 법률 제13조에 따른 자연휴양림 및 수목원조성 및 진흥에 관한 법률에 따른 수목원과 그 안에 설치하는 시설을 말한다.
나. 청소년수련시설	국가 또는 지방자치단체가 설치하는 것으로서 청소년활동진흥법 제2조 제2호에 따른 청소년활동시설 중 청소년수련관, 청소년수련원 및 청소년야영장만 해당한다.

다. 자연공원시설	자연공원에 설치하는 자연공원법 제 2조 제10호따른 공원시설(목욕 창업시설 및 숙박시설은 제외한다)을 말한다.₩
라. 도시공원	도시공원 및 녹지 등에 관한 법률 제2조 제3호에 따른 도시공원과 그 안에 설치하는 같은 조 제4호에 따른 공원시설(스키장 및 골프연습장은 제외한다)을 말한다.
마. 잔디광장 및 피크닉장	국가 또는 지방자치단체가 설치하는 경우로서 그 부대시설ㆍ보조시설(간이시설만 해당한다)을 설치할 수 있다.
바. 문화예술회관 사. 박물관, 미술관 및 과학관	문화예술진흥법 시행령 별표1 제1호가목의 공연장 중 시·도 종합문 화예술회관 및 시·군·구 문화예술회관을 말한다. 박물관 및 미술관은 박물관 및 미술관 진흥법 제2조 제1호 및 제2호에 따른 박물관 및 미술관을 말하고, 과학관은 과학관육성법 제3조 제1호 및 제2호에 따른 국립과학관 및 공립과학관을 말한다. 다만, 사립미술관은 문화체육관광부장관이 정하는 시설기준과 시장·군수·구청장이 수립하는 배치계획에 적합한 경우에만 신축할 수 있다.
아. 관람ㆍ전시용 가설건 축물 또는 공작물	대지화되어 있는 토지 또는 하천부지에 60일 이내에 설치하는 시설만 해당한다. 다만, 하천부지의 경우에는 시장ㆍ군수ㆍ구청장이 설치하는 경우만 해당한다.
자. 탑 또는 기념비	국가 또는 지방자치단체가 녹지조성과 병행하여 설치하는 것으로서 전적비와 충화탑 등을 포함한다.
차. 자연생태에 관한 전시ㆍ교육시설 및 환 경관 리업무 시설	하천에 인접하여 설치하는 자연생태에 관한 전시ㆍ교육시설 및 환경관리업무시설로서 환경부장관이 국토교통부장관과 협의하여 정하는 시설만 해당한다.
8. 국방ㆍ군사에 관한 시설	숙소는 4층 이하로서 영내에 설치하는 경우만 해당한다. 다만, 부득이한 경우로서 국방부장관이 국토교통부장관과 협의하는 경우에는 5층 이상으로 영내에 설치하거나 4층 이하로 영외에 설치할 수 있다.
9. 공익시설 가. 학교 나. 폐기물처리시설	기반시설에 해당하는 경우로서 건축물의 연면적이 1500㎡ 이상, 토지의 형질 변경 면적이 5천 ㎡ 이상인 경우에는 도시계획시설로 설치하여야 한다. 가) 신축할 수 있는 경우는 다음과 같다. 다만, 개발제한구역 밖의 학교를 개발제한구역으로 이전하는 경우는 제외한다. ① 유아교육법 제2조 제2호에 따른 유치원: 개발제한구역의 주민을 위한 경우로서 그 시설의 수는 시장ㆍ군수 또는 구청장이 개발제한구역의 아동수를 고려하여 수립하는 배치계획에 따른다. ② 초ㆍ중등교육법 제2조에 따른 초등학교(분교장을 포함한다)ㆍ중학교ㆍ고등 학교와 특수학교: 같은 학구의 학생을 수용하는 경우로서 사립학교는 국립ㆍ 공립학교의 설립계획이 없는 경우에만 설치할 수 있으며, 사립고등학교는 임야 외의 토지에 설치하여야 한다. 나) 개발제한구역 또는 2000년 7월 1일 이전에 개발제한구역의 인접지에 이미 설치된 학교로서 개발제한구역의 인접지에 증축의 여지가 없는 경우에만 증축할 수 있다. 다) 폐교된 학교시설은 「고등교육법」 제2조에 따른 학교를 제외한 학교시설로 변경하여 설치할 수 있다. 라) 농업계열 학교의 교육에 직접 필요한 실습농장 및 그 부대시설을 설치할 수 있다. 폐기물관리법 제2조 제8호에 따른 시설을 말하며, 건설폐기물 중간처리시설은 다음의 기준에 따라 설치하여야 한다. 가) 토사, 콘크리트덩이와 아스팔트콘크리트 등의 건설폐기물을 선별ㆍ파쇄ㆍ소각처리 및 일시 보관하는 시설만 해당한다.

	나) 시장·군수·구청장이 설치·운영하여야 한다. 다만, 폐기물관리법 제25조에 따른 폐기물중간처리업허가를 받은 자 또는 허가를 받으려는 자로서 폐기물처리업 사업계획의 적합 통보를 받은 자가 대지화되어 있는 토지 또는 폐천부지에 설치하는 경우에는 시·군·구당 3개소 이내로 해당 토지를 소유하고 도시계획시설로 설치하여야 한다.
	다) 시설부지의 면적은 1만 제곱미터 이상, 관리실 및 부대시설은 건축 연면적 66제곱미터 이하이어야 하며, 이와는 별도로 경비실을 조립식 공작물로 설치할 수 있다.
	라) 시설을 폐지하는 경우에는 이를 철거하고 원상복구하여야 한다.
다. 재활용 가능 자원 집하 시설	자원의 절약과 재활용촉진에 관한 법률에 따른 시설로서 시·군·구당 1개소만 설치할 수 있으며, 대지화되어 있는 토지 또는 기존의 쓰레기매립장 및 쓰레기적환장의 시설부지에 설치하여야 한다.
라. 집단에너지공급시설 마. 전기공급시설	집단에너지사업법에 따라 설치하는 것을 말한다.
바. 전기통신시설 및 방송 시설	도시계획시설만 해당한다.
사. 가스공급시설	가) 대기환경보전법에 따른 자동차 천연가스 공급시설의 부지면적은 3천 300제곱미터 이하로 한다. 이 경우 자동차 천연가스 공급시설 에는 세차시설을 설치할 수 있다
	나) 시설을 폐지하는 경우에는 이를 철거하고 원상복구하여야 한다.
아. 유류저장 및 송유설비	
자. 지역공공시설	가) 국가 또는 지방자치단체가 설치하는 보건소(노인복지법 제34조 제1항 제1호에 따른 노인요양시설을 병설하는 경우 이를 포함한다), 보건진료소 및 노인치매요양병원
	나) 경찰파출소, 119 안전센터, 초소
	다) 읍·면사무소, 주민센터, 우체국(별정우체국을 포함한다), 농업기술센터, 수산기술관리소, 예비군 운영에 필요한 시설
	라) 도서관법 제2조 제4호에 따른 공공도서관
	마) 영유아보육법 제2조 제3호에 따른 보육시설로서 개발제한 구역의 주민을 위한 경우만 해당하며, 그 시설의 수는 시장·군수 또는 구청장이 개발제한구역의 아동수를 고려하여 수립하는 배치계획에 따른다.
차. 시·군·단위의 공공청사	행정구역(경찰서의 경우에는 관할구역을 말한다)의 통합·신설·승격에 따라 필요하게 된 시청·군청·구청·경찰서·경찰청·교육청(각각 출장소를 포함한다)과 그 부대시설만 해당하며, 시청·군청·구 청·경찰서는 행정구역면적의 3분의 2이상이 개발제한구역이거나 행정구역 인구의 2분의 1이상이 개발제한구역에 거주하여야 한다. 다만, 다른 시·군·구의 행정구역에 건축되어 있는 시청·군청·구청을 해당 시·군·구의 행정구역으로 이전하는 경우에는 그러하지 아니하다.
카. 국가의 안전·보안업 무의 수행을 위한 시설	
타. 교정시설	개발제한구역에 있는 기존 교정시설의 이축·증축과 교도소와 구치소의 신축을 말한다.
파. 경찰훈련시설	경찰기동대, 전투경찰대의 훈련시설을 말한다.
하. 문화재의 복원과문화재 관리용 건축물	문화재보호법에 따라 지정된 중요 무형문화재를 포함한다.
거. 농림축산업 및 산업시 험·연구시설	국가 또는 지방자치단체가 설치하는 경우만 해당하며, 종축장, 잠종장 및 수산종묘배양장을 포함한다.
너. 전문체육시설	체육시설의 설치·이용에 관한 법률 시행령 제3조에 따른 시설로서 그 부대시설의 설치를 포함한다.
더. 사격장시설	국가 또는 지방자치단체가 설치하는 경우로서 그 부대시설을 포함한다.

러. 국제행사 관련 체육시설, 편익시설 및 옥외광고 물시설	가) 체육시설은 국가 또는 지방자치단체가 유치하여 주관하는 국제경기대회를 위한 시설만 해당한다. 나) 편익시설은 체육시설 건축물의 내부 또는 주차장의 지하에 설치하되, 그 시설의 설치를 위하여 토지의 형질 변경이나 증축을 위한 설계변경을 할 수 없다. 다) 옥외광고물시설은 옥외광고물 등 관리법에 따라 설립된 한국옥외광고센터가 주요 국제행사의 준비 및 운영에 필요한 재원을 마련하기 위하여 설치하는 경우만 해당한다. 라) 체육시설 · 편익시설 및 옥외광고물시설의 종류와 설치 범위는 국토교통부령으로 정하는 바에 따른다.
머. 차고지 및 그 부대시설	가) 운수사업법 시행령 제3조 제1호에 따른 노선 여객자동차운송사업용 버스차고지 및 그 부대시설(자동차 천연가스 공급시설을 포함한다), 화물자동차 운수사업법 제2조 제3호에 따른 화물자동차 운송사업용 화물자동차차고지 및 그 부대시설만 해당한다. 다만, 시외버스운송사업용 버스차고지 및 그 부대시설은 개발제한구역 밖의 기존 버스터미널이나 인근 지역에 버스차고지 등을 확보할 수 없는 경우에 만 설치할 수 있다. 나) 노선 여객자동차운송사업용 버스차고지는 지방자치단체가 설치하여 임대하거나 여객자동차 운수사업법 제53조에 따른 조합 또는 같은 법 제59조에 따른 연합회가 도시계획시설로 설치하거나 그 밖의 자가 도시계획시설로 설치하여 지방자치단체에 기부채납하는 경우만 해당하며, 화물자동차운송사업용 화물자동차차고지는 지방자치단체가 설치하여 임대하거나 화물자동차 운수사업법 제48조에 따른 협회 또는 같은 법 제50조에 따른 연합회가 도시계획시설로 설치하는 경우만 해당한다. 다) 부대시설은 사무실 및 영업소, 정류소(노선여객자동차 운송사업용 차고지만 해당한다), 차고설비, 차고부대 시설, 휴게 실 및 대기실만 해당한다. 라) 시설을 폐지하는 경우에는 이를 철거하고 원상복구하여야 한다.
버. 기상시설	기상법 제2조 제13호에 따른 시설을 말한다
서. 납골시설 및 장례식장	가) 기존의 공동묘지에 설치하는 경우만 해당하며, 납골시설은 사찰 경내에 설치하는 것을 포함한다. 다만, 가족 · 종중 또는 문중의 납골시설(기존의 분묘를 정비하는 경우만 해당한다)은 기존의 공동묘지 또는 사찰 경내가 아닌 지역에도 설치할 수 있다. 나) 납골시설을 설치하는 경우 정비된 분묘가 있던 개발제한구역의 기존 부지는 임야 등으로 원상복구하여야 한다.
어. 환경오염방지시설	
저. 공사용 임시 가설건축물 및 임시시설	가) 공사용 임시 가설건축물은 법 제12 조 제1 항 각 호 또는 법 제13조에 따라 허용되는 건축물 또는 공작물을 설치하기 위한 경우로서 2층 이하의 목조, 시멘트블록, 그 밖에 이와 비슷한 구조로 설치하여야 한다. 나) 임시시설은 공사를 위하여 임시로 도로를 설치하는 경우와 공사에 직접 사용되는 블록 · 시멘트벽돌 · 쇄석(해당 공사에서 발생하는 토석의 처리를 위한 경우를 포함한다), 레미콘 및 아스콘 등을 생산하는 경우만 해당한다. 다) 공사용 임시 가설건축물 및 임시시설은 사용기간을 명시하여야 하며, 사용 후에는 이를 철거하고 원상복구하여야 한다.

개발제한구역의 조정을 위한 도시관리계획 수립 지침

제1장 총 칙

제1절 목 적

1-1-1. 이 지침은 수도권, 부산권, 대구권, 광주권, 대전권, 울산권 및 마산.창원·진해권 등 개발제한구역이 지정된

7 대 광역도시권(이하 "권역별"이라 한다)에서 개발제한구역을 합리적으로 지정 또는 해제함에 있어 필요한 기준·요건 및 절차 등에 관한 사항을 정함을 그 목적으로 한다.

제2절 용어의 정의

1-2-1. "조정대상지역"이라 함은 개발제한구역의 지정 및 관리에 관한 특별조치법(이하 "개발제한구역법"이라 한다) 및 이 지침에 따라 개발제한구역을 지정 또는 해제하기 위하여 도시관리계획으로 입안하는 지역을 말한다.

1-2-2. "소규모 단절토지"라 함은 개발제한구역 지정 후 도로(중로 2류 15m 이상)·철도·하천개수로(지방 2급 하천이상) 등 공공시설의 설치로 인하여 단절된 3천 ㎡ 미만의 토지를 말한다.

제3절 적용범위

1-3-1. 이 지침은 개발제한구역법 제3조에 따라 도시관리계획을 변경하고자 하는 경우에 적용한다.

제4절 근거법령 및 지침

1-4-1. 개발제한구역법 제3조 내지 제9조

1-4-2. 개발제한구역법 제30조(법령 등의 위반자에 대한 행정처분)

1-4-3. 국토의 계획 및 이용에 관한 법률(이하 "국토계획법"이라 한다) 제25조(도시관리계획의 입안)

1-4-4. 국토계획법 제63조(개발행위허가의 제한)

1-4-5. 국토계획법 제119조(허가기준)

1-4-5. 광역도시계획수립지침

제2장 기본원칙

2-1. 국가 또는 지방자치단체는 광역도시계획에 반영된 해제가능 총량 범위 내에서(지방자치단체는 당해 시·군에 배분된 해제가능총량 범위 내) 개발수요 등을 감안하여 필요한 시점에 해제 대상지를 선정하여 단계적으로 개발제한구역 해제를 추진한다. 이 경우 기존 광역도시계획에 반영된 조정가능지역을 개발수요 등에 따라 우선적으로 해제를 추진할 수 있다.

2-2. 2-1의 규정에 의하여 개발제한구역의 해제를 추진하고자 할 때에는 해제 대상지역에 대한 활용방안(개발계획 및 재원조달계획 등)뿐만 아니라 주변 개발제한구역에 대한 관리 방안 등을 종합적으로 검토하여야 한다.

2-3. 국토교통부장관은 해제 대상지역과 주변지역 일대에 대한 개발행위 허가제한 조치 등 난개발 및 투기방지를 위한 대책을 실시하지 아니하

였거나, 그 대책 수립의 시행 결과 실효를 거두지 못한 지역이 대부분인 지역에 대하여 개발제한구역을 해제하는 내용의 도시관리계획변경안은 이를 그대로 수용·결정하여서는 아니 된다.

2-4. 개발제한구역을 추가적으로 지정하고자 할 때에는 공간적으로 연속성을 갖도록 하고, 도시의 자족성 확보·합리적인 토지이용 및 적정한 성장관리 등을 감안하여 추진하여야 한다.

2-5. 보전가치가 높아 개발제한구역으로 신규 지정하고자 하는 경우에는 해제가능 총량 산정 시 지정되는 면적만큼은 해제 면적과 상계할 수 있다. 다만, 신규로 지정되는 곳이 토지 특성·지역 여건 등 제반 상황에 비추어 개발제한구역으로 관리하지 않는 경우 난개발 등이 심각히 우려되는 경우에 한하여 중앙도시계획위원회 심의를 거쳐 상계할 수 있다.

2-6. 소규모 단절토지와 집단취락으로 해제하는 면적(해제된 취락으로 3-3-3(4) ②에 따라 해제범위를 조정하는 경우를 포함한다.)은 2-1에도 불구하고 1-2-2와 3-3-3(4) ①에 따른 범위안에서 시·도지사가 결정하는 개발제한구역 해제를 위한 도시관리계획 내용에 의한다.

제3장 도시관리계획 입안대상

제1절 조정 대상지역

3-1-1. 도시관리계획 입안권자는 다음의 지역에 대하여 개발제한구역의 해제를 위한 도시관리계획을 입안할 수 있다.

(1) 개발제한구역에 대한 환경평가 결과 보전가치가 낮게 나타나는 곳으로서 도시용지의 적절한 공급을 위하여 필요한 지역 및 도시의 균형적 성장을 위하여 기반시설의 설치 및 시가화 면적 조정 등 토지이용의 합리화를 위하여 필요한 지역으로서 제2절의 기준에 부합되는 지역.

(2) 주민이 집단적으로 거주하는 취락(이하 "집단취락"이라 한다)으로서 주거환경 개선 및 취락정비가 필요한 지역으로서 제3절의 기준에 부합되는 지역.

(3) 소규모 단절토지

3-1-2. 도시관리계획 입안권자는 다음의 지역에 대하여 개발제한구역의 지정을 위한 도시관리계획을 입안할 수 있다.

(1) 도시의 무질서한 확산 또는 서로 인접한 도시의 시가지로의 연결을 방지하기 위하여 개발을 제한할 필요가 있는 지역.

(2) 도시주변의 자연환경 및 생태계를 보전하고 도시민의 건전한 생활환경을 확보하기 위하여 개발을 제한할 필요가 있는 지역.

(3) 국가보안상 개발을 제한할 필요가 있는 지역.

(4) 도시의 정체성 확보 및 적정한 성장관리를 위하여 개발을 제한할 필요가 있는 지역.

제2절 해제 대상지 선정 및 제척 기준

3-2-1. 개발수요 등을 감안할 때 광역도시계획에서 제시한 목표연도내 실질적 개발·활용이 가능한 지역 중 도시관리계획 입안일 기준으로는 향후 3년 내 착공이 가능한 지역으로서 도시발전 및 지속가능한 개발의 측면에서 아래 요건을 모두 갖춘 지역을 선정한다.

(1) 기존 시가지·공단·항만 등과 인접하여 여건상 주거·산업·물류단지로 개발할 경우 경제적 효과가 큰 지역으로서 도로 등 대규모 기반시설 설치소요가 적은 지역.

(2) 표고·경사도·농업적성도·임업적성도·식물상·수질에의 영향 등을 종합적으로 고려하여 보전가치가 낮은 지역. (최초로 수립된 광역도시계획 수립 당시의 환경평가결과 3~5등급지 기준에 의하여 판단함을 원칙으로 하되, 대상지의 정형화를 위하여 불가피한 경우 그 외의 토지를 포함할 수 있다). 이 경우 당해 지역

의 실제 현황이 다른 경우 해당 지자체가 이를 입증할 수 있는 자료를 미리 제시한 후 국토교통부장관의 확인을 받아 시정이 가능. 다만 우량농지는 농림수산식품부와 협의된 경우 포함 가능.

(3) 난개발 방지, 상하수도 등 기반시설 공급의 용이성 등을 고려하여 20만 ㎡ 이상의 규모로서 정형화된 개발이 가능한 지역. 다만, 이미 해제된 지역이나 기존 시가지 등과 결합하여 단일구역으로 개발가능한 지역 등 특별한 사유가 있는 지역은 예외적으로 20만 ㎡ 미만의 규모로 일부 완화 적용 가능.

3-2-2. 다음에 해당하는 지역은 그 전체 또는 관계지역을 해제대상지역에서 반드시 제척하여야 한다.

(1) 도시 간의 연담화를 방지하기 위하여 보전해야 할 지역. (특별한 사유가 없는 한 권역별 개발제한구역 최소 폭을 5㎞ 이상 기준으로 적용함을 원칙)

(2) 당해 지역 개발로 다른 시·군과의 심각한 갈등을 초래하거나 인접지역의 급격한 쇠퇴를 일으킬 수 있는 지역.

(3) 지가의 급등, 투기행위 성행, 지장물 남설 등 대상지역에 대한 적절한 토지관리가 실패한 지역. (토지관리 실패여부 판단은 이 지침 시행일을 기준으로 토지거래 현황, 지장물 설치 정도, 지가변동 상황 및 개발사업 추진의 실효성 등을 종합적으로 감안하여 판단한다.)

(4) 개발 과정에서 대규모 환경훼손이 수반되는 지역, 특히 산맥과 연결된 산지는 기준표고로 부터 70m 이상인 지역.

(5) 수질 등 환경적으로 보전 필요성이 큰 지역 및 용수(지하수 이외의 용수) 확보가 곤란한 지역.

(6) 당해 지역 개발시 인접지역의 재개발이 곤란하거나 심각한 교통문제 등 도시문제를 크게 악화시킬 우려가 높은 지역.

제3절 경계선 설정 기준

3-3-1. 도시관리계획 입안권자는 사업 추진에 필요한 최소의 면적으로 경계선을 설정하여야 하며, 경계선 설정으로 인하여 맹지가 발생하거나 해제 후 섬처럼 개발제한구역이 존치되는 등 불합리한 지역이 발생하지 않도록 하여야 한다.

3-3-2. 소규모 단절토지의 경계선은 도로·철도·하천개수로 등 공공시설의 설치로 인하여 단절된 당해 토지의 지형 또는 지적 경계선으로 한다.

3-3-3. 집단취락의 경우에는 다음의 기준을 충족시켜야 한다.

(1) 집단취락면적 '1만제곱미터당 주택 10호 이상'의 밀도(이하 "호수밀도"라 한다)를 기준으로 주택이 '20호 이상'인 취락.

(2) 시·도지사는 (1)의 기준을 호수밀도는 '1만 제곱미터당 주택 20호 이상으로'까지, 주택 호수 기준은 '100호 이상으로'까지 그 요건을 각각 강화하여 적용할 수 있다.

(3) 주택 호수 산정기준은 다음과 같다.

① 주택은 도시관리계획 입안의 기준일(별도의 기준일을 정하지 아니한 경우에는 주민공람 공고일을 기준일로 본다) 당시 건축되어 개발제한구역 내 건축물관리대장에 등재된 주택을 기준으로 산정한다. 이 경우 다세대주택(개발제한구역 지정당시부터 개발제한구역안에 거주하고 있는 자가 종전의 도시계획법시행규칙(2000년 7월 4일 국토교통부령 제245호에 의하여 전문개정되기 전의 것을 말한다) 제7조 제1항제2호 나목(3)의 규정에 의하여 동거하는 기혼자녀의 분가를 위하여 건축한 다세대주택을 말한다)은 주택 1호로 산정한다.

② 개발제한구역 지정 당시부터 있던 공동주택 및 무허가주택은 주택 호수의 산정시 이를 산입하되 공동주택은 가구당 1호로 무허가주택은 건물동수에 관계없이 주된 건축물만을 1호로 산정한다.

③ 다음 각항에 해당하는 시설은 당해 시설(입안일 현재 건축허가가 이루어진 것을 포함한다) 전체를 주택 1호가 있는 것으로 본다.

가. 개발제한구역의지정 및 관리에 관한 특별조치법 시행령(이하 "영"이라 한다) 제18조 제1항 규정에 의하여 주택으로부터 용도 변경이 가능한 근린생활시설과 사회복지시설.

나. 영 별표 1 제5호의 시설(주민공동이용시설) 중 건축법령에 의한 근린생활시설에 해당하는 시설.

④ 다음의 1에 해당하는 토지(이하 "나대지등"이라 한다)에 대하여는 1필지당 주택 1호가 있는 것으로 본다.

가. 개발제한구역 지정당시부터 지목이 '대(垈)'인 토지로서 영 별표 1 제3호(주택) 및 제4호(근린생활시설)의 규정에 의하여 주택 또는 근린생활시설의 신축이 가능한 나대지

나. 개발제한구역 지정당시 주택지조성을 목적으로 시장 또는 군수의 허가를 받아 조성되었거나 조성중이던 토지.

(4) 집단취락의 해제가능면적

① 집단취락으로서 해제하는 경우 개발제한구역에서 해제할 수 있는 면적은 당해 취락을 대상으로 다음의 면적 범위내로 한다.

※조정대상취락의 해제가능 총면적 (m^2) = 취락을 구성하는 주택의 수(호)÷호수밀도(10호~20호/10,000m^2) + 대규모 나대지등의 1,000m^2 초과 부분의 면적 + 도시계획시설 부지면적(m^2)

가. "취락을 구성하는 주택의 수"란 "(3)항에 따른 주택호수 산정기준"에 의하여 산정된 호수를 말한다.

나. "호수밀도"란 1만 제곱미터당 10호로 하되 당해 시·도지사가 10호 내지 20호의 범위 내에서 요건을 강화한 경우에는 그 밀도를 말한다.

다. "대규모 나대지등"이란 그 규모가 1,000m^2 이상인 나대지등을 말

한다.

라. "도시계획시설 부지면적"이란 취락안에 설치되었거나 설치하고자
하는 도시계획시설(공공공지를 제외한다)의 부지면적을 말한다.

② 이미 해제된 취락도 추후 지구단위계획을 수립한 결과 그 해제 범위
를 조정할 필요가 있는 경우에는 ①항에 의한 면적의 범위 내에서 이를 해
제할 수 있다. 이 경우 '취락을 구성하는 주택의 수'는 지구단위계획 입안
당시의 주택의 수로 한다.

(5) 집단취락의 해제경계선 설정

해제의 경계선은 지구단위계획구역의 경계선으로 한다. 이 경우 당해
지구단위계획 내용의 효율적인 시행과 사업의 실시방안 등을 종합적으로
고려하여야 한다.

제4절 해제대상지역 내 가능한 사업

3-4-1. 개발제한구역의 해제는 해제대상지역에 대한 다음과 같은 공익
적 목적의 개발수요가 발생할 경우 추진한다.

(1) 취락의 계획적인 정비사업.

(2) 공공주택사업·사회복지사업.녹지확충사업 등.

① 임대주택·분양주택 건설 등 서민용 공공주택사업.

② 교육·문화·여가(관광)·노인복지 등 사회·복지사업.

③ 당해 시·군의 실업해소를 위한 저공해 첨단산업을 유치하는 사업.

④ ① ~ ③의 사업을 복합화한 복합단지 개발사업.

(3) 수도권 이외의 지방대도시권은 수도권에 있는 기업의 본사·공장이
지방으로 이전하여 지역경제 활성화를 도모할 수 있을 경우 이를 수용하
는 사업.

(4) 산업단지, 물류단지, 유통단지, 컨벤션센터 건설사업.

(5) (1)~(4)의 규정에 의한 사업을 추진하는 해제가능지역 내 기존 공장

을 이전하기 위한 산업단지 조성사업.

(6) 기타 도시의 자족기능 향상, 공간구조 개선, 지역특화발전을 위해 추진하는 사업.

제5절 해제를 위한 도시관리계획 변경안에 제시할 사항

3-5-1. 해제대상지역에 대한 용도지역·지구의 지정계획 및 지구단위계획과 사업시행을 위한 재원조달계획 등 구체적인 활용방안을 제시하되, 활용 방안은 다음의 사항을 준수하여 수립하여야 한다.

(1) 국가, 지방자치단체, 공공기관의 운영에 관한 법률 제5조에 의한 공기업, 지방공기업법에 따라 설립된 지방공사에 의한 전면매수 방식의 공영개발로 추진한다. 다만, 다음 각 항의 경우에는 예외를 인정할 수 있다.

① 해제 대상지역 개발을 위해 설립한 특수목적 법인(민간의 출자 비율 총합계가 50% 미만인 경우만 인정)의 경우.

② 집단취락 내 주민이 조합 또는 법인을 구성하여 입안권자의 승인을 받아 해당 집단취락을 정비(재건축·재개발·주거환경개선사업 등)하고자 하는 경우.

(2) 개발제한구역에서 해제되는 지역에 대한 지구단위계획(사업계획, 실시계획 등을 포함한다)은 친환경적으로 수립하여야 하며 지구단위계획 수립 시 사업지구 내 확보하여야 할 공원·녹지(도시계획시설로 결정하는 공원 또는 녹지)의 비율은 아래와 같다.

① 주택단지 개발사업의 경우에는 20% 이상.

② 산업단지 및 물류단지 개발사업의 경우에는 해제 대상지역 면적에 따라 다음과 같이 차등·확보한다.

가. 3㎢ 이상 : 해제 대상지역 면적의 10% 이상.

나. 1㎢ ~ 3㎢ : 해제 대상지역 면적의 7.5% 이상.

다. 1㎢ 미만 : 해제 대상지역 면적의 5% 이상.

③ 기타 목적의 개발사업 및 집단취락 정비사업의 경우에는 15% 이상. (집단취락 정비사업은 취락의 규모·밀집도·주변 여건 등을 종합적으로 고려하여 지방 도시계획위원회 심의를 거쳐 이를 다소 강화하거나 완화할 수 있다.)

④ 3-5-2 (2)의 규정에 따라 해제지역 밖의 훼손된 개발제한구역 중 일 부를 공원·녹지로 복구하는 경우 중앙도시계획위원회 심의를 통해 ①항부 터 ③항까지의 규정을 일부 완화할 수 있다.

(3) 해제대상지역 내 공동주택을 건설하고자 하는 경우에는 등에 관한 특별조치법 제2조 제2호에서 정하는 임대주택 비율을 확보하여야 한다. 다만, 산업단지·경제자유구역·집단취락·R&D 단지 내 건설하는 공동주택 의 경우에는 지구별 여건에 따라 임대주택 비율을 10~25% 수준까지 이를 완화할 수 있다.

(4) 해제대상지역에 대한 활용방안은 정비계획법, 및 공장설립에 관한 법률 등의 관련법령 및 그에 따른 관련계획과 부합되지 않으면 아니된다.

3-5-2. 주변 개발제한구역에 대한 관리방안 등 다음 각 항의 사항도 동 시에 제시하여야 한다.

(1) 해제대상지역에 인접한 개발제한구역으로의 무분별한 개발(난개발 등)확산 방지 및 각종 투기행위 방지에 관한 사항

(2) 사업대상지역 밖의 훼손된 개발제한구역 중 일부를 공원·녹지로 복 구하는 계획에 관한 사항(복구하는 면적은 해제대상지역 면적의 10~20% 범위 내 에서 중앙도시계획위원회 심의를 거쳐 인정되는 면적으로 하고, 당해지역의 여건 등 특성상 복구가 필요한 개발제한구역이 없거나 그 면적이 불충분한 경우에는 그 비용 에 상당하는 정도의 문화·여가·복지시설 등 공공시설을 설치하여 당해 지방자치단체 에 무상으로 양여하는 계획을 수립하여야 한다.)

3-5-3. 해제 대상지역에 대한 토지거래 및 행위 허가현황, 공시지가 등 지가변동 현황 등에 관한 사항. (각종 자료작성의 기준 시점은 이 지침 시행일 이 후부터 적용한다.)

제4장 도시관리계획변경 절차

제1절 기초조사

4-1-1. 도시관리계획 입안권자는 이 지침에 의한 조정대상지역 및 소규모 단절토지에 대한 도시관리계획을 입안할 때에는 다음의 사항을 반영하여야 한다.

(1) 조정대상지역.

① 개발제한구역법 제5조(기초조사) 및 동법 시행령 제3조에 규정된 제반 사항.

② 개발제한구역 조정(지정 또는 해제)을 위한 대상지역 및 그 주변지역에 대한 환경평가 검증 결과. (실제 현황이 다른 경우 이를 입증할 수 있는 사항)

(2) 소규모 단절토지

① 대상 토지의 위치.

② 지번·지목별 토지이용 현황.

③ 도로·철도·하천개수 등 공공시설의 설치 및 결정 현황.

④ 대상 토지 안팎의 토지이용 현황 및 환경 상태.

제2절 도시관리계획 입안 및 결정 절차

4-2-1. 도시관리계획의 입안은 개발제한구역법 제4조 제1항의 규정에 따라 당해 도시지역을 관할하는 특별시장·광역시장·시장 또는 군수가 입안한다. 다만, 서민주택공급 건설계획 등 국가계획(국가의 중요한 정책의 목적을 달성하기 위하여 수립하는 계획으로 국무회의 심의를 거쳐 확정된 계획을 말하며, 이하 "국가계획"이라 한다)과 관련된 경우에는 국토교통부장관이 직접 도시관리계획을 입안할 수 있다. 이 경우 국토교통부장관은 미리 관할 시·도지사, 시장 및 군수의 의견을 들은 후 가급적 제시된 의견을 반영하도록 노력하여야 한다.

4-2-2. 도시관리계획 결정절차는 다음과 같다.

(1) 국토교통부장관이 입안하는 경우

① 국토교통부장관은 주민 및 지방의회 의견청취를 위하여 도시관리계획안을 특별시장·광역시장·시장 또는 군수에게 송부하여야 한다.

② 도시관리계획안을 송부받은 특별시장·광역시장·시장 또는 군수는 주민 및 지방의회의 의견을 청취하여 그 결과를 국토교통부장관에게 제출하여야 한다. 이 경우 국토교통부장관은 특별시장·광역시장·시장 또는 군수가 특별한 사유 없이 주민 및 지방의회의 의견을 60일 이내에 제출하지 아니한 경우에는 의견이 없거나 동의한 것으로 볼 수 있다.

③ 국토교통부장관은 도시관리계획을 결정하고자 하는 때에는 관계 중앙행정기관의 장과 미리 협의하여야 하며, 중앙도시계획위원회의 심의를 거쳐야 한다.

(2) 특별시장·광역시장·시장 또는 군수가 입안하는 경우

① 특별시장·광역시장·시장 또는 군수는 주민 및 지방의회 의견청취, 시·도 도시계획위원회 심의 또는 자문을 거쳐 국토교통부장관에게 도시관리계획 변경 결정을 요청하여야 한다. 다만, 시장 또는 군수가 입안할 경우에는 해당 도지사를 경유하여야 한다.

② 국토교통부장관은 도시관리계획을 결정하고자 하는 때에는 관계 중앙행정기관의 장과 미리 협의하여야 하며, 중앙도시계획위원회의 심의를 거쳐야 한다.

③ 집단취락 및 소규모 단절토지는 특별시장·광역시장 또는 도지사가 이 지침에 부합하는 경우에 한해 그 해제를 결정할 수 있다.

제3절 구비서류

4-3-1. 도시관리계획 결정 신청시 첨부하는 서류와 도면

4-3-2. 해제 대상지역 별로 제3장 제2절의 규정에 의한 해제 대상지역

선정기준에 적합함을 알 수 있는 서류

4-3-3. 해제대상지역별로 제3장 제2절의 규정에 의한 해제 대상지역 제척기준에 해당하지 아니함을 알 수 있는 서류

4-3-4. 해제 대상 지역에 대한 개발 수요 및 재원조달 계획

4-3-5. 2-3(투기 방지, 지가관리 등)의 규정에 저촉되지 아니함을 알 수 있는 자료

제4절 다른 법령 및 지침의 적용 등

4-4-1. 이 지침에 정하지 않은 사항은 개발제한구역법, 개발제한구역법 시행령, 국토계획법 및 관련지침에 따른다.

4-4-2. 이 지침을 적용하는 것이 현저하게 불합리한 지역에 대하여는 구역지정 목적 및 이 지침의 취지에 반하지 아니하는 범위 내에서 국토교통부장관의 승인을 받아 이 지침에서 정한 기준을 일부 조정하여 이를 적용할 수 있다.

제5장 개발행위 허가제한에 관한 조치

제1절 개발행위 허가제한

5-1-1. 국토교통부장관, 특별시장·광역시장·시장 또는 군수는 해제를 검토하고자 하는 지역 및 그 주변 지역 일대에 대하여 국토계획법 제63조의 규정에 의하여 개발행위 허가를 제한하는 조치를 하여야 한다. 이 경우 그 주변 지역의 범위는 부동산 투기 또는 난개발이 예상되거나 이를 철저히 방지할 필요가 있는 지역 일대를 설정하며, 제4장 제2절에 따른 도시관리계획안에 대한 주민공람이 실시되기 이전까지 조치하여야 한다.

5-1-2. 국토교통부장관, 특별시장·광역시장·시장 또는 군수는 개발행

위 허가제한을 실시함에 있어 국토계획법 제63조 등의 규정에 따라 중앙도시계획위원회 또는 지방도시계획위원회의 심의를 거쳐 관보 또는 당해 지방자치단체의 공보에 공고함은 물론, 다음 각항의 조치를 병행함으로써 지역 주민들이 그 사실을 잘 알 수 있도록 하여야 한다.

(1) 당해 지역에 보급되는 2개 이상의 일간지에 그 사실을 게재하고 언론에 보도자료를 배포.

(2) 개발행위 허가제한이 실시되는 지역 중 일반인의 통행이 빈번한 주요지점에 개발행위 허가제한의 실시내용을 알리는 현수막 등을 설치.

5-1-3. 개발행위 허가제한의 기간은 국토계획법령상 3년의 범위 내에서 제한이 가능하고 1회에 한하여 2년 이내의 연장이 가능하나 그 기간 안에서 행위제한의 기간(종료시기)은, 당해 지역의 개발을 위하여 사업시행자가 토지 소유권을 확보할 수 있는 시기를 예상하여 그때까지로 하되, 국토교통부가 당해 지역을 개발제한구역에서 해제하지 아니 하기로 결정하는 경우에는 그 날에 종료되도록 규정하도록 한다.

제2절 허가할 수 있는 행위 등

5-2-1. 개발행위 허가권자(당해 지역을 관할하는 시장·군수·구청장을 말한다.)는 개발행위 허가를 제한하는 조치가 이루어진 지역에서는 다음 각호에 해당하는 행위에 한하여 이를 허가할 수 있다.

① 개발행위 허가제한 공고의 시행일까지 허가를 받은 행위 및 동 공고의 시행일까지 허가신청이 접수된 것으로서 종래에는 행위허가가 가능한 행위.

② 주민들이 다른 지역으로 이주할 때까지 생활하는데 필요한 최소한의 행위.

③ 지반의 붕괴 그 밖의 재해 예방 또는 복구를 위한 축대·옹벽 및 사방시설, 방재시설의 설치 등 사람과 동물의 안전을 위하여 필요한 행위.

④ 문화재의 조사 발굴을 위한 토지의 형질 변경 및 굴착.

⑤ 이미 확정되었거나 협의된 도시계획시설 등 공공시설의 설치.

⑥ 가설건축물의 설치 등 해제지역 개발사업을 위한 사업시행자의 행위.

⑦ 그 밖에 해제지역 개발사업에 지장을 초래하지 아니한다고 시장·군수가 인정하는 행위.

5-2-2. 시장·군수·구청장은 허가가능한 행위로 공고한 사항에 대하여 실제 개발행위 허가에 관한 업무를 행함에 있어서는 다음 각호의 사항을 고려하여 허가 여부를 결정하여야 하고, 허가를 하는 경우에는 그 허가의 효력기간, 복구조건 등 개발사업의 추진에 지장이 없도록 일정한 조건을 붙이는 등 허가에 따르는 적절한 조치를 하여야 한다.

① 추후 해제 지역 개발사업과의 양립 가능성.

② 공익상의 필요성.

③ 당해 건축물 또는 공작물의 활용 기간.

④ 향후 보상이나 투기적 이익을 취득하기 위한 행위 여부.

제6장 부동산 투기방지에 관한 조치

제1절 토지거래 허가심의 강화 등

6-1-1. 시장·군수 또는 구청장은 토지거래계약 허가시 반드시 관계 서류 등의 진실성 여부를 심사하고 현장 확인을 실시하며 사후에는 허가사항의 이행 여부를 조사하여야 한다.

6-1-2. 시장·군수 또는 구청장은 부동산투기 행위 세부 단속 지침을 마련하여 철저히 시행하여야 한다.

(1) 지가안정을 위한 단속반을 구성·운영하고 다음 사항을 집중 단속토

록 한다.

① 토지거래계약 허가신청과 관련하여 관련 서류를 위조·변조하거나 그러한 행위를 교사·방조하는 행위.

② 명의신탁행위 등 실권리자 명의 등기에 관한 법률 위반행위.

③ 주민등록 위장전입 등 위반행위.

④ 부동산 중개업자의 불법행위.

가. 중개업자가 거래상 중요사항에 관하여 거짓된 언행, 인터넷 게재, 광고, 기타의 방법으로 의뢰인의 판단을 그르치게 하는 행위.

나. 인정된 수수료 이외 어떠한 명목으로라도 금품을 받는 행위

다. 탈세를 목적으로 법령에 의한 권리변동이 제한된 부동산의 매매를 중개하거나 부동산 투기를 조장하는 행위.

라. 천막 그 밖의 이동이 용이한 임시중개시설물 등을 이용하여 이중사무소를 개설하고 개발지역을 따라 이동하며 투기를 조장하는 행위.

마. 부동산 중개업자가 거래를 성사시키기 위하여 허위의 서류작성에 관여하거나 탈법요령 등을 교사·방조한 경우.

제2절 단속 등

6-2-1. 단속은 세무관서 등 관련 기관과 합동으로 실시하여 효과성을 제고할 수 있게 하고 위법행위가 확인되거나 혐의가 짙은 사안 중 형사처벌 대상은 사법당국에 고발조치 또는 수사의뢰 하며, 탈세의 의혹이 있는 건에 대하여는 세무관서에 통보하여야 한다.

6-2-2. 무허가 건축물, 불법용도 변경 행위 등 개발제한구역 법령 위반자에 대해서는 개발제한구역법 제30조에 따른 조치를 철저히 이행하여야 한다.

부 칙

① 이 지침은 2009년 4월 10일부터 시행한다.

② 이 지침 시행과 동시에 종전의 해제를 위한 도시관리계획변경안 수립지침 폐지한다.

③ 종전의 지침에 의하여 결정된 도시관리계획(중앙도시계획위원회 심의시 부과한 이행조건을 포함한다)은 이 지침에 의하여 결정된 것으로 본다.

④ 이 지침 시행일 이전에 이미 종전 지침에 의하여 도시관리계획이 입안되어 주민공람이 실시된 지역의 경우에는 이 지침에 따라 입안된 것으로 본다.

개발제한구역 내 취락정비지침

제1장 총 칙

제1조(목적) 이 지침은 도시계획법 제21조의 규정에 의하여 지정된 개발제한구역 안의 집단취락정비사업 시행에 관한 기준을 정하여 생활환경을 개선함으로써 주민의 복지향상에 기여함을 목적으로 한다.

제2조(정의) 이 지침에서 사용하는 용어의 정의는 다음과 같다.

1. "대지"라 함은 지적법에 의거 정하여진 지목에 불구하고 모든 건축물의 건축용도에 사용되는 토지를 말한다. 다만, 건축물은 없으나 지목이 "대" 또는 "공장용지"인 토지를 포함한다.
2. "대지밀도"라 함은 취락지구 전체 면적에 대한 대지면적의 백분율을 말한다.
3. "호수밀도"라 함은 취락지구 10,000제곱미터당 주택의 호수를 말한다.
4. "토지등"이라 함은 토지와 건축물을 말한다.
5. "공공시설"이라 함은 도시계획법시행규칙 제7조 및 제8조에서 허용되는 시설중 도시계획법 제2조 제1항 제1호 나목에 열거된 시설을

말한다.

제3조(적용의 범위) 이 지침은 도시계획법시행규칙 제7조 내지 제9조의 규정에 의하여 허용되는 범위 안에서 적용한다.

제4조(취락정비계획의 입안·결정)

① 시장·군수 또는 구청장(이하 "시장·군수"라 한다)은 취락정비계획을 입안하고자 할 때에는 도시계획법 제16조의 2 제2항의 규정에 의한 절차를 이행하여야 한다.

② 취락정비계획의 내용 중 도시계획으로 결정할 사항은 도시계획법이 정하는 절차와 내용에 따라 결정·고시한다.

③ 시장·군수는 취락정비계획이 결정된 때에는 시·군의 공보에 공고하고 토지등의 소유자에게 통보한다.

제5조(취락정비계획의 승인) ① 취락정비계획은 제4조의 규정에 불구하고 국토교통부장관의 승인을 받아야 한다.

② 국토교통부장관은 취락정비계획을 개발제한구역중앙심사위원회의 심의를 거쳐 승인한다.

제2장 취락정비계획수립

제6조(취락지구의 지정)

① 취락지구의 지정대상은 다음 각호와 같다.

1. 개발제한구역안의 주택호수가 20호 이상(취락의 인근에 있는 주택을 취락 안으로 이전함으로써 20호 이상이 되는 경우를 포함한다)인 취락으로서 생활환

경개선이 필요하다고 인정되는 취락.

　2. 공익사업등의 시행으로 인하여 철거되는 주택중 이전하고자 하는 주택의 호수가 20호 이상이 되는 주택단지.

　3. 읍·면사무소의 소재지 또는 시의 행정구역 내의 국도·지방도 또는 4차선이상의 주요간선도로변에 20동 이상의 상업용 건물이 집단화되어 있으나 도시미관이 불량하여 건축물의 정비가 필요하다고 인정되는 지역.

　4. 제1호 및 제2호의 규정에 불구하고 시장·군수가 특히 정비가 필요하다고 인정하는 취락.

　② 제1항의 취락지구는 다음 기준에 의거 지정한다.

　1. 밀도기준

　가. 단독주택으로 정비·개량하는 취락지구의 밀도기준은 다음과 같다. 다만, 취락지구의 범위를 밀도기준에 미달되게 설정할 때에는 특별한 토지이용계획이 없는 한 그 미달되는 면적에 상당하는 토지는 건축물의 부지로 이용할 수가 없다.

　(1) 도시형취락은 대지밀도가 70% 이상이거나 호수밀도가 30호/㏊ 이상인 취락.

　(2) 농촌형취락은 대지밀도가 65% 이상이거나 호수밀도가 20호/㏊ 이상인 취락.

　나. 4층 이하의 공동주택 또는 간선도로변의 상가건물을 정비·개량하는 취락지구의 대지밀도기준

　(1) 주거환경개선사업형은 대지밀도 90% 이상이거나 또는 호수밀도 90호/㏊ 이상인 취락.

　(2) 간선도로변정비형은 대지밀도 90% 이상 2. 취락지구의 범위설정 기준.

　2. 취락지구의 범위 설정 기준

　가. 취락지구의 규모는 생활환경개선에 필요한 최소한의 면적으로

한다.

나. 취락지구 안의 토지등의 소유자의 의견을 들어야 한다.

다. 취락지구의 경계는 식별이 용이하도록 지적경계선 또는 지형지물을 기준으로 설정한다

라. 간선도로변의 상가건물을 정비·개량하기 위한 취락지구의 범위는 간선도로변에 접하여 있는 건물의 대지를 경계로 한다. 다만, 도시계획도로등 건축물을 건축할 수 없는 토지는 제외한다.

마. 임야와 우량농지는 원칙적으로 취락지구에서 제외한다.

제7조(취락정비계획의 내용)

① 제4조의 규정에 의하여 공고한 취락지구에 대하여 정비사업을 시행하고자 할 때에는 다음 각호의 취락정비계획을 미리 정하여야 한다.

1. 공공시설의 설치·정비에 관한 계획

2. 마을공동이용시설의 설치·정비에 관한 계획

3. 건축물부지의 조성 및 정비에 관한 계획

4. 건축물의 건축 및 정비에 관한 계획

5. 기타 취락정비사업의 시행에 관하여 필요한 계획

② 취락정비계획의 내용중 도시계획으로 결정하여야 할 사항은 그 내용을 미리 정하여야 한다.

제8조(공공시설계획 기준) 취락정비계획에서 정하여야 할 공공시설은 다음 기준에 따르는 것을 원칙으로 한다.

1. 도로

가. 모든 대지에 폭 4미터 이상의 도로가 4미터이상 접하도록 계획한다.

나. 마을진입도로를 계획한다.

다. 도로율은 15퍼센트 이상 유지되도록 계획한다. 다만, 도시정비사업

형 취락의 도로율은 20퍼센트 이상으로 한다.

2. 광장

가. 취락마다 마을주민이 공동으로 이용할 수 있는 광장을 계획한다.

나. 광장의 규모는 마을주민의 수와 현지여건을 감안하여 적정한 규모가 되도록 계획한다.

3. 주차장

가. 마을주민이 공동으로 이용하여야 할 주차장이 필요하다고 인정한 때에는 옥외 간이주차장을 계획한다.

나. 주차장의 규모는 당해 취락의 가구수에 따라 적정한 규모가 되도록 계획한다.

다. 주차장의 입지는 자연환경이 훼손되지 않도록 가급적 취락 내의 나대지나 잡종지 등 평탄한 토지를 이용토록 한다.

4. 상수도

가. 상수도시설이 없는 취락은 간이급수시설 기타 공동급수시설을 계획한다.

나. 취락지구안에 설치할 수 없는 경우에는 지구밖에 계획할 수 있다.

5. 하수도

가. 배수구역내의 유량을 감안하여 충분한 단면이 되도록 계획한다.

나. 하수관거는 가급적 우회 또는 곡절되지 아니하도록 계획한다.

6. 공원

가. 마을마다 적정규모의 어린이놀이터를 계획한다.

나. 마을주민이 500인 이상이 될 때에는 500인마다 1,500제곱미터 규모의 어린이공원 1개소를 계획한다.

제9조(건축물부지의 조성 및 정비계획) 취락지구의 정비계획 중 건축물부지의 조성및 정비기준은 다음과 같다.

1. 주택의 기준대지면적은 다음과 같다. 다만, 기존 대지면적이 기준대지면적을 초과할 때에는 초과한 면적을 계획에 반영한다.

가. 도시형 주택은 230제곱미터 이하

나. 농촌형 주택은 400제곱미터 이하

2. 비주택용 건축물의 대지는 확장할 수 없다. 다만, 신축이 허용되는 건축물의 신축을 위한 대지조성은 그러하지 아니한다.

3. 기존의 대지가 기준면적을 초과하여도 취락정비계획에 의한 다른 시설계획에 편입되는 경우에는 편입되는 면적만큼 확장할 수 있다.

제10조(건축물의 건축 및 정비계획)

① 취락정비계획에 포함되는 건축물의 건축 및 정비에 관한 계획의 대상이 되는 건축물은 다음과 같다. 다만, 시장·군수가 취락정비사업과 병행하여 특히 시행할 필요가 있다고 인정되는 경우에는 그 취락의 실정에 따라 추가할 수 있다.

구분	공공시설	부락공동이용시설	생활편익시설
마을 단위	탁아소	마을공동회관, 탁아소, 경노당, 공동작업장, 공동창고	일용품소매점등 25종
읍·면·동사무소 소재지	읍·면·동사무소, 파출소, 보건지소, 복지회관	마을공동회관, 탁아소, 경노당, 공동작업장, 공동창고, 농·축·수협의 공동구판장, 하치장, 창고, 농·축·수협 및 마을공동의 지역생산물장·처리·가공·포장 및 직판장, 단위농·축·수·임협사무소	일용품소매점등 25종, 소규모 금융업소 사무소, 예능, 기술·지식계학원병원
시·군·구청 소재지	시군구 단위 공공청사, 파출소, 농협사무소, 공공도서관	(위와 같음)	(위와 같음)

② 제1항의 규정에 의한 건축물의 허용규모는 다음과 같다.

1. 공공시설은 각 시설의 설치 근거법령에서 정하는 바에 따라 과대하지 않게 적정규모로 계획한다.

2. 부락공동이용시설은 취락의 규모와 기능에 따라 필요한 시설을 적정한 규모로 계획한다.

3. 생활편익시설은 주택·공장등 신축이 금지된 용도의 기존건축물을 동일 규모 내의 용도 변경 사용에 한하여 허용한다.

4. 공공시설 및 부락공동이용시설과 생활편익시설 중 병원, 슈퍼마켓, 금융업소 및 학원은 4층까지 건축할 수 있다.

5. 4층 이하의 다세대주택 또는 공동주택으로 건축하는 주택은 1호당 면적을 132제곱미터 이하로 하되 기존주택 호수의 범위 내에서 계획한다.

6. 간선도로변의 상업용 건물은 3층의 범위 내에서 계획한다.

제11조(취락정비계획도면의 작성)

① 취락지구 및 취락정비계획은 지적이 표시된 지형도에 작성하여야 한다.

② 도면의 축척은 취락의 규모에 따라 500분의 1 내지 1천 500분의 1을 사용한다.

제3장 취락정비사업의 시행

제12조(시행자)

① 취락정비사업은 토지등의 소유자가 시행한다. 다만, 토지등의 소유자가 원하는 경우 사업의 일부 또는 전부를 지방자치단체가 시행할 수 있다.

② 취락정비사업의 전부 또는 일부를 토지등의 소유자가 공동으로 시행할 때에는 다음의 내용을 포함하는 규약을 작성하여 합의하여야 한다.

1. 사업의 명칭
2. 시행구역 및 면적

3. 주된 사무소의 소재지

4. 비용부담에 관한 사항

5. 업무를 대표할 자의 직명·임기·직무의 분담 및 선임방법에 관한 사항

6. 토지 또는 건축물의 규모와 권리자 주소·성명

7. 회의에 관한 사항

8. 사업년도

9. 회계에 관한 사항

10. 토지·건물에 관한 권리의 가액평가 방법에 관한 사항

11. 사업완료 후의 관리처분계획 및 청산에 관한 사항

제13조(사업시행허가)

① 취락정비사업을 토지등 소유자가 공동으로 시행하고자 할 때에는 다음의 서류를 첨부하여 도시계획법 시행규칙 제7조 내지 제9조의 규정에 의한 허가를 받아야 한다.

1. 제12조 제2항의 규정에 의한 규약

2. 사업시행계획서(시행설계도서, 자금계획, 시행기간)

3. 토지 또는 건축물에 관한 권리의 가액·관리처분계획서

② 시장·군수는 제1항의 규정에 의한 사업허가 신청을 접수하였을 때에는 토지소유자등 이해관계인에게 사업계획의 내용과 권리변환의 내용을 통보하여 의견을 들은 후 타당한 의견을 반영하여 허가한다.

제14조(사업시행을 위한 조치)

① 취락정비사업의 시행계획에 저촉되는 건축물은 당해 건축물소유자의 동의에 의하여 철거한다.

② 건축물 등의 철거로 인하여 가수용시설이 필요하게 된 때에는 사업기간의 범위 내에서 철거기한을 정하여 취락지구 안에 임시가설 건축물

등을 건축할 수 있다.

③ 시장·군수는 사업시행 허가된 취락정비사업의 행정지도와 불법시설의 예방을 위하여 전담공무원을 지정하여야 한다.

④ 시장 또는 군수의 지정명령을 받은 공무원은 사업의 지도감독은 물론 주민의 불편해소를 위한 제반조치를 취하여야 한다.

제15조(공사완료에 따른 조치)

① 시행자는 취락정비사업을 완료한 때에는 관할 시장·군수에게 공사완료보고서를 제출하고 준공검사를 받아야 한다.

② 시장·군수는 공사완료보고서가 접수된 때에는 지체없이 준공검사를 실시하여야 한다.

③ 준공검사의 결과 취락정비사업이 사업시행계획도서대로 완료되었다고 인정될 때에는 그 결과를 시행자에게 통보하고 공사의 완료를 시·군의 공보에 공고하여야 한다.

④ 시행자는 사업완료의 공고가 있으면 토지 또는 건축물 등에 대한 관리처분과 청산한 후 등기절차를 이행하여야 한다.

제4장 개발제한구역 중앙심사위원회

제16조(중앙심사위원회) 취락정비계획을 심의하게 하기 위하여 국토교통부에 개발제한구역중앙심사위원회(이하 "중앙심사위원회"라 한다.)를 둔다.

제17조(조직)

① 중앙심사위원회는 위원장·부위원장 각 1인과 위원 13인으로 구성

한다

② 위원장은 국토교통부장관이 되고 부위원장은 국토교통부차관이 된다.

③ 위원은 관계행정기관의 공무원 3명과 도시계획에 관한 학식과 경험이 풍부한 학계 인사 6명, 언론계 인사 2명 및 심사대상 취락의 주민대표 2명을 국토교통부장관이 위촉한다.

④ 관계행정기관의 공무원이 아닌 위원의 임기는 2년으로 한다. 다만, 주민대표는 당해 취락정비계획을 심사하는 경우에 한한다.

제18조(위원장등의 직무)

①위원장은 중앙심사위원회의 회무를 통리한다.

②부위원장은 위원장을 보좌하며, 위원장이 사고가 있을 때에는 그 직무를 대행한다.

③위원장 및 부위원장이 사고가 있을 때에는 위원장이 미리 지명한 위원이 그 직무를 대행한다.

제19조(회의소집 및 의결정족수)

①중앙심사위원회의 회의는 위원장이 필요하다고 인정하는 경우에 이를 소집한다.

②중앙심사위원회의 회의는 재적의원 과반수의 출석으로 개의하고 출석의원 과반수의 찬성으로 의결한다.

제20조(소위원회)

① 취락정비계획대상 취락의 현지조사 및 심사를 위하여 중앙심사위원회에 소위원회를 둘 수 있다.

②소위원회의 위원은 현지조사 및 심사결과를 중앙심사위원회에 보고

하여야 한다.

제21조(간사 및 서기)

① 중앙심사위원회에 간사 1인과 서기 약간인을 둘 수 있다.

② 간사와 서기는 국토교통부 소속 공무원중에서 위원장이 임명한다.

③ 간사는 위원장의 명을 받아 중앙심사위원회의 서무를 담당하고, 서기는 간사를 보좌한다.

제22조(위원의 수당 및 여비) 중앙심사위원회의 위원에게는 중앙도시계획위원회의 위원에 준하여 수당 및 여비를 지급할 수 있다.

부칙

이 지침은 1995. 3. 20.부터 시행한다.

개발제한구역법, 시행령 및 시행규칙 개정안

개발제한구역법 개정안

제13조(존속 중인 건축물 등에 대한 특례)

① 시장·군수·구청장은 법령의 개정·폐지나 그 밖에 대통령령으로 정하는 사유로 인하여 그 사유가 발생할 당시에 이미 존재하고 있던 대지·건축물 또는 공작물이 이 법에 적합하지 아니하게 된 경우에는 대통령령으로 정하는 바에 따라 건축물의 건축이나 공작물의 설치를 허가할 수 있다.

② 개발제한구역 지정 당시부터 농지의 용도로 계속 이용 또는 관리되고 있는 임야가 대통령령으로 정하는 기준에 적합할 경우 시장·군수·구청장은 지목변경에 필요한 처분을 할 수 있다.

③ 시장·군수·구청장은 제2항에 따른 행위허가 등을 하고자 하는 임야가 산지전용이 제한되는 임야이거나, 다른 법률에 따른 인가·허가·승인 등의 행정처분이 필요한 임야인 경우에는 미리 관계 행정기관의 장과 협의하여야 한다.

개발제한구역법 시행령 개정안

제14조 9의 3 (신설) 개발제한구역에서 해제된 집단취락과 접한 도시계획시설(도로)의 폐지, 변경으로 인하여 해제된 토지가 개발제한구역 내 토지를 이용하지 않고는 진입이 불가능한 경우 진입로 설치를 위한 토지의 형질 변경을 할 수 있다.

제23조(존속 중인 건축물 등에 관한 특례)

③ 법 제13조 제2항에 따른 "농지"는 다음 각 호와 같다.

1. 농지법에 따른 농작물의 경작 또는 다년생식물 재배지로 이용되고 있는 토지

2. 초지법에 따른 다년생 개량 목초 및 사료작물 재배지로 이용되고 있는 토지

④ 법 제13조 제2항에 따른 "대통령령으로 정하는 기준에 적합한 경우"란 다음 각 호의 기준을 모두 충족하는 경우를 말한다.

1. 법 제30조에 따라 불법 형질 변경으로 시정명령 행정처분을 받은 임야가 아닐 것

2. 영 제14조 제1호에 따라 농림수산업을 위한 개간 또는 초지 조성의 기준에 적합할 것

3. 지목변경 처분을 받는 대상 임야가 자기 소유의 임야일 것

4. 농지법에 따른 농지취득 자격이 있는 자가 사용하고 있을 것

⑤ 시장·군수·구청장은 구역지정 당시부터 농지로 이용하고 있는 임야의 개간허가를 신청받은 경우에는 항공사진 판독, 현지 조사 및 관계자 의견 청취 등의 방법으로 심사할 수 있다.

⑥ 시장·군수·구청장은 제5항에 따라 그 심사를 완료한 경우에는 그 행위허가를 신청한 자에게 심사 결과를 서면으로 통지하여야 하며, 그 심사

결과에 따라 지목변경에 필요한 처분을 함께 통지하여야 한다.

⑦ 그 밖에 불법 형질 변경된 임야의 심사·허가 및 통지 등에 관한 세부 절차는 국토교통부령으로 정한다.

개발제한구역법 시행규칙 개정안

제12조의 2조 (신설) 제12조의 2조(존속 중인 건축물 등에 관한 특례) 법 제13조 제2항에 따라 불법 형질 변경된 임야의 지목변경에 필요한 처분을 받으려고 하는 자는 제4조에 따른 허가신청서 등에 다음 각 호의 서류를 첨부하여 시장·군수·구청장에게 제출하여야 한다.

1. 측량·수로조사 및 지적에 관한 법률 제24조에 따라 지적측량수행자가 측량한 허가 처분 대상 임야의 분할측량성과 또는 등록전환측량성과도 (2호에 따라 항공사진 등 해당 서류로 확인된 구역 지정당시 이미 형질 변경된 면적과 허가신청 당시의 형질 변경 면적을 중첩하여 중복되는 면적 범위만을 인정한다) 1부.

2. 허가 처분 대상 임야를 개발제한구역 지정 당시부터 농지로 이용 또는 관리하고 있는 사실을 입증하기 위한 서류(공과금 영수증 또는 구역관리를 위해 촬영한 최초 항공사진 등 해당 서류가 있는 경우에만 해당한다.)

3. 측량·수로조사 및 지적에 관한 법률 제81조 따른 토지이동신청서 1부.

4. 농지법 제50조에 따른 농지원부 등본 등 농지취득자격이 있는 자가 사용하고 있다는 사실을 입증하기 위한 서류

5. 국가기술자격법에 따른 산림기사·토목기사·측량 및 지형공간정보기사 이상의 자격증 소지자가 조사.작성한 표고 및 평균경사도 조사서 1부.

숨어 있는 로또
그린벨트 투자의 법칙

지은이 이인수 (코랜드연구소장)
발행일 2021년 1월 3일
펴낸이 양근모
발행처 도서출판 청년정신 ◆ 등록 1997년 12월 26일 제 10—1531호.
주 소 경기도 파주시 문발로 115, 세종출판벤처타운 408호
전 화 031)955-4923 ◆ **팩스** 031)624-6928
이메일 pricker@empas.com